Konstanze Senge · Kai-Uwe Hellmann (Hrsg.)

Einführung in den Neo-Institutionalismus

D1703183

Organisation und Gesellschaft

Herausgegeben von Günther Ortmann, Thomas Klatetzki und Arnold Windeler

Wie wünscht man sich Organisationsforschung?

Theoretisch reflektiert, weder in Empirie noch in Organisationslehre oder -beratung sich erschöpfend.

An avancierte Sozial- und Gesellschaftstheorie anschließend, denn Organisationen sind in der Gesellschaft.

Interessiert an *Organisation als Phänomen der Moderne* und an ihrer Genese im Zuge der Entstehung und Entwicklung des Kapitalismus.

Organisationen als Aktionszentren der modernen Gesellschaft ernstnehmend, in denen sich die gesellschaftliche Produktion, Interaktion, Kommunikation – gelinde gesagt – überwiegend abspielt.

Mit der erforderlichen Aufmerksamkeit für das Verhältnis von Organisation und Ökonomie, lebenswichtig nicht nur, aber besonders für Unternehmungen, die seit je als *das* Paradigma der Organisationstheorie gelten.

Gleichwohl Fragen der Wahrnehmung, Interpretation und Kommunikation und also der Sinnkonstitution und solche der Legitimation nicht ausblendend, wie sie in der interpretativen resp. der Organisationskulturforschung und innerhalb des Ethik-Diskurses erörtert werden.

Organisation auch als Herrschaftszusammenhang thematisierend – als moderne, von Personen abgelöste Form der Herrschaft über Menschen und über Natur und materielle Ressourcen.

Kritisch gegenüber den Verletzungen der Welt, die in der Form der Organisation tatsächlich oder der Möglichkeit nach impliziert sind. Verbindung haltend zu Wirtschafts-, Arbeits- und Industriesoziologie, Technik- und Wirtschaftsgeschichte, Volks- und Betriebswirtschaftslehre und womöglich die Abtrennung dieser Departments voneinander und von der Organisationsforschung revidierend.

Realitätsmächtig im Sinne von: empfindlich und aufschlussreich für die gesellschaftliche Realität und mit Neugier und Sinn für das Gewicht von Fragen, gemessen an der sozialen Praxis der Menschen.

So wünscht man sich Organisationsforschung. Die Reihe „Organisation und Gesellschaft" ist für Arbeiten gedacht, die dazu beitragen.

Konstanze Senge
Kai-Uwe Hellmann (Hrsg.)

Einführung in den Neo-Institutionalismus

Mit einem Beitrag
von W. Richard Scott

VS VERLAG FÜR SOZIALWISSENSCHAFTEN

Bibliografische Information Der Deutschen Nationalbibliothek
Die Deutsche Nationalbibliothek verzeichnet diese Publikation in der
Deutschen Nationalbibliografie; detaillierte bibliografische Daten sind im Internet über
<http://dnb.d-nb.de> abrufbar.

1. Auflage September 2006

Lektorat: Frank Engelhardt

Der VS Verlag für Sozialwissenschaften ist ein Unternehmen von Springer Science+Business Media.
www.vs-verlag.de

Umschlaggestaltung: KünkelLopka Medienentwicklung, Heidelberg
Druck und buchbinderische Verarbeitung: Krips b.v., Meppel
Gedruckt auf säurefreiem und chlorfrei gebleichtem Papier
Printed in the Netherlands

ISBN-10 3-531-15070-7
ISBN-13 978-3-531-15070-3

Inhalt

2   Zentrale Themen- und Problemfelder

3   Rückblick und Ausblick

Einleitung

Konstanze Senge/Kai-Uwe Hellmann

Ein Ruck geht durch die Sozialwissenschaften: Institutionen sind wieder wichtig. Handeln ist nicht nur Ergebnis individueller Entscheidungsfindung, sondern auch bedingt durch institutionelle Rahmenbedingungen – so die zentrale These der „neuen Institutionalisten". Seit Ende der 70er Jahre verhandeln Soziologen, Ökonomen, Politik- und Organisationswissenschaftler über die wiederentdeckte Bedeutung von Institutionen für die Gesellschaft. Das gemeinsame Fundament der fachübergreifenden Diskussion ist jedoch äußerst dünn. Dies liegt zum einen daran, daß sich die Disziplinen bezüglich der jeweils herangezogenen Theorietraditionen und Forschungsfragen unterscheiden, zum anderen an der konzeptionellen Diffusität zentraler Termini wie dem Schlüsselbegriff „Institution". Einigkeit besteht allenfalls darin, was das gemeinsame Forschungsinteresse ausmacht, nämlich die wiederentdeckte Bedeutung von Institutionen, sowie im expliziten Skeptizismus gegenüber atomistischen Handlungsmodellen. Die Konsequenzen, die daraus gezogen werden, sind demgegenüber vielseitig und sehr uneinheitlich – wie der aus dem Dornröschenschlaf erweckte Institutionenbegriff selbst.

Mit diesem Buch wollen wir ein wenig Ordnung in den disparaten Forschungsstand bringen, indem wir den Neo-Institutionalismus (NI) als den derzeit wohl bedeutendsten Ansatz innerhalb der Organisationswissenschaft auf seine zentralen Begrifflichkeiten und Problemfelder hinterfragen.[1] Vor allem soll es darum gehen, die mit dem NI in die Organisationswissenschaft eingeführten zentralen Kategorien und Konzepte wie „Institution", „Kognition", „Legitimität", „organisationales Feld" etc. und die sich daran anschließenden forschungsrelevanten Fragestellungen herzuleiten, um auch einem bislang weitgehend unvertrauten Leser einen Über- und Einblick in den aktuellen Forschungsstand des NI zu bieten.

Ein Großteil der an den NI gerichteten Kritik, seine Stärken und Schwächen sowie seine Besonderheiten werden verständlich, wenn man den NI im Kontext seines vor allem US-amerikanischen organisationswissenschaftlichen Umfeldes betrachtet.[2] Denn dann läßt sich erkennen, worin die zentralen Unterschiede,

---

[1] Im Rahmen dieser Arbeit ist immer der soziologische Neo-Institutionalismus gemeint, wenn von „Neo-Institutionalismus" (NI) die Rede ist. Unterschieden werden damit neo-institutionalistische Strömungen in der Soziologie, Politikwissenschaft und der Ökonomie.
[2] Siehe auch den Beitrag von *Scott* in diesem Band.

aber auch Gemeinsamkeiten mit dem Vergangenen bestehen, was revidiert, was beibehalten wurde und was das tatsächlich „Neue" bzw. Charakteristische am NI ist. Vor allem gehen wir davon aus, daß eine kontextuelle Einbettung die zentralen, insbesondere an die älteren neo-institutionalistischen Arbeiten gerichteten Vorwürfe insofern ein wenig relativieren kann, als manche neo-institutionalistische Intoleranz und Überbetonung gerade als Kritik an einem Theorieumfeld entstanden ist, welches vernachlässigt hat, was den NI stark macht: die Bedeutung des gesellschaftlichen Umfeldes, die institutionelle Gebundenheit organisationalen Handelns, der Einfluß von Kultur und Werten auf Organisationen sowie die in der „world-polity"-Forschung untersuchte Bedeutung von Organisationen für die moderne westliche Gesellschaft. Kurzum: Im Kern geht es im NI um die institutionelle, multikausale und multikontextuelle Einbettung von Organisationen in die Gesellschaft. Diese Besonderheit und aus unserer Sicht hervorzuhebende Stärke wollen wir auf den folgenden Seiten verdeutlichen, um auf diesem Wege gleichzeitig die wichtigsten Kritikpunkte aufzugreifen und in ihrer Problematik zu skizzieren, welche im Hauptteil dieses Buches in den einzelnen Kapiteln ausführlich diskutiert werden.

1   Die „Old Institutionalists"

Beim NI handelt es sich um einen Ansatz, der mit leicht unterschiedlichen Facetten vor allem in der Organisationssoziologie, der Organisationswissenschaft und der Ökonomie Anwendung findet. In diesen Bereichen gehört der NI, zumindest auf US-amerikanischem Terrain, zusammen mit dem ebenfalls neueren Netzwerkansatz und dem seit Mitte der 80er Jahre präsenten Rational-Choice-Modell, zu den vorherrschenden theoretischen Forschungsprogrammen.

Interessanterweise aber ist das, was den NI ausmacht, nicht so neu, wie man aufgrund der aktuellen Bedeutung und Verbreitung dieses Ansatzes vermuten mag. Das Präfix „Neo" deutet an, daß es sich um eine zumindest in manchen Aspekten historisch rückgewandte Forschungsrichtung handelt, die ihren Ursprung bereits in den 50er Jahren des letzten Jahrhunderts hat. Denn die intellektuellen Wurzeln des NI weisen zurück auf Arbeiten von Soziologen wie Robert Merton, Arthur Stinchcombe, Max Blau, Philip Selznick, die heutzutage als „old institutionalists" bezeichnet werden und die die von Kenneth Boulding (1953) beschriebene „Organizational Revolution" und die damit einhergehenden gravierenden Veränderungen innerhalb der US-amerikanischen Gesellschaft zum Ausgangspunkt ihrer organisationswissenschaftlichen Analysen nahmen. Die Arbeiten dieser ersten Generation von Organisationssoziologen hatten ihre theoretischen Wurzeln wiederum in der Soziologie Max Webers.

Max Webers idealtypische Darstellung der bürokratischen Organisation gilt bis heute als die erste profunde organisationssoziologische Arbeit und wird in der Regel als zentrales Gründungsdokument der Organisationssoziologie bzw. -wissenschaft behandelt.[3] Dabei ging es Weber weder um die Analyse einer möglichst effizienten Ausrichtung organisationaler Prozesse noch interessierte ihn, wie Rationalisierung zur Realisierung des Organisationszieles verhelfen könnte oder wie Kontrolle und Macht im Sinne des Organisationszieles perfektioniert werden könnten. Vielmehr fesselten ihn Fragen, die weit über einen rein organisationsinternen Horizont hinausreichten, vor allem die Entwicklung der modernen Gesellschaft und die damit verbundenen sozialen Konsequenzen. Leitende Fragen seines wissenschaftlichen Forschens waren: Welche Form von Menschentyp wird die bürokratische Herrschaftsform hervorbringen? Wie wird der moderne Mensch sich ein gewisses Maß von Freiheit und Individualität sichern können? Wie kann die Macht des Beamtentums in Schranken gehalten werden? (Weber 1988c, 1988d)

Weber war ambivalent angesichts der fortschreitenden Bürokratisierung der Gesellschaft. Einerseits sah er die Überlegenheit einer bürokratischen Organisationsform bezüglich einer steigenden Anzahl neuer und zunehmend komplexer werdender Aufgaben. Andererseits befürchtete er, daß diese Form von Herrschaft für den Menschen unentrinnbar sein und ihn in ein stahlhartes Gehäuse der Hörigkeit zwingen würde. Für ihn erzeugte die zunehmende Bürokratisierung ein bestimmtes Ethos, das Beamtenethos, dessen Träger sich nicht gegen Regeln und Autorität auflehnen würden, das keine Individualität, keine Dynamik im Menschen zuläßt, wodurch der Mensch zur leblosen Maschine werden würde. Dies fürchtete Weber zu Beginn des 20. Jahrhunderts. Und diesen Sorgen galten seine organisationssoziologischen Überlegungen vor allen anderen.[4] Webers Kenntnis und Einsicht in diese großen gesellschaftlichen Fragen basierten dabei nicht nur auf einer genauen Analyse der Charakteristika und Prozesse bürokratischer Organisationen. Vielmehr stützten sie sich zu gleichen Anteilen auf seine außergewöhnlichen Kenntnisse über die Jahrtausende umfassende Geschichte der menschlichen Entwicklung. Weber berücksichtigte in seinen Analysen historische Wandlungsprozesse, die Kraft der alltäglichen Sitten und Konventionen, die Handlungsmuster verschiedener Träger von gesellschaftlichen Werten, Normen und Interessen, die Ursprünge und Verlaufsformen politischer Ereignisse sowie den Einfluß von Herrschaft, Verbänden, Religion, Recht und Wirtschaft.[5] Kurzum: Webers Studien über

---

[3] Vgl. Weber 1972: 122ff., 833ff.; Handel 2003: 5; Kieser 1999; Walter-Busch 1996; Wolf 2003: 50.

[4] Vgl. Weber 1972: 122ff., 833ff.; 1988c; 1988d; Kalberg 2006.

[5] So unterliegen nach Weber die verschiedenen Formen von Herrschaft zum einen bestimmten ökonomischen Entwicklungsstufen, zum anderen werden Herrschaftsformen getragen durch den Glauben an die Legitimität derselben. Dadurch wiederum gewinne die Herrschaftsform an Stärke, und es entwickele sich eine Eigendynamik, die innovative Kräfte eindämme. Entsprechend zeigte Weber, daß die bürokratische Herrschaftsform nur unter bestimmten gesellschaftlichen Bedingungen entste-

die bürokratische Organisation wurden von einer Vielzahl gesellschaftlicher Faktoren gespeist, mit denen politische, ökonomische, kulturelle, technologische, ja sogar geographische Aspekte Eingang in die Analyse organisationaler Prozesse fanden, und sie waren motiviert durch ein allgemeines Interesse an gesamtgesellschaftlichen Entwicklungen.

Webers Bürokratiemodell wie auch die daraus abgeleiteten Konsequenzen der Beschneidung individueller Freiheitsgrade waren von großer Bedeutung für die US-amerikanischen Organisationssoziologen wie Merton, Gouldner, Gerth und Mills in der Mitte des letzten Jahrhunderts.[6] Diese Organisationssoziologen standen ähnlich wie Weber der politischen Soziologie nahe, und die Problematik von Macht und Kontrolle war für sie der Mittelpunkt ihrer organisationssoziologischen Analysen. Die klassischen, von Weber formulierten Begriffe wie Bürokratie, Macht, Herrschaft, Charisma, Autorität und Legitimität galten als zentrale Kategorien ihrer Analysen.[7] Vor allem aber sahen diese Organisationssoziologen der ersten Generation[8] bürokratische Organisationen ähnlich wie Weber als ein bedeutendes strukturgebendes Moment moderner Gesellschaften.[9] Als strukturgebende Faktoren moderner Gesellschaften wurden jedoch nicht nur Organisationen oder die Institutionen der Wirtschaft berücksichtigt, sondern auch Phänomene wie Wert- und Interaktionsmuster, Ideologien, Glaubensinhalte usw.[10] Im Unterschied zu Weber favorisierten sie aber einen stärker strukturell ausgelegten Ansatz, beeinflußt durch den Parsonsschen Strukturalismus sowie durch Mertons Forschungsprogramm der „theories of the middle range" (Parsons 1951; Merton 1968: 39ff.). Dieser ersten Generation von Organisationssoziologen ging es weder um Erkenntnisse über eine möglichst effiziente ökonomische Gestaltung organisationaler Prozessen noch um die Analyse organisationaler Prozesse um ihrer selbst willen. Im Vordergrund stand ein kritisches Verstehen des Zusammenhangs von Organisation

---

hen konnte, daß sie von dem Beamtentum getragen wurde und als legitim galt, weil die mit ihr verbundenen Werte und Handlungsweisen, wie Pflichterfüllung, Gehorsam, Disziplin, gewissenhafte Ausführung der Aufgaben etc., als legitim und aufrechtzuerhaltend angesehen wurden.

[6] Vgl. Gerth/Mills 1946: 50ff.; White 1956; siehe auch Kieser 1999: 58.

[7] Vgl. Gouldner 1954; Merton 1968; Etzioni 1961; Blau/Scott 1962; Selznick 1949. Zur Verdeutlichung: Zwar standen die Fragen von Macht und Kontrolle im Zentrum der Analysen, doch ging es diesen Wissenschaftlern weniger darum, wie Macht und Kontrolle tatsächlich in der Praxis eingesetzt und organisiert werden können, als vielmehr um die analytische Beschreibung der sozialen Konsequenzen derartiger Phänomene.

[8] Weber wird als Vorläufer einer institutionellen Organisationssoziologie betrachtet, es wäre also unpräzise, ihn als (einzigen) Repräsentanten einer „ersten Generation" zu kategorisieren.

[9] Vgl. Bendix 1956; Merton 1968; Merton et al. 1952.

[10] Vgl. Blau/Scott 1962; Gouldner 1954: 137ff.; Merton 1968; Stinchcombe 1965; Lounsbury/Ventresca 2002: 6.

und Gesellschaft und vor allem die Frage nach den gesellschaftlichen Konsequenzen organisationalen Handelns.[11]

So forderte Talcott Parsons, der damals bedeutendste Soziologe der USA, mit seinen berühmten „Suggestions for a Sociological Approach to the Theory of Organizations" von 1956 die dezidierte Analyse organisationaler Prozesse und Ziele in Abhängigkeit von vier funktionalen Aufgaben von Organisationen. Er hob nicht nur die adaptive Funktion der Ressourcensicherung hervor, sondern zusätzlich die zielerreichende, die integrative und die kulturelle organisationale Funktion. Parsons argumentierte für einen umfassenden Ansatz der Organisationsanalyse, unabhängig davon, ob es um Unternehmen, Organisationen des Militärs oder die Universität ging. Wichtig in der Theorie Parsons' war die Tatsache, daß Struktur und Operationsweise von Organisationen einerseits von der internen Funktionserfüllung abhängig sind, andererseits von der Umwelt, innerhalb derer Organisationen operieren. Parsons (1956: 66f.) sah Organisationen immer nur als Teil eines größeren sozialen Systems, und zwar als Teil der Gesellschaft:

> „[T]he characteristics of the organization will be defined by the kind of situation in which it has to operate, which will consist of the relations obtaining between it and the other specialized subsystems of the larger system of which it is a part. The latter can for most purposes be assumed to be a society."

Parsons wie die anderen Organisationssoziologen seiner Zeit waren (immer auch) Gesellschaftswissenschaftler, welche die zunehmende Bedeutung von Organisationen für die moderne (amerikanische) Gesellschaft realisiert hatten. Der von Robert Presthus (1962) formulierte Titel „The Organizational Society" war paradigmatisch für dieses neue Selbstbewußtsein. Konsequenterweise wurden Organisationen nicht als von der Gesellschaft isolierte Einzelphänomene betrachtet, sondern stets in ihren komplexen und kontextuellen gesellschaftlichen Zusammenhängen. Nicht alle Organisationswissenschaftler der damaligen Zeit folgten Parsons in seinem umfassenden Vorschlag und auch nicht alle folgten seinem funktionalen Ansatz, aber für alle war die Einbettung von Organisationen in die Gesellschaft wesentlich. Entsprechend begann Arthur Stinchcombe seinen einflußreichen Aufsatz „Social Structure and Organizations" von 1965 mit den einleitenden Zeilen:

> „The general topic of this chapter is the relation of the society outside organizations. Part of the specific topics have to do with the effect of society on organizations, and part concern the effects of organizational variables on the surrounding social environment" (Stinchcombe 1965: 142).

---

[11] Vgl. Stinchcombe 1965; White 1956; Burnham 1941.

Stinchcombe erfüllte diesen Anspruch, indem er Organisationen und die Prozesse in ihnen unter einem weiten Blickwinkel betrachtete: Organisationen waren beeinflußt durch politische Strukturen, durch interne Konflikte, durch soziale Klassen und andere Statusgruppen. Umgekehrt veränderten Organisationen die Struktur der Gesellschaft, sie hatten Einfluß auf die Solidarität innerhalb der Gemeinschaft und auf die Identität kommunaler Gruppen. Philip Selznick (1949), ebenfalls ein „old institutionalist", untersuchte, inwiefern sowohl die legitime, durch gesellschaftliche Werte begründete Autorität von Organisationen als auch die Ziele von Organisationen durch verschiedene Mechanismen und Koalitionsbildungen untergraben werden konnten. Er zeigte mit seiner Untersuchung der Tennessee Valley Authority (einer dezentralisierten, von der Regierung Roosevelt zur Zeit des New Deal ins Leben gerufenen Organisation), daß sowohl Organisationsstrukturen als auch Organisationsziele nicht nur Produkt interner Entscheidungsprozesse sind, sondern ebenso Ergebnis gesellschaftlicher Anforderungen an die Organisation. Alvin Gouldner (1954) machte anhand einer empirischen Untersuchung einer Kohlenmine in Lakeport (USA) deutlich, inwiefern Maßnahmen zur Einführung bürokratischer Strukturen durch informale Regeln, Werte und Loyalitätsbindungen der Angestellten unterlaufen wurden und welche Arbeitsstrukturen die Einführung einer bürokratischen Organisation begünstigten. Amitai Etzioni (1961) warf die Frage von Autorität und Autoritätsbefolgung in Organisationen erneut auf und entwickelte eine Typologie von Faktoren, warum Organisationsmitglieder die an sie gerichteten Anforderungen befolgten. Die (stadtsoziologisch geprägte) Arbeit von Duncan et al. (1960: 12) deckte u.a. auf, inwiefern unterschiedliche Grade an „metropolitanism" die spezifische Struktur der Industrieorganisation beeinflußten. Kenneth Boulding (1953: 33ff.) beschrieb, wie durch die Formierung von Organisationen die ökonomische Produktivität gesteigert wurde; er reflektierte über Auswirkungen der „Organizational Revolution" auf die Struktur des Marktes sowie über mögliche Veränderungen der Einkommensdistribution. Und William White (1956: 295ff.) lenkte mit seinem Buch „The Organization Man" die Aufmerksamkeit auf die persönlichen Konflikte von mittleren und leitenden Angestellten großer Unternehmen, Verbände, Hochschulen und staatlicher Verwaltungen, wie sie sich als Folge von organisationalen Anforderungen ergaben. White beschrieb – ähnlich wie viele Jahre später Richard Sennett (1999) – den durch den Organisationsalltag entstehenden Widerspruch zwischen individualistischen und gruppenkonformistischen Tendenzen im Leben der Angestellten, und er zeichnete nach, wie sich dadurch psychologische Probleme, aber auch Veränderungen von Konsumgewohnheiten, Freundschaftsbeziehungen und andere Lebensgewohnheiten einstellten.

Festzuhalten bleibt für die 50er und beginnenden 60er Jahre des letzten Jahrhunderts, daß Organisationen nicht als autonome soziale Einheiten betrachtet wurden, sondern man erforschte Organisationen (oder zumindest manche Aspekte derselben) mit Blick auf gesellschaftliche Entwicklungen und Zusammenhänge. Organisationen waren „offene Systeme". Das Interesse war auf Organisationen *und* die Gesellschaft gerichtet.

2   Ein Neuer Institutionalismus   *Mikroperpektive*

2.1   *Die New Institutionalists und das Erbe der Old Institutionalists*

Diese in den Arbeiten der Old Institutionalists formulierten Ansprüche und Zugänge zum Gegenstand „Organisation" wurden von den Neo-Institutionalisten gegen Mitte der 70er Jahre aufgenommen und in einigen entscheidenden Aspekten reformuliert. So stehen zum einen die Neuen Institutionalisten nicht mehr der politischen Soziologie nahe, mit der Folge, daß Konflikte und Interessensunterschiede von ihnen weniger betont werden und der Fokus stärker auf Beständigkeit und Homogenität zwischen Organisationen und ihrem institutionellen Umfeld liegt, während in der „old school" Wechsel und Veränderung von Organisationen im Zentrum standen.[12] Zum anderen haben die Organisationssoziologen der ersten Generation, also die Old Institutionalists, (auch) gesellschaftliche Einflüsse auf Handlungsstränge und konkrete Akteurskonstellationen innerhalb von Organisationen untersucht, während im NI diese als Mikroperspektive zu bezeichnende Forschungsrichtung insbesondere in den früheren Arbeiten vernachlässigt wurde, so daß die Organisation als korporativer Akteur gesehen wurde und damit mitunter als „black box" in Erscheinung trat.[13]

Neben diesen beiden wesentlichen Unterschieden, welche ausführlich und ergänzend bei DiMaggio/Powell (1991a: 11ff.) besprochen werden, rechtfertigt die Art und Weise ihres analytischen Zugangs zum Gegenstand Organisation die Konstatierung einer gemeinsamen Theorietradition. Denn das aus unserer Sicht als Soziologen wichtigste gemeinsame Merkmal dieser beiden Strömungen ist die Betrachtung von Organisationen mit Blick auf das gesellschaftliche Umfeld. Beide, sowohl die *Old Institutionalists* als auch die *New Institutionalists,* sehen Organisationen nicht als autonome Einheiten, sondern immer als „embedded in" und beeinflußt durch die Gesellschaft, genauer durch die Institutionen der Gesellschaft. Im Vergleich zu den anderen Ansätzen der US-amerikanischen Organisationswissenschaft, wie dem Ressourcen-Abhängigkeits-Ansatz, den Populationsökologischen Ansatz und der Transaktionskostentheorie, gehören der *Old Institutionalism* und der *New Institutionalism* zu den am soziologisch aufgeklärtesten Ansätzen, da sie

---

[12] Lediglich bei Talcott Parsons, so der gängige Vorwurf, gab es auch eine Konzentration auf Beständigkeit bzw. Homoöstasis und eine Vernachlässigung der Frage von Konflikten in Organisationen.
[13] Siehe auch den Beitrag von *Meyer/Hammerschmid* in diesem Band.

am sensibelsten und differenziertesten das gesellschaftliche Umfeld von Organisationen beachten. Dabei zeichnen sich beide durch einen erheblichen Skeptizismus gegenüber Rational-Akteur-Modellen aus – also gegenüber der Vorstellung, daß organisationales Handeln überwiegend auf ökonomisch rationalen Entscheidungen beruht – und beide decken organisationale Praktiken und Prozesse auf, die im Gegensatz zu den formalen Strukturen von Organisationen und offiziellen Annahmen über Organisationen stehen.[14] Das heißt: *Old* und *New Institutionalists* geben Beispiele von organisationalen Praktiken oder auch strukturellen Organisationseigenschaften, die es nach dem herkömmlichen Verständnis von Organisationen und vor allem nach der Selbstbeschreibung von Organisationen als rational handelnde Akteure eigentlich nicht geben dürfte. Während die *Old Institutionalists* in dieser Hinsicht zur Erklärung auf die „unanticipated consequences" (unerwartete Konsequenzen) sozialer Handlungen gesetzt haben, betonen die *New Institutionalists* die „taken-for-grantedness" (Selbstverständlichkeit) und „unreflectivity" (Unreflektiertheit) sozialer Handlungen (DiMaggio/Powell 1991a: 13). Diese für den NI charakteristische und wichtige Perspektive wird theoretisch mit dem Kognitionsbegriff eingefangen, der eine äußerst wichtige Stelle in diesem Ansatz einnimmt, obwohl es bislang nur wenige Versuche gibt, die sich der Bedeutung des Kognitiven innerhalb des NI dezidiert widmen.[15]

Zum Beispiel beschreiben die Neo-Institutionalisten Marshall Meyer und Lynne Zucker (1989: 33ff.) das Fortbestehen der „Rath Packing Company" als den Fall einer „permanently failing organization": Die Rath Packing Firma wurde bereits 1891 gegründet und war in den 1930er Jahren der größte Fleischverarbeiter in den Vereinigten Staaten. Da die Firma es versäumte, in den boomenden Jahren in neue Anlagen zu investieren, mußte sie in den 1970er und 1980er Jahren einen akkumulierten Verlust von 23 Mio. US-Dollar hinnehmen. Die Autoren beschreiben anschaulich, wie die operativen Verluste der Rath Packing Company über einen Zeitraum von 15 Jahren stetig stiegen und nur durch geliehenes Kapital das Geschäft aufrecht erhalten werden konnte. Das Besondere an dem Beispiel der Rath Packing Company ist nun darin zu sehen, daß die über Jahre bestandene Unprofitabilität des Unternehmens und das Risiko einer Finanzierung über Kredite allen Beteiligten, und zwar auch den Geldgebern, in ihrem Ausmaß bekannt waren und dennoch stets neue Kapitalgeber gefunden werden konnten, welche die Kreditfinanzierung fortführten. Die Pointe ist darin zu sehen, daß nicht nur die bisherigen Investoren weiterhin die Firma mit Krediten am Leben hielten – was noch ökonomisch sinnvoll wäre, da man einmal getätigte Investitionen nicht aufgeben will –, sondern daß es den Verantwortlichen möglich war, über einen Zeitraum von 15 Jahren stets neue Geldgeber zu gewinnen,

---

[14] Vgl. auch den Beitrag von *Hasse* in diesem Band.
[15] Siehe auch den Beitrag von *Klatetzki* in diesem Band.

zu denen auch die Regierung und die Angestellten gehörten, welche über Aktienbeteiligungen, Lohnkürzungen, Reduzierung der Rentenpläne usw. das Unternehmen aufrecht erhielten, und zwar obwohl sie über die desolate Lage aufgeklärt waren. Am Beispiel der Rath Packing Company, so Meyer/Zucker, kann man über viele Jahre ein aus ökonomischer Perspektive völlig irrationales Verhalten beobachten, welches sich nur erklären läßt, wenn man anerkennt, daß ökonomisches Handeln eben nicht nur durch eine effiziente Ziel-Mittel-Verfolgung geleitet wird, sondern auch von „nicht-ökonomischen Bedingungen ökonomischen Handelns" (Weber), wie Emotionen, Traditionen und Legitimitätszuschreibungen.[16] Gemeint ist damit, daß ökonomisches Handeln – und soziales Handeln grundsätzlich – von einer Reihe von Ursachen beeinflußt wird, die man *auf den ersten Blick* als „nicht-ökonomisch" bezeichnen würde. Beispielsweise berücksichtigte Weber in seinen Analysen wirschaftlicher Prozesse historische Wandlungsprozesse; die Kraft der alltäglichen Sitten und Gebräuche; die Handlungsmuster verschiedener Träger von Werten, Normen und Interessen; Ursprünge und Verlaufsformen politischer Ereignisse; den Einfluß von Religion, Recht und Herrschaft. Diese „nicht-ökonomischen" Faktoren wirken sich auf die Ökonomie aus; sie sind, strenger betrachtet, auch ökonomische Faktoren. Aber sie lassen sich analytisch von Faktoren trennen, die in hoch differenzierten Gesellschaften vornehmlich für die Ökonomie relevant sind, wie Preise, Honorare, monetäre Ressourcen, Produkte u.dgl.[17]

Und in der Tat ist die vom NI hervorgehobene Beeinflussung von Organisationen durch Institutionen, die in ihrer Dynamik der Effizienz einer ökonomischen Ziel-Mittel-Verfolgung entgegenwirken *können*, derartig befremdend gewesen, daß der NI am Anfang seiner Entwicklung deshalb auch von einigen Wissenschaftlern zunächst als Ansatz gehandelt wurde, der nur bei Non-Profit-Organisationen wie Schulen, Krankenhäuser, Kirchen usw. Anwendung findet, da diese, wie es hieß, in jenen stark institutionalisierten Umwelten operieren, von denen Neo-Institutionalisten sprechen (Strang 1994: 169). Organisationen, die dem Marktgeschehen ausgesetzt sind, wie Einzelhandelsgeschäfte, Banken, Produktionsunternehmen, operieren hingegen in schwach institutionalisierten Umwelten. Die Trennung zwischen stark und schwach institutionalisierten Umwelten resultiert dabei aus der Unterstellung, daß es bei stark institutionalisierten Bereichen keine klaren Parameter des Erfolges gibt (Woran werden erfolgreiche

---

[16] Siehe auch den Beitrag von *Hellmann* in diesem Band.
[17] Selbst wenn es um Preise geht, wird eine klare Trennung zwischen ökonomischen und nicht-ökonomischen Faktoren schwierig: Denn Preise werden zwar in differenzierten Gesellschaften durch den Markt festgelegt, die Festlegung selbst wird aber zudem durch politische Eingriffe beeinflußt, und sie muß mit den normativen Angemessenheits-Vorstellungen der angestrebten Tauschklientel abgestimmt sein.

Kirchen, Krankenhäuser gemessen?), dort quasi Institutionen in stärkerem Maße für die Ordnung des organisationalen Geschehens verantwortlich sind. Gleichfalls gilt für schwach institutionalisierte Bereiche, daß dort Marktgesetze und eindeutige Erfolgsparameter wie monetäre Gewinne eine institutionelle Ordnung nicht notwendig machen (Scott/Meyer 1991: 123ff.). Hinter einer solchen Trennung steht die Vorstellung, der Markt sei nicht institutionell geregelt, das Bildungssystem einer Gesellschaft aber schon. Dieses den NI betreffende Mißverständnis wurde kurioserweise von zwei der bedeutendsten Vertreter des Ansatzes auf den Weg gebracht, nämlich von Scott/Meyer (1991: 122ff.). Die Kuriosität besteht dabei in der Tatsache, daß eine derartige Vorstellung den neo-institutionalistischen Grundgedanken einer institutionell geregelten Gesellschaft und organisationalen Welt erheblich relativieren würde. Denn das, was den NI gerade ausmacht, ist sein Hinweis darauf, daß sowohl Marktgesetze als auch die Vorstellungen darüber, welche Marktgesetze als effizient und ökonomisch-rational gelten, in sozialen Konstituierungsprozessen entstehen und nicht notwendigerweise so sein müssen. Ökonomische Rationalität ist kontingent. Das bedeutet aber, daß die klaren Erfolgsparameter von Wirtschaftsorganisationen nur deshalb eindeutig und selbstverständlich in der Gesellschaft verankert sind, weil Akteure in historisch zurückliegenden Entwicklungsprozessen diese Bedeutung ökonomischer Rationalität geschaffen haben und beständig aufrecht erhalten. Ökonomische Marktgesetze sind keine Naturgesetze, sondern soziale institutionelle Regelungen, die auch ganz anders sein könnten. Es hat ca. 20 Jahre gedauert, bis Scott selbst diese ursprüngliche Vorstellung korrigierte und nunmehr davon ausgeht, daß alle Organisationen in gleichem Maß in institutionellen Umwelten operieren und Märkte selbst institutionelle Rahmen vorgeben (Scott 2001a: 210; Dobbin 1994b: 126f.). Mittlerweile ist diese Vorstellung etabliert, und der NI gehört zu den wichtigsten Erklärungsmodellen, wenn es um die Analyse von Profit-Organisationen und ökonomisches Handeln geht.[18]

Während also *Old* und *New Institutionalists* gleichermaßen Widersprüche mit Bezug auf Organisationen identifizieren, und zwar in dem Sinne, daß Organisationen eben nicht nur durch rationale und durchgängig effiziente Prozesse und Strukturen gekennzeichnet sind, unterscheidet sich der NI noch durch eine weitere Besonderheit von den herkömmlichen Betrachtungen auf Organisationen. Neo-Institutionalisten meinen nämlich zeigen zu können, daß das, was Organisationen „tun", zu einem Großteil aufgrund von unreflektierten Entscheidungen abläuft. Nicht also bewußte rationale Überlegungen liegen wichtigen organisationalen Prozessen zugrunde, sondern eher Routinen und unbewußt ablaufende Vorgänge.

---

[18] Siehe auch den Beitrag zu „Organisationales Feld und Gesellschaftlicher Sektor" von *Becker-Ritterspach/Becker-Ritterspach* in diesem Band.

Motivsteuerung durch unbewußte institutionelle Einflüsse
~~unbewußte Motive~~

Das heißt nicht, daß das Rationalitätskonzept[19] als solches im NI grundsätzlich in Frage gestellt wird. Neo-Institutionalisten gehen sehr wohl davon aus, daß es Ziele in Organisationen gibt, deren Verwirklichung nach den Kriterien rationaler Wahl angestrebt wird – korporative Akteure handeln also durchaus „intendedly rational" (Simon 1997: 88ff.) –, aber Neo-Institutionalisten meinen zeigen zu können, daß die Motive für die rational intendierten Ziele in der Regel aufgrund (oftmals unbewußter) institutioneller Einflüsse entstehen.[20] Das heißt: Rationales Handeln wird im NI nicht wie im Rational-Choice-Ansatz als Prämisse der Theorie grundsätzlich zugrunde gelegt, sondern in seinen sozialen Voraussetzungen erst erklärt (Hirsch-Kreinsen 2003: 3). Die zentrale Kritik richtet sich also gegen eine Konzeption der Organisation als korporativem Akteur, dem ein im Prinzip durchgängig zweckrationales Handeln im Sinne des Organisationszieles unterstellt wird.[21]

Mit dieser Infragestellung einer rein zweckrationalen Sichtweise auf Organisationen steht der NI in einer (zweiten) längeren, aber bis dato nicht dominierenden Tradition soziologischen Denkens, deren Wurzeln bereits in den 40er Jahren mit der verhaltenswissenschaftlichen Entscheidungstheorie von Herbert Simon (1997) und Chester Barnard (1968) gelegt wurden (March/Olsen 1986). Da der NI im Unterschied zu den genannten Vordenkern wie Barnard, Simon etc. im Kern eine makrosoziologische Perspektive einnimmt, ist der Ursprung derartiger institutioneller Einflüsse in der Regel nicht auf der Akteurs- oder Organisationsebene zu verorten, sondern in einem weiteren gesellschaftlichen Umfeld.[22] Das heißt: In der Gesellschaft gibt es institutionalisierte Vorstellungen richtigen oder zu vermeidenden Handelns, welche von den Akteuren oftmals unbewußt übernommen werden. In der Logik des NI wird die Gesellschaft als ein Gefüge von Institutionen begriffen, und es sind die Institutionen der Gesellschaft, welche dauerhaft, verbindlich und maßgeblich das organisationale Handeln bestimmen. Und das heißt auch: Institutionen gelten in der neo-institutionalistischen Sicht als soziale Regeln, die das organisationale Geschehen in zeitlicher Perspektive dauerhaft (sie gelten lange), in sozialer Hinsicht verbindlich (Akteure halten sich daran) und in sachlicher Hinsicht maßgeblich (die Institution ist für ein Phänomen bedeutsam) beeinflus-

---

[19] „Rationalität" bezieht sich in diesem Zusammenhang auf bewußt herbeigeführte Entscheidungen, die aus dem Blick des jeweiligen Sozialzusammenhanges als sinnhaft betrachtet werden können. In Organisationen würde man ein Verhalten als rational bezeichnen, welches der Verwirklichung des Organisationszieles zuträglich ist. Es wird schnell deutlich, daß unterschiedliche Sozialzusammenhänge durch verschiedene Rationalitätsvorstellungen gekennzeichnet sind. Was als rational in einer Liebesbeziehung gilt, gilt als irrational in ökonomischen Zusammenhängen.

[20] Siehe auch den Beitrag von *Tacke* in diesem Band.

[21] Vgl. Meyer 2000; Meyer/Rowan 1977: 340ff.; DiMaggio/Powell 1983: 147ff.; Zucker 1983.

[22] Vgl. Barley/Tolbert 1997; DiMaggio/Powell 1991a; Meyer/Rowan 1991; Scott 2001a: 52ff.; Tolbert/Zucker 1996; Zucker 1987.

sen.[23] Die gesellschaftlichen Institutionen sind, ganz im Sinne Durkheims (1999), mit einer gewissen „Macht" ausgestattet. Von ihnen gehen Einflüsse aus, denen sich Organisationen nicht gänzlich entziehen, auf die Organisationen aber unterschiedlich reagieren können (Oliver 1991; Meyer/Rowan 1991: 57ff.).

Der Institutionenbegriff ist dabei sehr weit gefaßt und umschließt letztlich jede Art von (dauerhaft) reproduzierten sozialen Praktiken, die sich in der Empirie *für* Organisationen als bedeutungsvoll herausgestellt haben (Türk 1997: 141).[24] Eine umfassende Systematisierung der relevanten Institutionen gibt es im NI nicht, wohl aber eine Spezifizierung nachweisbar bedeutender. So begreifen Neo-Institutionalisten u.a. organisational verankerte Einheiten wie den Staat und die Professionen als bedeutende Institutionen, ferner abstrakte Orientierungspunkte wie allgemeine Werte und Normen; aber auch den alltäglichen, oftmals unbewußten Handlungsroutinen wird ein institutioneller Status zugewiesen. Alle diese genannten Phänomene stehen somit, bei unterschiedlicher Schwerpunktsetzung und in unterschiedlichem Ausmaß, in einem kausalen Zusammenhang mit dem Handeln in Organisationen. Damit bestimmen also der gesellschaftliche Kontext und somit letztlich Institutionen in erheblichem Maße das, was Organisationen „tun" (Meyer 2000b; Scott et al. 2000: 17ff.).

Als Folge institutioneller Einflüsse kommt es zu isomorphen Strukturen zwischen Organisationen und ihren institutionellen Umwelten, Organisation(en) und Umwelt werden strukturähnlich (Meyer/Rowan 1991).[25] In einem späteren Beitrag haben DiMaggio/Powell (1991c) diese zur Isomorphie neigende Tendenz von Organisationen mit der Einführung des Feldbegriffes bzw. Scott/Meyer (1991) mit der Einführung des Konzeptes des „societal sector" dahingehend spezifiziert, daß sie durch diese Begriffe die Reichweite der Isomorphie eingegrenzt haben. Isomorphie entsteht demnach innerhalb eines organisationalen Feldes, welches, ausgehend von einer Fokalorganisation, alle relevanten Akteure umfaßt, die für die Fokalorganisation von Relevanz sind. Die Gründe für die Ausbildung isomorpher Tendenzen wurden wiederum von DiMaggio/Powell (1991b) näher spezifiziert. Sie unterscheiden zwischen „coercive isomorphism", der durch politischen Zwang herbeigeführt wird, „mimetic isomorphism", der infolge hoher Unsicherheit erfolgt, und „normative isomorphism", der aufgrund gemeinsam akzeptierter Normen und Werten entsteht (DiMaggio/Powell 1991b: 63ff.). Diese drei Arten von Isomorphie-Gründen sind theoretisch-analytische Konzepte, die in der empirischen

---

[23] Siehe auch den Beitrag von *Senge* in diesem Band.

[24] Da der Neo-Institutionalismus im Kern ein organisationswissenschaftlicher Ansatz ist, werden an dieser Stelle Organisationen in den Vordergrund gehoben. Es gibt aber ebenso eine Reihe von Arbeiten wie z.B. über die „world polity", in denen nicht nur institutionelle Einflüsse auf Organisationen hervorgehoben werden, sondern auch auf Gemeinschaften.

[25] Siehe auch die zwei Beiträge von *Becker-Ritterspach/Becker-Ritterspach* sowie von *Quack* in diesem Band.

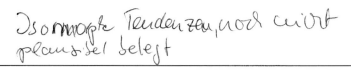

Wirklichkeit einander oftmals überlagern und bislang in empirischen Studien z.B. durch eine Befragung von Akteuren nach ihren Gründen für die Nachahmung bestimmter Praktiken nicht oder kaum nachgewiesen wurden. Daß isomorphe Tendenzen zu beobachten sind, gilt als unstrittig, die Gründe dafür sind aufgrund fehlender mikroanalytischer Arbeiten bislang jedoch noch nicht abschließend plausibel belegt. Wichtig ist aber für die neo-institutionalistische Perspektive, daß der Einfluß von Institutionen zu einer Isomorphie zwischen Organisation und Institution bzw. zwischen Organisation und Umwelt führt.

Die Grenze zwischen Organisation und Umwelt sowie zwischen Organisation und Institution ist jedoch nicht als starre und eindeutig zu bestimmende Trennlinie zu erkennen, sondern Organisation und Gesellschaft stehen in einem dauerhaft prozessualen Konstitutionsverhältnis:

> „[O]rganizational structures are not only influenced but also internally constituted by the wider environment... [T]he boundary between the environment and the actor is not only highly fluid but also highly problematic" (Meyer et al. 1994: 15).[26]

Organisationales Handeln erweist sich in der neo-institutionalistischen Sichtweise als untrennbar mit Prozessen im gesellschaftlichen Umfeld verwoben und als gegenseitig konstituierend. Entscheidend ist dabei, daß Organisationen einer Vielzahl konfligierender institutionell verankerter gesellschaftlicher Kontexte ausgesetzt sind, die in kausaler Beziehung zu den Prozessen und Entscheidungen in Organisationen stehen. Betont wird also die *multikontextuelle* und *multikausale* Einbettung von Organisationen in die Gesellschaft. Neo-Institutionalisten zeigen damit beispielsweise, daß weder Wirtschaftsorganisationen sich ausschließlich am Marktgeschehen orientieren, noch konzentrieren sich Organisationen mit politischem Primat lediglich auf die von der Politik gesetzten Ziele.

Im Laufe der letzten dreißig Jahre ist eine Fülle an Studien entstanden, durch welche die komplexe und multikausale Verbindung von Organisation und Gesellschaft wieder zu einem zentralen Gegenstand organisationswissenschaftlicher Forschung wurde (Friedland/Alford 1991; Zucker 1983). Deutlich ist in diesen Arbeiten ein impliziter Appell an die multikausale und reflexive Verbindung von Organisationen und anderen gesellschaftlichen Bereichen.[27] Die Verbindung und gegenseitige Einflußnahme von Organisation und Gesellschaft werden dabei über den Begriff „Institution" erklärt: Institutionen fungieren im NI als das *Bindeglied* zwischen Organisation und Gesellschaft. Mit dieser Perspektive öffnet der NI die Analyse von Organisationen für ein weites Feld lange Zeit vernachlässigter Einflußgrößen, die ihren Ursprung im gesellschaftlichen Umfeld von Organisationen

These

---

[26] Siehe auch den Beitrag von *Mense-Petermann* in diesem Band.
[27] Vgl. Finnemore 1996a: 89ff.; Meyer 2000a; Meyer 1994; Meyer et al. 1997; Jepperson 2002; Zucker 1983.

haben.[28] Gleichzeitig zeigt der NI durch diese Umorientierung der organisationswissenschaftlichen Agenda Affinität zu einer jüngst zunehmend lauter werdenden
Aufforderung, welche in Verwandtschaft mit dem (wirtschafts)soziologischen
Konzept der „social embeddedness"[29] die Rückkehr der Gesellschaft in die Organisationswissenschaft verlangt.[30]

2.2   Die Rückkehr der Gesellschaft in die Organisationswissenschaft?

Die Feststellung und Beschreibung der oben dargestellten gegenseitigen Beeinflus-
sung von Organisation und Gesellschaft ist das zentrale Merkmal des NI. Diese
Position fand ihren Ausdruck zunächst in verstreut veröffentlichten Beiträgen
Mitte bis Ende der 70er Jahre. Zu diesen, heute als Gründungsdokumente des NI
klassifizierten Beiträgen zählen vor allem drei Aufsätze, mit denen die elementaren
Grundsteine der theoretischen Fundierung des Ansatzes gelegt wurden: der im
Jahre 1977 veröffentliche Aufsatz „Institutional Organizations: Formal Structure as
Myth and Ceremony" von John Meyer und Brian Rowan, der ebenfalls 1997 von
Lynne Zucker veröffentlichte Aufsatz „The Role of Institutionalization in Cultural
Persistence" und der Aufsatz „The Iron Cage Revisited: Institutional Isomorphism
and Collective Rationality in Organization Fields" von Paul DiMaggio und Walter
Powell aus dem Jahre 1983. Diesen Aufsätzen und der sich daran entzündenden
Kritik und Weiterentwicklung ist ein großer Teil der Dynamik neo-
institutionalistischen Theoretisierens geschuldet. Maßgebende und formierende
Entwicklungen wurden ferner von Richard Scott und Ronald Jepperson auf den
Weg gebracht. Entscheidend für die Konturierung des Ansatzes war der 1991 von
Walter W. Powell und Paul J. DiMaggio veröffentlichte Sammelband „The New
Institutionalism in Organizational Analysis", in dem auch die drei oben genannten
Aufsätze wieder aufgenommen wurden.
    Den ursprünglichen Anstoß für die systematische Entwicklung neo-
institutionalistischen Denkens aber bildeten die von John Meyer und seiner Forschergruppe Anfang der 70er Jahre durchgeführten Analysen über den Aufbau und
die Funktionsweise des Bildungssystems der Vereinigten Staaten bzw. Analysen
über den Aufbau und die Funktionsweise wichtiger Bildungsorganisationen. Meyer
konnte nachweisen, daß US-amerikanische Schulen mit der Definition und Umsetzung von Sozialisationszielen nicht einfach nur die von den Kultusministern ge-
planten und festgelegten bildungspolitischen Ziele umsetzen, an deren Ende „reife"

---

[28] Vgl. Jepperson 1991; Scott 1987; Strang 1994; Senge 2004, 2005.
[29] Vgl. Giddens 1984; Granovetter 1985; Polany 1978.
[30] Vgl. Friedland/Alford 1991; Hinings/Greenwood 2002; Lounsbury/Ventresca 2002; Ortmann et al.
1997; Stern/Barley 1996; Stinchcombe 1997.

Schüler stehen, welche auf die notwendigen zukünftigen gesellschaftlichen Aufgaben vorbereitet sind. Meyer zeigte vielmehr, daß die bildungspolitischen Ziele durch die Gesellschaft und den in ihr verankerten Werte festgelegt werden. In diesem Verständnis werden nicht nur die Ziele der Akteure durch gesellschaftliche institutionelle Vorgaben beeinflußt, sondern die Akteure – wie ein „graduate" bzw. ein „reifer Schüler" – sind Produkte gesellschaftlicher Institutionen:

> „Es sind dann nicht Akteure, die Gesellschaft konstituieren, sondern umgekehrt, die moderne Gesellschaft konstituiert den Akteur, der vorgegebene 'scripts' umsetzt, indem er sich der vorherrschenden Form der Rationalität unterwirft." (Hasse/Krücken 1999: 59)

Den Gründervätern des NI ging es in diesen frühen Arbeiten um die Herleitung der sozialen Konstituierungsprozesse „unserer" Vorstellungen eines „reifen Schülers", um die sozialen Konstituierungsprozesse „unseres" Verständnisses von Rationalität und „unserer" Idee des modernen Individuums. In diesem Sinne war der NI in seinen Ursprüngen „Ideologiekritik", weil er Organisationen und die mit diesen verbundenen Vorstellungen über die (legitime) Operationsweise derselben nicht als „face value" nahm, sondern die Selbstverständlichkeiten aufdeckte, mit denen wir Organisationen und Gesellschaft betrachten und konstituieren.[31] Zu zeigen, daß diese Selbstverständlichkeiten kontingent sind und erst in sozialen Konstituierungsprozessen herausgebildet wurden, war eines der zentralen Anliegen der Gründer. Möglich wurde eine derartige Kritik durch die Einführung des Institutionenbegriffs, mittels dessen die handlungsleitende Kraft dieser selbstverständlich gegebenen Routinen des alltäglichen Lebens sichtbar gemacht werden konnten.

Wegweisend für diese Art neo-institutionalistischer Forschung war auch der Beitrag „Institutions as Organizations" von Lynne Zucker (1983), mit dem sie darstellt, inwiefern Organisationen für die moderne Gesellschaft als Institutionen fungieren, indem sie als Modell für eine spezifische Art der Koordination dienen, welche typisch für die moderne Gesellschaft geworden ist. Zucker betrachtet insofern die institutionelle Bedeutung von Organisationen auf einem sehr allgemeinen Niveau.

Konkreter und durchaus häufiger werden institutionelle Wirkungen von Organisationen auf die Gesellschaft im Rahmen der „world polity"-Forschung untersucht.[32] „World-polity"-Forschung bezieht sich auf eine von John Meyer und seinen Mitarbeitern und Mitstreitern George Thomas, Gili Drori, John Boli, Georg Krücken u.a. betriebene Forschungsagenda, welche generelle und gemeinsame Strukturformen der westlichen Welt wie „Organisation", „Staat", „Individuum"

---

[31] Persönliches Gespräch mit John Meyer am 5.9.2004 in Stanford.
[32] Siehe auch den Beitrag von *Krücken* in diesem Band.

identifiziert und in ihrer Bedeutung für die Gesellschaft untersucht. Grundlegend ist dabei die These, daß es in der westlichen Gesellschaft eine gemeinsame kulturelle Ordnung gibt, die sich nicht als territorial gedachte Einheit entlang von Staatsgrenzen, sondern durch gemeinsame Kultur- und Strukturmuster fixieren läßt (Hasse/Krücken 1999: 69). Typische, in der „world-polity"-Forschung identifizierte Muster sind z.B. der „Staat" als eine charakteristische Form der Koordination sozialer Handlungen, aber auch die Form „Organisation" sowie beispielsweise gemeinsame Werte wie „Menschenrechte", „Fortschrittsglaube" etc. Derartige Werte und Strukturformen breiten sich laut Meyer et al. immer weiter aus und werden zu globalen dominanten Mustern. Die Autoren beziehen sich zur Unterstützung ihres Arguments dabei häufig auf Max Weber und seine Analyse des okzidentalen Rationalisierungsprozesses, da bereits Weber die extensive Ausbreitung westlicher kultureller Werte und Strukturmuster festgestellt habe: „Weberian rationality is marching relentlessly across the earth, leaving its wake a marketized, bureaucratized world of increasingly similar forms" (Finnemore 1996a: 138).

Obwohl diese Interpretation Webers durchaus richtig ist, wird es Webers historisch vergleichender Methodologie unserer Ansicht nicht gerecht, wenn man ihn als einen Protagonisten einer Weltkultur mit übergreifenden normativen Prinzipien darstellt. Denn es war gerade Webers Verdienst, auf die Einzigartigkeiten von Nationen bzw. Kulturen hinzuweisen, welche der Dominanz weltweiter einheitlicher Denk- und Handlungsmuster in der Regel eher kraftvoll entgegenwirken als ihre Formation unterstützen (Kalberg 2001). Eine Untersuchung einer etwaigen „world polity", die sich nur auf beobachtbare Gemeinsamkeiten stützt, nicht aber nach den Einzigartigkeiten und Besonderheiten von kulturellen Strömungen fragt, kann sich u.E. daher nicht auf Max Weber berufen. Für Weber müssen Kulturen von innen heraus analysiert und verstanden werden, wie er es über China, Indien etc. vorgeführt hat. Er sah aber, wie er im ersten Satz zur Vorbemerkung der Protestantischen Ethik schreibt, daß wir modernen Kulturmenschen geneigt sind uns vorzustellen, daß die Kulturerscheinungen des Okzidents universelle Geltung hätten (Weber 1988b: 1).

Die „world-polity"-Forschung, wie sie von Meyer und anderen betrieben wird, markiert innerhalb des NI nur einen, wenn auch bedeutenden und äußerst wichtigen Strang neo-institutionalistischer Forschung. Hinsichtlich der Frage, ob durch den NI die Gesellschaft wieder in die Organisationswissenschaft eingeführt wurde, läßt sich für die „world-polity"-Forschung dies durchaus bejahen, auch wenn der Gesellschaftsbegriff (Weltgesellschaft) keine eindeutige Definition erfährt, aber versucht wird, die bedeutenden Struktur- und Kulturmuster zu beschreiben, welche für die Weltgesellschaft konstitutiv sind (Meyer 2005a). Zwar stehen in der „world-polity"-Forschung auch Organisationen im Zentrum der Analyse, da Organisationen wie weltweit operierende NGO's die entscheidenden Träger der

„world-polity" darstellen. Von Interesse sind aber nicht nur organisationale Veränderungen, sondern auch Themen, welche z.B. die Entstehung eines globalen Um-
weltbewußtseins betreffen oder die grundsätzliche Veränderung innerhalb der
weltpolitischen Landschaft. Charakteristisch dafür ist z.B. die Frage, wie sich die
Autorität und Entscheidungshoheit von Nationalstaaten angesichts einer stärker
werdenden „world polity" verändern. Was passiert innerhalb von Nationalstaaten?
Welche Bedeutung werden diese für zukünftige politische, globale Entscheidungsprozesse haben?[33] Oder es geht um die Analyse von Veränderungen ökonomischer
Globalisierungsprozesse und deren Konsequenzen (Meyer 1987; Ramirez 1987:
316). Derartige Forschungsfragen untersuchen die Auswirkungen von Organisationen auf die Gesellschaft bzw. die „world polity". Mit Bezug auf das Forschungsfeld der „world-polity" weist der NI, wie auch Hasse/Krücken (1996: 101) formu-
lieren, „weit über exklusiv organisatorische Themenstellungen hinaus."
        Das Hauptaugenmerk der neo-institutionalistischen empirischen Forschung ist
jedoch jenen organisationsbezogenen Themenstellungen gewidmet, bei denen eine
Analyse der modernen Gesellschaft *nicht* im Zentrum der Betrachtung steht –
abgesehen von der Tatsache, daß die moderne Gesellschaft als Organisationsgesellschaft begriffen werden kann. Hier findet sich die Verbindung von Organisation und Gesellschaft in der Identifizierung funktionaler Bezüge zwischen Organisationen und verschiedenen gesellschaftlichen Institutionen. Diese sich mittlerweile
als Mainstream herauskristallisierte neo-institutionalistische Forschung steht dabei
in Abgrenzung zu dem, was die Gründerväter wie Meyer, Rowan, DiMaggio und
Powell einst intendierten, nämlich das Aufdecken der sozialen Konstituierungsprozesse institutioneller Regeln. Eine reflexive Analyse und Verbindung von Organisation und Gesellschaft – wie sie charakteristisch für die „world-polity"-Forschung
ist –, findet sich nicht. Statt dessen zeichnet sie sich durch eine Art „problem solving" im Kuhnschen Sinne aus, durch die organisationale Phänomene mit Blick
auf gesellschaftliche institutionelle Wirkungen sukzessive untersucht werden
(Kuhn 1996: 35ff.). Mittlerweile gibt es sogar eine an Quantität fast unüberschau-
bare Anzahl empirischer Arbeiten, in denen verschiedene institutionelle gesellschaftliche Einflüsse auf Organisationen untersucht werden.
        So zeigen z.B. Baron et al. (1986), inwiefern Wirtschaftsorganisation durch
politische Entwicklungen ihre Strukturen und Praktiken verändern. Die Autoren
beobachten einen enormen Anstieg des Einsatzes bestimmter Personalführungsme-
thoden wie Job-Evaluationen, Zeit- und Bewegungsstudien, innerbetriebliche Kar-
riere-Promotionen u.ä. in den USA während des Zweiten Weltkrieges. Sie sehen
einen Zusammenhang zwischen dem beobachteten Anstieg und einer Reihe staat-
lich initiierter Maßnahmen und Programmen mit dem Ziel, die effiziente Ausnut-

---

[33] Vgl. Drori/Meyer/Hwang 2006; Boli/Thomas 1997; Meyer et al. 1997; Meyer 1987.

zung menschlicher Ressourcen während der Kriegsjahre zu verbessern. Konkret sollten die Projekte vor allem eine allgemeine Stabilisierung des Arbeitsmarktes bewirken, beispielsweise durch eine Reduzierung der „Turn-over"-Rate und der Lohninflation. Die vom Staat einberufenen Kommissionen sprachen Empfehlungen für Lohnhöhe, Arbeitszeit, Schichtarbeitsregelungen, Streikabwehrtaktiken u.ä. aus. Für Baron et al. (1986: 369) war eine Standardisierung der Industriearbeit das herausstechende Resultat derartiger politischer Bestrebungen. Damit belegen die Autoren die für den NI charakteristische Aussage, daß für die Ausprägung organisationaler Strukturen nicht nur Effizienzkriterien relevant sind, sondern auch politische (Baron et al. 1986: 362ff.).

Während Baron et al. mit ihrer Studie also vor allem die von der Politik ausgehenden Einflüsse auf Organisationen thematisieren, untersucht Fligstein (1991) den Einfluß von Bildungspfaden auf organisationale Praktiken. Er kann deutlich machen, daß die Art und Richtung der zwischen 1919 und 1979 zu beobachtenden zwei Diversifizierungsschübe amerikanischer Unternehmen auf die spezifischen Ausbildungswege und Karrierepfade der damaligen Unternehmenspräsidenten zurückzuführen sind. Fligstein begründet diesen Befund, indem er die lebensweltlichen Hintergründe der Unternehmenspräsidenten, insbesondere deren fachlichen Hintergrund als erklärende Variable heranführt. Denn der fachliche Hintergrund bestimmt die Wahrnehmung von Problemen in den Organisationen sowie das Suchen von Lösungen für die Probleme und letztlich auch die Konturen individueller Interessen. Entsprechend haben sich Präsidenten mit einer Marketing- und Verkaufslaufbahn für eine produktbezogene Diversifizierung eingesetzt, mit dem Ziel, Wachstum über einen Ausbau der Produktpalette und die Eroberung neuer Nischen und Märkte zu erreichen. Präsidenten mit finanzwirtschaftlichem Hintergrund hingegen interessierten sich nicht für die Harmonie von Produktlinien oder für das Bewahren von Produkttraditionen, sondern betrachteten Diversifizierung lediglich als eine Form von Investment; folglich kann in alles investiert werden, was Gewinne verspricht (Fligstein 1991: 318ff.).[34]

An zentraler Stelle werden im NI nicht nur die Einflüsse des Staates und der Kultur (Bildung) auf Organisationen untersucht, sondern auch die der Professionsgemeinschaften. Exemplarisch kann dafür die Arbeit von Mezias (1990) gesehen werden, der in einer quantitativ angelegten Studie die Einführung einer bestimmten Methode des Finanzberichtswesens unter den Fortune 200-Firmen während des Zeitraums von 1962 bis 1984 analysiert. Wie Mezias zeigen kann, gibt es eine Vielzahl von Gesellschaften und Interessenvertretungen, welche Einfluß auf die

---

[34] Übrigens sieht Fligstein (1991: 318) seine eigene Studie als Beleg für die Bedeutung individueller Interessen, im Unterschied zu institutionellen Einflüssen, für die Erklärung organisationaler Veränderungen. Die hier vorgestellte Interpretation sieht hingegen Fligsteins Studie als Beleg für die Tatsache, daß auch Interessen institutionell überformt sind.

Wirkungsweise der gesellschaftl. Bedingungen von Organisationen

Methoden des Finanzberichtswesens haben. Ohne die Argumentation in allen Einzelheiten nachzeichnen zu wollen,[35] ist ein Ergebnis dieser Arbeit, daß die Einführung von Finanzierungsrichtlinien zum einen von legislativen Entscheidungen abhängig ist, zum anderen in einem nicht unerheblichen Ausmaß von der Einflußnahme durch die Profession der Wirtschaftsprüfer (Mezias 1990: 437ff.). Zwar können die Professionen keine Gesetze erlassen, auch sind sie nicht vom Gesetzgeber beauftragt, Richtlinien auszuarbeiten. Aber sie können eigene Professionsnormen festlegen, die als relativ verbindliche Leitlinien gelten. Und in der Tat ist der Einfluß der Profession so groß, daß sie die vom Gesetzgeber für die Ausarbeitung von Richtlinien beauftragte Organisation zu einer Kompromißlösung bewegt, in der die Forderung der Profession berücksichtigt wird.

Die hier vorgestellten Arbeiten, in denen Organisationen mit Blick auf gesellschaftliche institutionelle Entwicklungen untersucht werden, könnten noch beliebig ergänzt werden. Wichtig ist, daß in diesen organisationswissenschaftlichen Arbeiten nicht Gesellschaften im Mittelpunkt des Interesses stehen, sondern Organisationen oder organisationale Felder, die im Kontext ihres (meist US-amerikanischen) gesellschaftlichen Umfeldes betrachtet werden.[36] Durch eine solche Betrachtung wird deutlich, daß die „Gesellschaft" in der neo-institutionalistischen Perspektive besondere Aufmerksamkeit erfährt, ohne die „Gesellschaft" jedoch als solche zu definieren. Damit ist gemeint, daß der NI eine hohe Sensibilität für das gesellschaftliche Umfeld aufweist sowie für die Abhängigkeit organisationaler Prozesse von diesem gesellschaftlichen Umfeld, ohne eine Theorie der Gesellschaft zu haben. Denn im Zentrum des NI steht nicht der Versuch, die Bedingungen von Gesellschaft darzulegen oder die moderne Gesellschaft in ihren wichtigen Strukturen zu beschreiben (mit Ausnahme der „world-polity"-Forschung), sondern im Zentrum steht der Versuch, die *gesellschaftlichen Bedingungen von Organisationen* zu ermitteln und in ihrer Wirkungsweise aufzudecken. Als organisationswissenschaftlicher Ansatz steht die Organisation oder eine Gruppe von Organisationen im Zentrum des NI. Damit hat der NI zwar die Umweltbezüge von Organisationen um ein Vielfaches erweitert, er hat aber nicht die Organisationswissenschaft „auf den Kopf gestellt", mithin ein neues Paradigma eingeleitet. Ausgangspunkt sind weiterhin Organisationen und ihre relevanten Bezüge.

Im Resultat erhöht der NI die Anschlußfähigkeit der Organisationswissenschaft gegenüber der soziologischen Gesellschaftstheorie enorm. Organisationen werden wieder als ein bedeutendes soziologisches Forschungsfeld sichtbar. Gleichzeitig, und darin unterscheidet sich eine soziologisch inspirierte Organisationswissenschaft möglicherweise von einer betriebswirtschaftlich geprägten, ist es

---

[35] Für eine detaillierte Darstellung der Studie siehe Senge 2005: 158ff.
[36] Siehe auch die Beiträge „Organisationales Feld und Gesellschaftlicher Sektor" von *Becker-Ritterspach/Becker-Ritterspach* und von *Tempel/Walgenbach* in diesem Band.

die Aufgabe einer Soziologie, immer auch die Konsequenzen des organisationalen Handelns für die Gesellschaft zu untersuchen. Eine derartige Frage steht nicht im Zentrum der organisationswissenschaftlichen Arbeiten des NI, rangiert aber bei der „world-polity"-Forschung ganz vorne.

3   Was sind die Probleme der neo-institutionalistischen Theoriearchitektur und warum dieses Buch?

Nach dreißig Jahren neo-institutionalistischer Forschung stellt sich die Frage, warum eine Einführung in den NI? Warum ein Buch, das an den Anfängen der Entwicklung ansetzt, welches versucht, die zentralen Begriffe und Konzepte auf den Punkt zu bringen und die Lücken der Theorie zu systematisieren? Die Antwort auf diese Frage läßt sich einfach an: Weil es bislang kein Einführungsbuch in den NI gibt, weder im deutschsprachigen noch im englischsprachigen Raum – mit einer Ausnahme, und zwar der Publikation der geschätzten Kollegen Raimund Hasse und Georg Krücken, die maßgeblich daran beteiligt waren, daß der NI innerhalb der deutschen Soziologie bekannt wurde. Es mag vielleicht auf den ersten Blick verwundern, aber eine der größten Schwächen in der neo-institutionalistischen Theoriearchitektur liegt mit Sicherheit in der bis heute unpräzisen Erklärung und Definition zentraler Termini wie Institution, Organisation, Kognition, Legitimität etc. Erst auf den zweiten Blick erkennt man in diesem laxen Umgang mit zentralen Begriffen die weitläufige Etabliertheit des Ansatzes. Denn mit Kuhn kann man sagen, daß die wichtigen Begriffe eines Paradigmas oder einer Schule in der Regel nicht definiert bzw. nur während der Entstehungsphase Definitionsbemühungen unterzogen werden. Ist eine Schule erst einmal etabliert, weist ein Definitionsversuch der Kernbegriffe lediglich daraufhin, daß der eigentlich gewissenhafte Wissenschaftler mit den Selbstverständlichkeiten des Paradigmas nicht vertraut ist. Er „outed" sich als außerhalb der wissenschaftlichen Gemeinde stehend (Kuhn 1996: 10ff.). Das bedeutet also: Der NI ist selbst derart stark institutionalisiert, daß man die Selbstverständlichkeiten dieses Ansatzes nicht mehr in Frage stellt. Genau das aber wollen wir in diesem Buch versuchen: Angestrebt wird ganz bewußt ein naives Hinterfragen der neo-institutionalistischen Selbstverständlichkeiten, um so zu einem besseren Verständnis des Ansatzes beizutragen und um so auch dem uneingeweihten Leser die Erkenntnisse dieses Ansatzes leichter zugänglich zu machen. Dafür haben wir ein Format gewählt, daß sich durch eher kurze Texte auszeichnet, und wir haben uns bemüht, die Begrifflichkeiten möglichst präzise auf den Punkt zu bringen. Die bekannte „Würze in der Kürze" mußte dadurch unweigerlich dem Anspruch auf ausführliche Erklärungen weichen. Das heißt: Nicht alles, was in manchen Kontexten intensiv diskutiert wird und auch wichtig ist, konnte im Rahmen dieses Einführungsbandes angesprochen und ausgeführt werden. Wir bitten dafür um Verständnis – auch bei den Ko-Autoren –, denken aber, auf diese Weise der Konturierung der neo-institutionalistischen Theoriebausteine zumindest ein Stück weit gedient zu haben.

Thematisch gliedert sich das Buch in diese Einleitung, einen ersten und einen zweiten Teil und dem rückblickenden Ausblick von Richard Scott. Im ersten Teil, der sich an die Einleitung anschließt, werden die wichtigsten Begriffe und Konzepte vorgestellt, im zweiten Teil zentrale Fragestellungen und Problembezüge.

Wir beginnen den ersten Teil mit dem zentralen Terminus in der Nomenklatur des NI: dem Begriff der Institution. Wie schon in der Selbstbezeichnung als „Neo-Institutionalismus" deutlich wird, kommt dem Institutionenbegriff eine Schlüsselstellung zu. Denn mittels des Institutionenbegriffs wird die für den NI charakteristische Verbindung von Organisation und Gesellschaft begreifbar. Es verwundert deshalb vielleicht, daß der Institutionenbegriff theoretisch noch immer nicht befriedigend definiert würde. Zwar konnte Richard Scott 1995 mit seinem Buch „Institutions and Organizations" wesentlich zur Systematisierung und einem fortgeschrittenen Verständnis des neo-institutionalistischen Institutionenbegriffes beitragen. Doch scheint uns dieser Versuch noch nicht ganz gelungen. *Konstanze Senge* widmet sich daher im ersten Beitrag einer erneuten Klassifizierung des Konzeptes. Sie räumt ein, daß auch ihr Beitrag keine umfassende Analyse liefern kann, die sämtliche Aspekte und Spezifika der neo-institutionalistischen Verwendungsweise des Institutionenbegriffs berücksichtigt. Gleichwohl geht diese zum Teil schon durch die angestrebte Kürze des Beitrags bedingte Einschränkung auf die wichtigsten Aspekte ein und setzt sich vor allem kritisch mit dem von Scott vorgegebenen und im NI weit verbreiteten Institutionenverständnis auseinander. Die von *Senge* vorgegebene Systematisierung orientiert sich dabei an einer Kategorisierung von Niklas Luhmann, indem sie Institutionen mit Bezug auf ihre sachliche, soziale und zeitliche Sinndimension definiert.

Besondere Bedeutung wird im NI kognitiven Institutionen beigemessen. Lange Zeit wurde die Funktion von Kognitionen innerhalb der Soziologie und der Organisationswissenschaft im Allgemeinen sowie in der Organisationssoziologie im Besonderen vernachlässigt. *Thomas Klatetzki* nennt Ursachen für diese Vernachlässigung und stellt verschiedene Verwendungsweisen des Kognitionsbegriffes vor. Dabei vertritt *Klatetzki* die Auffassung, daß der NI sich gerade durch eine Art „cognitive turn" auszeichne und damit punkten konnte, daß er die Relevanz der kognitiven Dimension für das Organisationsgeschehen unmißverständlich herausgestellt hat. Insofern kommt dem Begriff der Kognition für den NI eine nicht minder wichtige Rolle zu wie dem Begriff der Institution.

Ursula Mense-Petermann widmet sich im dritten Beitrag dem neoinstitutionalistischen Verständnis und Gebrauch des Organisationsbegriffs. Zwar handelt es sich beim NI um einen Ansatz der Organisationswissenschaft, dennoch gilt bisher, daß sein zentraler Forschungsgegenstand, nämlich Organisation, nicht eindeutig konzipiert ist. Ähnlich wie für den Institutionenbegriff gilt auch für den Organisationsbegriff, daß er mittlerweile als selbstverständlich verwendet wird, ohne daß die Regeln seiner Verwendungsweise explizit gemacht werden. *Mense-Petermann* steht also vor der Aufgabe, die vielen empirischen und konzeptionellen Arbeiten des NI mit Blick auf den zugrundeliegenden Organisationsbegriff zu systematisieren und zu kategorisieren. Zwar schwingen in den neo-institutionalistischen Arbeiten an verschiedenen Stellen Erläuterungen dessen mit, was Organisationen denn nun sind. Doch gibt es unseres Wissens bislang keinen Beitrag, der explizit den Organisationsbegriff des NI thematisiert. Hier unterbreitet *Mense-Petermann* eine instruktive Deutung dessen, was der NI unter Organisation versteht.

Ein weiterer zentraler Begriff im NI ist Legitimität. So hängen dem NI zufolge Überleben und Erfolg einer Organisation wesentlich davon ab, daß sie in den Augen bestimmter Akteure als legitim erscheint und durch sie Anerkennung, Zustimmung und Unterstützung erfährt. Dabei wirft die Frage nach den adäquaten Gründen von Organisationslegitimität große Probleme auf, wie *Kai-Uwe Hellmann* in seinem Beitrag aufzeigt. Zudem ist das neoinstitutionalistische Verständnis von Legitimität nicht einfach zu umreißen, weil viele Studien des NI keine klare Definition des Legitimitätsbegriffs besitzen. Vor diesem Hintergrund geht es *Hellmann* darum, Genealogie und gegenwärtige Geltung des Legitimitätsbegriffs an den wichtigsten diesbezüglichen Arbeiten des NI nachzuzeichnen.

Veronika Tacke beschäftigt sich in ihrem Beitrag mit dem Begriff der Rationalität, der seit Weber für die Organisationssoziologie von entscheidender Bedeutung geworden ist. Zugleich waren die Probleme, die sich seit Weber aus der engen Verknüpfung von Organisation und Rationalität ergaben, maßgeblicher Anlaß für die Begründung des NI in den siebziger Jahren. *Tacke* unternimmt vor diesem Hintergrund eine Rekonstruktion des Rationalitätsverständnisses des NI und widmet sich anschließend grundsätzlichen Schwierigkeiten, die mit dem Begriff der Rationalität seit Weber verbunden sind, nämlich der Unterscheidung bzw. Unterscheidbarkeit zwischen formaler und materialer Rationalität.

Die beiden letzten Beiträge im ersten Teil dieses Buches sind von den Autoren *Jutta* und *Florian Becker-Ritterspach*. In ihrem ersten Beitrag hinterfragen sie die im NI stets hervorgehobene beobachtete Isomorphie zwischen Organisationen und die daraus resultierende Kritik, daß die Unterschiede von Organisationen und vielfältigen divergierenden institutionellen Anforderungen an Organisationen im NI nicht ausreichend berücksichtigt worden sind. Dabei zeigt sich ihnen zufolge bereits in den frühen neo-institutionalistischen Arbeiten, daß die schlichte Isomorphieannahme, wie sie in der Wahrnehmung des NI vorherrscht, unterschlägt, daß es ebenso polymorphe Organisationsentwicklungen innerhalb eines organisationalen Feldes gibt, die nicht minder bedeutsam sind für das angemessene Verständnis von Organisationen. – In ihrem zweiten Beitrag wenden sich *Becker-Ritterspach* und *Becker-Ritterspach* dann dem zu, was für die Isomorphieannahme konstitutiv ist: die Existenz eines organiationalen Feldes bzw. gesellschaftlichen Sektors, innerhalb dessen sich isomorphe Angleichungstendenzen von Organisationen beobachten lassen. Hierzu leiten sie Ursprünge dieses Konzeptes her und gehen dann auf Details und Probleme dieses Konzeptes ein.

Im zweiten Teil des Buches werden zentrale Themen und Fragestellungen des NI behandelt. Wir haben dabei jene ausgewählt, die seit Beginn des neo-institutionalistischen Theoretisierens die Forschungsdynamik nachhaltig beeinflußt haben und damit zentral für die Weiterentwicklung des Ansatzes waren und auch heute noch sind.

Den Anfang macht *Georg Krücken* mit einem Beitrag über die „world polity"-Forschung von John Meyer und Kollegen. Dieser Forschungszweig des NI interessiert sich für die weltweite Verbreitung und Durchsetzung bestimmter Rationalitäts- und Regelungsmuster, wie im Bereich der Bildungsinstitutionen – eine Forschungsfrage, die schon Max Weber gefesselt hatte. Dabei vertritt die „world polity"-Forschung die Annahme, daß individuelle und kollektive Handlungsfähigkeit, ja die Konstitution von Akteuren durch solche Muster und Skripte überhaupt erst ermöglicht wird, so daß ein angemessenes Verständnis organisationaler Strukturen und Prozesse notwendig darauf rekurrieren muß, welche kulturellen Faktoren diesen vorausgesetzt sind.

In ganz ähnlicher Weise befaßt sich *Raimund Hasse* mit dem NI als einer makrosoziologischen Kulturtheorie. Makrosoziologisch ist der NI nämlich in dem Sinne, daß er die Strukturen und Prozesse von Organisationen nicht aus der Perspektive der jeweils Handelnden, sondern von einer Makroperspektive analysiert, weil die Bedingungen der Möglichkeit organisationalen Handelns gesellschaftlich erzeugt werden und keineswegs bloße Kreation rein rational kalkulierender Akteure sind.

Renate Meyer und *Gerhard Hammerschmid* gehen in ihrem Beitrag demgegenüber der Frage nach, wie der NI auch die Mikroperspektive berücksichtigt. An dieser Frage entzündet sich eine lange Tradition der Kritik, wie dies auch im Beitrag von *Klatetzki* formuliert wird.[37] Denn bislang behandelt das Gros der neo-institutionalistischen Forschung die Organisation als eine „black box", indem untersucht wird, wie Organisationen als Kollektivgebilde auf institutionelle Einflüsse reagieren bzw. antworten, und nicht, wie einzelne Akteure damit umgehen. Anstelle einer Analyse von Handlungsprozessen, welche die handelnden Akteure, ihre Motive und Interessen sichtbar werden läßt, findet sich im NI da-

---

[37] Vgl.Hirsch 1997; Perrow 1986; Stinchcombe 1997: 2.

her häufig eine Rhetorik der Passivität. *Meyer/Hammerschmid* befassen sich nun mit der damit einhergehenden Defokussierung der Akteure. Dabei konstatieren *Meyer/Hammerschmidt* grundsätzlich, daß eine Schwäche des NI darin besteht, das Eigenleben von Organisationen und die Aktivitäten einzelner Akteure vernachlässigt zu haben. Zwar wurde die Eigenständigkeit von Akteuren „über die Hintertür" durch den Begriff der „Entkopplung" in den Ansatz eingeführt, eine Darstellung dessen, was Akteure tun, wenn sie „entkoppeln",bleibt lange Zeit ungeklärt (Kühl 2003: 43). Erst mit der Einführung des „institutional entrepreneur" (DiMaggio 1988) wurde der Grundstein für eine vielverpsrechender Mikrofundierung des NI gelegt.

Die Mikrofundierung des NI hat auch maßgeblich dazu beigetragen, daß Prozesse des institutionellen Wandels genauer erforscht werden konnten. *Sigrid Quack* gibt mit ihrem Beitrag einen eindrucksvollen Überblick über NI-Studien, die sich mit Prozessen der Institutionalisierung, De-Institutionalisierung und Re-Institutionalisierung befassen. Sie beleuchtet ferner die Ursachen des institutionellen Wandels und zeigt, daß der bisherige Fokus auf kognitiven und mimetischen Prozessen zu einer Vernachlässigung von Zwang und Normen als Mechanismen des institutionellen Wandels geführt hat.

Anne Tempel und *Peter Walgenbach* nehmen am Ende des zweiten Teils dieses Buches dann noch einen partiellen Vergleich zwischen dem US-amerikanischen Neo-Institutionalismus („New Institutionalism") und dem Europäischen Institutionalismus („European Institutionalism") in der Ausführung des „business systems"-Ansatzes von Whitley vor, mit dem Ergebnis, daß es in Fragen der Anpassungsmechanismen, der Analyseeinheit und des jeweils verwendeten Institutionenbegriffs doch erhebliche Unterschiede gibt. Gleichwohl scheint eine Verknüpfung und wechselseitige Befruchtung möglich, wie *Tempel/Walgenbach* zum Schluß ihres Beitrages dann zeigen.

Das Buch endet mit einem Beitrag von *W. Richard Scott*, der, wie er selbst schreibt, seit Anbeginn die Entwicklung der US-amerikanischen Organisationssoziologie und Organisationswissenschaft mit vielen Beiträgen und bedeutenden Werken nachhaltig geprägt hat und für die Konstituierung des NI insbesondere mit dem Buch „Institutions and Organizations" überaus bedeutsam geworden ist. Scott blickt zurück auf die Geschichte des Fachs, zeichnet die bedeutendsten theoretischen und terminologischen Entwicklungslinien nach; er bespricht aktuelle Trends und reflektiert schließlich über eine mögliche Zukunft der Organisationssoziologie. Hier äußert Scott die Sorge, daß „das Fach sich in Richtung einer angewandten Wissenschaft entwickelt, die eher problem- als theorieorientiert ist, und daß Soziologen ihre Untersuchungen und Methoden anpassen werden, da sie im großen Schatten der Wirtschaftswissenschaftler arbeiten, die diese Themen zur Zeit beherrschen" (Scott in diesem Band).

Für das vorliegende Buch ist diese Sorge um eine Desoziologisierung der Organisationswissenschaft insofern relevant, als die Bedeutung des NI gerade darin zu sehen ist, daß er auf die verengte Weltsicht innerhalb der US-amerikanischen Organisationswissenschaft reagiert, indem er der Komplexität der gesellschaftlichen Umwelt von Organisationen gerecht wird, den Gegenstand der Organisationswissenschaft auf diese Weise erheblich erweitert und damit auch eine erhöhte Sensibilität für die Bedingungen der Möglichkeit erfolgreicher Organisationen einfordert.

Teil 1:

Zentrale Begriffe und Konzepte

Zum Begriff der Institution im Neo-Institutionalismus

Konstanze Senge

Der zentrale Terminus in der Nomenklatur des Neo-Institutionalismus ist der Begriff „Institution". Als gegenwärtig wohl einflußreichster Ansatz der US-amerikanischen Organisationswissenschaft interessieren im Neo-Institutionalismus vornehmlich jene Institutionen der Gesellschaft, welche das organisationale Geschehen entscheidend beeinflussen. Mit „entscheidend" ist hier gemeint, daß es sich bei solchen Institutionen – so die hier vorgestellte Definition – um soziale Regeln handelt, die organisationale Prozesse in zeitlicher Perspektive *dauerhaft* (für die Dauer der Beobachtung), in sozialer Hinsicht *verbindlich* (Akteure halten sich daran) und in sachlicher Hinsicht *maßgeblich* (sie sind für ein Phänomen bedeutsam) beeinflussen (Senge 2005; Luhmann 1996: 111ff.[1]).

Mit der Betonung von Institutionen wird im Neo-Institutionalismus eine der soziologischen Schlüsselkategorien, die für lange Zeit von der (US-amerikanischen) soziologischen Agenda verschwunden war, wieder in den Mittelpunkt der Theoriegenese gehoben. Denn seit Emile Durkheim (1999: 100), der die Soziologie in „Die Regeln der soziologischen Methode" als die Wissenschaft von den Institutionen bezeichnet und Institutionen als „Glaubensvorstellungen und durch die Gesellschaft festgesetzte ... Verhaltensweisen" charakterisiert hat, gelten Institutionen als die Stützpfeiler der Gesellschaft. Entsprechend dieser Funktion zählt der Institutionenbegriff seit den Anfängen der soziologischen Disziplin zu den Grundbegriffen des Faches, sowohl in Europa als auch in den USA. Ungeachtet dieser Relevanz für die Soziologie zeichnet er sich seit jeher durch einen eigentümlichen Doppelcharakter aus (Schülein 1987: 10). Denn einerseits fehlt er in keinem Lexikon und wird in (fast) jeder gesellschaftstheoretischen Analyse wie selbstver-

---

[1] Die Einteilung der verschiedenen Dimensionen geht auf Luhmann zurück. Luhmann (1996: 111ff.) geht davon aus, daß mittels dieser drei Dimensionen (zeitlich, sozial, sachlich) jedes Phänomen in seinem Sinngehalt *vollständig* erfaßt werden kann. Luhmann (1998: 35ff.; 1991) zeigt in verschiedenen Arbeiten, wie diese drei Dimensionen evolutionär entstanden sind. Es fehlt bei ihm allerdings eine Begründung, warum unter Bezugnahme der drei Sinndimensionen jedes Phänomen in der Tat hinreichend erklärt werden kann, warum also nicht noch eine vierte, fünfte etc. Dimension nötig wäre. Trotz dieser auch für mich offenen Frage und trotz der Tatsache, daß Luhmann selbst den begriff „Institution" in seinen späteren Arbeiten nicht mehr verwendet, habe ich diese Einteilung zur Definition des Institutionenbegriffes übernommen.

ständlich verwendet, andererseits herrscht seit Beginn der Disziplin kein Einverständnis über seine Bedeutung.[2]

Sieht man sich die neo-institutionalistischen Arbeiten im Hinblick auf den zugrundeliegenden Institutionenbegriff an, so fällt zunächst auf, daß sich der von Schülein hervorgehobene Doppelcharakter als überaus beständig erweist. Denn es läßt sich eine ganze Reihe unterschiedlicher Verwendungsweisen des Institutionenbegriffs identifizieren, ohne daß in der Regel versucht wird, den Begriff einer strengen Definition zu unterziehen.[3] Vielmehr heben unterschiedliche Autoren jeweils einzelne Merkmale hervor, die für die jeweilige Untersuchung wichtig sind. Die Schwierigkeit einer Definition des neo-institutionalistischen Institutionenbegriffs wird dabei durch die Vielfalt der empirischen Phänomene erhöht, auf die der Begriff angewandt wird. So gehören zu den wiederholt untersuchten Institutionen im NI kognitive Rahmungen einer Situation (Zucker 1991), regelhafte Handlungsmuster (Barley/Tolbert 1997), Rollen (Meyer/Rowan 1977, 1991[4]), formale Aspekte von Organisationen (Zucker 1987a), Unternehmenskulturen (Tolbert 1988), Organisationen (Zucker 1983; Meyer 1987), Kunstmuseen (DiMaggio 1991), der Staat (DiMaggio/Powell 1991b; Scott 1987), das Rechtssystem (Zucker 1987a), das Schulsystem (Meyer 1994), Professionen (DiMaggio/Powell 1991b), Normen (DiMaggio 1988), Werte (Zucker 1987a; Baum/Powell 1995) sowie die „world polity" (Meyer 1994), um nur die wichtigsten aufzuzählen. Bei dieser Vielzahl wird man schnell zu der Frage genötigt, was denn das gemeinsame Band der hier aufgezählten Phänomene ist, was das Institutionelle ist. Im Verlauf dieses Beitrags soll diese Frage beantwortet werden. Zur Beantwortung empfiehlt sich ein Blick zurück auf die Genese des Institutionenbegriffs innerhalb der US-amerikanischen Theorietradition.

1   Genealogie des Institutionenbegriffs

Grundlegend für die Entwicklung des US-amerikanischen Institutionenbegriffs im Allgemeinen sowie für seine neo-institutionalistische Verwendung im Besonderen sind im Prinzip zwei große Theorierichtungen, die unterschiedliche Elemente in die theoretische Auseinandersetzung einführen. Dabei handelt es sich einerseits um die *funktionalistische* Theorietradition, deren US-amerikanische Anfänge durch den europäischen Funktionalismus von Herbert Spencer (1901) und Emile Durkheim (1999) gekennzeichnet sind. US-amerikanische Autoren wie William Sumner

---

[2] Vgl. Esser 2000: 1ff.; Hughes 1936; Lau 1978: 41ff.; Schelsky 1970: 9ff.; Znaniecki 1945: 172ff.
[3] Vgl. Scott 1987; Strang 1994; als Ausnahme siehe Scott 2001a.
[4] Der Beitrag von Meyer und Rowan aus dem Jahre 1977 wurde im Sammelband von DiMaggio und Powell (1991) wieder abgedruckt.

(1906), Floyd Allport (1933), Talcott Parsons (1940) und Philip Selznick (1957) lassen sich dieser funktionalistischen Richtung zuordnen. Gemeinsam gilt für diese Autoren, daß Institutionen stets einen Beitrag zu anderen Gesellschaftsstrukturen und -prozessen leisten; Institution und Gesellschaft stehen also in einem funktionalen Zusammenhang. Ging es Sumner (1906) noch um die Identifikation von Basisinstitutionen wie Ehe, Familie, Recht, so verschob sich die Bedeutung allmählich, indem mit dem Institutionenbegriff grundsätzlich alle strukturerhaltenden Momente der Gesellschaft erfaßt wurden, sofern sie eine wertmäßige Basis haben (Parsons 1940; Selznick 1957). So sind Institutionen für Parsons (1940: 190; 1965: 177) Normenkomplexe (die vorgeben, was Personen tun und unterlassen sollen), wenn mit den in den Normen eingelassenen Regeln eine moralische innerliche Verpflichtung verbunden ist. Für Selznick (1957: 16f.), dessen organisationssoziologische Arbeiten für den Neo-Institutionalismus von Bedeutung wurden, gelten Organisationen als Institutionen, sofern die Ziele der Organisation von den Werten der Mitglieder getragen werden.

Die zweite große Theorierichtung, die für den neo-institutionalistischen Institutionenbegriff einflußreich ist, läßt sich als *handlungstheoretisch* ausgerichtete Tradition beschreiben. In ihrem Mittelpunkt stehen nicht so sehr die großen gesellschaftlichen Institutionen wie Familie, Recht, Staat usw. als vielmehr der Prozeß der Institutionalisierung. Das heißt: Es wird der durch Handlungen geschaffene, prozessuale Charakter von sozialen Strukturmomenten hervorgehoben. Vertreter dieser Richtung sind Charles Cooley (1922), Everett Hughes (1936), Erving Goffman (1967) sowie an prominenter Stelle Peter Berger und Thomas Luckmann (1967), die wiederum den Anschluß an die europäische, anthropologisch-phänomenologische Theorietradition von Alfred Schütz und Arnold Gehlen knüpfen, indem sie den sozialen Konstruktionsprozeß von Institutionen aus der anthropologischen Bedingung des Menschen als „instinktarmes Mängelwesen" herleiten.[5] Beide Traditionen sind für den neo-institutionalistischen Institutionenbegriff sehr einflußreich gewesen, da im Neo-Institutionalismus einerseits der funktionale Bezug zwischen Institution und Organisation[6] und andererseits der prozeßhafte Charakter von Institutionen hervorgehoben werden.

---

[5] Nach diesem Verständnis muß sich der Mensch seine Welt selbst erschaffen, weil er „von Natur" aus nicht mit handlungsleitenden Instinkten ausgestattet ist. Institutionen sind nach Gehlen (1986: 7-121) die aus diesem Mangelwesen begründeten Stützpfeiler der Gesellschaft, womit informell und formell organisierte Gefüge sozialer Normen wie Freundschaften, Familie, Ehe, Klassen oder aber die Form eines „Briefwechsels" gemeint sein können.

[6] Zwar werden im Neo-Institutionalismus in der Regel funktionale Bezüge zwischen Organisation und Institution untersucht, jedoch handelt es sich hierbei um eine Forschungsausrichtung, welche in dieser Form zumindest von den Gründern des Neo-Institutionalismus (Meyer, Rowan, DiMaggio, Zucker) nicht angestrebt wurde, da sich diese explizit von funktionalen Erklärungen abgrenzen, vgl. Meyer 2000; siehe auch den Beitrag von *Senge/Hellmann* in diesem Band.

2   Der Institutionenbegriff im Neo-Institutionalismus

Die neo-institutionalistischen theoretischen Beiträge in der Auseinandersetzung mit dem Institutionenbegriff sind gemessen an der Anzahl und Reife empirischer Studien vergleichsweise unterentwickelt. Wichtige Beiträge stammen von Friedland/Alford (1991), Jepperson (1991), Strang (1994) sowie Tempel/Walgenbach (2004). Die umfassendste Abhandlung stammt von Richard Scott (2001a), der in seinem Buch „Institutions and Organisations" eine Bestandsaufnahme von Institutionentheorien innerhalb der Soziologie, Politik und Ökonomie gibt und eine Art „Framework" des Institutionenbegriffs (also keine Definition) entwickelt, auf welchen in zahlreichen empirischen Studien Bezug genommen wird und welcher sich in der neo-institutionalistischen Theorie etabliert hat.[7] Aus diesem Grunde soll im Folgenden das Institutionenmodell von Scott ausführlich besprochen werden, um anschließend in kritischer Auseinandersetzung mit demselben eine Definition des Institutionenbegriffs zu entwickeln.

2.1 Das Institutionenmodell von Richard Scott

Scott unterscheidet Institutionen nach ihrer Funktion (Scott 2001a: 48ff.; Scott/ Meyer 1994; Sutton et al. 1994). Er weist Institutionen eine kausale, handlungsregelnde Kraft zu. Diese Kraft kann sich über unterschiedliche Mechanismen entfalten. Scott unterscheidet im Anschluß an DiMaggio/Powell (1991b) regulative, normative und kognitive Mechanismen. Entsprechend nennt Scott (2001a: 52ff.) die mit diesen Mechanismen korrespondierenden Institutionen auch regulative, normative und kognitive Institutionen.
(1) Regulative Institutionen generieren Handlungen via explizit formulierter Regeln und Gesetze. Akteure folgen diesen Regeln, um Sanktionen bei Nichtbefolgung zu entgehen bzw. um Belohnung bei Befolgung zu erreichen. Die Befolgung regulativer Institutionen richtet sich somit nach den Kriterien rationaler Wahl. Die Quelle der institutionellen Kraft ist in diesem Fall Zwang. Das Paradebeispiel für diese Art Institution ist der Gesetze erlassene Staat (Scott 2001a: 51ff.).
(2) Normative Institutionen generieren Handlungen über Normen und Werte. Normen und Werte drücken aus, wie Dinge sein sollen bzw. welches Verhalten als wünschenswert und gut oder auch als abzulehnen und schlecht anzusehen ist (Scott 2001a: 54f.). Nach Scott folgt der Akteur den Normen und Werten aus zwei Gründen: Zum einen hat er sie internalisiert und damit zu seinen eigenen Werten bzw. Normen gemacht. Zum anderen bewertet der Akteur in einem rationalen Entschei-

---

[7] Vgl. Hasse/Krücken 1999: 53; Tempel/Walgenbach 2004; Walgenbach 1999: 341; 2002: 166ff.; Wilkens et al. 2003: 199.

dungsprozeß, ob sein Verhalten den gesellschaftlichen Normen und Werten entspricht und damit angemessen ist. Kontrollgremium ist hier nicht eine legale Autorität, ausgestattet mit legalen Sanktionsmitteln, sondern eine moralische, abstrakte Autorität, deren Wirkung abhängig ist vom Grad ihrer Internalisierung oder von dem auf das Individuum ausgeübten Erwartungsdruck durch andere Akteure.

(3) Kognitive Institutionen beziehen sich auf die Art und Weise, wie die empirische Wirklichkeit erfahren wird: „the shared conceptions that constitute the nature of social reality and the frames through which meaning is made" (Scott 2001a: 57). Dazu gehören vor allem gemeinsame Konzeptionen von der Beschaffenheit der Wirklichkeit wie „wider belief systems and cultural frames", „common scripts", „common beliefs" und „meaning systems" (Scott 2001a: 58). Übersetzt und zusammengefaßt kann man kognitive Institutionen als „Skripte" für Wahrnehmungen und Handlungen bezeichnen. Der Begriff des Skripts verweist darauf, daß die durch kognitive Institutionen geregelten Handlungen routinemäßig, selbstverständlich und quasiautomatisch ablaufen. Weil diese Skripte selbstverständlich im gesellschaftlichen Wissensvorrat verankert sind, bestimmen sie die Wahrnehmung der Wirklichkeit und haben über diesen Weg Einfluß auf das Handeln der Akteure – andere Wege der Wahrnehmung, des Denkens und Handelns sind undenkbar:

> „[C]ompliance [with cognitive scripts] occurs in many circumstances because other types of behavior are inconceivable; routines are followed because they are taken for granted as 'the way we do these things'" (Scott 2001a: 57).

Für Scott (2001a: 57) ist die „cultural-cognitive dimension of institutions ... the major distinguishing feature of neoinstitutionalism within sociology". Scotts Systematik des Institutionenbegriffs läßt sich tabellarisch wie folgt darstellen:

Tabelle 1: Arten von Institutionen mit korrespondierenden Wirk- und Durchsetzungsmechanismen sowie dem empirisch zu beobachtendem Phänomen (zusammengestellt nach Scott 2001a: 47ff.)

Institution	Wirk-mechanismus	Durchsetzungs-mechanismus	empirisches Phänomen
Regeln, Gesetze, Verträge, Verfügungsrechte	regulativ	Zwang	regelhafte Handlungen
Normen, Werte	normativ	moralischer Druck/ Verpflichtung	regelhafte Handlungen
geteilte Vorstellungen der sozialen Wirklichkeit, Glaubenssysteme, Bedeutungssysteme	kognitiv	Selbstverständlichkeit (wird nicht hinterfragt)	regelhafte Handlungen

Zusammenfassend mag man zunächst sagen, daß Institutionen für Scott alles umfassen, was verbindlich *regelhafte Handlungen* hervorbringt. Das heißt: Regelhafte

Handlungen lassen sich kausal auf die Institution zurückführen. Nach dieser neo-institutionalistischen Begriffsbestimmung kann alles dem Terminus „Institution" unterstehen, woraus sich relativ dauerhafte Handlungen ableiten lassen: Gesellschaft, Gesetze, Staat, Organisationen, formale Aspekte von Organisationen, Werte, Rollen, Glaubenssysteme etc.

In der neo-institutionalistischen Perspektive auf Organisationen wird dabei den kognitiven Institutionen eine besondere Bedeutung zugewiesen. Konkret bedeutet dies: Um die Struktur und Prozesse von und in Organisationen verstehen zu wollen, muß man nach Scott die selbstverständlichen Vorstellungen und Handlungsroutinen von den Akteuren in der Organisation und in deren Umwelt berücksichtigen. Denn derartige, als kognitiv bezeichnete Institutionen sind deshalb so bedeutsam, weil sie in ihrer Wirkung aufgrund ihrer Selbstverständlichkeit („taken-for-grantedness") besonders nachhaltig sind und ein Hinterfragen ihrer Geltung unwahrscheinlich ist.[8]

Zur Illustrierung dieser neo-institutionalistischen Betrachtung eignet sich ein von Meyer/Rowan (1991: 56) angeführtes Beispiel. Die Autoren beobachten die wachsende Inanspruchnahme von professionellen Unternehmensberatern in der westlichen Gesellschaft (Hasse/Krücken 1999: 14). Besonders Wirtschaftsunternehmen (aber auch Gesundheits-, Regierungs- und Verwaltungsorganisationen) gehen zunehmend dazu über, ihre Geschäftsprozesse durch externe Berater durchleuchten zu lassen, um auf dieser Grundlage Empfehlungen für effizienzsteigernde Maßnahmen zu erhalten, so deren Selbstbeschreibung. Der Erfolg der damit einhergehenden, manchmal fundamentalen und häufig kostspieligen Veränderungsprozesse bleibt jedoch häufig fragwürdig, da eine tatsächlich erfolgte Produktivitäts- oder Ertragssteigerung durch die Beratung intern kaum nachvollzogen werden kann. Somit verwundert es zunächst den ökonomisch-rational denkenden Beobachter, daß gerade auf Effizienz ausgerichtete und profitorientierte Wirtschaftsunternehmen dennoch auf Berater nicht verzichten wollen. Meyer/Rowan erklären diese beinahe paradoxe Situation, indem sie auf den Einfluß kognitiver Institutionen rekurrieren. Sie argumentieren, daß die Inanspruchnahme von Beratern allgemeinen, im aktuellen Entscheidungsprozeß nicht näher hinterfragten, gesellschaftlichen Vorstellungen entspricht, wie Organisationen heutzutage legitimerweise operieren sollten. Zu diesen derzeit geltenden Legitimitätsanforderungen an Organisationen gehören z.B. Innovationsfreudigkeit, quantifizierbare Ergebnisse, rationales Handeln im Sinne des Organisationszieles etc. Organisationen, die externe Berater hinzuziehen, demonstrieren also damit ihre effiziente Unternehmensfüh-

---

[8] Die Betonung von kognitiven Institutionen im Neo-Institutionalismus kommt nicht „von ungefähr". Denn dahinter steht die zentrale Kritik an einer in der US-amerikanischen Organisationswissenschaft weit verbreiteten Vorstellung von Organisation als vorwiegend zweckrational handelnde Akteure; siehe auch den Beitrag von *Senge/Hellmann* in diesem Band.

rung und entsprechen so allgemeinen gesellschaftlichen Bedeutungssystemen (kognitive Institution) wie Innovativität und Rationalität.[9]

Wie oben bereits angedeutet, ist Scotts Beitrag zum Institutionenverständnis zwar bislang federführend und überaus wichtig für eine Systematisierung der bisherigen Einflüsse gewesen, gleichwohl birgt er Anlaß für Kritik. Denn die Problematik des Scottschen Modells liegt in der unterstellten Ebenengleichheit von regulativen, normativen und kognitiven Institutionen, die bei genauer Betrachtung nicht gegeben ist. Hinterfragt man seine Zuordnung, wird nämlich deutlich, daß Scotts kognitive Institution eine Art Oberkategorie bezeichnet, unter die sich sowohl regulative als auch normative Institutionen unterordnen lassen. Der Bereich des Kognitiven umfaßt für Scott allgemeine Glaubensvorstellungen, Modelle und Skripte, mit denen wir die Wirklichkeit wahrnehmen. Das bedeutet, daß mit diesen allgemeinen Skripten oder Modellen im Grunde alle Phänomene der sozialen Welt wahrgenommen werden und damit auch Gesetze, Regeln, Werte und Normen, welche Scott nicht der kognitiven Kategorie zuordnet. Kognitive Institutionen fungieren also vielmehr als eine Art Protostufe der Wirklichkeitswahrnehmung und sind nicht ein spezifischer Bereich der Wirklichkeitskonstruktion, wie durch die Gleichstellung mit normativen und regulativen Institutionen nahegelegt wird.[10] Daraus folgt, daß *alle* Institutionen *kognitiv* verankert sind, seien es nun Regeln, Gesetze, Werte etc.[11] Regulative und normative Institutionen sind damit *Spezialfälle* von kognitiven Institutionen.[12] Scotts vorgeschlagene implizite Gleichwertigkeit der Institutionstypen ist also nicht zutreffend. Diese Kritik ist elementar, obgleich heute nach wie vor das Scottsche Institutionenmodell zum neo-institutionalistischen Theoriekanon zählt.

---

[9] Siehe auch den Beitrag von *Hellmann* in diesem Band.

[10] Zu einer ähnlichen Klassifizierung der Ebenen kommt auch Esser (2002: 202), der, ohne sich auf den Neo-Institutionalismus zu beziehen, soziale Schemata als die allgemeinen „*Modelle* des Wissens, Wahrnehmens, Fühlens und Tuns" bezeichnet, während er Normen als Spezialfall von Institutionen etikettiert, vgl. Esser 2002: 51.

[11] Siehe auch den Beitrag von *Klatetzki* in diesem Band.

[12] Zudem läßt sich die strikte Trennung von regulativen und normativen Institutionen bzw. von Gesetzen und Werten nicht durchhalten, wie Scott (2001a: 135) selbst anmerkt, da es kein Gesetz gibt, welches ohne eine wertrationale Basis auskommt. Demnach werden Regeln und Gesetze nicht immer mittels Zwang durchgesetzt, sondern ebenso aufgrund ihrer wertrationalen Anerkennung oder aufgrund der Tatsache, daß sie selbstverständlich gegeben sind.

2.2   Weitere neo-institutionalistische Beiträge zum Institutionenbegriff und Herleitung der Definition des neo-institutionalistischen Institutionenbegriffs

Aufgrund der oben genannten Schwierigkeiten mit dem Scottschen Institutionen-modell soll nun eine Definition entwickelt werden, welche auf dem bereits be-schriebenen Modell aufbaut, dieses aber um weitere neo-institutionalistische Bei-träge ergänzt.

Unstrittig ist im neo-institutionalistischen Diskurs die handlungsregelnde Kraft von Institutionen.[13] Diese handlungsregelnde Kraft von Institutionen wurde anschaulich von Berger/Luckmann (1967) erläutert, deren Verständnis von Institu-tionen auch für den Neo-Institutionalismus von Bedeutung ist (Barley/Tolbert 1997; Zucker 1988). So beschreiben Berger/Luckmann, daß Institutionen, obwohl von Menschen in Interaktionen geschaffen, den Menschen nun als objektive, ex-ternalisierte Welt gegenübertreten. Diese externalisierte Welt und das über sie akkumulierte Wissen sowie ihre Gegenstände sind zwar nicht vollständig stabil, eben weil sie vom Menschen geschaffen sind, aber sie erscheinen dem Menschen so, als hätten sie ein Eigenleben außerhalb seiner selbst, welches objektiv gegeben ist (und sie erscheinen ihm, als wenn sie niemals von ihm erschaffen worden wä-ren). Als Beispiel verweisen Berger/Luckmann in diesem Zusammenhang auf die Institution „Sprache". Denn obwohl Sprache eine „Erfindung" der Menschen ist, erscheint es jedem einzelnen von uns, als gäbe es Sprache immer schon, auch ohne unser individuelles Dazutun, und die grammatikalischen Regeln erscheinen, als hätten sie ein Eigenleben, da man sich nach ihnen richten muß (sofern man ver-standen werden will). Der Einzelne wird in eine objektivierte Welt von Institutio-nen hineingeboren. Er erlernt diese Institutionen in der Sozialisation. Wichtig ist dabei – wie Oliver (1991) in einem für den Neo-Institutionalismus einflußreichen Aufsatz beschrieben hat –, daß Institutionen nicht determinieren und nicht bloß identische Handlungen reproduzieren, vielmehr eröffnen sie einen Möglichkeits-raum von typischen Handlungsmustern (Berger/Luckmann 1967: 58ff.). Institutio-nen ermöglichen also, beinhalten aber gleichzeitig als objektivierte Wirklichkeit das Moment der Begrenzung.

Die Existenz einer Institution ist auch von ihrer Zentralität oder Maßgeb-lichkeit für ein empirisches Phänomen abhängig (Jepperson 1991: 146). Maß-geblichkeit besteht immer dann, wenn ein Unterschied im Verhalten von Akteu-ren beobachtet wird, welcher auf das Vorhandensein einer Institution zurückge-führt werden kann. Maßgeblichkeit besteht also dann, wenn eine Institution für einen Akteur in einer Situation relevant ist, wobei der Bereich potentieller Rele-

---

[13] Vgl. Meyer/Rowan 1977; Jepperson 1991; Scott 2001a: 48ff..

vanz sich vor dem lebensweltlichen Hintergrund der jeweiligen Akteure unterschiedlich entscheidet.

Man spricht auch dann von Institutionen, wenn der Einfluß derselben auf das Verhalten der Akteure von diesen nicht bewußt wahrgenommen oder nicht rational durchdrungen wird. Eine Institution kann also von einem Akteur unerkannt bleiben. Derartige Institutionen weisen meist informelle Interaktionen an, derer wir uns so selbstverständlich bedienen, daß sie uns nicht bewußt sind. Institutionen beziehen sich also nicht nur auf die formalen „Regeln des Spiels", sondern auch auf die informalen. Letztere machen den weit größeren Anteil institutioneller Regeln aus. Hierin drücken sich die meisten der internalisierten Wertmuster und Alltagsregeln aus. Der Neo-Institutionalismus stellt diese Art von Institutionen in das Zentrum seiner Betrachtung. Er postuliert, daß es gerade diese oft unbewußt wirkenden Institutionen sind, die maßgeblich für das organisationale Geschehen sind (Scott 2001a: 57; Wolf 2003: 391).

Kombiniert wird das Charakteristikum der Maßgeblichkeit mit dem Moment der Dauerhaftigkeit. Das heißt, man spricht nur dann von einer Institution, sofern sie über einen längeren Zeitraum das Verhalten der Akteure maßgeblich regelt.[14] Konsens, ab wann „Dauerhaftigkeit" objektiv gegeben ist, gibt es nicht. Grundsätzlich kann man sagen, daß Institutionen mit der Dauer ihres Bestehens an Festigkeit gewinnen; sie werden möglicherweise sogar zum selbstverständlichen Bestandteil des Lebens, so daß ihr Zustandekommen, das Gewordensein und der Grund dafür nur noch in kritischen Situationen hinterfragt werden. Dies bedeutet, daß man Grade der Institutionalisierung unterscheiden kann, und Institutionalisierung jenes Verhaltens bezeichnet, welches ex post als Institution bezeichnet wird (Berger/Luckmann 1967: 62ff.; Zucker 1991).

Der Grad der Institutionalisierung kann neben der Dauerhaftigkeit auch von der Legitimität der institutionellen Regel abhängen. Eine Institution gilt als stärker institutionalisiert, sofern sie durch bedeutsame Werte oder starke Macht gestützt wird, oder wenn sie im Wissenshorizont der involvierten Akteure selbstverständlich verankert ist, so daß ihre Existenz nicht hinterfragt wird. Grundsätzlich gilt, daß eine private Institution, die nur für einen Akteur gilt, relativ anfällig gegenüber Veränderung und Auflösung ist (Berger/Luckmann 1967: 62ff.).[15] Denn verstößt ein einzelner gegen die institutionell gesetzten Regeln, hat er nur mit der Sanktionierung durch sein eigenes Gewissen zu rechnen. Das Auftauchen eines jeden

---

[14] Vgl. Scott 2001a: 48; Tolbert/Zucker 1996: 180ff.; Zucker 1988.

[15] Eine private Institution, die *alleine* praktiziert wird, ist deshalb nicht nicht-sozial. Denn sobald man ein Verhalten als Institution bezeichnet, liegt diesem Verhalten ein Prozeß sprachlicher Typisierung, der mindestens zwei Akteure bedarf, zugrunde. Auch andere Autoren betonen die Notwendigkeit einer Dyade, vgl. Esser 2000: 58; Winch 1996: 43. Für Esser ist dies dann gegeben, wenn jemand im Prinzip in der Lage ist, die befolgte Regel zu erkennen. Letzteres setzt immer eine gesellschaftliche Situation voraus.

weiteren Akteurs verändert die Situation enorm. Mit Berger/Luckmann (1967: 63) kann man sagen: „Die Objektivität der institutionalen Welt ‚verdichtet' und ‚verhärtet' sich", und zwar nicht nur, indem neue Akteure hinzukommen, sondern auch aufgrund des Spiegeleffektes, welcher von den neu hinzugekommenen auf einen selbst reflektiert. Ein institutioneller Regelverstoß würde jetzt nicht mehr nur durch das eigene Gewissen geahndet werden, sondern auch durch die Reaktionen der anderen. Dadurch gewinnt die Institution zusätzliche Verbindlichkeit (Tolbert/Zucker 1996: 184).

Aus der vorangegangenen Diskussion folgt, daß eine Definition des Institutionenbegriffs folgende Merkmale von Institutionen erfassen muß:

1. Institutionen sind soziale Regeln für Handlungen. Sie werden deshalb nach ihrer Funktion bestimmt, und zwar der Funktion der Handlungsgenerierung (Scott 2001a: 48ff.; Scott/Meyer 1994). Dabei determinieren Institutionen Handlungen zwar nicht, sondern geben ein Spektrum von typischen Handlungsmöglichkeiten vor, die für das Handeln maßgeblich sind (Barley/Tolbert 1997: 96; Oliver 1991).

2. Die Befolgung institutionell vorgegebener Regeln hängt vom Grad der Institutionalisierung ab (Zucker 1988: 35ff.). Dieser korreliert wiederum mit der Verbindlichkeit der institutionell vorgegebenen Handlungsregel, die z.B. groß ist, wenn die institutionelle Regel selbstverständlich gegeben ist, wenn sie durch positive Werte gestützt oder wenn mittels des Gebrauchs von Zwang ihre Durchsetzung erzielt wird.[16]

3. Institutionen setzen Wiederholungen voraus. Sie sind deshalb durch das Moment der Dauerhaftigkeit und Stabilität gekennzeichnet.[17]

Daraus ergibt sich die folgende Definition von Institutionen: Institutionen sind eine besondere Art sozialer Regel für typisierte soziale Handlungen. Eine Regel für Handlungen soll immer dann eine Institution genannt werden, wenn in sachlicher, sozialer und zeitlicher Dimension die folgenden Bedingungen erfüllt sind: *Eine soziale Regel ist dann eine Institution, wenn sie maßgeblich für ein empirisches Phänomen ist, wenn sie in sozialer Hinsicht für einen oder mehrere Akteure verbindlich ist und wenn sie zeitlich von langer Dauer ist.* Institutionen sind also Handlungsregeln, die maßgeblich, verbindlich und von Dauer sind.[18] Graphisch kann man diese Definition von Institutionen wie folgt darstellen:

---

[16] Vgl. Jepperson 1991: 146; Scott 2001a: 48ff.; Zucker 1988: 35ff..
[17] Vgl. Berger/Luckmann 1976: 58ff.; Scott 2001a: 48; Tolbert/Zucker 1996: 180ff.
[18] Vgl. Fußnote 1.

Abbildung 1: Illustration der Definition „Institution"

	Institutionen	
sachlich	◄ ─────────────────────────────────────── ►	
	Maßgebliche Regeln	Regeln, die fast unwichtig sind
sozial	◄ ─────────────────────────────────────── ►	
	Verbindliche Regeln	Regeln, die fast beliebig sind
zeitlich	◄ ─────────────────────────────────────── ►	
	Dauerhafte Regeln	Regeln, die fast einmalig sind

Die Graphik soll deutlich machen, daß alle Anweisungen für Handlungen prinzipiell Regeln sind; nur ein Teil dieser Regeln wird jedoch Institutionen genannt. Eine Institution liegt nur dann vor, wenn eine Regel alle drei genannten Bedingungen erfüllt (maßgeblich, verbindlich und von langer Dauer). Idealtypisch befindet sich eine Institution also hinsichtlich aller drei Dimensionen auf dem linken äußeren Abschnitt in der Graphik. Ist auch nur – idealtypisch – für eine der Dimensionen dieser Bereich nicht besetzt, so handelt es sich nicht um eine Institution, man würde dann den Begriff der Regel verwenden. In der empirischen Wirklichkeit stellen die drei Dimensionen ein Kontinuum dar, wodurch die Beurteilung schwierig wird, ab wann man es mit einer Institution und wann „nur" mit einer Regel zu tun hat.[19] Grundsätzlich gilt, daß Maßgeblichkeit immer dann gegeben ist, wenn man davon ausgehen kann, daß Handlungen nur aufgrund der Regel auftreten. Verbindlichkeit ist immer dann gegeben, wenn ein Regelbruch unwahrscheinlich ist und im Falle des Auftretens eines Regelbruches nicht zur Korrektur der Regel führt, sondern zur Korrektur des Fehlers. Von „dauerhaft" spricht man dann, wenn die Regel während des interessierenden Beobachtungszeitraums Gültigkeit besitzt.[20]

3 Kritik und Schlußbemerkung

Abschließend läßt sich sagen, daß der Neo-Institutionalismus häufig für seinen ungenauen Umgang mit zentralen Begriffen wie Institution, Legitimität, Kognition etc. kritisiert wurde (Stinchcombe 1997). Dies ist eine der größten Angriffsflächen des Ansatzes. Von daher war es nötig, den Institutionenbegriff unter Berücksichti-

---

[19] An den Enden des Kontinuums gibt es keine absoluten Attribute. Der Grund dafür resultiert aus der Nicht-Existenz absoluter Geltungen von Regeln. Ein linker absoluter Wert für alle drei Dimensionen (für alle Akteure verbindlich; das Handeln determinieren; immer) würde einen sehr selten Fall beschreiben, der empirisch nicht nachweisbar wäre. Ein rechter absoluter Wert für alle drei Dimensionen wäre ebenfalls empirisch nicht nachweisbar. Denn alles, was gänzlich unwichtig, beliebig und einmalig ist, bleibt für uns unbekannt und verborgen.
[20] Vgl. für eine umfassendere Diskussion der drei Dimensionen des neo-institutionalistischen Institutionenbegriffs Senge 2005: 110ff.

gung der neo-institutionalistischen Besonderheiten (z.B. Betonung von Kognition) und mit Bezug auf die zahlreichen Verwendungsweisen (z.B. *world polity*, Rollen) zu definieren.

Dabei ist zu beachten, daß der Neo-Institutionalismus durchaus davon aus-geht, daß stets konfligierende institutionelle Dynamiken aufeinander treffen kön-nen und daß es im Prinzip keinen institutionenfreien Raum gibt (der soziologisch analysierbar ist). Unter dieser Prämisse stellt sich dann jedoch die Frage nach der Auswahl und der Gewichtung relevanter Institutionen. Denn der NI konnte zwar gegenüber dem „Rational-Actor"-Modell zeigen, daß Entscheidungen nicht nur als „rationale Wahlen" auf subjektive Nutzenerwartungen der Akteure zurückzuführen sind, sondern immer auch auf die jeweilige Einbettung in institutionelle Kontexte. Er hat aber bis heute keinen Schlüssel für eine Auswahl und Gewichtung relevan-ter institutioneller Einflüsse formuliert (Whitley 1999). Woher weiß ein Wissen-schaftler, welche Institution von besonderer Maßgeblichkeit, Verbindlichkeit und Dauerhaftigkeit ist? Und vor allem: Woher weiß man, welche Institution maßgeb-lich, verbindlich und von längerer Dauer ist? Zwar kristallisierte sich im Laufe der Jahre eine Reihe wichtiger Institutionen heraus, wie allgemeine Werte (Mey-er/Rowan 1977), die Professionen (Mezias 1990), Organisationen (Zucker 1983), der Staat (Dobbin 1994a) und die „world polity" (Drori et al. 2006). Doch scheint die Auswahl relevanter Institutionen bis heute einer gewissen Beliebigkeit anheim zu fallen. So läuft der Hauptteil neo-institutionalistischen Forschens darauf hinaus, im Sinne von Kuhns „normal science" stets neue Institutionen mit stets neuen organisationalen Veränderungen in Korrelation zu bringen und so eine Akkumula-tion von Erkenntnissen relevanter organisationaler Bedingungsgrößen zu erarbei-ten. Im Unterschied dazu liefert die „world-polity"-Forschung ein Kriterium für die Wahl relevanter Institutionen.[21] Denn im Rahmen dieser Forschung wird jenen Institutionen besondere Aufmerksamkeit geschenkt, die historisch betrachtet rela-tiv jung und zentral sind für die moderne westliche Gesellschaft, z.B. Organisatio-nen, Staaten, spezifische Werte wie Individualismus etc. Trotz dieser Anregungen aus der „world polity"-Forschung bleibt das grundsätzliche Problem der Auswahl relevanter Institutionen. Ferner ist damit immer noch nicht die Frage nach der Gewichtung institutioneller Einflüsse gelöst. Denn bislang ist es eine empirisch zu beantwortende Frage, welche Institutionen wichtig bzw. wichtiger sind als andere; es stehen keine allgemeinen Kriterien für eine Messung zur Verfügung stehen. Es besteht also das Problem der Auswahl, Gewichtung und Operationalisierung.

So lange diese Fragen nicht gelöst sind, kann auch die häufig an den NI ge-richtete Kritik eines unscharfen Institutionenbegriffes noch nicht ad acta gelegt werden. Für die neo-institutionalistische Forschung bedeutet dies, daß der Versuch

---

[21] Siehe auch den Beitrag von *Krücken* in diesem Band.

der Systematisierung relevanter Institutionen und die Gewichtung ihrer Einflüsse vorangetrieben werden muß, insbesondere auch unter dem Aspekt der Integration der Erkenntnisse des *European Institutionalism*.[22]

Einführende Literatur

Jepperson, Ronald L. 1991: Institutions, Institutional Effects, and Institutionalism, in: Walter W. Powell/Paul J. DiMaggio (Hg.): The New Institutionalism in Organizational Analysis. Chicago: The University of Chicago Press, S. 143-163.

Schülein, Johann August 1987: Theorie der Institution. Opladen: Westdeutscher Verlag.

Scott, W. Richard 2001: Institutions and Organizations. Thousand Oaks: Sage.

---

[22] Siehe auch den Beitrag von *Tempel/Walgenbach* in diesem Band.

Der Stellenwert des Begriffs „Kognition" im Neo-Institutionalismus

Thomas Klatetzki

Der Neo-Institutionalismus (NI) ist vor allem ein makrosoziologischer Ansatz, der den Einfluß der gesellschaftlichen Umwelt auf Organisationen untersucht und der umgekehrt auch der Frage nachgeht, welchen Einfluß Organisationen auf die gesellschaftliche Umwelt haben. Die gesellschaftliche Umwelt wird dabei als aus Institutionen bestehend verstanden. Institutionen sind definiert als „cognitive, normative and regulative structures and activities that provide stability and meaning to social behavior" (Scott 1995: 33). Während der „alte" Institutionalismus seinen theoretischen Fokus auf der normativen Dimension hatte – Selznick (1957: 17) verstand unter Institutionalisierung in Organisationen einen dynamischen Prozeß der „Infusion von Werten über die jeweiligen technischen Sachaufgaben hinaus" –, wird in der Neuausrichtung des institutionellen Ansatzes die kognitive Dimension als zentrale Kategorie betont. Die kognitive Dimension meint die Kodierung der Wirklichkeit durch Wissen, sie erfaßt die Inhalte und Formen organisatorischer Sinnstiftung. Die Akzentuierung dieser Dimension wird in den für die Entstehung des NI ausschlaggebenden Arbeit von John Meyer und Brian Rowan (1977) über die Rolle von rationalisierten Mythen und Legitimationen ebenso deutlich wie in der für den NI gleichfalls grundlegenden Untersuchung von Lynn Zucker (1977) über den Einfluß der kognitiven Kategorie ‚Organisation' auf die Institutionalisierung von Handlungen. Als eine der ersten Theoretikerinnen hatte Zucker (1983: 25) dann auch klar formuliert: „Institutionalization is a fundamentally cognitive process". Zur zentralen Kategorie wird der Kognitionsbegriff dann spätestens in der Einführung des von Powell/DiMaggio (1991) herausgegebenen, grundlegenden Sammelbandes „The New Institutionalism in Organizational Analysis" erklärt. Dort konstatieren Powell und DiMaggio in einem Rückblick auf die institutionalistische Denktradition einen „considerable gulf between old and new in their conceptions of the cultural, or cognitive, bases of institutionalized behavior". Für sie gilt daher: „Not norms and values but taken for granted scripts, rules, classifications are the stuff of which institutions are made." (DiMaggio/Powell 1991a: 15) Dieser Einschätzung verleiht ein weiterer Mitbegründer des NI, Richard Scott, dann weitere autoritative Geltung, als er in seinem Mitte der 1990er Jahre erscheinenden

Übersichtsband „Institutions and Organizations" die kognitive Dimension als „the major distinguishing feature of the new institutionalism within sociology" (Scott 1995: 40) bezeichnet.

Der NI zeichnet sich also dadurch aus, daß Kognitionen und nicht Normen oder formale Regeln als grundlegend für die Analyse von Organisationen aufgefaßt werden. Neo-institutionalistische Untersuchungen nehmen die kognitive Sinngebung als Ausgangspunkt und fragen dann danach, welche normativen Regeln und regulativen Sanktionen mit der analysierten kognitiven Kodierung von Realität verbunden sind oder durch sie erzeugt werden. Allerdings weist Lex Donaldson (1995) zu Recht darauf hin, daß nicht alle als neo-institutionalistisch bezeichneten Untersuchungen die kognitive Dimension zentral stellen. Aber der Umstand, daß die genannten führenden Theoretikerinnen und Theoretiker des NI darin übereinstimmen, daß die Rolle von Kognitionen das entscheidende Merkmal des Ansatzes ist, rechtfertigt es, die neo-institutionalistische Perspektive in der Organisationssoziologie dadurch zu definieren, daß mit ihr untersucht wird, durch welche Inhalte, in welcher Form und mit welchen Konsequenzen, Kognitionen das Entstehen, die Struktur, das Verhalten und den Wandel von Organisationen bestimmen.

1   Genealogie des Begriffs „Kognition" im Neo-Institutionalismus

Der Begriff Kognition bezieht sich auf die Ebene des Geistes („mind"). Diese mentale Ebene wird als eine höhere, „virtuelle" Ebene der Realität verstanden, die mehr oder weniger unabhängig von beobachtbarem Verhalten und materieller Substanz ist. Der Terminus „Kognition" entstammt dem lateinischen „cognoscere", das mehrere Bedeutungen hat. Es kann *erkennen* bedeuten, aber auch *wahrnehmen, bemerken, auskundschaften, untersuchen* oder gar *lesen* und *studieren*. In der kognitiven Psychologie und der sich neuerdings entwickelnden kognitiven Soziologie bezeichnet der Begriff daher unterschiedliche mentale Phänomene wie Aufmerksamkeit, Denken, Wissen, Sinn, Wahrnehmung, Erinnerung, Bedeutung etc. (Anderson 2001; Zerubavel 1997).

Die zentrale Rolle der kognitiven Dimension für die Fundierung des NI hat sich in der Organisationssoziologie erst langsam und mühsam herausgestellt. Ein wesentlicher Grund hierfür liegt in der soziologischen Tradition selbst: Seit Emile Durkheim werden in der Soziologie kognitive Phänomene als von sozialen Konstellationen abhängig aufgefaßt, vereinfacht gesagt: Die normativen und regulativen Dimensionen bedingen die kognitive – und nicht umgekehrt. Diese Orientierung wird z.B. sichtbar an dem Einfluß, den die Theorie von Talcott Parsons auf das institutionalistische Denken in der Organisationssoziologie hat (Powell/DiMaggio 1991). Ein weiterer Grund für die Schwierigkeit, die Kognitionen als zentral herauszustellen, dürfte die weitgehend fehlende Mikrofundierung des neo-institutionalistischen Ansatzes sein.[1] Ein Blick auf die Entstehungsgeschichte des organisationssoziologischen Denkens soll diese beiden Punkte kurz illustrieren.

Die geringe Beachtung von Kognitionen als Zentralkategorie des NI kann auf den Einfluß der Theorie von Talcott Parsons für das Verständnis von Institutionen seit den 50er Jahren des letzten Jahrhunderts zurückgeführt werden (Parsons 1951; Parsons/Shils 1951). Parsons richtete seine theoretische Aufmerksamkeit vor allem auf die normative Dimension von Institutionen und vernachlässigte das kognitive Element. Wie Powell/DiMaggio (1991) zeigen, ist diese Ausrichtung das Resultat dreier reduzierender theoretischer Schritte: Erstens transformiert Parsons Kultur – gemeint sind damit Kognitionen auf einer gesellschaftlichen Ebene im Sinne von Weltsichten und Werten – von einem externen Sachverhalt in einen Bestandteil des Persönlichkeitssystems, wobei er anstelle des kognitiven Elements der Kultur („Weltsichten") die Internalisierung von Wertorientierungen betont („Über-Ich"). Zweitens rückt Parsons Rollenerwartungen (und das heißt die normative Dimension) in das Zentrum der soziologischen Analyse. Und drittens verbindet Talcott Parsons auf der Handlungsebene die kognitive Dimension mit der von ihm so benannten affektiv-kathektischen Dimension der Handlungsorientierung, da aus seiner Sicht in den meisten Fällen das Handeln mit der Erwartung von Gratifikationen oder Deprivationen einhergeht. Durch diese theoretischen Schritte wird der kognitiven Dimension eine untergeordnete Position zugewiesen mit der Konsequenz, daß auch im Hinblick auf das Verständnis von Institutionen die normative Dimension dominiert.

Eine Bewegung gegen diese Dezentrierung der kognitiven Dimension in der Soziologie durch Parsons stellten in den 1960er und 70er Jahren wissenssoziologische Ansätze dar, die einerseits auf der Basis der marxistischen Gesellschaftstheorie die Rolle von Ideologien untersuchten (Lenk 1971). Andererseits betonten besonders die phänomenologische Soziologie, die im Anschluß an Max Weber den Begriff des Sinns zu ihrem theoretischen Fundament machte, sowie der symbolische Interaktionismus, für den der Begriff Bedeutung („meaning") grundlegend ist, die kognitive Dimension des Handelns („Typisierungen", „frames"). In dieser Tradition ist es vor allem die Ethnomethodologie, die die basale Rolle von Kognitionen für die Konstitution und Aufrechterhaltung einer gemeinsamen Realität herausarbeitet.[2] Innerhalb der von amerikanischen Denkern dominierten Organisationssoziologie haben beide Richtungen jedoch wenig Einfluß, da im Falle des Marxismus die theoretische Grundlage abgelehnt wurde und da die interaktionistischen und phänomenologischen Untersuchungen außerhalb des Theoriefokus der Organisationssoziologie lagen: die betrachtete Organisationen auf der Meso-Ebene

---

[1] Vgl. Zucker 1977; DiMaggio/Powell 1991a; DiMaggio 1997.
[2] Vgl. Bittner 1965; Garfinkel 1967; Heritage 1984.

von Systemen und nicht auf der mikrosoziologischen Ebene von Handlungen und Interaktionen (Silverman 1971).

Die Hegemonie der normativen und der regulativen Dimension im soziologischen Denken und die Konzentration der Organisationssoziologie auf die Ebene von Systemen verhindern wohl auch, daß die kognitiven Elemente der verhaltenswissenschaftlichen Entscheidungstheorie von March/Simon (1958) angemessen wahrgenommen werden. Deren Arbeiten zur Relevanz von Unsicherheit, zu den Prämissen von Entscheidungen oder zur Programmierung von Handlungen (Routinen/Skripte) räumen der kognitiven Dimension zwar eine prominente Stellung ein, gelten aber oft als psychologisch inspirierte Untersuchungen von Individualentscheidungen in Organisationen. Dies gilt zunächst auch für die in den 80er Jahren im Anschluß an die bahnbrechenden Arbeiten von Alan Newell und Herbert Simon (1972) zur künstlichen Intelligenz sich entwickelnde kognitive Organisationstheorie (Sims/Gioia 1986; Meindl et al. 1996).

Mit der Etablierung des NI Ende der 70er Jahre wird die Meso-Ebene des Organisationssystems überschritten, da der Ansatz sich dezidiert als eine makrosoziologische Zugangsweise versteht, die die Beziehung zwischen Organisation und gesellschaftlicher Umwelt zum Gegenstand hat („Bringing society back in"). Theoretisch werden Organisationen damit als Subsysteme der Gesellschaft aufgefaßt, und die Untersuchung richtet sich auf die Formen der Assimilation und Akkomodation von Organisationen als Ganzheiten. Die kognitive Dimension wird als Kultur konzipiert und als Kultur einer Gesellschaft oder als Weltkultur beschrieben (Meyer 2005a). Wie sich institutionelle Faktoren innerhalb der Organisationen auf der mikrosoziologischen Ebene des Handelns konkret darstellen und auswirken, ist daher auch jetzt nicht Gegenstand des theoretischen Interesses (Lindenberg 1998). Entsprechend wurden die mikrosoziologischen Erkenntnisse über Kognitionen nicht in den NI eingearbeitet – und das obwohl eine der Gründerinnen des Ansatzes, Lynn Zucker, von Anfang an genau das fordert (Zucker 1977; Tolbert/Zucker 1995).

Die kognitive Dimension gewinnt im NI daher erst in dem Maße an Kontur, in dem in der soziologischen Wissenschaft die Verbindung von Makro- und Mikroebene ab ca. 1980 thematisch auf die Tagesordnung gesetzt wird (Knorr-Cetina/Cicourel 1981). In diesem Zusammenhang sorgt besonders die Einarbeitung der Strukturationstheorie von Anthony Giddens (1988) in den NI dafür, daß die kognitive Dimension an Prägnanz gewinnt. So dürfte Giddens Unterscheidung zwischen den Strukturdimensionen Sinn, Legitimation und Herrschaft die Vorlage für Scotts (1995) Differenzierung der kognitiven, normativen und regulativen Dimension von Institutionen geliefert haben. Und Giddens auf ethnomethodologischen Erkenntnissen beruhende Betonung des routinehaften Charakters des Alltagshandelns ermöglicht im NI die Einbeziehung der in der Carnegie-Schule begründeten kognitionspychologischen Zugangsweise. Dabei wird besonders das von Schank/Abelson (1977) entwickelte Konzept des kognitiven Skripts genutzt, um institutionelle Faktoren mit der Handlungsebene zu verknüpfen (Scott 1995; Barley/Tolbert 1997).

2   Kernaussagen über Kognitionen im Neo-Institutionalismus

Der Begriff „Kognition" bezieht sich, wie erwähnt, auf unterschiedliche mentale Phänomene wie Denken, Sinn, Wahrnehmung, Erinnerung usw. Im NI wird der Begriff „Kognition" allerdings in einem engeren Sinne verwendet: Er bezeichnet hier meist unterschiedliche Formen des Wissens. Unter Wissen wird dabei eine mentale Repräsentation der Realität verstanden, die zu Problemlösungen befähigt. Wie die Kognitionswissenschaft gezeigt hat, läßt sich Wissen theoretisch in unterschiedlicher Weise darstellen und erklären (Thargard 1999; Clark 2001). In der Organisationssoziologie wird meist davon ausgegangen, daß Kognitionen als Regeln, Rahmen, Schemata oder Skripte zu verstehen sind.[3] Wissen in dieser Form ist im NI dabei durch folgende drei Eigenschaften gekennzeichnet. Es ist *erstens* selbstverständlich, *zweitens* erzeugt es Realität und *drittens* ist es ein externer Sachverhalt.

2.1   Wissen ist selbstverständlich

Die kognitive Dimension des NI meint ein Wissen, das als selbstverständlich („taken for granted") oder „natürlich" gilt. Da dieses Wissen außer Zweifel steht, erfolgt seine Verwendung automatisch, ohne bewußte Reflexion. Wissen darf also nicht (vornehmlich oder gar ausschließlich) mit Bewußtsein assoziiert werden, vielmehr wissen die Menschen stets mehr, als ihnen bewußt ist. Im NI wird dieses selbstverständliche Wissen auch als ein praktisches Wissen bezeichnet, das von einem diskursiven, d.h. bewußten Wissen zu unterscheiden ist (DiMaggio/Powell 1991a; Giddens 1988).

Der unreflektierte Charakter dieses Wissens führt dazu, daß im NI den Aktivitäten von Organisationen wenig Rationalität im Sinne einer Kosten-Nutzen-Kalkulation zugesprochen wird. Stattdessen wird darauf verwiesen, daß Organisationen auf der Grundlage von „rationalisierten Mythen" und einer „logic of good faith" operieren (Meyer/Rowan 1977). Der NI hebt zudem hervor, daß das wesentliche Handeln in Organisationen ein unhinterfragtes Routinehandeln ist.

---

[3] Vgl. Sims/Gioia 1986; Meindl et al. 1996; DiMaggio 1997.

So schreibt z.B. Jepperson (1991: 145) in einem viel zitierten Aufsatz: „Institutions are not reproduced by 'action', in this strict sense of collective intervention in a social convention. Rather, routine reproductive procedures support and sustain the pattern, furthering its reproduction". Und ebenso meint Peter Walgenbach (1999: 322):

> „Institutionen bestehen weniger, weil sie durch bewußte Handlungen produziert und reproduziert werden, sondern vielmehr, weil sie durch routinemäßig reproduzierte Verfahren, d.h. quasi-automatische Verhaltensabläufe (Skripte) unterstützt und aufrechterhalten werden".

Wesentlich ist, daß die Basis der erwähnten „routine reproductive procedures" oder „quasi-automatischen Verhaltensabläufe" Kognitionen sind. Wie diese Kognitionen genau aussehen, beschreibt der von Walgenbach verwendete Begriff des Skripts. Ein Skript ist demnach eine kognitive Struktur, die eine typische Sequenz von Ereignissen spezifiziert und die sich in Form von Wenn-Dann-Regeln, einem so genannten Produktionssystem, schreiben läßt. In Analogie zu einem Computerprogramm wird davon ausgegangen, daß ein solches kognitives Regelsystem (die „software") das Handeln von Akteuren, seien dies nun Organisationen oder Individuen, „programmiert" bzw. steuert.

2.2 Wissen erzeugt Realität

Im NI wird Wissen nicht als eine Widerspiegelung von Realität verstanden. Mit dem Ansatz wird vielmehr eine konstruktivistische Position vertreten (Scott 1995; Meyer 2005a): Durch die Anwendung von Wissen wird Wirklichkeit erzeugt. Indem Phänomene anhand von im Gedächtnis abgespeicherten Wissensbeständen verstanden werden, wird Realität nicht einfach abgebildet, sondern aktiv konstituiert. John Searle (1994) hat diesen Vorgang der Realitätserzeugung als konstitutive Regel der Form: „x gilt als y im Kontext c" beschrieben (z.B. „Dieses Papierblatt (x) gilt als 50 € Note (y) im europäischen Währungssystem (c)."). Innerhalb des NI vertritt John Meyer am entschiedensten die konstruktivistische Position. Er ist der Ansicht, daß die Realität bzw. die Umwelt von Organisationen in der heutigen Zeit durch die Verwendung der kulturellen Wissensbestände der westlichen Welt hervorgebracht werden.

2.3 Wissen ist extern

Der NI betont den externen Charakters des Wissens. Dies schließt natürlich nicht aus, daß Wissen sich auch in den Köpfen der Individuen befindet. Aber die soziologische Disziplin besteht seit ihren Anfängen darauf, daß Institutionen als soziale Sachverhalte außerhalb des Individuums zu verstehen sind, und das bedeutet auch, daß die mit den Institutionen verbundenen Kognitionen extern sind. Hier trifft sich die Soziologie mit den neuesten Erkenntnissen der Kognitionswissenschaft, in der von einem „extended mind" gesprochen wird und in der sich zunehmend die Perspektive eines kognitiven Externalismus etabliert.[4] Seitdem der Versuch gescheitert ist, menschliches Denken in einem Computer zu simulieren, wird in dieser Disziplin mit einem veränderten Kognitionsbegriff gearbeitet. Kognitionen werden jetzt nicht mehr als durch die Haut des menschlichen Körpers begrenzt aufgefaßt („internalism"), sondern sie werden vielmehr in den sozialen Beziehungen zwischen Individuen („überindividuell") und den kulturellen Artefakten (Bücher und andere Instrumente) außerhalb des Individuums verortet. Mentale Repräsentationen und die damit verbundenen Problemlösungskapazitäten entstehen durch die Interaktion von Akteuren und die strukturierende Wirkung von Kulturobjekten („distributed cognition").

Diese externalistische Position macht noch einmal deutlich, daß Wissen nicht mit Bewußtsein assoziiert werden darf. In dem Sinne, indem man sagt, daß jeder Mensch mehr weiß, als ihm bewußt ist, läßt sich ebenfalls sagen, daß z.B. ein Computer weiß, wie man Schachprobleme löst oder ein Flugzeug fliegt, ohne daß er weiß, was er tut (also Bewußtsein hat). Nur so macht es dann auch Sinn davon zu sprechen, daß ein soziales System wie eine Organisation Wissen besitzt. Es wird damit eben nicht behauptet, daß die Organisation Bewußtsein hat. Zum anderen impliziert die Position, und dies geht aus den gerade genannten Beispielen schon hervor, daß Kognitionen auf unterschiedlichen Substanzen (biologischen Neuronen, elektrischen Schaltkreisen, sozialen Systemen) „laufen". Es ist nicht so, daß nur unser Gehirn etwas weiß oder denken kann, vielmehr kann die „hardware" für Kognitionen unterschiedlichster Art sein. In der Kognitionswissenschaft heißt es daher auch: „the stuff doesn't matter" (Clark 2001: 22). Wesentlich ist, daß es funktioniert: Kognition bzw. Wissen werden einer Entität dann zugesprochen, wenn sie Repräsentationsvermögen besitzt und ihr Problemlösungen gelingen (Thargard 1999).

Unglücklicherweise verfügt der NI bisher über keine hinreichend klare Begrifflichkeit, um Wissen als einen dem einzelnen Individuum externen Sachverhalt angemessen zu beschreiben. Einen Versuch zur Bezeichnung externer Kognitionen

---

[4] Vgl. Clark/Chalmers 1998; Clark 1997, 2003; Rowlands 2003.

findet sich bei Scott (1995), der drei Träger („carrier") unterscheidet, in die Institutionen „eingebettet" sind (Jepperson 1991). Diese drei Träger sind Kultur, soziale Strukturen und Routinen. Unter Kultur versteht Scott interpretative Strukturen, die in der weiteren Umwelt auf der gesellschaftlichen bzw. weltgesellschaftlichen Ebene existieren. Die kognitive Dimension von Institutionen sieht er hier in Form von Kategorien oder Typisierungen eingelagert. Soziale Strukturen sind Träger, die auf systematischen Erwartungen beruhen und die mit einem Netzwerk von sozialen Positionen assoziiert sind: Es handelt sich also um Rollensysteme. Als exemplarische Beispiele für Kognitionen nennt Scott die mit Rollen verknüpften Identitäten („Selbstbeschreibungen") oder die empirisch vorfindbare strukturelle Gleichartigkeit („Isomorphie") von kognitiven Kodierungen in Organisationen, die durch Imitation zustande kommt. Routinen schließlich sind strukturierte Aktivitäten in der Form des habitualisierten Verhaltens mehrerer Akteure. Kognitionen haben hier die Gestalt von Skripten. Daß alle drei Träger Wissen als einen externen Sachverhalt verkörpern, läßt sich schließlich auch daran veranschaulichen, daß sie unabhängig von dem Wissen des einzelnen Individuums weiter existieren. Kulturen, soziale Strukturen und Routinen brechen nicht zusammen oder lösen sich auf, wenn einzelne Personen ausgewechselt werden und deren Wissen in den Köpfen nicht mehr zugänglich ist.

3   Variationen des Begriffs „Kognition" innerhalb des Neo-Institutionalismus

Die kognitive Dimension wird im NI begrifflich unterschiedlich gefaßt, und zwar in Abhängigkeit davon, auf welche theoretische Richtung für das Verständnis des Mentalen Bezug genommen wird und welcher Träger der kognitiven Dimension ins Auge gefaßt wird. Zur Illustration sollen kurz vier Variationen des Kognitionsbegriffs vorgestellt werden.

3.1 John Meyer: Kognition als kulturelle Regel

John Meyer bezieht sich theoretisch auf die religionssoziologischen Arbeiten Emile Durkheims und auf Max Webers Untersuchungen zum Prozeß der Rationalisierung (Meyer et al. 2005a). Er versteht Kognitionen auf der gesellschaftlichen und weltgesellschaftlichen Ebene der Kultur und definiert Kognitionen als kulturelle Regeln. Meyer untersucht in seinen Arbeiten, welche Wirklichkeiten durch kulturelle Regeln konstituiert werden. Seine These ist, daß in einer langen religiösen und postreligiösen Evolution Agentschaft (agency), die zunächst in transzendenten

Mächten (Göttern) oder natürlichen Kräften angesiedelt war, zunehmend in die Gesellschaft hineinverlegt worden ist mit der Folge, daß die moderne Kultur drei Typen von Agenten kennt, nämlich das Individuum, den Nationalstaat und die Organisation. Unter „Organisation" versteht Meyer kein Handlungsmuster, sondern eine bestimmte Art der kulturellen Kodierung dessen, was in einem Handlungsfeld geschieht. Die Hervorbringung des Agenten „Organisation" gelingt besonders dann, wenn eine Kultur Regeln für die Konstitution von Zielen und Zweck-Mittel-Beziehungen (Technologien), für die Konstitution der Universalisierung und Standardisierung von Ressourcen (Monetarisierung), von Prinzipien kollektiver Souveränität (Eigentumsrechte) und von Systemen sozialer Kontrolle (Hierarchie, Arbeitsverträge) bereitstellt (Jepperson/Meyer 1991). Die Kodierung eines Handlungsgefüges als „Organisation" ist dabei rationalisiert. Damit ist gemeint, daß die kulturellen Regeln auch eine Darstellung und Erklärung liefern, wie Ressourcen genutzt, Aktivitäten kontrolliert und Ziele verfolgt werden. Die für die moderne Kultur typische vermehrte Schaffung von rationalen Organisationen als Agenten geht aber zugleich einher mit der Stärkung anderer kultureller Elemente wie der Vermehrung der Dimensionen und Typen menschlicher Kompetenz, der Ausweitung von Rechten und der Explikation kollektiver Intentionen. Diese und andere Faktoren, genauer gesagt, die diese Faktoren konstituierenden kulturellen Regeln, begrenzen nun die Rationalität von Organisationen. Für Meyer (1992a) sind Organisationen daher vor allem durch folgende Eigenschaften charakterisiert: Sie weisen erstens eine „Schattenrationalisierung" auf, d.h. sie beinhalten mehr nicht-rationale, institutionelle Elemente, als der Begriff „Rationale Organisation" unterstellt. Dies führt zum einen zur „Entkoppelung" der kulturellen Kodierung „Organisation" von praktischen Aktivitäten. Zum anderen erfolgt in den als Organisation umschriebenen Handlungsfeldern eine Delegation von Rationalität an übergeordnete institutionelle Elemente wie die Professionen. Daraus ergibt sich zweitens nun, daß die Kontrollanstrengungen von Organisationen als Formen ritueller Konformität zu verstehen sind. Sie dienen dazu, rationale Kohärenz und institutionelle Konformität zu signalisieren, beides sichert der Organisation Legitimität. Diesem Zweck dient auch die Vermeidung sichtbarer interner Konflikte. Insgesamt erweist sich die Wirklichkeit „Rationale Organisation" also als eine Sache des guten Glaubens. Organisationen sind, entgegen der in der Organisationssoziologie verbreiteten realistischen Sichtweise, selbst ein Mythos.

3.2 Paul DiMaggio und Walter Powell: Kognition als mimetischer Isomorphismus

DiMaggio/Powell (1983) interessiert die kognitive Dimension der Institutionen auf der Ebene der sozialen Strukturen. Die soziale Struktur, die sie untersuchen, ist das organisationale Feld. Ein organisationales Feld besteht aus Organisationen, die als Aggregat ein anerkanntes Terrain „institutionellen Lebens" bilden. Strukturiert wird das Feld durch die Konkurrenz zwischen den Organisationen einerseits und durch Institutionen in Gestalt staatlicher Regelungen und des Einflusses der Professionen andererseits. Die Kräfte der Konkurrenz und Institutionen führen zu einer strukturellen Vereinheitlichung der Organisationen (Isomorphie). Mit Bezug auf die Isomorphie durch Institutionen unterscheiden DiMaggio/Powell zwischen den Faktoren Zwang, normativer Druck und Imitation. Während Zwang und normativer Druck auf die regulative und normative Dimension verweisen, erscheint die kognitive Dimension hier als Imitation, als ein mimetischer Prozeß, der durch Unsicherheit ausgelöst wird. Unsicherheit in Organisationen besteht vor allem bei turbulenten Umwelten, mehrdeutigen Zielen und defizitären Technologien. In solchen Situationen kopieren Organisationen für ihre kognitive Orientierung dann die Sinnstiftungen jener Organisationen in ihrem Feld, die als erfolgreich gelten und die als mit hoher Legitimation ausgestattet wahrgenommen werden. Als Folge dieser gleichen oder ähnlichen Sinnstiftungen bilden sich dann strukturelle Isomorphien im organisatorischen Feld.

3.3 Theresa Lant und Joel Baum: Kognition als Kategorisierung

Als Beispiel für eine neo-institutionalistische Untersuchung, die Kognitionen im Zusammenhang mit sozialen Rollen sieht, kann die Arbeit von Theresa Lant und Joel Baum (1995) gelten. Die Autoren untersuchen die Kognitionen von New Yorker Hotelmanagern bei der Entwicklung institutionalisierter Überzeugungen (*beliefs*) und Praktiken. Sie zeigen, daß Manager anhand gemeinsamer kognitiver Kategorisierungen konkurrierende Hotels zu unterschiedlichen Clustern ordnen. Die Manager benutzen für die Clusterbildung in homogener Weise die Variablen Größe des Hotels, Preis pro Übernachtung, Standort und Qualität und treffen auf der Basis dieser kognitiven Konstruktion strategische Entscheidungen. Die Untersuchung belegt mithin, daß es nicht die Kundennachfrage am Markt ist, die das Handeln der Manager bestimmt, sondern ihre kognitiv konstruierte Wahrnehmung der Konkurrenzorganisationen. Schließlich können Lant und Baum zusätzlich zeigen, daß die Hotels innerhalb der konstruierten Cluster zur Isomorphie hinsichtlich ihrer Praxis und Überzeugungen tendieren.

3.4 Lynn Zucker: Kognition als Prozeß und Produkt

Lynn Zucker (1977) versteht Kognitionen auf der Basis des wissenssoziologischen Ansatzes von Peter Berger und Thomas Luckmann (1980). Für sie ist die
Realität sozial konstruiert und wird erfahren als eine intersubjektive Welt, die
gemeinsam mit anderen gewußt wird oder gemeinsam mit anderen gewußt werden kann. Indem Akteure für ihre Deutung der Wirklichkeit auf überlieferte, als
objektiv und extern geltende Wissensbestände zurückgreifen, (re-)produzieren
sie genau jene als objektive und extern geltende Wirklichkeiten. Institution ist
für Zucker dementsprechend sowohl ein Prozeß – nämlich der interaktiven Anwendung von Wissensbeständen – als auch ein kulturelles Produkt, nämlich das
Resultat der interaktiven Anwendungsprozesse. Für Zucker ist besonders auch
die Kognition „Organisation" ein institutioneller Wissensbestand, der auf der
kulturellen Ebene angesiedelt ist und der durch seine Verwendung in konkreten
Interaktionsprozessen spezifische Wirkungen entfaltet. In einer Reihe von La-
boruntersuchungen kann Zucker dies exemplarisch zeigen: Wird das Wissen
über Organisationen in den Experimenten aktiviert, weil die Individuen glauben,
sie würden im Rahmen eines organisatorischen Settings interagieren, kommt es
zu einem hohen Maß von Persistenz auf der Handlungsebene. Sehen die Individuen die Situation dagegen z.B. als eine Situation persönlicher Einflußnahme,
unterbleibt die Routinisierung des Verhaltens.

4   Probleme des Begriffs „Kognition" im Neo-Institutionalismus

Wenn man die Aussage ernst nimmt, daß die kognitive Dimension die Zentralkategorie des NI ist, dann ergibt sich die Notwendigkeit, klar zu beschreiben und zu
erklären, was es heißt, daß Kognitionen auf einer überindividuellen Ebene zu verorten sind, daß sie also ein für die Individuen externer Sachverhalt sind. Der Verweis auf unterschiedliche „Träger", in die Institutionen „eingebettet" sind (Scott
1995), löst das Problem nicht, weil damit die Gefahr verbunden ist, daß Kognitionen im NI als eine Art „group mind" reifiziert werden. Wie diese Gefahr der Reifizierung konkret aussieht, läßt sich anhand einer Erklärungsstrategie verdeutlichen,
die als Aufwärtsreduktionismus bezeichnet wird (Wiley 1994). In Bezug auf den
NI bedeutet Aufwärtsreduktionismus, daß kognitive Strukturen nicht einzelnen
Individuen und deren Interaktionen, sondern Makro-Entitäten, eben den gesellschaftlichen Institutionen zugerechnet werden. Das für den Aufwärtsreduktionismus typische Vorgehen läßt sich anhand folgender Argumentationsweise skizzieren (Barnes 2001).

Den Ausgangspunkt neo-institutionalistischer Untersuchungen bildet z.B. die Frage: Warum handeln Individuen in Organisationen institutionalisiert, d.h. routiniert und nicht rational kalkulierend? Die Antwort lautet: Weil sie kognitive Strukturen wie Skripte verwenden. Die weitere Frage lautet dann: Warum lassen sich kollektive Muster von Routinen identifizieren? Und die Antwort ist: Weil es kollektive kognitive Strukturen gibt. Wird dann gefragt: Was sind das für kollektive kognitive Strukturen? Dann heißt die Antwort: Es sind die kognitiven Strukturen der Gesellschaft, d.h. der Institutionen „da draußen" als externe Realitäten, die eben in Routinen „eingebettet" sind. Die Argumentation läuft also darauf hinaus, daß durch die Bezugnahme auf die Makro-Entität „Institution" kognitive Routinen verstanden und erklärt werden können: Weil es Institutionen gibt, handeln Personen routiniert und Organisationen weisen entsprechende Strukturen auf.

Um sich die Problematik dieser impliziten Erklärungsweise zu verdeutlichen, ist es hilfreich, sich die Wachstumsringe eines gefällten Baumes vorzustellen. Will man die Existenz der Wachstumsringe erklären, dann kann man fragen: Sind diese Ringe (die als Makro-Entitäten verstanden werden können), unabhängig vorhanden oder kann ihre Existenz auf das Wachstum der Zellulosefasern des Baumes zurückgeführt werden? Anders gesagt: Wird das Wachstum der Zellulosefasern die Existenz der Ringe erklären können oder nicht? Man würde hier also wohl nicht auf die Idee kommen, danach zu fragen, ob die Ringstrukturen das Wachstum der Fasern erklären können – so als ob zuerst die Strukturen da sind und die Fasern dann dementsprechend wachsen. Genau das ist aber das Vorgehen der neo-institutionalistischen Aufwärtsreduktion. Es werden Handlungen registriert, die ein Muster bilden, dann wird das Muster als Bestandteil bzw. Ausdruck einer separaten Makro-Entität, einer Institution, aufgefaßt. Im letzten Schritt wird dann behauptet, daß die Makro-Entität die Handlungen erklärt. Angesichts dieses Vorgehens merkt Karl Weick (2003) in Bezug auf den NI an, daß hier wohl die Reifizierung einer „invisible hand" als legitime konzeptuelle Strategie angesehen wird. Wenn Weick damit Recht hat, dann entbehrt es nicht der Ironie, daß die theoretische Richtung, die die Entdeckung des mythischen Charakters der Wirklichkeit in der Organisationssoziologie auf die Tagesordnung gesetzt hat, nun selbst dabei ist, Mythen zu produzieren.

Das Problem der Reifizierung läßt sich aber in den Griff kriegen, indem man sich um eine Mikrofundierung des Ansatzes bemüht. Im Rahmen des NI war es Lynn Zucker, die von Anfang an eine Verankerung des Ansatzes auf der Interaktions- und Handlungsebene forderte und die zu diesem Zweck auf das Institutionenkonzept von Peter Berger und Thomas Luckmann zurückgegriffen hat (Zucker 1977; Tolbert/Zucker 1995). Zucker hält eine Mikrofundierung des NI für unabdingbar, da andernfalls weitere gravierende theoretische Probleme nicht ausgeräumt werden können. An Problemen nennt sie:

1. *Die Konfundierung des NI mit der Ressourcen-Abhängigkeitstheorie.* Ein Vergleich zeigt, daß beide Theorien auf dasselbe Erklärungsmuster zurückgreifen (nämlich, daß Legitimationen eine Ressource von Organisationen sind), und folglich nicht mehr zu unterscheiden sind. Als Grund für diese Konfundierung nennt Zucker die geringe Beachtung der kognitiven Dimension bzw. ihr Herunterspielen als „bloß" symbolisch.

2. *Die Entkoppelungsthese.* Im NI hat die Aussage, daß formale Strukturen oder auch Kognitionen auf der kulturellen Ebene von Handlungen entkoppelt sind, seit ihrer ursprünglichen Formulierung von Meyer/Rowan (1977) einen prominenten Stellenwert. Innerhalb des Ansatzes wird dabei übersehen, daß die Entkoppelungsthese damit aber einer Grundannahme des institutionalistischen Denkens widerspricht, nämlich, daß Strukturen, damit sie als institutionalisiert bezeichnet werden können, Handlungen generieren müssen.

3. *Das statische Verständnis von Institutionen.* Die makrosoziologische Orientierung führt dazu, daß Institutionen als vorhanden oder nicht vorhanden konzipiert werden mit der Folge, daß Institutionalisierung als Prozeß unverstanden bleibt.

Zucker ist der Ansicht, daß diese theoretischen Probleme behoben werden können, wenn man den NI auf der Interaktionsebene anhand der kognitiven Dimension theoretisch verankert. Dann würde ersichtlich werden, daß die Ressourcen-Abhängigkeitstheorie vor allem die regulative und nicht die kognitive Dimension im Auge hat, und es würde deutlich werden, daß die Entkoppelungsthese revidiert werden muß. Eine solche Mikrofundierung würde zudem den prozessualen Charakter sozialer Wirklichkeit ins Blickfeld rücken. Sie trägt damit unmittelbar der Behauptung Rechnung, daß durch Wissen Realität erzeugt wird – eine Behauptung, die durch den Verweis auf unterschiedliche Träger von Institutionen nicht verständlich gemacht und gestützt werden kann. Die Mikrofundierung des NI als interaktive kognitive Hervorbringung sozialer Realität hat aber schließlich noch eine weitreichendere Konsequenz: durch sie wird unmißverständlich deutlich, das die soziale Ordnung grundlegend eine kognitive Ordnung ist (Barnes 1988). Was das heißt, läßt sich kurz folgendermaßen skizzieren.

Aus einer prozessualen, interaktionistischen Perspektive werden soziale Realitäten unterschiedlichster Art (die Ehe, Geld, Privateigentum, Normen, Macht usw.) von einer Gruppe von Akteuren dadurch zur Existenz gebracht, indem sie kogniziert werden und indem über sie gesprochen wird. Soziale Realitäten existieren in und durch die interaktive Praxis des kognitiven Kodierens und des Bezugnehmens. Erzeugt werden soziale Realitäten durch performative kognitive Akte in der von Searle (1994) beschriebenen Form: x gilt als y im Kontext c, wobei c das Kollektiv der interagierenden Individuen ist. Die nachfolgenden Bezugnahmen auf die so erzeugten Wirklichkeiten erfolgen wiederum durch Kognitionen und das damit verbundene Reden. Es kommt also zu einer Anwendung von Wissensbeständen auf Wissensbestände und zu einem Reden über Reden. Die so entstandene soziale Realität hat mithin den Charakter eines sich selbsterzeugenden, selbstreferentiellen und sich selbstvalidierenden kognitiven Systems (Barnes 1983, 1995). Was als soziale Ordnung bezeichnet wird, ist ein solches System distribuierter Kognitionen (Hutchins 1995; Clark 1997). Die soziale Ordnung als kognitive Ordnung wird gänzlich durch die interaktive Praxis der Akteure hervorgebracht und erhalten, sie besteht in nichts anderem. Sie hat gleichwohl einen externen Charakter, denn für alle praktischen Belange kann der Einzelne in einem ausreichend großen Kollektiv seinen spezifischen Beitrag zur Konstituierung und zur Erhaltung sozialer Realität vernachlässigen: Wenn der Einzelne z.B. seine kognitiven Aktivitäten einstellt, verschwindet die soziale Wirklichkeit nicht.

Wenn man durch solch eine Mikrofundierung also Ernst macht mit der eingangs zitierten Aussage Lynn Zuckers (1983: 25), daß Institutionalisierung ein *fundamental* kognitiver Prozeß *ist*, dann steht die kognitive Dimension im NI nicht, wie Richard Scott (1995) meint, auf gleicher Höhe neben der normativen und der regulativen Dimension.[5] Vielmehr müssen die mit diesen Dimensionen gemeinten sozialen Sachverhalte (formale Regeln, Macht) als interaktive kognitive Konstruktionsleistungen verstanden werden. Eine Mikrofundierung unterstreicht daher, was die zentrale organisationssoziologische Erkenntnis des NI ist, nämlich daß Organisationen kollektive kognitive Konstruktionen sind.

Einführende Literatur

Barnes, Barry 1983: Social Life as Bootstrapped Induction, in: Sociology 14, S. 524-545.
DiMaggio, Paul J. 1997: Culture and Cognition, in: Annual Review of Sociology 23, S. 263-288.
Meyer, John W. 2005: Weltkultur. Wie die westlichen Prinzipien die Welt durchdringen, Frankfurt/M.: Suhrkamp.

---

[5] Siehe auch den Beitrag von *Senge* in diesem Band.

Das Verständnis von Organisation im Neo-Institutionalismus
Lose Kopplung, Reifikation, Institution

Ursula Mense-Petermann

Der Neo-Institutionalismus, kurz NI, gilt als eine der wichtigsten Organisationstheorien in den USA und Europa. Von zentraler Bedeutung ist daher die Frage, was im Rahmen dieses Theorieansatzes unter „Organisation" verstanden wird. Dabei empfiehlt es sich zur Beantwortung dieser Frage, kurz das Verständnis des Organisationsbegriffs, wie es in der allgemeinen Organisationsforschung vorherrscht, zur Kenntnis zu nehmen. So gelten der Organisationsforschung Organisationen als

> „soziale Strukturen, geschaffen von einzelnen in der Absicht, gemeinsam mit anderen bestimmte Ziele zu verfolgen. Nach diesem Verständnis ergibt sich für alle Organisationen eine Reihe von gleichgelagerten Problemen. Alle müssen ihre Ziele definieren (und umdefinieren); alle müssen ihre jeweils Beteiligten dazu bringen, gewisse Dienste zu leisten; alle müssen diese Dienste kontrollieren und koordinieren; Geldmittel und Ressourcen müssen beschafft und Produkte oder Dienstleistungen verteilt werden; Mitglieder müssen ausgewählt, geschult und ersetzt werden" (Scott 1986: 31).

Eine Organisation kann also ganz allgemein als eine spezifische Form geregelter Kooperation bezeichnet werden (Gukenbiel 1995).

Im Anschluß an die klassische Unterscheidung organisationssoziologischer Fragestellungen von Renate Mayntz (1963) lassen sich drei unterschiedliche theoretische Perspektiven auf Organisation nennen. Die erste dieser Perspektiven betrifft das Verhältnis von Organisation und Gesellschaft. Die zweite Perspektive betrifft die internen Prozesse und Funktionsweisen von Organisationen. Schließlich geht es drittens um das Verhältnis von Organisation und Individuum (Mitgliedschaft).[1]

Die *neo-institutionalistische* Organisationstheorie ist der ersten Perspektive zuzuordnen. Sie ist in expliziter Abgrenzung zu handlungs- und akteurtheoretischen Ansätzen formuliert worden, d.h. zu Ansätzen, die sich im Rahmen der zweiten und dritten Perspektive vor allem auf organisationsinterne Akteure oder

---

[1] Fragen nach der Inklusion, nach sozialen Chancen und Risiken, sowie nach Macht und Herrschaft stehen hier auf der Agenda.

Akteursgruppen, wie das Management und deren Handlungs-, Durchsetzungs- und Entscheidungsstrategien als Determinanten formaler Organisation konzentrieren. Innerorganisationale Koordinations-, Abstimmungs- und Entscheidungsprozesse, Koalitionen und mikro-politische Auseinandersetzungen, wie sie von solchen handlungs- und akteurtheoretischen Ansätzen fokussiert werden, stehen nicht im Zentrum des Interesses der neo-institutionalistischen Organisationstheorie. Ausgangspunkt für die neo-institutionalistische Theorieentwicklung war vielmehr die Beobachtung einer erstaunlichen organisationsübergreifenden Homogenität von formalen Strukturen in den unterschiedlichsten Organisationstypen, wie Schulen, Staaten oder Unternehmen (DiMaggio/Powell 1991a: 9).[2] Diese kann nach neo-institutionalistischer Überzeugung nicht durch Rekurs auf innerorganisationale Akteure und Entscheidungsprozesse, sondern nur durch Rekurs auf institutionalisierte Regeln und Rollen sowie Selbstverständlichkeitsannahmen erklärt werden, die „oberhalb" des einzelnen Akteurs und der einzelnen Organisation angesiedelt sind. Das heißt: Formale Organisationsstrukturen werden nicht als das Ergebnis von rationalen Strategien und Entscheidungen des Managements mit Bezug auf ein bestimmtes Problem verstanden, sondern als Ergebnis einer Anpassung an institutionalisierte Erwartungen in der Umwelt von Organisationen. So läßt sich z.B. die Organisation des Unterrichts in Schulen nach einem Stundenplan nicht als rationale Strategie einer effizienten Unterrichtsorganisation der einzelnen Schulleitungen, sondern durch Rekurs auf Vorgaben von Schulbehörden und -ministerien erklären. Oder, um ein Beispiel aus dem Bereich von Wirtschaftsorganisationen zu nennen, die schnelle Verbreitung von „lean production" wird als Anpassung an außerhalb der Organisation institutionalisierte Vorstellungen einer effizienten Organisation von Produktionsprozessen verstanden. Solche Vorstellungen werden in organisationalen Feldern, in diesem Beispiel im Bereich der Automobilindustrie, entwickelt[3] und über Berufsverbände und Beratungsunternehmen verbreitet (DiMaggio/Powell 1991a).

Der NI gehört daher zu den sogenannten „open-system"-Ansätzen, weil er nicht die Organisation als autonome Einheit mit ihren internen Strukturen und Prozessen ins Zentrum der Beobachtung stellt, sondern das *Verhältnis von Organisation und Umwelt*. In den Worten von Meyer/Rowan (1977: 346): „According to the institutional conception as developed here, organizations tend to *disappear as*

---

[2] Neo-institutionalistische Studien haben zunächst Non-Profit-Organisationen wie Krankenhäuser oder Bildungseinrichtungen in den Blick genommen und ihre theoretischen Argumente auf der Basis dieser Studien entwickelt. Als dann in weiteren Studien auch Wirtschaftsorganisationen untersucht wurden, wurde interessanterweise festgestellt, daß die entwickelten theoretischen Erklärungen auch hier trugen.

[3] In diesem Fall hat die wissenschaftliche Studie von Womack et al. (1991) zu „lean production" als Erfolgsfaktor von Toyota, in der die Autoren dieses Toyota-Produktionsmodell als neuen „one best way" der Organisation von Produktionsprozessen in der Automobilindustrie proklamieren, eine zentrale Rolle gespielt.

distinct and bounded units." (Herv. UMP) Im Gegensatz zu älteren „open-system"-Theorien wie dem Resource-Dependence-Ansatz oder der Kontingenztheorie rükken nun jedoch *institutionelle* Umwelten als wichtige Determinanten von organisationalen Strukturen und Prozessen ins Zentrum der Beobachtung. Von Interesse sind demnach institutionalisierte Vorstellungen darüber, „auf welche Weise bestimmte Güter und Dienstleistungen ‚rational' zu produzieren sind." (Türk 1997: 131). Dabei nimmt die neo-institutionalistische Organisationstheorie vor allem staatliche Vorgaben und organisationsübergreifende professionelle Standards in den Blick, beispielsweise ein über die Ingenieursausbildung verbreitetes Wissen darüber, wie Entwicklungsprozesse zu organisieren sind, sowie „Rezepte" und ‚Lösungen' des Organisierens, wie sie über Organisationsberatungen verbreitet werden. So rekapituliert Richard Scott (1991: 165): „Perhaps the single most important contribution of institutional theorists to the study of organizations is their reconceptualization of the environments of organizations." Denn statt für Aufgabenumwelten, Ressourcenflüsse und Technologien interessieren sich die Neo-Institutionalisten für institutionalisierte Überzeugungen, Regeln und Rollen, also für symbolisch-kulturelle Elemente der gesellschaftlichen Umwelt von Organisationen. Organisationale Akteure, Interessen und Rationalität werden dann nicht mehr als gegeben angenommen, sondern als „Produkte" der institutionellen Umwelt von Organisationen (Meyer/Jepperson 2000) – was u.a. dazu führt, daß die Organisation „dezentriert" wird (Wehrsig 1997).

Betont werden muß allerdings, daß die theoretischen Debatten innerhalb und über den NI der vergangenen Jahre nicht dazu geführt haben, daß sich *der* NI als einheitlicher Theorieansatz präsentiert – in diesem Sinne ist die Bezeichnung irreführend. Es handelt sich vielmehr auch heute noch, wie schon DiMaggio/Powell (1991a: 3) bemerkten, um „many new institutionalisms", die sich teils erheblich in ihren Konzepten und Argumenten unterscheiden (Scott 1987). Übereinstimmung besteht in einer tiefen Skepsis gegenüber Rational Choice-Modellen der Organisation sowie in der Betonung der Bedeutung von organisationsübergreifenden Sinnsystemen, Regelkomplexen und symbolischen Elementen für Organisationen. Die Hauptdifferenzen liegen in unterschiedlichen Bewertungen der normativen und kognitiven Dimension von Institutionen, in der Bedeutung von Rationalität und der Frage, ob organisationale Strukturen den Organisationen durch die Umwelt „injiziert" oder „bottom-up" aufgebaut werden (Scott 1994a: 78). Zusammengefaßt liegen die Unterschiede also in unterschiedlichen Konzeptualisierungen dessen, was als „Institution" in den Blick genommen wird.

Dies hat Folgen für die hier interessierende Fragestellung. Denn wenn es dem NI um das Verhältnis von Organisation und institutionellen Umwelten geht, und wenn die Konzeptualisierungen von institutionellen Umwelten bei den unterschiedlichen Autoren differieren, dann kann nicht von *dem* einen Organisationsbegriff des NI gesprochen werden. Im nun folgenden Abschnitt werde ich daher drei Organisationsbegriffe des NI unterscheiden: Organisation als „Bausatz" aus institutionellen Elementen (1.1), Organisation als Verkörperungen oder Reifikationen ihrer institutionellen Umwelt (1.2) und schließlich Organisation als Institution (1.3). Ein Zwischenfazit schließt den zweiten Abschnitt ab. Anschließend werde ich kritische Einwände gegen den neo-institutionalistischen Ansatz, insbesondere seine(n) Organisationsbegriff(e), sowie neo-institutionalistische Antworten und Weiterentwicklungen präsentieren (2.). Abschließend werden die Leistungen und Schwachstellen des NI zusammenfassend diskutiert (3.).

1 Organisationsbegriffe im Neo-Institutionalismus

Der NI wird in erster Linie als Organisationstheorie wahrgenommen, weniger als Gesellschaftstheorie (Krücken 2005a). Allerdings ist es, wie schon gesagt, nicht die Organisation an und für sich, die im Zentrum der wichtigsten Beiträge zum NI steht. Es ist vielmehr das Verhältnis zwischen Organisation und Umwelt, das die neo-institutionalistischen Theoretiker in erster Linie interessiert. Und es ist in diesem Verhältnis die institutionelle *Umwelt* von Organisationen, auf die die meiste begrifflich-analytische Arbeit verwendet worden ist. Die hier gestellte Aufgabe, den Organisationsbegriff des NI vorzustellen, kann nicht auf eine systematische Darstellung der neo-institutionalistischen Autoren selbst aufbauen, sondern ist auf eigene Rekonstruktionsarbeit angewiesen. Dieses Unterfangen wird dadurch erschwert, daß von *dem* einen Organisationsbegriff des NI nicht die Rede sein kann. Was jeweils unter Organisation verstanden wird, hängt davon ab, wie relevante Umwelten konzeptioniert werden und wie der Einfluß der institutionellen Umwelt auf die Organisation gedacht wird. Und schließlich hängt es davon ab, in welcher Perspektive Organisationen überhaupt gesehen werden: in einer organisationssoziologischen Perspektive, die nach den Determinanten organisationaler Strukturen und Prozesse fragt, oder in einer gesellschaftstheoretischen Perspektive, die nach der Rolle von Organisationen für und in der modernen Gesellschaft fragt. Während die erstgenannte Fragestellung die frühen neo-institutionalistischen Arbeiten dominiert hat,[4] gewinnt seit den 1990er Jahren die letztgenannte Frage zunehmend an Gewicht.[5]

Über die unterschiedlichen Zugänge und Analyseebenen – Makro-, Meso- oder Mikroebene – und über die unterschiedlichen Phasen der Entwicklung des

---

[4] Mit Ausnahme allerdings von Zucker (1977).
[5] Vgl. Scott/Meyer 1994; Boli/Thomas 1994; Meyer 2005.

neo-institutionalistischen Ansatzes hinweg lassen sich meiner Ansicht nach drei Organisationsbegriffe unterscheiden, die im Folgenden dargestellt werden sollen.[6]

1.1 Organisation als „Bausatz" institutioneller Elemente

In neo-institutionalistischer Perspektive spiegeln die Formalstrukturen von Organisationen institutionalisierte Elemente und Überzeugungen aus der gesellschaftlichen Umwelt wider. Institutionelle Umwelten – Selbstverständlichkeitsannahmen, Regel- und Rollenkomplexe außerhalb der Organisation – stellen Schablonen des Organisierens bereit, „prefabricated formulae" (Meyer/Rowan 1977: 344), die von Organisationen übernommen und angewandt werden.[7] Allerdings ist hier nicht klar, auf welches Verhältnis von Organisation und Umwelt diese Formulierungen genau hinweisen. Klaus Türk (1997: 132f.) unterscheidet zwei Lesarten: eine *kontingenztheoretische* und eine *konstitutionstheoretische*. In diesem Abschnitt wollen wir zunächst auf das kontingenztheoretische Verständnis eingehen, das der frühe Aufsatz „Formal Structure as Myth and Ceremony" von Meyer/Rowan (1977) nahe legt und auch in den Arbeiten von DiMaggio/Powell (1983) dominiert.

In dieser Lesart können Organisationen über institutionelle Muster, die ihre Umwelt bereitstellt, strategisch verfügen. So weist Türk darauf hin, daß in der Argumentation von Meyer/Rowan Organisatonen den institutionellen Erwartungen ihrer Umwelt zu entsprechen trachten, um Zugang zu Ressourcen zu gewinnen;[8] immer wird „den" Organisationen „rational-voluntaristisches Handeln" unterstellt, mit dem sie sich durch die Vielfalt der Umwelterwartungen hindurchlavieren." (Türk 1997: 132) Organisationen übernehmen nicht deshalb institutionalisierte Muster aus ihrer Umwelt, weil diese mit Selbstverständlichkeitsannahmen verbunden sind und als die selbstverständlich „richtige" Lösung wahrgenommen werden, sondern weil sie für diese Anpassungsleistung belohnt werden. Sie gewinnen dadurch an Legitimität, Ressourcen und Überlebenschancen.[9] Scott (1994a: 73f.) faßt dies wie folgt zusammen:

> „Frameworks external to organizations provide models of organizational arrangements from which organizational participants choose or to which they are subjected. Organizational participants are viewed as being subject to normative pressures and cognitive

---

[6] Zucker (1987) unterscheidet in ihrem Review-Artikel zur neo-institutionalistischen Organisationstheorie zwei Theoriestränge: Umwelt als Institution und Organisation als Institution. Ich werde jedoch in den folgenden zeigen, daß sich die erste Linie nochmals unterteilen läßt.

[7] Vgl. die oben angeführten Beispiele von Schulstundenplänen und „lean production".

[8] Beleg im Zitat Meyer/Rowan 1981/1977: 13.

[9] Vgl. Scott 1987: 498 mit Bezug auf Meyer/Rowan 1977.

constraints to embrace forms regarded as appropriate or legitimate for organizations of the type to which they belong. From this perspective, executives may not be designing their governance structures in the light of the particular problems confronted but rather *choosing a structure from a menu* providing a set of options." (Herv. UMP)

So würde diese Lesart für das oben angeführte „lean production"-Beispiel bedeuten, daß ein Automobilunternehmen nicht deshalb seine Produktion „lean" organisiert, weil es in „lean production" das alternativlose, einzig richtige Produktionsmodell sieht, sondern weil es sich mit Bezug auf das „lean production"-Modell Legitimität gegenüber Aktionären und Banken und damit einen besseren Zugang zu finanziellen Ressourcen sichern will, oder weil es gegenüber Betriebsrat und Gewerkschaften eine mit Einschnitten für die Beschäftigten verbundene Reorganisation legitimieren und damit das Konfliktpotential entschärfen will.

Das bedeutet auch, daß nicht alle Organisationen auf die gleiche Art und Weise institutionalisiert sind. Meyer/Rowan gehen sogar davon aus, daß Organisationen institutionelle Anforderungen nur „zeremoniell", d.h. nur aus demonstrativen Gründen übernehmen, daß sie also mit der Übernahme institutionalisierter Konzepte und Muster eine „ceremonial facade" errichten. Einerseits müssen Organisationen in hochinstitutionalisierten Kontexten institutionalisierte Mythen[10] aufnehmen und in ihre Struktur „einbauen", um Legitimität zu gewinnen, andererseits müssen sie jedoch auch technische und marktliche Anforderungen berücksichtigen. Beide Anforderungen können im Widerspruch miteinander stehen. So könnte, um bei unserem Beispiel zu bleiben, die Übernahme des Produktionsmodells „lean production", das ja u.a. die Auflösung sämtlicher Puffer bei Material und Vorprodukten beinhaltet, zu Problemen bei der Einhaltung von Lieferterminen und damit zu Kundenunzufriedenheit führen. Auf dieses Problem können Organisationen wiederum mit der „losen Kopplung" von Formal- und Aktivitätsstruktur reagieren. Dabei kann sich aber – aufgrund der genannten Entkopplungsstrategie – die unter „zeremoniellen" Gesichtspunkten entwickelte Formalstruktur erheblich von der tatsächlichen Praxis im Organisationsalltag unterscheiden (Meyer/Rowan 1977: 357).[11] Das Automobilunternehmen aus unserem Beispiel könnte also sein Produktionsmodell als „lean" ausflaggen, tatsächlich aber Materialpuffer beibehalten, um Liefertermine weiterhin pünktlich einhalten zu können. Diese Argumentation macht deutlich, daß Organisationen hier nicht als Abziehbilder institutioneller Vorgaben verstanden werden, sondern aktiv und strategisch an der „Nutzung" und

---

[10] Siehe auch den Beitrag von *Tacke* in diesem Band.
[11] Hier liegt ein wesentlicher Unterschied zu dem Ansatz von DiMaggio/Powell (1983) vor: Diese Autoren gehen davon aus, daß die Anpassung an institutionelle Vorgaben nicht nur demonstrativ auf die Ebene der Formalstruktur beschränkt ist, sondern auch die alltäglichen Praktiken betrifft.

„Übernahme" solcher Vorgaben zum Zwecke der Legitimitätsgewinnung arbeiten (Meyer/Rowan 1977: 358).

Die Autoren gehen nun davon aus, daß Organisationen entlang eines Kontinuums unterschieden werden können, an dessen einem Ende sich Organisationen befinden, deren Erfolg und Überleben in erster Linie vom erfolgreichen Management der Austauschbeziehungen mit der technischen und marktlichen Umwelt abhängt, und an dessen anderem Ende Organisationen zu finden wären, deren Erfolg von der Stabilität und dem Vertrauen abhängt, das sie durch Anpassung an institutionelle Regeln erlangen (Meyer/Rowan 1977: 354). Institutionalisierte Regeln sind also für unterschiedliche Organisationen in unterschiedlichen Graden bindend: Sie können eine Notwendigkeit, eine Gelegenheit oder einen Impuls darstellen – je nachdem, in welchem Grade die jeweilige Organisation vor allem auf Legitimität, d.h. auf die wertrationale Anerkennung anderer Akteure, angewiesen ist.[12]

Auch DiMaggio/Powell (1983) gehen in ihrem grundlegenden Aufsatz „Institutional Isomorphism and Collective Rationality in Organizational Fields" von einer Variabilität bezüglich der Anpassung an institutionalisierte Organisationsschablonen aus.[13] Was wir hier rekonstruiert haben, ist ein Bild von Organisationen als „Bausatz" einzelner Elemente. Je stärker die Umwelt einer Organisation institutionalisiert ist, in desto größerem Ausmaß greift sie auf institutionelle „Bausteine" („building blocks") zurück.[14] Außerdem werden Organisationen in dieser frühen Arbeit von Meyer/Rowan noch als das Produkt von Entscheidungen (Welche „Bausteine" sollen verwendet werden?) und Handlungen von Akteuren (Wie werden die „Bausteine" kombiniert?) verstanden. Dies ändert sich in den späteren Arbeiten von Meyer mit unterschiedlichen Ko-Autoren, wie im folgenden Abschnitt gezeigt werden wird.

---

[12] Vgl. auch die Mechanismen von Zwang, Imitation und normativem Druck, die DiMaggio/Powell (1991) für die große Homogenität von Organisationen verantwortlich machen. Auch hier können institutionelle Vorgaben also „as force, as persuasion, or as invitations to join in collusion" (DiMaggio/Powell 1983: 150) wahrgenommen werden. Auch Meyer/Rowan (1977: 356) gehen in ihrem frühen Ausatz noch davon aus, daß „an organization can resist ceremonial requirements", auch wenn damit die Gefahr verbunden ist, Effizienz nicht angemessen nach außen darstellen zu können und damit an Legitimität zu verlieren. Siehe auch den Beitrag von *Hellmann* in diesem Band.

[13] Hier allerdings wird die Wirkung dieser organisationalen Umwelten auf der Ebene organisationaler Felder verortet. Organisationale Felder werden konstituiert durch „those organizations that, in the aggregate, constitute a recognized area of institutional life: key suppliers, resource and product consumers, regulatory agencies, and other organizations that produce similar services of products." (DiMaggio/Powell 1983: 148). Hier wird mit explizitem Verweis auf Giddens (1988) eine strukturationstheoretische Perspektive eingenommen, in der Organisationen als Akteure auftreten, die – durch Rekurs auf institutionelle Regeln und Ressourcen – durch ihr Handeln selbst die institutionelle Umwelt (re-)produzieren.

[14] Diese Differenzierung zwischen „institutionellen" und „technischen" Umwelten ist allerdings später kritisiert worden mit dem Argument, daß auch „technische" Elemente und Prozesse eine kulturelle Dimension haben und institutionell fundiert seien, vgl. Powell 1991; Dobbin 1994.

1.2 Organisation als Reifikation institutioneller Umwelten

Die soeben rekonstruierte Sichtweise auf Organisationen, nach der Organisationen institutionalisierte Elemente aktiv inkorporieren, wird in späteren Arbeiten der Arbeitsgruppe um Meyer im Sinne eines *konstitutionstheoretischen* Verständnisses radikalisiert (Meyer/Jepperson 2000; Meyer et al. 1994). Jetzt gehen Meyer und Kollegen davon aus, daß Akteure selbst nicht gegeben, sondern sozial, d.h. durch kulturelle Vorstellungen und institutionelle Regeln und Vorschriften, konstituiert sind – das Ergebnis eines weltweiten Rationalisierungsprozesses, in dessen Verlauf Ereignisse nicht mehr einfach „passieren" oder von Göttern verursacht werden, sondern Akteuren und ihren Handlungen zugeschrieben werden (Meyer/Jepperson 2000). Die Sicht auf Organisationen als kollektive Akteure ist demgemäß selbst ein Produkt von in der westlichen Kultur institutionalisierten Vorstellungen. Infolgedessen werden akteurs- und handlungstheoretische Ansätze scharf kritisiert. So heißt es bei Meyer et al. (1994: 15), daß diese

> „greatly understate the extent to which organizational structures are not only influenced but also internally *constituted by the wider environment.* The wider setting contains prescriptions regarding the types of organizational actors that are socially possible and how they conceivably can be structured."

Individuelle und kollektive Akteure wie Organisationen werden nun selbst als *Verkörperungen* von kulturellen Vorgaben verstanden. Die Analyseperspektive ist in radikalisierter Form eine makrosoziologische und gesellschaftstheoretische: In dieser Perspektive geht es nicht mehr um das klassische organisationssoziologische Interesse an der Erklärung von organisationalen Strukturen und Prozessen, sondern um die Rolle von Organisationen – oder genauer: die Form „Formale Organisation" – für (welt-)gesellschaftliche Prozesse. Formale Organisation interessiert nicht mehr als organisationssoziologisch zu erklärendes Phänomen, sondern in einer gesellschaftstheoretischen Perspektive als Manifestation der westlich-rationalen Prinzipien, die Weltkultur konstituieren (Krücken 2005a).

In dieser Sichtweise sind Organisationen also nicht nur in ihren Formalstrukturen, sondern auch mit ihren internen Akteuren und als kollektive Akteure, *Reifikationen* (Verkörperungen) ihrer institutionellen Umwelt.

1.3 Organisation als Institution

Eine dritte Konzeptualisierung des Verhältnisses von Organisation und institutioneller Umwelt – und damit auch ein anders fokussierter Organisationsbegriff – stammt von Zucker (1977, 1987a, 1988). Zucker selbst unterscheidet im NI zwischen Ansätzen, die Institutionen in der Umwelt von Organisationen positionieren, und Ansätzen, die Organisation *als* Institution fokussieren, wobei sie selbst für den letztgenannten Ansatz steht.

Auch Zucker interessiert sich für den Beitrag der Form „Formale Organisation" zur Aufrechterhaltung und Reproduktion kultureller Muster. Dabei sind Organisationen für sie nicht Gegenstand, sondern Quelle von Institutionalisierung (Zukker 1988). Während Meyers Interesse vor allem auf die gesellschaftliche Makroebene und auf dort vorfindliche Institutionen gerichtet ist, und Powell/DiMaggio ihre Analyse auf die Mesoebene organisationaler Felder konzentrieren, handelt es sich hier um einen mikrosoziologischen Ansatz, der auch nach der Genese einer der wichtigsten institutionellen Formen der modernen Gesellschaft überhaupt fragt: der Organisationsform selbst. Zwar sieht auch Zucker (1988: 41), daß Handeln teilweise von der Makroebene her „regiert" wird, jedoch betont sie, daß der Großteil sozialen Handelns von Strukturen reguliert wird, die auf der Mikroebene generiert werden.

Die Form „Formale Organisation" wird hier also selbst *als* Institution betrachtet, wobei diese von Organisationen, als kollektiven Akteuren, institutionalisiert wird (Türk 1997). Formale Organisationen werden hier nicht als Ergebnis der Aufnahme und Adoption *externer* institutioneller Vorgaben gesehen, sondern selbst als Institutionen, die ganze soziale Systeme strukturieren. Organisationen generieren fortlaufend neue Formen und Kategorien, die dann von anderen Organisationen aufgegriffen werden und so gesellschaftsweit Bedeutung erlangen können (Zucker 1988: 31). Auch hier ist wieder unser Beispiel „lean production" instruktiv: Ein von einer bestimmten Organisation entwickeltes Produktionsmodell wird weltweit von Wirtschaftsorganisationen aufgegriffen und angenommen.

Auch in diesem Ansatz steht nicht die Erklärung organisationaler Strukturen und Prozesse in einer organisationssoziologischen Perspektive im Zentrum des Interesses, sondern die Rolle *von* Organisationen für die Genese und Persistenz kultureller Muster – hier: der Form „Formale Organisation". Dabei werden Organisationen aber als kollektive Akteure in diesem Prozeß betrachtet. Genau umgekehrt zu der im vorangegangenen Abschnitt rekonstruierten Perspektive von Meyer, der den Akteursstatus von Organisationen und ihren Mitgliedern als „Produkt" vorgängiger kultureller Muster sieht, betrachtet Zucker diese kulturellen Muster als Ergebnis des Akteurshandelns von und in Organisationen.

1.4 Zwischenresümee

Was die Rekonstruktion der drei unterschiedlichen Organisationsbegriffe deutlich gemacht hat, ist, daß der NI keine konsistente Theorie von Organisation besitzt, sondern bloß ein Forschungsprogramm, das sich über drei Jahrzehnte hinweg entwickelt hat und zu dem eine Reihe sehr unterschiedlicher Autoren beigetragen haben. Mit Blick auf die Gemeinsamkeiten läßt sich nun festhalten, daß Organisationen im NI in dem Sinne „dezentriert" sind, als sie nicht im Zentrum des analytischen Interesses stehen, sondern im Verhältnis zu ihrer institutionellen Umwelt analysiert werden. NI interessieren sich für jene Aspekte von Organisationen, die gesellschaftliche Institutionen „widerspiegeln" und die für eine erstaunliche Homogenität und Isomorphie von Organisationen sorgen. Diese Perspektive führt dazu, daß Organisationen als abgrenzbare Einheiten gewissermaßen „verschwinden" (Meyer/Rowan 1977). Es verschwimmt die Grenze zwischen Organisation und Umwelt, wenn Organisationen als Bausatz institutioneller Elemente oder gar als Reifikationen ihrer institutionellen Umwelt verstanden werden. *Die* Organisation wird dann als ein Phänomen zweiter Ordnung gefaßt, nämlich eine soziale Konstruktion, die erst nachträglich und aufgrund von auf der Makroebene institutionalisierten Kulturmustern als kollektiver Akteur und einheitliches Phänomen ausgeflaggt wird. Folgerichtig interessiert dann auch nicht in erster Linie *die* Organisation, sondern die *Form* „Organisation", die Tatsache des Formal-Organisiert-Seins. Ein solches Verständnis von Organisation konnte in der organisationssoziologischen Theoriedebatte nicht unwidersprochen bleiben. Im folgenden Abschnitt sollen daher kritische Einwände gegen den NI sowie Antworten und Weiterentwicklungen, die in Auseinandersetzung mit diesen Einwänden entwickelt wurden, präsentiert werden.

2 Kritische Einwände und Perspektiven zur Weiterentwicklung des Neo-Institutionalismus

Die neo-institutionalistische Organisationstheorie ist weithin positiv rezipiert worden, weil sie Erklärungen für im Rahmen früherer Organisationstheorien nicht erklärbare Phänomene geliefert hat, insbesondere Erklärungen für die schnelle Ausbreitung von Organisationsformen (wie Gruppenarbeit, Lean Production, Lean Management, Kennziffernsysteme etc.) über einzelne Vorreiterunternehmen, über Branchen und Sektoren, ja über den Bereich der Wirtschaft insgesamt hinaus (z.B. New Public Management). Die Organisation erscheint hier eingebettet in die Gesellschaft und ist daher – in den Worten von Christof Wehrsig (1997: 177) – „für eine gesellschaftstheoretisch ambitionierte Organisationsforschung nicht zu umlaufen".

Dennoch hat der NI auch kritische Einwände erfahren. Unter der Fragestellung nach dem Organisationsbegriff richten sich diese in erster Linie auf das Verhältnis von Institution und Handlung bzw. Akteur. Eine handlungstheoretische

Unterfütterung fehle hier weitgehend. Die Organisation gerate meist nur als ganze in den Blick, was dazu führe, daß sie eine black box bleibe, d.h. daß die alltäglichen internen Prozesse im Dunkeln blieben. In erster Linie richtet sich diese Kritik darauf, daß die Wirkung von Makrophänomenen auf die Organisationsebene im Vordergrund steht und von der analytischen Autonomie der Makro-Ebene ausgegangen wird (Johnson et al. 2003: 7). Das Hauptinteresse ist, Organisationen durch Rekurs auf Normen und Regeln zu verstehen, und der Fokus liegt auf der Frage, wie Organisationen von diesen geprägt werden. Die Frage jedoch, welche Rolle organisationale Akteure und Organisationen als Akteure für die Genese von Normen und Regeln spielen, ist vernachlässigt worden (Ortmann 1995). Diesen „blinden Fleck" haben DiMaggio/Powell (1991a) selbst schon in der Einleitung zu ihrem Sammelband benannt.

Nicht aus einer handlungstheoretischen, sondern aus einer den NI mit der systemtheoretischen Organisationssoziologie vergleichenden Perspektive bringen Hasse/Krücken (1999: 4) eine ähnliche Kritik vor:

> „Verglichen mit der ... Zweigleisigkeit der systemtheoretischen Argumentation handelt es sich um ein reduziertes Programm, das der Selektivität und Eigensinnigkeit organisatorischen Prozessierens gesellschaftlicher Erwartungsstrukturen und den damit verbundenen Rückwirkungen – von vorne herein und durchgehend – zu wenig Aufmerksamkeit entgegen bringt."

Kritisiert wird in der einen wie in der anderen Perspektive ein übersozialisiertes Bild von Organisationen, in dem die Handlungen konkreter organisationaler Akteure für die Ausgestaltung der Strukturen und Prozesse der Organisation keine Rolle spielen (Walgenbach 2002). Durch die Ausblendung von Akteuren, deren Handlungsmotive und Interessen, so die Kritiker, sei ein zu enges Bild von den organisationalen Reaktionsmöglichkeiten auf und Umgangsweisen mit institutionellen Umwelten gezeichnet worden. Einige dieser Kritikpunkte sind von neo-institutionalistischen Theoretikern selbst aufgegriffen und für eine Klarstellung und Präzisierung – zur Radikalisierung ihrer Position oder Weiterentwicklung – genutzt worden.

Ein Vorschlag zur Weiterentwicklung der neo-institutionalistischen Organisationstheorie durch „Fusion" mit der Giddens'schen Strukturationstheorie stammt von Barley/Tolbert (1997). Auch Scott (1994a), einer der wichtigsten Vertreter des NI und mehrfacher Ko-Autor von Meyer (1991, 1994), adressiert die Frage nach der Genese von Institutionen und der Rolle von (kollektiven und individuellen) Akteuren unter explizitem Bezug auf den Giddens'schen Strukturationsbegriff. So sieht Scott mit Bezug auf die Strukturationstheorie die Möglichkeit, den Aufmerksamkeitsfokus der neo-institutionalistischen Theorie um die Frage nach dem Prozeß der Institutionalisierung und der (Re-)Produktion von

Regeln und Ressourcen im Handeln zu *erweitern*, ohne dabei grundlegende Einsichten des NI im Sinne einer konstitutionstheoretischen Lesart zu revidieren (Türk 1997; Walgenbach 2002).

3 Fazit

Eine Rekonstruktion des Organisationsbegriffs des NI sieht sich mit zwei Fragen konfrontiert: Welcher Organisationsbegriff ist in Gebrauch? Und von welcher Version des NI ist die Rede? Wie gezeigt wurde, lassen sich drei verschiedene Organisationsbegriffe rekonstruieren. Dabei kovariiert mit dem jeweiligen Organisationsbegriff auch die Rolle, die Organisation in der jeweiligen Variante des NI spielt: Ist Organisation die abhängige Variable, werden formale Organisationsstrukturen und deren weltweite Verbreitung durch Rekurs auf institutionelle Umwelten und Weltkultur erklärt,[15] ist sie die unabhängige Variable, wird die gesellschaftsweite Verbreitung von Kulturmustern durch Rekurs auf Organisation erklärt (Zucker 1977).

Will man nun die „Leistungen" des neo-institutionalistischen Ansatzes diskutieren, so müssen diese Unterschiede berücksichtigt werden. Versteht man den NI als einen Beitrag zur Organisationstheorie, der ein besseres Verständnis der formalen Strukturen von Organisationen zum Ziel hat, so gilt die oben angeführte Kritik an der reinen Außenperspektive auf Organisationen. Organisationsinterne Prozesse des Umgangs mit institutionellen Vorgaben und die Eigenlogik von Organisationen bleiben außerhalb der Analyse. Fragen des Organisationswandels, der organisationalen und institutionellen Innovation sowie der Variationen von Organisationen über Branchen, Sektoren und länderspezifische Regulationsregime hinweg geraten nicht in den Blick. Hasse/Krücken (1999: 24) kommen daher zu dem Schluß,

> „daß der Neo-Institutionalismus sich in diesem Kontext primär als Ergänzung mit Schwerpunkten im Bereich der Analyse gesamtgesellschaftlicher oder zwischenorganisatorischer Einflüsse etabliert hat und als umfassende Organisationstheorie ausscheidet."

Der NI als Organisationstheorie bedarf also der Ergänzung durch Theorieangebote, die das Verhältnis von Organisation und Umwelt als *wechselseitiges* Konstitutions- oder Strukturationsverhältnis fassen.

Versteht man den NI als Beitrag zur (Welt-)Gesellschaftstheorie von Meyer (2005a), ist zunächst festzuhalten, daß er neben der Systemtheorie der einzige

---

[15] Vgl. Meyer/Rowan 1977; DiMaggio/Powell 1983; Scott/Meyer 1994; Meyer 2005.

gesellschaftstheoretische Ansatz ist, für den Organisationen eine zentrale Rolle spielen. Beide Theorieansätze zeigen, daß Organisationen (welt-) „gesellschaftlich folgenreiche – und im Mainstream der Globalisierungsdebatte weitgehend vernachlässigte – Unterschiede machen" (Hasse/Krücken 1999: 33). In dieser gesellschaftstheoretischen Perspektive gerät die Kulturbedeutung der Form „Formale Organisation" in den Blick, und zwar in einer doppelten Bedeutung: Formale Organisationen als Verkörperung der kulturellen Prinzipien der „world polity" verstanden als Weltkultur (Meyer 2005a)[16] und gleichzeitig als von der „world polity" konstituierte und legitimierte Akteure, die den Prozeß der Institutionalisierung von „Weltkultur" vorantreiben (Boli/Thomas 1994).

Zusammenfassend läßt sich festhalten, daß von *dem* Organisationsbegriff *des* NI nicht gesprochen werden kann. Gemeinsam ist aber der neo-institutionalistischen Organisationstheorie über die verschiedenen Beiträge hinweg die Erklärung formaler Organisationsstrukturen durch Rekurs auf institutionelle Umwelten der Organisation.

Einführende Literatur

DiMaggio, Paul J./Powell, Walter W. 1983: The Iron Cage Revisited: Institutional Isomorphism and Collective Rationality in Organizational Fields, in: American Sociological Review 48, S. 147-160.
Hasse, Raimund/Krücken, Georg 2005: Neo-Institutionalismus. Bielefeld: transcript.
Meyer, John W./Rowan, Brian 1977: Institutionalized Organizations: Formal Structure as Myth and Ceremony, in: American Journal of Sociology 83, S. 340-363.

---

[16] Siehe auch den Beitrag von *Krücken* in diesem Band.

Organisationslegitimität im Neo-Institutionalismus

Kai-Uwe Hellmann

Das Thema „Legitimität" besitzt für den Neoinstitutionalismus (NI) seit Anbeginn einen besonderen Stellenwert, Mark C. Suchman (1995: 571) spricht sogar von einem „anchor-point of a vastly expanded theoretical apparatus addressing the normative and cognitive forces that constrain, construct, and empower organizational actors." Legitimität ist nämlich für jede Organisation, egal in welchem Umfeld, ein hohes Gut, weil die Legitimität, d.h. die Integrität, Anerkennung und Vertrauenswürdigkeit einer Organisation, die ihr durch die Legitimation ihrer Klientel und anderer Akteure zugeschrieben wird, zu ihrem Überleben und Erfolg wesentlich beiträgt. Der NI knüpft hierbei an Klassiker der Soziologie an, wie Max Weber, Peter L. Berger und Thomas Luckmann, die Legitimität und Legitimation als Grundbegriffe ihrer Herrschafts- bzw. Sozialtheorien geprägt haben. Der NI bezieht sich auf diese Vorarbeiten und wendet sie speziell auf Organisationen an.

Zur Darstellung des Verständnisses, das der NI vom Begriff der Legitimität besitzt, wird zunächst auf diese soziologischen Vorarbeiten kurz eingegangen. Sodann wird die Verwendung des Begriffs „Legitimität" in zentralen Arbeiten des NI nachgezeichnet. Zum Schluß geht es um Kritik und zukünftige Forschung.

1   Legitimität nach Weber

Max Webers Interesse an Legitimität bezog sich ausschließlich auf das Phänomen der Herrschaft (Sternberger 1967). Herrschaft, d.h. die Chance, Gehorsam für einen bestimmten Befehl zu finden, kann Weber (1985) zufolge auf verschiedenen Motiven der Fügsamkeit beruhen, etwa Interessenlage oder persönliche Neigung, dumpfe Gewöhnung oder Zwang. Herrschaft, die nur auf solche Motivlagen vertraut, ist jedoch strukturell instabil. Die Stabilität von Herrschaft setzt deshalb voraus, daß Herrschaft über ausreichende Rechtsgründe, also über Gründe der Legitimität im Sinne der Vorbildlichkeit und Verbindlichkeit einer Herrschaft verfügt, an die glauben müssen, über die geherrscht wird. Ohne einen solchen Legitimationsglauben ist jede Herrschaft illegitim und prekär, ohne Bodenhaftung und in ihrer Stabilität und Effektivität prinzipiell gefährdet. Von daher ist Herrschaft auch gebunden an das, woran die Beherrschten glauben, soweit es die Legitimität der Herrschaft betrifft, und dadurch wiederum sieht Herrschaft sich gezwungen, sich selbst dem Legitimationsglauben der Beherrschten zu unterwerfen, wie sie die Beherrschten sich unterwirft: ein zirkuläres Kausalverhältnis.

Der Zusammenhang zwischen Herrschaftslegitimität und Legitimationsglauben ist ein zentraler Topos in Webers Herrschaftssoziologie und war für die politikwissenschaftliche Befassung mit sozialer Ordnung wegweisend. Ohne hier weiter ausholen zu können, ist die Legitimität einer Herrschaft ohne die Legitimation der Beherrschten für Weber nicht denkbar, worauf die Gründe der Legitimation der Legitimität einer Herrschaft auch immer beruhen mögen, ob Legalität, Tradition oder Charisma.[1] Dabei bleibt fraglich, inwieweit Webers Begriff des Legitimationsglaubens als Voraussetzung von Herrschaftslegitimität nicht viel eher psychologischer denn soziologischer Provenienz ist.[2] Außerdem birgt Webers Legitimitätsverständnis die Gefahr, daß Fügsamkeit allein schon ausreicht, um eine Herrschaft als legitim zu qualifizieren, ungeachtet der tatsächlichen Gründe, die die Beherrschten zur Fügsamkeit motivieren mögen. In jedem Fall kommt dem Legitimationsglauben eine entscheidende Rolle für die Legitimität einer Herrschaft zu, dies ist Webers Vermächtnis.

Offensichtlich wird dies, wenn man sich der Wissenssoziologie von Peter L. Berger und Thomas Luckmann (1980) zuwendet. Denn Berger/Luckmann, denen es um die Beschreibung der Gesellschaft als objektive Wirklichkeit geht, führen diese zunächst auf den Vorgang der Institutionalisierung von Verhaltensroutinen zurück.[3] Damit Institutionalisierung aber funktioniert, bedarf sie der Legitimierung, und daraus folgt, daß Berger/Luckmann genau das gleiche Problem/Lösung-Verhältnis thematisieren, das schon Webers Begriff der Legitimität zugrunde lag: die Stabilität einer sozialen Ordnung, deren Stabilität einen entsprechenden Legitimationsglauben voraussetzt.

Bemerkenswert ist am Legitimationsbegriff von Berger/Luckmann (1980: 100) vor allem, dies wurde für den NI sehr wichtig, daß sie zwischen einer kognitiven

---

[1] Obgleich hier nicht weiter ausführbar, sind es doch diese drei Legitimationsgründe, auf die es bei Webers Legitimationsglauben in erster Linie ankommt: Beruht die Legitimation einer sozialen Ordnung, d.h. die Zurechnung von Legitimität auf diese Ordnung, auf der Gegebenheit einer letztlich kosmologisch begründeten Tradition, die strikt fortgeschrieben wird, beruht sie auf dem Charisma einer konkreten Person oder Personengruppe, das sich durch bestimmte Worte und Taten zu legitimieren vermag, oder darauf, daß eine positiv gesetzte Ordnung existiert, deren Ordnungshaftigkeit weitgehend personenunabhängig gegeben ist, also keinerlei unerwartbaren Willkürchancen für einzelne bietet, sondern lediglich als abstraktes Regelwerk funktioniert? Und in dem Maße, wie der NI sich auf diese Terminologie Webers bezieht, hat auch sein Hauptaugenmerk letztlich auf diesen Legitimationsgründen und nicht dem Legitimationsglauben allein zu liegen, vgl. Habermas 1973; Kielmansegg 1997.

[2] Vgl. Habermas 1973: 134; Grafstein 1981; Luhmann 1983: 28.

[3] Nur am Rande sei erwähnt, daß die Unterscheidung Institutionalisierung/Internalisierung und das damit verbundene Kausalitätskonzept für die Erfolgschance der Wissenssoziologie von Berger/Luckmann natürlich entscheidend sind, welche Schwierigkeiten einer empirischen Überprüfung dieses Konzept auch aufwerfen mag.

und einer normativen Dimension asymmetrisch unterscheiden, weil kognitive Legitimierung normativer Legitimierung immer vorausgeht:

> „Legitimation sagt dem Einzelnen nicht nur, warum er eine Handlung ausführen *soll* und die andere nicht ausführen darf. Sie sagt ihm auch, warum die Dinge sind, *was sie sind*. Mit anderen Worten: bei der Legitimierung von Institutionen geht das ‚Wissen' den ‚Werten' voraus."

Denn zuerst muß man verstanden haben, was Werte überhaupt sind, bevor man sich nach ihnen richten kann. Das Kognitive ist gegenüber dem Normativen somit das genealogisch Primäre. Berger/Luckmann schlagen anschließend noch unterschiedlich abstrakte Legitimationsniveaus vor und diskutieren mehrere Legitimationstypen, wie sie historisch relevant geworden sind, wie Mythologie, Theologie, Philosophie und Wissenschaft.

Für den vorliegenden Zusammenhang ist vor allem bedeutsam, daß der Zusammenhang von Stabilität und Legitimation nicht bloß für Herrschaftsverhältnisse, sondern generell zutrifft. Nur so ist plausibel, wenn etwa Kenneth E. Boulding sich mit der Legitimation des Marktes beschäftigt, dessen Funktionsfähigkeit ebenfalls davon abhängt, daß er als legitim erscheint.[4] Von daher gilt grundsätzlich: „If an institution loses its legitimacy, it loses everything, for it can no longer continue to function as a constant organizer." (Boulding 1968: 3) Eben dieser Zusammenhang gilt nun auch für Organisationen, soweit es den NI angeht.

2   Das Legitimitätsverständnis des Neoinstitutionalismus

Angefangen hat alles mit einem Aufsatz von John W. Meyer und Brian Rowan aus dem Jahre 1977, der den Titel „Institutionalized Organizations: Formal Structure as Myth and Ceremony" trug.[5] Ohne hier die Argumentationslogik von Meyer/Rowan vollständig zu rekonstruieren, ging es beiden Autoren darum aufzuzeigen, daß Überleben und Erfolg von Organisationen nicht bloß vom Ausmaß ihrer Formalität und Effizienz abhängen, wie man dies bis dahin zumeist diskutiert hatte, sondern mindestens ebenso von ihrer Fähigkeit und Bereitschaft, bestimmten Erwartungen

---

[4] Bemerkenswert sind die die sechs Quellen der Legitimität, die Boulding für die Legitimation des Marktes anführt: „positive payoffs, negative payoffs, age, mystery, ritual, and alliances with legitimacies." (Boulding 1969: 9) Die ersten beiden Quellen entsprechen der „exchange legitimacy" von Suchman, sind damit dem Modus der Zweckrationalität nachempfunden und passen kongenial zur Eigenlogik des Marktes, während „age" und „ritual", dem Weberschen Legitimationsglauben qua Tradition ähnlich, sowie „mystery" demgegenüber doch etwas befremdlich wirken, soweit es um die Legitimation von Märkten geht.

[5] Vgl. zu wichtigen Vorarbeiten des NI, auch unter dem Aspekt der Legitimität, Stinchcombe 1997; Senge 2005.

(Institutionen) gerecht zu werden, denen sie sich primär im Außen-, mitunter aber auch im Innenbereich[6] gegenübersehen. „In part it depends on the ability of given organizations to conform to, and become legitimated by, environmental institutions." (Meyer/Rowan 1991: 53) Im Extremfall kann eine Organisation unter Beachtung solcher Erwartungen nämlich auch dann überleben, wenn dies unter Gesichtspunkten der Effizienz, Ökonomie, Rationalität längst nicht mehr gelingen würde (Hasse/Krücken 1999: 40ff.). Als Beispiele werden etwa kleine Bauernhöfe, öffentliche Transportmittel und Rolls Royce angeführt, deren Fortbestehen darauf beruht, daß sie vorgeben, zentraler, ja unverzichtbarer Bestandteil nationaler Kultur zu sein, um dadurch besonderen Schutz vor der Wettbewerbslogik des Marktes durch den Staat zu erlangen. Andere Beispiele sind bestimmte Rationalisierungsmaßnahmen, Fusionen oder die Zuhilfenahme von Unternehmensberatern[7] – allesamt Aktionen, deren Motivation darauf zurückgeht, daß das institutionelle Umfeld der Meinung ist, solche Aktionen sind gerade zeitgemäß und angesagt. Denn unabhängig davon, ob sich solche Maßnahmen für eine konkrete Organisation tatsächlich rechnen, gilt: „The organization becomes [thereby] legitimate, and it uses its legitimacy to strengthen its support and secure its survival." (Meyer/Rowan 1991: 50) Bemerkenswert ist in diesem Zusammenhang ferner, daß Meyer/Rowan von „legitimated vocabularies" sprechen, also vom Gebrauch einer Sprache, deren Wörter per se legitim erscheinen, weil genau diese Vorstellung schon Berger/Luckmann (1980: 100f.) formuliert hatten. Dabei müssen sich Vokabular und Verhalten nicht unbedingt in Deckung befinden; vielmehr kann es durchaus zur Entkopplung zwischen der Außen- und der Innenansicht einer Organisation kommen, sofern es nur gelingt, die Fassade der Legitimität der Organisation aufrechtzuerhalten. „Thus, decoupling enables organizations to maintain standardized, legitimating, formal structures while their activities vary in response to practical considerations." (Meyer/Rowan 1991: 58)

Obgleich der Legitimitätsbegriff bei Meyer/Rowan eher vage und diffus bleibt, keine eigene Definition erfährt und gleichsam als „taken for granted" vorausgesetzt wird, so daß man sich weitere Erläuterungen ersparen zu können glaubt, orientiert sich ihr Legitimitätsverständnis doch weitgehend am Problem/Lösung-Verhältnis von Stabilität und Legitimität, wie es von Weber und Berger/Luckmann vorgegeben wurde: „Organizations that incorporate societally legitimated rationalized elements in their formal structures maximize their legitimacy and increase their resources and survival capabilities." (Meyer/Rowan 1991: 53) Darüber hinaus hat

---

[6] Vgl. hierzu Davis 1968.
[7] Vgl. Meyer/Rowan (1991: 56): „Similarly, highly professionalized consultants who bring external blessing on an organization are often difficult to justify in terms of improved productivity, yet may be very important in maintaining internal and external legitimacy."

dieser Aufsatz dazu geführt, daß der Legitimitätsbegriff selbst wiederum eine feste Verankerung im legitimen Vokabular des NI erhielt.

Man kann dies sehr gut an dem Aufsatz „The Iron Cage Revisited: Institutional Isomorphism and Collective Rationality in Organizational Fields" von Paul J. DiMaggio und Walter W. Powell aus dem Jahre 1983 ablesen, der ebenfalls als einschlägig bezeichnet werden kann, soweit es den Legitimitätsbegriff des NI angeht. DiMaggio/Powell gehen darin der Frage nach, weshalb sich Organisationen innerhalb eines gemeinsamen Feldes („organizational field") oftmals einander angleichen und immer ähnlicher werden. Sie nennen diesen Prozeß bzw. Effekt „Isomorphismus" und identifizieren insgesamt drei Umstände, die eine Organisation zu entsprechenden Angleichungsbestrebungen motivieren können: Angleichung durch Zwang von außen (z.B. Gesetze), durch Professionalisierung (z.B. Habitualisierung durch die Hochschulausbildung) und durch Mimesis (z.B. Nachahmung qua Benchmarking).[8] Jede dieser Isomorphiebestrebungen reagiert dabei auf Erwartungen, die im Umfeld einer bestimmten Organisation von ihr als vorherrschend wahrgenommen werden und denen zu entsprechen sie sich gezwungen fühlt. So werden Gesetze insbesondere dann befolgt, wenn sich abzeichnet, daß sie im eigenen Organisationsfeld mehrheitlich als legitim betrachtet werden (Edelman 1990). Nachahmungseffekte treten wiederum auf, wenn bestimmte Organisationen Vorbildcharakter besitzen (Tolbert/ Zucker 1994). „Organizations tend to model themselves after similar organizations in their field that they perceive to be more legitimate or successful." (DiMaggio/Powell 1991b: 70) Und eine langjährige Berufsausbildung führt in der Regel dazu, daß bestimmte kognitive und habituelle Eigenschaften positiv, andere negativ selektiert werden und sich dadurch der Idealtypus einer optimalen Karrierestruktur herausbildet, der nicht nur für das persönliche Fortkommen, sondern auch für die Bewältigung des organisationalen Tagesgeschäfts durch entsprechend konditionierte Manager konstitutiv wird. Eine sehr ähnliche Beschreibung von Legitimierungsfaktoren, die der Unterscheidung „coercive", „normative" und „mimetic isomorphism" von DiMaggio/Powell geradezu isomorph nachempfunden ist, findet sich übrigens bei W. Richard Scott (2001a: 60f.), der – sinnverwandt – zwischen regulativen, normativen und kulturell-kognitiven Institutionen unterscheidet:

> „The regulatory emphasis is on conformity to rules: Legitimate organizations are those established by and operating in accordance with relevant legal or quasi-legal requirements. A normative conception stresses a deeper, moral base for assessing legitimacy. Normative controls are much more likely to be internalized than are regulative controls; and the incentives for conformity are, hence, likely to include intrinsic as well as extrinsic rewards. A cultural-cognitive view stresses the legitimacy that comes from

---

[8] Siehe auch den Beitrag „Isomorphie" von *Becker-Ritterspach/Becker-Ritterspach* in diesem Band.

Legitimität wofür?

adopting a common frame of reference or definition of the situation. To adopt an or-
thodox structure or identity to relate to a specific situation is to seek the legitimacy that
comes from cognitive consistency. The cultural-cognitive mode is the 'deepest' level
because it rests on preconscious, taken-for-granted understandings."

Die Fortschreibung der durch Meyer/Rowan begründeten Tradition eines legitimen
Umgangs mit dem Legitimitätsbegriff des NI zeigt sich bei DiMaggio/Powell nun
daran, daß sie den Begriff gleichfalls nicht definieren, sondern als bekannt voraus-
setzen (Deephouse 1996). Ferner stimmen DiMaggio/Powell (1991b: 73) darin
überein, daß es bei derartigen Angleichungsbestrebungen nicht immer darum geht,
Effizienz-, sondern Legitimitätsgewinne zu erzielen:[9]

> „Each of the institutional isomorphic processes can be expected to proceed in the ab-
> sence of evidence that it increases internal organizational efficiency. To the extent that
> organizational effectiveness is enhanced, the reason is often that organizations are re-
> warded for their similarity to other organizations in their field. This similarity can
> make it easier for organizations to transact with other organizations, to attract career-
> minded staff, to be acknowledged as legitimate and reputable, and to fit into adminis-
> trative categories that define eligibility for public and private grants and contracts."

Und schließlich übernehmen DiMaggio/Powell die Entkopplungsthese von Mey-
er/Rowan, der zufolge solche Angleichungsbestrebungen eine strategisch inten-
dierte und inszenierte Differenz zwischen dem Innen- und dem Außenverhalten
einer Organisation zu etablieren suchen, um Anerkennung, sprich Legitimation
durchs Publikum zu finden, ohne sich wirklich daran zu binden, was nach außen
hin vorgetäuscht wird, soweit es das innerorganisationale Geschehen betrifft (Ash-
forth/Gibbs 1990; Suddavy/Greenwood 2005).

2.1 Suchmans Definition von Legitimität

Ein Grundproblem im NI ist oftmals die Vagheit der Begriffe.[10] Dies trifft auch für
den Legitimitätsbegriff zu, wie Mark C. Suchman (1995: 571) beklagt: „Despite its
centrality, however, the literature on organizational legitimacy provides surprisin-
gly fragile conceptual moorings. Many researchers employ the term *legitimacy*, but
few define it." Um diesem Manko abzuhelfen, unternimmt Suchman in dem Aufsatz „Managing Legitimacy: Strategic and Institutional Approaches" nicht nur den
Versuch, den Begriff der Legitimität zu definieren, sondern auch die seinerzeit
vorliegenden Studien bezüglich des Zusammenhangs von Organisation und Legi-

---

[9] Vgl. hingegen Bowerman (2002), die keine strikte Kausalität zwischen Isomorphie und Legitimität sieht
[10] Siehe auch den Beitrag von *Tacke* in diesem Band.

timität zu systematisieren. Gelungen ist ihm ein überraschend gehaltvoller Überblick hinsichtlich der Legitimitätsdebatte in der Organisationswissenschaft.[11]

Nach Referierung zentraler Arbeiten zum Legitimitätsbegriff schlägt Suchman (1995: 574) folgende Definition vor: „Legitimacy is a generalized perception or assumption that the actions of an entity are desirable, proper, or appropriate within some socially constructed system of norms, values, beliefs, and definitions." Damit sind drei Elemente markiert: Erstens ist Legitimität eine *Zuschreibung*, zweitens bezieht sich diese Zuschreibung auf *Handlungen* eines sozialen Gebildes, das als handlungsfähig erachtet wird, und drittens werden diesen Handlungen Attribute des *Wünschbaren, Korrekten* oder *Angemessenen* zugeschrieben, die einem bestimmten Werte-, Normen-, Glaubens- und Begriffssystems entstammen.[12] Legitimität bezeichnet demnach das Resultat einer Attribution und Evaluation[13] spezifischer Verhaltensmerkmale, die, wie gleich zu zeigen sein wird, strategischer, normativer oder kognitiver Qualität sein können (Jones 1977; Berger 1981).

Im nächsten Schritt diskutiert Suchman zwei Unterscheidungen, wie sie in der Forschung häufig in Gebrauch sind: „continuity versus credibility" und „passive versus active support":

- Zum ersten kann die Legitimität einer Organisation ebenso zu deren Stabilität wie zu deren Sinnhaftigkeit beitragen, doch selten gelingt beides zugleich gut. Insofern gilt es abzuwägen, was man vor allem erreichen möchte. „Because the actions that enhance persistence are not always identical to those that enhance meaning, it is important to keep these two dimensions of legitimacy conceptually distinct." (Suchman 1995: 575)

- Zum zweiten hängt die Legitimität einer Organisation davon ab, ob sie bloß passive oder auch aktive Unterstützung erhalten soll. Begnügt sich eine Organisation mit passiver Unterstützung, reicht es aus, wenn sie andere von ihrer Existenzberechtigung zu überzeugen vermag („make sense"), will sie hingegen aktive Unterstützung, muß sie bemüht sein, sich in den Augen anderer als besonders wichtig und wertvoll zu inszenieren („have value").

Sodann macht Suchman darauf aufmerksam, daß die Beschäftigung mit dem Legitimitätsthema in der Organisationswissenschaft zwei Ausprägungen aufweist: Entweder wird Legitimität unter strategischen Aspekten diskutiert, dann geht es bloß darum, Legitimität als eine Ressource neben anderen (wie Humankapital) im

---

[11] Vgl. ebenfalls den Überblick bei Senge 2005: 147ff.

[12] Inwiefern es sich hierbei tatsächlich um ein Werte-, Normen-, Glaubens- *und* Begriffssystem handelt, also gleich vier Aspekte gleichermaßen Berücksichtigung finden, wäre noch zu klären.

[13] Attribution und Evaluation sind zumeist nur analytisch trennbar, empirisch erfolgt beides synchron, ähnlich der Unterscheidung von „distinction" und „indication" bei George Spencer Brown. Die Evaluation der attribuierten Merkmale folgt dabei einer Soll/Ist-Unterscheidung, die nicht nur auf normative, sondern auch auf rein kognitive („taken for granted") Verhaltensstandards Anwendung findet, die ja, siehe die „Studies in Ethnomethodology" von Garfinkel (1967), nicht minder normativ wirken.

operativen Geschehen einzusetzen, oder Legitimität wird unter institutionellen Aspekten erörtert, dann geht es darum, daß „external institutions construct and interpenetrate the organization in every respect." (Suchman 1995: 576) Im zweiten Falle sind organisationsexterne Faktoren somit ausschlaggebend, und tendenziell steht sogar die Wechselwirkung zwischen Legitimität und Legitimation, wie sie schon bei Weber angelegt ist, zur Debatte.

2.2 Drei Typen von Legitimität

Im zweiten Teil seines Textes stellt Suchman eine Typologie organisationaler Legitimität vor, die drei Legitimitätstypen aufweist: *pragmatische, moralische* und *kognitive Legitimität*.

(1) Pragmatische Legitimität bezeichnet die strategische Investition einer Organisation in Maßnahmen zur Erhöhung der eigenen Organisationslegitimität. Was hier vorherrscht, sind Zweckrationalität und Tauschlogik: Was muß getan werden, damit eine Organisation als legitim erscheint? Was muß eine Organisation anbieten, damit ihr Legitimität zugeschrieben wird? Neben diesem reinen Typus der „exchange legitimacy" gibt es noch „influence legitimacy", die vorliegt, wenn sich eine Organisation auf bestimmte Erwartungen in ihrer Umwelt bezieht, ohne daß ein konkretes Tauschgeschäft stattfindet. Entscheidend ist vielmehr, daß sie sich responsiv erweist. Schließlich spricht Suchman noch von „dispositional legitimacy", womit die Zuschreibung von Merkmalen auf Organisationen gemeint ist, wie sie vornehmlich bei Personen Anwendung finden. „Thus, constituents are likely to accord legitimacy to those organizations that 'have our best interest at heart', that 'share our values', or that are 'honest', 'trustworthy', 'decent', and 'wise'." (Suchman 1995: 578)

(2) Moralische Legitimität liegt vor, wenn eine Organisation bestimmte moralische Anforderungen erfüllt. Dabei gibt es insgesamt vier Anforderungstypen, so Suchman (1995: 580f.): *erstens* die Bewertung der Folgen des Organisationshandelns, *zweitens* die Bewertung der Organisationsprozeßqualität, *drittens* die Bewertung der Organisationsstrukturqualität und *viertens* die Bewertung der Organisationsexekutive und -repräsentanten. Jeder Anforderungstypus setzt einen anderen Schwerpunkt, obgleich jede Organisation auf alle diese Typen hin evaluiert werden könnte. Wovon es jeweils abhängt, welcher Anforderungstypus konkret zum Zuge kommt, wird dabei von Suchman nicht restlos aufgeklärt, prinzipiell dürften aber alle für jede Form von Organisation zutreffen und ihrer Bewertung damit zugrunde gelegt werden können.

(3) Kognitive Legitimität kann eine Organisation auf zweierlei Weise erwerben: Entweder gelingt es einer Organisation, angesichts des sozialen Chaos sinn- und

ordnungsstiftend zu wirken, dann wird ihr Verständlichkeit („comprehensibility")
zugestanden. „Legitimacy, according to this view, stems mainly from the availabil-
ity of cultural models that furnish plausible explanations for the organization and
its endeavors." (Suchman 1995: 582) Oder aber die kognitive Legitimität einer
Organisation beruht darauf, daß sie sich auf die epistemologischen Voraussetzungen der sozialen Welt als solcher bezieht und tut, was unbezweifelbar („taken for
granted") ist. „To the extent that it is attainable, this kind of taken-for-grantedness
represents both the most subtle and the most powerful source of legitimacy identi-
fied to date. If alternatives become unthinkable, challenges become impossible,
and the legitimated entity becomes unassailable by *construction*." (Suchman 1995:
583) Freilich ist dieser Fall in Reinform sehr unwahrscheinlich.

2.3 Legitimität gewinnen, erhalten, reparieren

Im dritten Teil seines Textes beschäftigt sich Suchman schließlich mit drei Fragen:
Wie kann eine Organisation Legitimität gewinnen, erhalten und reparieren, falls
diese Schaden genommen haben sollte? Jedem dieser drei Problembereiche, ob
„gaining", „maintaining" oder „repairing legitimacy", weist Suchman mehrere
Handlungsstrategien zu, die er aus den unterschiedlichsten Untersuchungen zu-
sammenführt und diesen Problembereichen jeweils zuordnet.
(1) Bei der Frage nach Strategien der Legitimitätsgewinnung macht Suchman
zunächst darauf aufmerksam, daß jede Innovation aufgrund ihrer Neuheit Akzep-
tanzprobleme hat („liability of newness").[14] Insofern sieht sich auch jede Organisation, die erstmals um Legitimität wirbt, dieser Herausforderung gegenüber. Suchman zufolge gibt es nun drei Strategien, die hinsichtlich dieser Herausforderung
besonders erfolgversprechend sind: *Konformität*, *Selektion* und *Manipulation*.
Konformität meint, daß eine Organisation darum bemüht ist, sämtliche Erwartungen, die an sie gerichtet sein mögen, vor allem Erwartungen offizieller Art (z.B.
Genehmigungen, Testate, Zertifikate), auf allen Ebenen, ob Personal, Strukturen,
Prozesse oder Handlungsfolgen, strikt einzuhalten und zu erfüllen. Demgegenüber
zielt Selektion darauf, daß eine Organisation sich bezüglich ihrer Umwelt gezielt
auf jene Segmente bezieht, die ihr besonders hohe Unterstützung und Legitimation
versprechen. Sie hat die Wahl und kann die verfügbaren Alternativen zu ihrem
Vorteil nutzen. Schließlich bedeutet Manipulation, daß eine Organisation sich nicht
mehr damit begnügt, teilweise auch nicht begnügen darf, allein auf vorhandene
Erwartungsstrukturen Bezug zu nehmen, weil dies für den Legitimitätsgewinn
nicht ausreicht. Vielmehr kommt es darauf an, ihrerseits die Umwelt für sich zu

---

[14] Vgl. zu diesem Thema Singh et al. 1986; Zimmerman/Zeitz 2002.

gewinnen, indem ihr „*new* explanations of social reality" präsentiert werden – freilich ist dies äußerst riskant: „Thus, promulgating novel legitimacy claims is less a matter of management than of evangelism." (Suchman 1995: 591) Wenn man diese drei Strategien, Konformität, Selektion und Manipulation, außerdem noch mit den drei Formen der Legitimität, der pragmatischen, der moralischen und der kognitiven koppelt, ergeben sich höchst unterschiedliche Erfolgsquoten. So ist es sehr viel leichter, das Angebot/Nachfrage-Verhältnis, wie es der „exchange legitimacy" zugrunde liegt, im Sinne der Legitimitätsgewinnung zu beeinflussen, weil es „nur" um konkrete Interessenlagen geht, als Erwartungshaltungen, die dem „taken for granted"-Typus entsprechen und damit eine sehr viel fundamentalere Qualität haben.

(2) Wendet man sich daraufhin den Strategien der Legitimitätserhaltung zu, so ist vorab festzuhalten, daß Legitimitätserhaltung prinzipiell mit drei Problemen rechnen muß: „(a) audiences are often heterogenous, (b) stability often entails rigidity, and (c) institutionalization often generates its own opposition." (Suchman 1995: 594) Mit anderen Worten müssen Organisationen sich im Regelfall mit höchst heterogenen Erwartungshaltungen zurecht finden, die ihnen in ihrer Umwelt begegnen; ferner neigen Organisationen in Phasen hoher Stabilität zu Starrheit und nachlassender Response-Bereitschaft; und dies ruft wiederum Widerspruchs- und Widerstandspotential hervor. „In any case, each of these hostile responses produces a so-near-but-yet-so-far dynamic, in which every victory seems to mobilize a new, more radical opponent. For this reason, managers rarely can afford to treat legitimacy as a completed task." (Suchman 1995: 594) Um darauf proaktiv zu reagieren, gibt es laut Suchman zwei Strategien. Die eine Strategie zielt darauf, stabile Organisationen für Veränderungen intern sensibel zu halten („perceive change"), die andere richtet sich darauf, erzielte Legitimitätsgewinne nicht leichtfertig aufs Spiel zu setzen („protect accomplishments"). Und auch hier stellt sich die Aufgabenstellung jeweils anders dar, je nachdem ob es sich um eine pragmatische, moralische oder kognitive Legitimitätsform handelt:

> „Consequently, organizations should avoid unexpected events that might reawaken scrutiny. At a pragmatic level, exchanges should be consistent and predictable, not only meeting constituent needs, but also eliminating uncertainties and fostering a sense of constituent control. At a moral level, activities should exemplify responsibility, not only refraining from impropriety, but also downplaying the role of purely instrumental or consequential concerns. At a cognitive level, accounts should be simple or even banal, not only explaining organizational behaviour, but also making it seem natural and inevitable." (Suchman 1995: 596)

(3) Kommt man schließlich auf Strategien zur Wiederherstellung („repairing") beschädigter Organisationslegitimität zu sprechen, so besteht die besondere Her-

ausforderung darin, daß oftmals zu lange versucht wird, mit konventionellen, bislang durchaus funktionierenden Lösungen auf neue, unkonventionelle Probleme zu reagieren. An Strategien bietet sich nach Suchmans Einschätzung drei Möglichkeiten an: „(a) offer normalizing accounts, (b) restructure, and (c) don't panic." (Suchman 1995: 597)

- „Normalizing accounts" kann bedeuten: Das Legitimitätsproblem wird als solches geleugnet; die Organisation entschuldigt sich lediglich für Fehler, die einzelne Mitarbeiter der Organisation gemacht haben, um die Organisation als solche zu schützen; das Problem wird gerechtfertigt und verharmlost, indem die Umstände des Problems eine Reinterpretation zugunsten der Organisation erfahren; oder das auftretende Legitimitätsproblem wird durch eine grundlegend andere Sicht der Dinge wegerklärt.

- „Restructure" bezeichnet Umbaumaßnahmen, die eine betroffene Organisation vornimmt, um ein Wiederauftreten des Legitimtitätsproblems zu vermeiden. Optional bietet sich hier die Möglichkeit an, spezielle Überwachungs- und Alarmsysteme („monitors and watchdogs") zu installieren, oder sich von jenen Mitarbeitern, Abteilungen oder Firmen zu trennen, die organisationsintern dafür verantwortlich gemacht werden („disassociation").

- „Avoid panic" meint schließlich, das Problem durch unbedachte, hektische Hyperaktivität nicht noch schlimmer zu machen als nötig, indem darauf geachtet wird, möglichst mit „a light touch and a sensitivity to environmental reactions" dagegen vorzugehen (Suchman 1995: 599).

Zum Ende seiner Ausführungen erwähnt Suchman noch zwei Paradoxien, die typischerweise mit der Legitimitätsproblematik verbunden sind: das *self-promotor's paradox* und das *sector-leader's paradox*. Ersteres bezieht sich darauf, daß, wer sich verstärkt um Legitimität bemüht, gerade dadurch Mißtrauen erweckt hinsichtlich seiner Glaubwürdigkeit; zweiteres betrifft die Folgen, die besonders legitim erscheinende Organisationen für das sie umgebende „organizational field" haben, weil der dadurch zu erwartende Isomorphieeffekt auf das gesamte Umfeld ausstrahlt und nicht nur eine riskante Uniformität verfügbarer Problemlösungsoptionen zur Folge haben, sondern mitunter auch eine fatale Eigendynamik auslösen kann, wie Suchman am Beispiel des Wettrüstens illustriert.

Suchman beschließt seinen Aufsatz mit einer insgesamt recht ernüchternden Bestandsaufnahme der „organizational legitimacy"-Forschung, die in vielen Punkten sehr unterschiedliche Auffassungen über die Möglichkeits- und Erfolgsbedingungen von Organisationslegitimität aufweise, so daß noch viel zu tun bliebe, um diese spezielle Problemstellung vollständig durchschaut zu haben. An diesem Befund hat sich bis heute nicht viel geändert.

3   Kritik und Konstruktion

Der Begriff der Legitimität spielt für den NI eine große Rolle, wenngleich nicht immer klar wird, was konkret damit gemeint ist. Hier hilft die Definition von Suchman (1995: 574) sicher weiter: „Legitimacy is a generalized perception or assumption that the actions of an entity are desirable, proper, or appropriate within some socially constructed system of norms, values, beliefs, and definitions." Nichtsdestotrotz bleibt eine Reihe offener Fragen.

Zunächst wäre zu klären, wie Legitimität und Legitimation zusammenhängen. Bei Weber handelt es sich quasi um eine Wechselwirkung, um nicht zu sagen: ein zirkuläres Verursachungsverhältnis, weil die Legitimität eines sozialen Gebildes qua Legitimation zugeschrieben wird, ja werden muß, damit sie gilt, und umgekehrt macht die Legitimation von Legitimität bestimmte Gründe geltend, die sich auf das zu legitimierende und ggf. Legitimität beanspruchende soziale Gebilde beziehen (Kielmansegg 1997). Was ist hierbei Henne, was das Ei? Ist es das Gebilde, das von sich aus bestimmte Legitimationsgründe vorgibt, auf die sich der Legitimationsglaube bezieht, oder setzt der Legitimationsglauben von sich aus bestimmte Legitimationsgründe voraus, auf die sich das soziale Gebilde bezieht? Diese Frage ist auch für die „organizational legitimacy"-Forschung bedeutsam, weil in vielen Untersuchungen von Legitimität zwar die Rede ist, aber unklar bleibt, wie diese zustande kommt und worauf sie beruht.

Damit wäre ein zweiter Problemkreis angesprochen: Es fehlt eine Systematik der Legitimationsgründe, die zu Organisationslegitimität führen, unabhängig davon, wie diese kausal zugerechnet werden. Bei Weber ist die Typologie idealtypisch und sehr einfach gehalten: *Tradition, Charisma* oder *Legalität*, realiter handelt es sich hingegen um spezifische Mischungsverhältnisse. Wie stellt sich die Situation bei organisationaler Legitimität dar? Hier gibt es unterschiedlichste Vorschläge, ohne erkennbare Bemühung, diese aufeinander zu beziehen und zu vereinheitlichen – bis auf vereinzelte Ausnahmen.[15] Senge (2005: 148) hat dieses Problem an Zuckers Aufsatz von 1987 aufgezeigt, in dem die geringere Sterbewahrscheinlichkeit bestimmter Krankenhäuser dadurch erklärt wird, daß diese Krankenhäuser allgemein geltenden Erwartungen an hohe Innovationsbereitschaft entsprachen, indem sie sich bei der Anschaffung neuester Apparatemedizin besonders engagiert gezeigt hatten (Zucker 1987b). Durch diese Erwartungsentsprechung erschienen solche Krankenhäuser als legitimer als andere, die sich bei derartigen Anschaffungen eher zurückgehalten hatten. Ob und was dieser Zusammenhang mit Fragen der Legitimität und Legitimation zu tun hat, wie Zucker darlegt, bleibt dabei weitgehend unhinterfragt, weil als gegeben vorausgesetzt (Singh et al.

---

[15] Vgl. Suchman 1995; Ruef/Scott 1998; Zimmerman/Zeitz 2002; Rayman-Bacchus 2006.

1986; Ruef/Scott 1998). Denn weder wurden Befragungen durchgeführt, um herauszufinden, ob tatsächlich die Legitimität dieser Krankenhäuser gestiegen war, noch wurde der Versuch unternommen, objektivierbare Kriterien für solche Organisationslegitimität anzugeben. Ein weiteres Problem terminologischer Unschärfe[16] zeigt sich übrigens in der Studie von Edelman (1990), wo die Übernahme neugeschaffener arbeitsrechtlicher Bestimmungen durch Unternehmen auf das Muster „Normative Legitimität" à la Scott zurückgeführt wird, obgleich es gerade hier viel näher gelegen hätte, angesichts solcher Gesetzesänderungen von regulativer Legitimität zu sprechen. Weshalb Edelman dennoch von normativer Legitimität trotz regulativer Legitimationsgründe spricht, bleibt fragwürdig.

Ein weiterer Punkt betrifft die Genese und Geltungsgrade von Legitimität. Relativ wenig Aufmerksamkeit widmet der NI nämlich der Frage, wie Legitimität entsteht und von wem sie wie zugeschrieben wird;[17] und auch die Möglichkeit, von unterschiedlichen Legitimitätsgraden auszugehen, findet beim NI zwar Beachtung, aber es fehlen klare Kriterien für die Operationalisierung.[18] Abwegig ist es jedenfalls, von einer rein binären Entscheidungssituation legitim/illegitim oder tertiären Ordnung legitim/unlegitimiert/illegitim auszugehen. Hier empfiehlt sich rein heuristisch die Unterscheidung Quantität/Qualität: Welche Quantitätssteigerung muß erfolgen, um einen Qualitätssprung in der Zurechnung bzw. dem Erwerb von Legitimität zu bewirken? Wie lauten hierfür die Kriterien, wie lassen sich entsprechende Schwellenwerte definieren? Denn ohne solche Grenzwerte bleibt die Diagnose und Analyse von Veränderungen unbestimmt (Luhmann 1997b).

Schließlich noch ein konstruktiver Vorschlag: Organisationslegitimität kann offenbar höchst unterschiedlich begründet werden, angesichts der Heterogenität der Befunde liegt dieser Eindruck auf der Hand. Dabei entstammt der Legitimitätsbegriff ursprünglich der politischen Soziologie. Vor diesem Hintergrund würde es sich anbieten, stärker komparatistisch vorzugehen und das, was Legitimität bezeichnet, in vergleichender Hinsicht zu untersuchen, etwa unter Rückgriff auf das Webersche Konzept der Wertsphären, so daß eine Systematik dessen, was Legitimität in der Politik, der Wirtschaft, der Wissenschaft, der Religion, der Erziehung etc. bedeutet, in Angriff genommen wird.[19] Und methodisch könnte eine solche Komparatistik sehr gut verbunden werden mit dem Framing-Konzept der Bewegungsforschung à la Benford/Snow (2000), indem die narrativen und performati-

---

[16] Siehe hierzu auch den Beitrag von *Tacke* in diesem Band.
[17] Vgl. Human/Provan 2000; Ahlstrom/Bruton 2001; Zimmerman/Zeitz 2002.
[18] Siehe auch den Beitrag von *Quack* in diesem Band.
[19] Darüber hinaus mag es durchaus legitim sein, das Interesse an Organisationslegitimität auf den Aspekt der „Brand Legitimacy" zu lenken, wie er im Konsumgüterbereich gang und gäbe ist (Kates 2004). Die Relevanz für den NI dürfte dabei augenscheinlich sein, da viele Unternehmen im Konsumgüterbereich ihre Erfolge solchen Marken verdanken, welche sie mit exzellenter Reputation und Legitimität versorgen; vgl. zur Unterscheidung von „legitimacy" und „reputation" Deephouse/Carter 2005.

ven Begleitumstände solcher für einzelne Wertsphären spezifischen Interdependenzen zwischen Legitimität und Legitimation gesondert ermittelt werden.[20] Denn mit Sicherheit wäre ein solcher Vergleich unterschiedlicher Legitimitätseffekte aufgrund spezifischer Legitimationsframes in unterschiedlichen Wertsphären höchst aufschlußreich und weiterführend, und vielleicht ergeben sich dadurch ja zusätzliche Chancen, den Zusammenhang von Legitimität und Legitimation von Organisationen noch besser zu durchschauen.

Einführende Literatur

DiMaggio, Paul J./Powell, Walter W. 1983: The Iron Cage Revisited: Institutional Isomorphism and Collective Rationality in Organization Fields, in: American Sociological Review 48, S. 147-160.

Meyer, John W./Rowan, Brian 1977: Institutionalized Organizations: Formal Structure as Myth and Ceremony, in: American Journal of Sociology 83, S. 340-363.

Suchman, Mark C. 1995: Managing Legitimacy: Strategic and Institutional Approaches, in: Academy of Management Review 20, S. 571-610.

---

[20] Siehe auch den Beitrag von *Meyer/Hammerschmid* in diesem Band.

Rationalität im Neo-Institutionalismus
Vom exakten Kalkül zum Mythos

Veronika Tacke

Für das Verständnis soziologischer Theorien und Begriffe ist es mitunter hilfreich, sich zunächst ein Postulat zu vergegenwärtigen, demzufolge einzelne Theorien unmöglich alle drei anerkannten Gütekriterien wissenschaftlicher Theoriebildung gleichzeitig erfüllen können. Theorien des Sozialen können nicht zugleich allgemein *und* einfach *und* genau sein, ohne dabei nichtssagend zu werden. Interessante und produktive Theorien erzeugen sich in der Verbindung von zwei der wissenschaftlichen Tugenden und opfern darüber zwangsläufig die dritte (Weick 1985: 54ff. im Anschluß an Thorngate 1976).

Am Neo-Institutionalismus (NI) fällt diesbezüglich eine vergleichsweise geringe Genauigkeit auf. Auch zentrale Begriffe, wie der im Folgenden behandelte Begriff der Rationalität, sind nicht „messerscharf" definiert und im Verhältnis zu anderen Begriffen unklar bestimmt.[1] Abgesehen davon, daß von einem Forschungsprogramm wie dem des NI, an dem allerlei „Schulen" und verschiedene Autoren arbeiten, keine hohe begriffliche Kohärenz erwartet werden kann (Di-Maggio/Powell 1991a: 3), ist es auch aus einem anderen Grunde kein Zufall, daß der NI auf Allgemeinheit setzt und die Tugend der Einfachheit derjenigen der Genauigkeit vorzieht.

Mit Institutionen steht zunächst ein allgemeines Phänomen im Zentrum, das nicht nur in einem einzelnen und besonderen gesellschaftlichen Teilbereich vorkommt, sondern in allen gesellschaftlichen Sphären. Institutionen erscheinen zugleich in einer besonderen Weise gesellschaftlich relevant. Denn bezeichnet sind damit generalisierte Regeln, die als solche nicht nur für Einzelne, für den Einzelfall und unter ganz besonderen Bedingungen gelten; vielmehr haben sie – in zeitlicher, sachlicher und sozialer Hinsicht – weitreichende Effekte. Von universeller Reichweite erscheinen sie dort, wo der NI von einer Weltkultur („world polity") spricht, deren „westliche Prinzipien", zu denen nicht zuletzt Rationalitätsnormen zählen, die Gesellschaft heute weltweit durchdringen (Meyer 2005a).

---

[1] Vgl. für den Begriff der Institution, das Markenzeichen des NI, Willke 1987, Tacke 1999 sowie den Beitrag von *Senge* in diesem Band, und für den Begriff der Organisation siehe den Beitrag von *Mense-Petermann* in diesem Band.

Was aber spricht im Falle des NI für den Vorzug der Einfachheit der Theorie vor ihrer Genauigkeit? Abgesehen davon, daß allgemeine Theorien, die zur Genauigkeit tendieren, zwangsläufig kompliziert ausfallen und an Eleganz missen lassen, läßt sich im Falle des NI ein Grund in den Annahmen finden, die er über seinen Gegenstand macht – und die er offenbar auch für sich selbst gelten läßt:[2] Denn dem NI zufolge kommt es in der Welt der Institutionen nicht vorrangig auf *sachliche Richtigkeit und faktische Genauigkeit, Transparenz und kontrollierende Inspektion, individuelle Kalkuliertheit und Effizienz des Handelns* an; relevant sind vielmehr *soziale Angemessenheit und symbolische Konformität des Handelns, kollektiv geteilte Glaubensvorstellungen und Vertrauenswürdigkeit, zeremonielle Regeltreue und die Sicherung von Legitimität.* Man kann also sagen, daß der NI begrifflich ungenau verfährt, weil er die Welt insgesamt nicht durch Genauigkeit bestimmt sieht. Ganz in diesem Sinne ist auch mit Rationalität im NI kein exaktes individuelles Handlungskalkül angesprochen, sondern eine kollektive Vorstellung, ein Glauben, dem aus Gründen der Legitimität zumindest auf der Ebene der Darstellung entsprochen werden muß.

Allerdings sind zwei Spielarten des NI auseinander zu halten, die sich nicht zuletzt in ihrer Behandlung des Rationalitätsproblems in einem wichtigen Punkt unterscheiden. So hat sich der mit dem Namen James G. March verbundene NI, bildlich gesprochen, „von unten", d.h. auf dem Wege einer eingehenden Kritik der handlungsbezogenen Prämissen rationalistischer Entscheidungstheorien entwickelt (1.). Der um John W. Meyer herum entwickelte NI führt das Rationalitätskonzept demgegenüber „von oben" ein. Er geht von einer (welt-)kulturellen Verankerung von Rationalitätsvorstellungen aus, die sich in einer Vielzahl institutionalisierter Rationalitätsmythen niederschlagen, die Organisationen in zeremonieller Weise adaptieren (2.).

1   Die Kritik individuell rationaler Wahl: der March-Institutionalismus

Generell steht im NI nicht das individuelle Handeln im Zentrum, sondern institutionelle Ordnungen. Schon das weist darauf hin, daß der Bezugspunkt für das, was als rational gilt, in dieser Theorie nicht im Individuum – seinen Zwecken, Präferenzen oder, ganz allgemein, einem individuellen Nutzen – gefunden wird. Zu-

---

[2] Der NI vermeidet damit einen Selbstwiderspruch, denn insbesondere umfassende Theorien des Sozialen müssen auch noch sich selbst plausibel als einen Fall ihrer eigenen Theorieannahmen auffassen können. So existieren wissenschaftliche Theorien und Schulen nicht außerhalb der Gesellschaft, sondern müssen sich selbst noch als Ausdruck genau jener Welt verstehen lassen, die sie beschreiben. Ob der NI sich selbst plausibel in institutionalistischen Begriffen beschreiben kann, muß hier offen bleiben, vgl. Tacke 1999.

rückgewiesen werden im NI vielmehr all solche Theorien, die sich Handeln grundsätzlich als individuell rationales Wahlhandeln vorstellen und entsprechend auch soziale Strukturen als ein aggregiertes Resultat individueller Wahlakte erklären wollen (March 1994). Im Zentrum der Kritik steht damit die Annahme, daß Handelnde alle möglichen Alternativen (Mittel) vergleichen, um schließlich diejenige auszuwählen, die in bezug auf die eigenen Präferenzen (Ziele) einen maximalen Nutzen verspricht. Formal beruht dieses Rationalmodell zum einen auf einer allgemeinen Zielvorstellung des Handelns, zum anderen beinhaltet es ein Kalkül, das im Sinne einer Anweisung vorschreibt, wie Ziele und Mittel zu relationieren sind, wie also das Problem der Handlungswahl gelöst werden kann.

Einwände beziehen sich auf beide Teile des Modells, zunächst auf die Frage, woher die Ziele des Handelns kommen und wie sie erklärt werden können. Während individualistische Handlungstheorien die Ziele prinzipiell und ausschließlich beim Individuum – als der Basiseinheit der methodologisch-individualistischen Erklärung – suchen und sozialstrukturelle Begründungen der Zweckbestimmungen des Handelns ablehnen,[3] beantwortet der NI die Frage nach der Herkunft und Definition von Zielen des Handelns mit Rekurs auf Institutionen. Erst Institutionen statten Agenten mit den notwendigen Voraussetzungen des Handelns aus – machen sie somit letztlich überhaupt erst zu Akteuren. Das „Wünschen" (Präferenzen) und „Wollen" (Motivationen) sowie das „Können" (kognitive Kapazitäten) der Akteure sind Resultat ihrer Einbettung in institutionelle Kontexte.

Das „Können" betrifft dabei die Frage nach den empirischen Situationsbedingungen des Handelns – und damit das Rationalitätskalkül, den zweiten Teil des Rationalmodells. An der Prämisse, daß Entscheider über vollständiges Wissen verfügen, beginnt das Scheitern des Modells rationaler Wahl. Denn wenn die kognitiven Kapazitäten der Entscheider beschränkt sind, kann bestenfalls „begrenzt rational" entschieden werden (March/Simon 1958). Handlungsalternativen können nicht als gegeben angesehen, sondern müssen gesucht werden; das braucht Zeit und bringt Unsicherheiten mit sich. So kann man nicht im Voraus wissen, ob eine weitere Suche nach Alternativen zu besseren Lösungen führen wird. Es ist dann nicht „rational" entscheidbar, wann die Suche abgebrochen werden soll. Im Übrigen kann man nicht sicher wissen, wie sich andere verhalten, und erst morgen sehen, ob die heute erwarteten Konsequenzen auch tatsächlich eintreffen – man erlebt Überraschungen und wird die Entscheidung möglicherweise bedauern („post decisional regret", Harrison/March 1984).

Unter der realistischen Annahme prinzipiell knapper Aufmerksamkeiten – sowie dem folglich auch eingeschränkten Wissen darüber, wie sich andere verhal-

---

[3] Polemisch hat Helmut Wiesenthal (1990: 9) die individualistische Verkürzung dieser Konzeption so auf den Punkt gebracht: „Hier promenieren Akteure als umweltresistente Unikate im Schonraum einer monologischen Rationalität".

ten werden – treten genuine Unsicherheiten in den Blick, die das „rationale Können" der Akteure unterlaufen. Angesichts des unsicheren Erfolgs und des möglichen Bedauerns kann auch das „Wünschen" schließlich nicht mehr als gegeben und stabil unterstellt werden. Wenn Präferenzen aber instabil und Ziele mehrdeutig sind, wird dem Kalkül seine sichere Grundlage entzogen. Unrealistisch ist im Übrigen auch die Unterstellung, daß Rationalität selbstmotivierend ist. Vielmehr entstehen Motivationsprobleme gerade beim Versuch, den Anweisungen des Rationalmodells der Entscheidung tatsächlich Folge zu leisten. Denn je mehr Alternativen gesichtet und auf alle ihre Konsequenzen und möglichen Nebenfolgen hin betrachtet werden, desto mehr nehmen Erfolgserwartungen und Commitments unter den Entscheidern ab, also Unsicherheit zu, so daß sich schließlich auch kaum noch jemand finden wird, der sich für die Implementation (*action*) der getroffenen Entscheidung (*decision*) einsetzt (Brunsson 1985).

Rationalität, so lautet eine zentrale Einsicht, auf der der March-NI aufbaut, braucht schon aus kognitiven Gründen stets einen einschränkenden Bezugsrahmen. Gemäß der „verhaltenswissenschaftlichen Entscheidungstheorie", dem Vorläufer des March-NI,[4] ist dies die Leistung von *Organisationen*: Sie entlasten von Unsicherheiten des Entscheidens, indem sie Entscheidungslasten zerkleinern (Arbeitsteilung) und Entscheider in strukturierte Entscheidungsumwelten setzen (Handlungsprogramme); zudem sorgen sie für eine generalisierte Motivation (durch Geldzahlungen und andere Anreize) (March/Simon 1958; Luhmann 1968).

Im Weiteren werden diese Einsichten von James G. March und Johann P. Olsen (1989) verallgemeinert und über die Organisation hinaus auf gesellschaftliche *Institutionen* bezogen. Weil die Welt nicht rational kalkuliert werden kann, so die zentrale Annahme, muß sie symbolisch interpretiert werden. Konstitutiv für Handeln ist seine sinnhafte Einbettung in institutionelle Kontexte, die aus *Regeln angemessenen Handelns*, Routinen und Symbolen bestehen. Ihre Leistung liegt darin, Handeln mit Situationen kontextspezifisch zu verbinden und auf diese Weise sowohl Interpretationen von Handlungssituationen wie auch rollenbezogene Identitäten für Handelnde bereitzustellen. Der individualistischen Logik der „Konsequenzenorientierung", gemäß der die in der Zukunft liegenden Konsequenzen das Handeln bestimmen, stellt diese Spielart des NI eine institutionalistische „Logik der Angemessenheit" gegenüber, der zufolge die in der Vergangenheit gesammelten Erfahrungen, die in den generalisierten Regeln aufgehoben sind, Handeln durch Einschränkung und als sinnvermitteltes, interpretativ-deutendes Handeln ermöglichen. Angesichts von Konsequenzen des Handelns, die unsicher sind, weil sie erst in der Zukunft eintreffen, des kontingenten Handelns anderer sowie der Instabilität und Mehrdeutigkeit von Handlungszielen entlasten solche generalisierten gesell-

---

[4] Vgl. im Überblick Berger/Bernhard-Mehlich 1998.

schaftlichen Regeln, für die der Begriff der Institution steht, von überschüssigen Möglichkeiten und vereinfachen die Welt durch ihre sinnvermittelte Selektivität.

Erkannt wird im March-NI, daß Rationalität auf der Ebene der Einzelhandlung nicht zu sichern ist, weil die Unterscheidung von Zweck und Mittel die vollständigen Bedingungen des Handelns nicht enthält, es in diesem Sinne nicht für sich selbst sorgen kann. Das Konzept der Rationalität wird im Vergleich zu „engen" nutzenbezogenen Vorstellungen hier „breiter" angelegt, wie Scott (2004: 19)[5] es etwas unscharf formuliert; das Konzept erfaßt die „Weisheit" und „soziale Intelligenz", die den Regeln, Routinen, Verfahren und Konventionen innewohnt. Bezugspunkt für Rationalitätsannahmen bleibt das Handeln, zugleich verschiebt sich das Rationalitätskonzept in einer nicht genauer bestimmten Weise auf die einschränkenden und ermöglichenden „rules of appropriateness". Denn sie vermögen Handeln erst sinnhaft verständlich zu machen und im Sinne kollektiv verbindlicher Regeln und Obligationen zu legitimieren.

Zu erwähnen bleibt, daß der March-NI dem Rationalitätskalkül zwar keine Funktion bei der Herstellung von Entscheidungen zuschreibt, gleichwohl aber bei deren rechtfertigender Darstellung. Entscheidungen sind in der modernen Gesellschaft und zumal in Organisationen untrennbar mit der Erwartung verbunden, daß sie nicht „irgendwie", sondern rational getroffen werden. Anderenfalls ist weder im Einzelfall mit Folgebereitschaft noch allgemein mit Unterstützung der Organisation zu rechnen. Weil aber Rationalität als Anleitung für die Herstellung von Entscheidungen (*decision*) untauglich ist und entsprechendes Handeln (*action*) sogar blockiert, können Organisationen dieser Erwartung nur auf der Ebene der Darstellung (*talk*) nachkommen (Brunsson 1989). Die Frage, warum Rationalität gesellschaftlich so hartnäckig erwartet wird, auch wenn diese Erwartung in Entscheidungsprozessen laufend scheitert, beantwortet der NI mit der Institutionalisierung von Regeln, die diese Erwartung enthalten und aufrechterhalten.

2 Rationalitätsglauben und rationalisierte Mythen: der Meyer-Institutionalismus

Anders als der March-NI, der aus der Beobachtung der Grenzen der Rationalität der Einzelhandlung hervorging, steht der Meyer-NI in einer Tradition der Organisationsforschung, in der es vornehmlich um die Frage nach der *Rationalität sozialer Ordnungen* geht. Die klassische Organisationssoziologie, auf die der NI sich kritisch bezieht, betrachtete diesbezüglich allein die Binnenordnung der „bürokratischen Organisation" (Mayntz 1968). Sie verstand diese – grosso modo – als eine

---

[5] Der Text ist im Netz unter der Adresse http://www.si.umich.edu/ICOS/Institutional%20Theory%20Oxford04.pdf erhältlich und wird auch danach zitiert.

effiziente Anordnung von Mitteln (Stellen, Funktionen, Abteilungen), die gemäß Prinzipien der Arbeitsteilung und Hierarchie systematisch auf einen Zweck hin ausgerichtet sind. Mit ihrer Form der Beschreibung organisierter Ordnungen in Begriffen rationaler und effizienter Zwecktätigkeit bezog sich die frühe Organisationssoziologie nicht zuletzt auf Max Webers Idealtypus der Bürokratie (Weber 1972: 124ff; 551f). Mitunter hatte Weber (1972: 569f.) die moderne Bürokratie mit einer reibungslos funktionierenden, präzisen, schnellen „Maschine" verglichen und ihr, soweit sie „technisch zum Höchstmaß der Leistung" entwickelt erscheint, eine vollendete Effizienz zugeschrieben (Schluchter 1980: 129f.). Diesem Gesichtspunkt entsprechen im Idealtypus der Bürokratie die Merkmale des kontinuierlichen Betriebs, der arbeitsteiligen und systematischen Informationsverarbeitung sowie der sachlich qualifizierten Entscheidungstätigkeit.

Erklärtermaßen bezieht sich auch der Meyer-NI in zentralen Hinsichten auf Max Weber, er folgt allerdings einer auf Annahmen der Zweckrationalität des Handelns und Effizienzannahmen der Organisation radikal verkürzten Lesart seines Idealtypus der Bürokratie nicht (Meyer/Rowan 1977). Vielmehr wird, wie zu zeigen sein wird, an andere Gesichtspunkte bei Weber konzeptionell angeschlossen – und dies in eigener Auslegung und Redefinition von Begriffen.

Aufgegriffen wird im Meyer-NI das von Weber im Zusammenhang seiner Analyse der „bürokratischen Herrschaft" eingeführte, in der Organisationssoziologie aber weithin ignorierte Konzept und Problem der *Legitimität.* Damit richtet sich der Blick des NI nicht vorrangig auf den „geschlossenen" Kontext organisatorischer Binnenordnungen, sondern vielmehr auf *institutionelle* Ordnungszusammenhänge. Denn Legitimität, das sah Weber im Rahmen seiner herrschaftssoziologischen Betrachtung der Bürokratie im Prinzip nicht anders, ist kein strikt binnenorganisatorisches, sondern ein institutionelles Problem der „Zustimmung". Auch hatte sich schon für Weber die Unzulänglichkeit einer Analyse moderner Institutionen in Kategorien der (Zweck-)Rationalität des Handelns aufgedrängt – und damit die Frage nach einem anderen Konzept und Verständnis von Rationalität (Bader et al. 1980: 240ff.; Schluchter 1980: 129ff.).

Empirisch betrachtet hatten John Meyer und seine Kollegen vor allem bei der Untersuchung von Schulen in den 1970er Jahren zunächst entdeckt, daß sich deren (vor allem curriculare) Strukturen nicht durch „technische Erfordernisse" und ihren Beitrag zum effizienten Erreichen von Zwecken erklären lassen (Meyer/Rowan 1978). Auch verlangte die Feststellung einer bemerkenswerten Ähnlichkeit der Strukturen von Schulen nach einer anderen als einer rein binnenorganisatorischen Erklärung. Generell lautete diese, daß die formalen Strukturen von Organisationen nicht der Sicherung von Effizienz, sondern von *Legitimität* dienen. Um der Legitimität und ressourcenbezogenen Unterstützung willen übernehmen Organisationen die zentralen Elemente ihrer Struktur (Programme, Verfahrensweisen, Stellentypen, Managementinstrumente, Technologien etc.) aus ihren institutionellen Umwelten – und dies ganz unabhängig davon, welchen technischen Beitrag diese Strukturelemente zum Erreichen organisatorischer Zwecke und zur Effizienz der Organisation leisten. Zur Legitimität können die als „prefabricated formulas" (Meyer/Rowan 1991: 44) und „packaged codes" (45) in die Organisation übernommenen Elemente und Regeln beitragen, weil sie institutionalisiert sind und als rational gelten, weil an ihre Rationalität also geglaubt wird („rationalized myths").

Im Folgenden wird noch genauer zu betrachten sein, was dies im Einzelnen besagt. Vervollständigen wir aber zunächst das gegenstandsbezogene Argument: Zwar gelten Organisationen im NI auf der Ebene ihrer Formalstrukturen als „dramatic enactments of the rationalized myths pervaiding modern societies" (Meyer/Rowan 1991: 47), die organisatorischen Aktivitäten folgen diesen Regeln aber nicht, sondern variieren „in response to practical considerations" (58). Organisationen, so Meyer/Rowan, entkoppeln ihre Formalstrukturen von ihren Aktivitätsstrukturen („decoupling"). Zugleich halten sie in den internen und externen Beziehungen eine Aura der Zuversicht aufrecht, „that people are acting in good faith".[6]

Organisationen sind damit für den Meyer-NI zwar Adressaten wie Träger institutionalisierter Rationalitätsvorstellungen, das Handeln in Organisationen hat mit Rationalität aber allenfalls insoweit zu tun, als die Teilnehmer durch „ritual commitments", „face work" und andere dramaturgische Leistungen zur Aufrechterhaltung von Fassaden organisatorischer Rationalität beitragen (Meyer/Rowan 1991: 59).[7]

Im vorliegenden Zusammenhang interessiert vor allem die Annahme, daß die institutionalisierten Regeln, die Organisationen als „prefabricated formulas" inkorporieren, als „*rationalized myth*" fungieren (Meyer/Rowan 1991: 45). Was besagt dies genau? Zunächst einmal ist von Rationalität die Rede, weil und sofern es um *unpersönliche* Regeln und Konstrukte geht, die jeweiligen *Zwecken* in regelhafter Weise *Mittel* zu ihrer angemessenen Erreichung kausal zuordnen. Hervorgehoben sind damit Aspekte von Rationalität, die bei Weber im Konzept der Zweckrationalität einerseits (Zweck/Mittel), dem der formalen Rationalität andererseits (Unpersönlichkeit, Versachlichung) erfaßt sind. Bei Weber sind damit nun Doppeldeutigkeiten in der Konzeptualisierung von Rationalität angesprochen, die er selbst nicht plausibel

---

[6] Das Argument der Rationalitätsmythen und ihrer Entkopplung von den operativen Prozessen ist häufig in empirischen Fallstudien aufgegriffen worden. Siehe Faust/Bahnmüller (1996) am Beispiel des Computers in der Arbeitsverwaltung, Walgenbach (1998) am Fall der ISO-Normierung und Scherm/Pietsch (2005) am Beispiel des Personalcontrolling.

[7] Gemäß Nils Brunsson (1989), der dieses Argument aufgegriffen hat, sind Organisationen aus strukturellen Gründen „Heuchler": Um den unterschiedlichen Ansprüchen ihrer differenzierten Umwelten – z.B. Aktionären, Kunden, Gewerkschaften, Umweltschutzgruppen – gleichzeitig gerecht zu werden, können sie gar nicht anders, als anders zu reden als zu handeln und zu entscheiden. Sie produzieren drei Formen des Outputs: *Talk*, *Decision* und *Action*.

aufzulösen vermochte.[8] Denn neben dem handlungstheoretischen Konzept der Zweckrationalität zeichnet sich mit dem Konzept der formalen Rationalität bei Weber die Vorstellung ab, Rationalität sei als Resultat eines gesellschaftlichen Systemzusammenhangs zu interpretieren, der jenseits des Horizonts der einzelnen Handelnden und ihrer Intentionen liegt. Dieser Zusammenhang wird zwar handelnd hervorgebracht, ist aber nicht durch die Intentionen der Handelnden zu erklären.[9]

Für den NI scheint diese Doppeldeutigkeit nicht zentral, denn hier ist von Rationalität weder als Attribut des Handelns noch als Attribut eines Systems die Rede, sondern im Sinne einer Wahrheit des *Glaubens* (Mythos). An die Rationalität der Regeln und die kausale Wirksamkeit entsprechender Zweck-Mittel-Relationen wird in der Gesellschaft „lediglich" geglaubt. Der Mechanismus der Institutionalisierung sorgt dafür, daß eine Überprüfung der unterstellten Kausalwirkungen ausbleibt und ausbleiben kann (sie gelten als selbstverständlich); von Mythen ist die Rede, weil das faktische Handeln nicht durch institutionalisierte Rationalitätsnormen bestimmt ist. Es folgt einer anderen, als pragmatisch bezeichneten Logik, die allerdings im NI theoretisch nicht genauer beschrieben und entsprechend auch nicht auf eine etwaige eigene Rationalität hin befragt wird.

Betrachten wir die Annahme des Rationalitätsglaubens etwas genauer. Auch wenn dies häufig übersehen wird, war schon für Max Weber nicht so sehr entscheidend, daß in Betrieben und Verwaltungen stets rational gehandelt wird, sondern „die Institutionalisierung des *Glaubens* daran, daß die Ordnungen und Artefakte in der Moderne rationalen Charakters sind" (Stock 2005: 192). Undenkbar war für Weber allerdings, daß dieser Glaube an die Rationalität sozialer Ordnungen gesellschaftlich auch dann noch Geltung besitzen kann, wenn ihm im Handeln – regelmäßig – nicht entsprochen wird. Im Meyer-NI hingegen wird genau dies angenommen: Die Vorstellung rationaler Ordnungen hat normative Bedeutung, aber keine empirische Deckung im Handeln, sie hat sich vielmehr – mit ihrer Institutionalisierung – verselbständigt.[10]

Sozialtheoretisch gesehen stützt sich die Annahme der Verselbständigung auf ein Argument aus dem wissenssoziologischen Sozialkonstruktivismus von Berger/Luckmann (1980: 49ff.). Generell gilt danach, daß Institutionalisierungen, die in der wechselseitigen Typisierung des Handelns zunächst ihren historischen Ausgang nehmen, nicht zuletzt dadurch, daß sie „an andere weitergereicht" werden, eine „eigene Wirklichkeit" gewinnen (Berger/Luckmann 1980: 62f.). Als Konstrukte „objektiver Wirklichkeit" sind die Resultate der Institutionalisierung mit

---

[8] Vgl. Schluchter 1980: 129ff.; Bader et al. 1980: 240ff.; Luhmann 1968.

[9] Vgl. am Beispiel der formalen Geldrechnung Bader et al. 1980: 240ff.

[10] Im übrigen distanzieren sich von dieser im Meyer-NI postulierten Entkopplung von Formal- und Aktivitätsstruktur andere Neoinstitutionalisten, siehe hierzu den Beitrag über „Isomorphie" von *Becker-Ritterspach/Becker-Ritterspach* in diesem Band.

Selbstverständlichkeit ausgestattet, und ihre Legitimität ist nicht fragwürdig. Zugleich sind sie dem verändernden Zugriff Einzelner entzogen, begegnen ihnen vielmehr als „fremde Faktizität" (95) und „äußeres, zwingendes Faktum" (62). Der Meyer-NI versteht die institutionalisierten Konstruktionen von Rationalität ganz in diesem Sinne als „facts which must be taken into account by actors" (Meyer/Rowan 1991: 42). Er folgt also Berger/Luckmann (1980: 64) in der Annahme, daß man Institutionen „nicht entschlüpfen" kann, betont aber stärker, als diese Autoren es selbst getan haben, daß man auch lernen kann, mit Institutionen „umzugehen". Mit Nils Brunsson formuliert: Man kann lernen, anders zu reden (*talk*) als zu handeln (*action*). Erst unter der Annahme, daß es sich um Konstrukte handelt, die dem Einzelnen nicht „innerlich" sind, sondern als „äußerlich" entgegentreten, kann plausibel gemacht werden, daß den institutionalisierten Normen der Rationalität in „zeremonieller" Weise nachgekommen wird – also, wie oben erläutert, Formal- und Aktivitätsstrukturen in Organisationen auseinander fallen.

Mit der Auffassung von Rationalität als äußerlichem Konstrukt und „macro-level abstraction" wendet sich der NI im Übrigen gegen die Auffassung von Parsons, daß Rationalitätsnormen als internalisierte Werte wirksam werden, die in der Sozialisation in das Persönlichkeitssystem übernommen werden und über affektive Identifikationen vermittelt sind (Parsons 1951; DiMaggio/Powell 1991a: 15ff.). Rationalitätsnormen existieren, so wird dagegen im NI betont, „independent of any particular entity to which moral allegiance might be owed" (DiMaggio/Powell 1991a: 15). Der NI unterstreicht also, daß diese Normen nicht persönlich und affektiv vermittelt sind, sondern die Qualität von „*impersonal* prescriptions" haben (DiMaggio/Powell 1991a: 15, Herv. VT).

Der Aspekt der Unpersönlichkeit verweist nun zurück auf den Weberschen Begriff der formalen Rationalität – einschließlich der Frage nach der Doppeldeutigkeit, die im Verhältnis zweckbezogener (Handlungsrationalität) und formaler Rationalität (Systemrationalität) angelegt ist, deren Auflösung dem NI selbst nicht zentral erscheint (Meyer et al. 2005a: 33).[11]

Im Folgenden soll ein Blick auf dieses Konzept geworfen werden, um sichtbar zu machen, welche Voraussetzungen die rationale Geltung von Zweck-Mittel-Relationen im institutionellen Kontext aufweist. Weber (1972: 125) hatte den rationalen Charakter der modernen bürokratischen Ordnungen keineswegs allein an ihrer effizienten Zwecktätigkeit festgemacht, sondern von *rationaler Herrschaft* gesprochen. Dabei gilt für Weber (1972: 124) zunächst generell, daß Herrschaftsordnungen Stabilität nur gewinnen können, wenn sie bei den Beherrschten einen Legitimitätsglauben wecken. Zentral ist für Weber die Art des Legitimitätsglaubens, weil dieser die erreichbare Rationalität der Ordnung bestimmt. Im Vergleich

---

[11] Im NI erscheint Unpersönlichkeit häufig nicht als ein Gesichtspunkt von Rationalität, weil von Unpersönlichkeit und Rationalität nebeneinander die Rede ist, vgl. Meyer/Rowan 1991: 42, 44.

zu traditionalen Herrschaftsordnungen, deren Stabilität Weber (1972: 130) auf den
Glauben an die „Heiligkeit altüberkommener Herrengewalten" zurückführt, beruht
rationale Herrschaft auf *Legalitäts*glauben. Sie ist „legale Herrschaft" und hat ihre
Geltungs- und Rationalitätsgrundlage in regulativen Rechtsregeln. Gehorcht wird
damit nicht willkürlichen Anweisungen und lokalen Traditionsgeboten, die mit der
Person des Herrn verbunden sind, sondern „dem Recht" bzw. einem „Vorgesetz-
ten", der „seinerseits der unpersönlichen Ordnung gehorcht" (125).

Rational ist die moderne, bürokratische Form der Herrschaft, weil es sich um
eine unpersönliche, d.h. *versachlichte Ordnung* handelt. Es ist die „Unterordnung
der Person unter die zu leistende ‚Sache'" (Schluchter 1980: 129), die zur Rechen-
haftigkeit und Berechenbarkeit der Ordnung beiträgt und ihre vollendete *formale
Rationalität* ausmacht. Dafür stehen im Idealtypus der Bürokratie die Merkmale
der unpersönlichen internen und externen Beziehungen, der Trennung von Amt
und Person sowie der Trennung von Betriebs- und Privatvermögen, die sachbezo-
gene Verteilung von Kompetenzen und die geprüfte fachliche Leistungsqualifika-
tion der Beamten (Weber 1972: 125ff., 551ff.). Vergleichsgesichtspunkt ist mit
Bezug auf diese Merkmale für Weber nicht eine dilettantische, wenig effiziente
Form z.B. der „Honoratiorenverwaltung", sondern die traditionale Form einer
„Patrimonialbürokratie", die auf „unfreien" Beamten, ständischer Herrengewalt,
auf persönlicher Abhängigkeit und Dienertreue sowie Aspekten personenbezoge-
ner Willkür des Entscheidens beruht (Schluchter 1980: 129f.).

In modernen Ordnungen treten „rationale", d.h. unpersönlich-universali-
stische Regeln an die Stelle „irrationaler", persönlich-partikularistischer Gesichtspunkte (Schluchter 1980: 99). So betrachtet, gilt die moderne Bürokratie Webers
nicht einfach deshalb als rational, weil im Handeln Mittel im Hinblick auf Zwecke
abgewogen werden. Zentral ist vielmehr, daß solche Ordnungen sich auf *unpersönliche* sachliche Zwecke beziehen und auf ihrer versachlichten Grundlage auch
nicht auf bestimmte Zwecke und Mittel festgelegt sind (Weber 1972: 553). Herrschaft wird qua Versachlichung vielmehr, so kann man dies im Schema von Zweck
und Mittel ausdrücken, zu einem *generalisierten Mittel*, das sich – begrenzt nur
durch den formalen Rahmen gesatzten Rechts – für beliebige, sachlich spezifizier-
bare und änderbare Zwecke einsetzen läßt (Luhmann 1968; Mayntz 1968).

Gesellschaftlich wirken rationale Ordnungen „revolutionär" (Weber 1972: 579),
weil sie in ihrer Funktionsweise und ihren Möglichkeiten weder durch traditionale
und damit nur lokal geltende noch durch personenabhängige Kriterien und Zweckbestimmungen gehemmt sind. Die Versachlichung der Zweck-Mittel-Konstrukte bestimmt somit auch für Weber die Rationalität der organisatorischen Ordnung, und sie
ist überdies die Voraussetzung dafür, daß „Rationalitätsmythen" (Meyer/Rowan
1991) nicht nur durch individuelle Organisationen – seien es Unternehmen oder

Schulen – aufgegriffen werden, sondern entsprechende „Formal(!)strukturen" sich gesellschaftlich verbreiten – und heute weltweit diffundieren.[12]

Dabei ist diese Entwicklung weder auf der Ebene des Einzelhandelns noch ausschließlich organisatorisch zu erklären, sondern nur gesellschaftlich. Schon für Weber war die Bürokratie mit ihrer formalen Rationalität kein isoliertes gesellschaftliches Phänomen, sondern Ausdruck jener vielfältigen und umfassenden, von ihm als „okzidentale Rationalisierung" zusammenfassend bezeichneten Prozesse, die er in seinem Werk als Kulturerscheinungen von gesellschaftshistorischer Bedeutung und universaler Relevanz umfangreich beschrieb. Das durchgehende Moment dieser vielfältigen „Rationalisierungen" sah Weber in der Herstellung von versachlichten und auf methodischer Systematik beruhenden, rechenhaften und berechenbaren Ordnungen.[13] Besonders in seiner Einleitung zur „Protestantischen Ethik" wird dabei erkennbar, daß er die Freisetzung dieser purifizierten formalen Rationalität keineswegs nur auf der Ebene der Organisation sich vollziehen sah. Ihre Durchsetzung beobachtete er vielmehr in allen gesellschaftlichen „Wertsphären" gleichermaßen: in Politik, Recht, Wirtschaft, Wissenschaft, Kunst und Erotik (Weber 1970: 9ff.).

Der Meyer-NI schließt an die Rationalisierungsthese Webers erklärtermaßen an (Meyer 2005b: 33). Er läßt dabei den Weberschen Begriff der Herrschaft fallen, folgt aber der These, daß die Rationalisierung der „Weltkultur" zur Durchsetzung einer formalen Rationalität in einer Pluralität gesellschaftlicher „Wertsphären" (Weber) beziehungsweise „Institutionen" (Meyer) geführt hat. "Institutional frameworks", so heißt es dementsprechend im Plural,

> „define the ends and shape the means by which interests are determined and pursued. Institutional factors determine that actors in one type of setting, called firms, pursue profits; that actors in another setting, called agencies, seek larger budgets; that actors in a third setting, called political parties, seek votes; and that actors in an even stranger setting, research universities, pursue publications" (Scott 1987: 508).

Der Umstand, daß in Formulierungen wie dieser auf Zweck und Mittel abgehoben wird, sollte vor dem Hintergrund des Gesagten nicht übersehen lassen, daß von unpersönlichen und generalisierten Zweck-Mittel-Konstruktionen die Rede ist – und damit von formaler Rationalität.

Jenseits der Frage, ob die Kausalität der Zweck-Mittel-Konstruktionen sich handlungspraktisch in Organisationen laufend als Mythos erweist (das ist nach allem, was die Organisationssoziologie heute weiß, plausibel), bleibt damit die Frage, ob und inwieweit der Meyer-NI annimmt, daß auch die for-

---

[12] Vgl. Meyer 2005a; zu Mechanismen der Diffusion Strang/Meyer 1994.
[13] Die Begriffe „Rationalisierung" und „Bürokratisierung" verwendete Weber daher auch annähernd synonym, vgl. Schluchter 1980: 12.

male Rationalität institutioneller Ordnungen lediglich eine „Wahrheit des Glaubens" (Mythos) ist. Organisationen, aber auch Wirtschaft, Politik, Recht und Wissenschaft wären unter dieser Annahme nicht als versachlichte Ordnungen aufzufassen und in ihrer faktischen Funktionsweise nicht von traditionalen Ordnungen zu unterscheiden. Der erklärte Anschluß an Webers These der okzidentalen Rationalisierung macht deutlich, daß der NI so weit nicht geht. Allerdings verzichtet er auf eine genaue Rekonstruktion und Diskussion der Weberschen Rationalitätstypen (Meyer et al. 2005a: 33).

Ungeklärt bleibt damit unter anderem, was es eigentlich genau besagt, wenn im Rekurs auf die Pluralität gesellschaftlicher Institutionen (Webers Wertsphären) angenommen wird, es gebe „not one but many forms of rationality" (Scott 1991: 172). Empirisch ist damit gemeint, daß je institutionell und dann auch je „sektoriell" und „feldspezifisch" definiert ist, was als rational gilt. Offen bleibt aber, wie es eigentlich in der Gesellschaft zu einer institutionell übergreifenden Relevanz von Rationalität kommen kann, wenn zugleich gilt, daß einzelne Institutionen nur für ihre je eigenen Rationalitätsmythen sorgen? Eine zufriedenstellende Antwort findet sich schon bei Weber nicht. Erst im Rahmen der soziologischen Systemtheorie wurde schließlich theoretisch beschrieben, daß es sich bei den in den unterschiedlichen „Wertsphären" gleichzeitig ablaufenden formalen Rationalisierungen um einen gesellschaftlichen Prozeß handelt, in dem sich eine spezifische Form der „Systemrationalität" strukturell entfaltet.[14] Dieses Argument, das nicht nur über Weber und seine handlungstheoretischen Annahmen, sondern auch über den Meyer-NI und seinen Institutionenbegriff theoretisch weit hinaus geht, kann hier nicht weiter erörtert werden. Festhalten kann man aber, daß der Meyer-NI mit Weber die Pluralität gesellschaftlicher Institutionen, einschließlich Organisationen, als Träger und Ausdruck einer formalen Rationalität begreift, er aber ebenso wenig wie Weber theoretisch *genau* zu beschreiben vermag, *wie* diese gesellschaftliche Entwicklung möglich wird und worauf sie strukturell beruht.

3   Zusammenfassung

Wir hatten bereits in der Einleitung zu diesem Text festgehalten, daß der NI in seiner Entscheidung hinsichtlich möglicher Qualitätskriterien der Theoriebildung

---

[14] Die bei Weber und im NI offen bleibende Frage, *wie* es zum gleichzeitigen Aufbau von (formalen) Eigenrationalitäten in den verschiedenen gesellschaftlichen „Sphären" kommt, beantwortet die soziologische Systemtheorie mit der These der funktionalen Ausdifferenzierung der modernen Gesellschaft. Sie beruht auf Versachlichungen im oben genannten Sinne, zugleich auf Ausschließungen und Abgrenzungen der einzelnen Wert- und Sinnsphären gegenüber den jeweils anderen, vgl. zur Einführung in Theorien gesellschaftlicher Differenzierung Schimank 1996.

für Allgemeinheit und Einfachheit auf Kosten von Genauigkeit optiert, dabei die vergleichsweise geringen Ansprüche an Genauigkeit allerdings durch Annahmen gedeckt erscheinen, die diese Theorie über ihren Gegenstand macht: Wenn es in der Welt der Institutionen und Organisationen nicht auf Genauigkeit ankommt, warum dann in einer Theorie über diese?

In der Erläuterung der Frage nach der Bedeutung von Rationalität im NI hat sich dieser Verzicht auf Genauigkeit allerdings als Schwierigkeit erwiesen. Im March-NI, der das Rationalitätsproblem „von unten" einführt, zeichnete sich ab, daß aus der Kritik der konsequenzenorientierten Logik zweckrationalen Handelns zwar eine empirisch begründete Theorie hervorgeht, in deren Zentrum eine institutionelle „Logik der Angemessenheit" steht, allerdings blieb unklar, inwiefern Rationalität hier als Bestimmung des Handelns zu verstehen ist oder den Institutionen zugeschrieben wird, die dieses durch kontextspezifische Regeln ermöglichen. Aber in welchem Sinne können Regeln rational sein?

Der Meyer-NI, der das Rationalitätsproblem „von oben" einführt, versprach diesbezüglich Aufklärung. Er teilt auf der einen Seite die Skepsis des March-NI in bezug auf die Faktizität und Möglichkeit des zweckrationalen Handlungskalküls und führt den gesellschaftlichen Glauben an Zweckrationalität (der als Mythos erscheint) zugleich auf kulturelle Prozesse der gesellschaftlichen Rationalisierung zurück, die bei Weber als Durchsetzung einer formalen, auf Versachlichung und Unpersönlichkeit beruhenden Rationalität konzipiert sind. Schuldig bleibt der NI allerdings nicht nur die Antwort, wie diese formale Rationalisierung gesellschaftlich möglich wird, sondern auch, inwieweit – jenseits der Entmystifizierung der Zweckrationalität – von Rationalität gesprochen werden kann. Die hohe Plausibilität und Eingängigkeit der Idee der „rationalized myth" sollte aber nicht über den Unterschied zwischen rationalem Zweckkalkül und formaler Rationalität hinwegsehen lassen. So dürfte es nicht dasselbe sein, ob von *Mythen* der (Zweck-)Rationalität oder von (formal) *rationalisierten* Mythen die Rede ist.

Einführende Literatur

Luhmann, Niklas 1968: Zweck-Herrschaft-System. Grundbegriffe und Prämissen Max Webers, in: Renate Mayntz (Hg.): Bürokratische Organisation. Berlin: Kiepenheuer/ Witsch, S. 36-55.

March, James G. 1990: Eine Chronik über Entscheidungsprozesse in Organisationen, in: James G. March: Entscheidung und Organisation. Kritische und konstruktive Beiträge, Entwicklungen und Perspektiven. Wiesbaden: Gabler, S. 1-23.

Meyer, John W./Boli, John/Thomas, George M. 2005a: Ontologie und Rationalisierung im Zurechnungssystem der westlichen Kultur, in: John W. Meyer: Weltkultur. Wie die westlichen Prinzipien die Welt durchdringen. Frankfurt/M.: Suhrkamp, S. 17-46.

Isomorphie und Entkoppelung im Neo-Institutionalismus

Florian A.A. Becker-Ritterspach/Jutta C.E. Becker-Ritterspach

1 Stellenwert des Problemfeldes „Isomorphie und Entkoppelung" innerhalb des Neo-Institutionalismus

Im Neo-Institutionalismus (NI) – verstanden als Organisations- und Gesellschaftstheorie – verweist der Begriff der Isomorphie auf die Form- und Strukturanpassung von Organisationen an die Anforderungen einer geteilten institutionellen Umwelt, die im Ergebnis zu einer Form- und/oder Strukturgleichheit bzw. Strukturähnlichkeit dieser Organisationen führt. Demgegenüber verweist der Begriff der Entkopplung auf die eingeschränkte Reichweite der Isomorphie, d.h. auf eine nur partielle oder Segmente betreffende Strukturähnlichkeit. So beschreibt der Entkopplungsbegriff einen Mechanismus, der es Organisationen erlaubt, unterschiedlichen, widersprüchlichen Umweltanforderungen gleichzeitig gerecht zu werden, um damit den Organisationsbestand zu sichern. Während beide Begriffe eine wichtige Rolle im NI einnehmen, dürfte der Begriff der Isomorphie eine noch größere Bedeutung haben. Zudem zieht er sich als Leitmotiv durch zahlreiche Schlüsselbeiträge des NI und wird zu einem der wichtigsten Ansatzpunkte für Kritik und Weiterentwicklung. Die Bedeutung des Begriffs ist vor allem mit seiner Zentralität für das Verständnis von Organisation-Umwelt-Beziehungen im NI zu erklären.

2 Genealogie des Themen- und Problemfeldes „Isomorphie und Entkoppelung"

Der Begriff der Isomorphie leitet sich aus dem Griechischen ab und bedeutet in seinem Ursprung Form- oder Gestaltgleichheit *(isos = gleich; morphe = Form, Gestalt)*. In die Organisationsoziologie bzw. -theorie findet der Begriff der Isomorphie in den 70er Jahren einerseits in der Populationsökologie (Hannan/Freeman 1977) und andererseits im NI Eingang (Meyer/Rowan 1977; DiMaggio/Powell 1983). Begrifflich beziehen sich dabei beide Theoriestränge vor allem auf den 1968 erschienen Aufsatz *Human Ecology* von Amos H. Hawley, der den Begriff der Isomorphie für die Organisationsforschung fruchtbar gemacht hat.

Hawley (1968: 334) konstatiert, daß „units subjected to the same environmental conditions, or to environmental conditions as mediated by a given key unit, acquire a similar form of organization". Hawley weist also auf den Prozeß der Homogenisierung hin, der sich aus gemeinsamen Umweltbedingungen ergibt. Folgt man diesem Gedankengang, werden mit Hawley Organisationen, die in der gleichen Umwelt operieren, isomorph.

An diesen Gedanken schließen nun sowohl die Populationsökologen als auch die Neo-Institutionalisten an. Der entscheidende Unterschied zwischen den beiden Ansätzen ist, wie der Prozeß, der zu dieser Homogenisierung führt, verstanden wird. Während bei den Populationsökologen die Selektion durch die Umwelt im Vordergrund steht, wird im NI die Anpassungsfähigkeit der Organisationen an die institutionelle Umwelt (Adaption) hervorgehoben (Duysters/Hagedoorn 1994).

Im NI geht die Konzeptualisierung des Begriffs „Isomorphie" in erster Linie auf die zwei programmatischen und mittlerweile zu Klassikern gewordenen Aufsätze von John Meyer und Bryan Rowan (1977) und von Paul DiMaggio und Walter Powell (1983) zurück. Demgegenüber verweist der Begriff der Entkopplung in seiner allgemeinen Bedeutung auf die Trennung oder Dissoziation von Elementen eines Systems hin, so daß sie keinen oder nur einen geringen Einfluß (lose Kopplung) aufeinander ausüben. Für die Organisationswissenschaft wird zunächst der Begriff der „losen Kopplung" durch Weick (1976) sowie durch Beiträge von March/Olsen (1976) fruchtbar gemacht und theoretisiert. Mit dem Begriff der losen Kopplung unterstreicht Weick (1976: 3) den Gedanken „that coupled events [or elements] are responsive, but that each event [or element] also preserves its own identity and some evidence of its physical separateness".

Im NI wird der Entkopplungsbegriff insbesondere von Meyer/Rowan (1977) geprägt, die diesem zwei Bedeutungen zuweisen. So wird die Entkopplung einerseits als die Trennung von Struktur und Aktivität verstanden. Hierbei geht es um den Unterschied zwischen formalen Strukturen (z.B. Aufbau der Hierarchie) und den effektiven Handlungen der Akteure. Anderseits kann Entkopplung auch eine Trennung unterschiedlicher struktureller Elemente der Organisation – zum Beispiel durch die Bildung unterschiedlicher Abteilungen – voneinander bedeuten.

Bleibt zu bemerken, daß der Begriff der Entkopplung nicht nur in den NI Eingang gefunden hat. Auch im Ressourcen-Dependenz-Ansatz wird die lose Kopplung als wichtiger Mechanismus für Organisationen gesehen, um unterschiedlichen oder konfligierenden Umweltanforderungen durch strukturelle Entkopplung bzw. lose Kopplung gerecht zu werden (Pfeffer/Salancik 1997).

3   Kernaussagen und Variationen der Positionen innerhalb des NI

3.1 Der Isomorphiebegriff von Meyer/Rowan

3.1.1 Effizienzanforderungen der Aufgabenumwelt versus Legitimitätsanforde-
       rungen der institutionellen Umwelt

Der zentrale Ausgangspunkt der Arbeit von Meyer/Rowan (1977) ist die aus ihrer
Sicht in der Organisationstheorie unzureichend geklärte Frage, welche Bedingungen in Organisationen zur Herausbildung rationaler formaler Strukturen beitragen.
Unter rationalen oder rationalisierten (die Begriffe werde synonym verwendet)
formalen Strukturen verstehen die Autoren Blaupausen organisationaler Aktivitäten, wie sie etwa in Organigrammen Ausdruck finden. Als rationalisiert werden
diese formalen Strukturen bezeichnet, weil ihnen die Rationalitätsannahme einer
eindeutigen Zweck/Mittel-Relation zwischen formaler Struktur und Organisationsaufgabe zu Grunde liegt.
     Genau bei dieser Rationalitätsannahme setzt nun die Arbeit von Mey-
er/Rowan (1977) an. So wenden sich die Autoren (1991: 42f.) gegen kontingenztheoretische Vorstellungen, die aus Max Webers Diskussion zur Entstehung der
Bürokratie hervorgehen, denen zufolge formale Strukturen in Organisationen lediglich effizienzorientierte Koordinations- und Steuerungsmechanismen für spezifisch technische Anforderungen und organisationsübergreifende Austauschbeziehungen und Beziehungsnetzwerke sind. Damit werden der Entstehungshintergrund
und die Rolle formaler Organisationsstrukturen als funktionale Mechanis-
men/Mittel der Aufgabenbewältigung weitgehend, wenn auch nicht vollständig, in
Frage gestellt. Demgegenüber wird ein anderer, weiterer Entstehungshintergrund
formaler Organisationsstrukturen geltend gemacht. Hierbei geht es um ihre Funktion, den Anforderungen der institutionellen Umwelt nachzukommen, um damit der
Organisation Legitimität zu verschaffen. Formale Organisationen nehmen institutionelle Vorgaben in ihre Strukturen auf, weil diese in unterschiedlichen Domänen
gesellschaftlicher Aktivität unhinterfragt als rationale Mittel der Zielerreichung
gelten. Als ein Beispiel der Übernahme eines solchen institutionellen Elementes
ließe sich die Reduzierung von Hierarchieebenen verstehen (z.B. *lean management*), um als effizientes Unternehmen zu gelten, ungeachtet der Frage, ob dies im
Sinne der Organisationsaufgabe tatsächlich eine Leistungssteigerung mit sich
bringt. Meyer/Rowan (1977) bezeichnen diese institutionellen Elemente auch als
hochgradig rationalisierte Mythen, da ihre Zweckmäßigkeit im Sinne der effektiven Bewältigung der Organisationsaufgaben zwar unterstellt wird und damit legi-
timitätsstiftend wirkt, ihre Zweckmäßigkeit jedoch keineswegs nachgewiesen,
nachweisbar und aufgrund ihrer tiefen Institutionalisierung nur begrenzt nachweis-

pflichtig ist. Es sind also weniger die Effizienzanforderungen und Sachzwänge als vielmehr die Legitimitätsanforderungen von Organisationen, die formale Struktur-ähnlichkeiten von Organisation begründen.[1] Entscheidend ist, daß Organisationen, die legitimierte Elemente ihrer institutionellen Umwelt aufnehmen, damit überlebenssichernde Ressourcenflüsse sichern. Als Folge dieses Institutionalisierungsprozesses wird die Formalstruktur der Organisation isomorph zu ihrer institutionellen Umwelt. Für die Organisation bedeutet die Isomorphie mit der institutionellen Umwelt letztlich, daß strukturelle Vorgaben aus der institutionellen Umwelt aufgenommen werden, die eher extern und weniger intern durch aufgabenbezogene Effizienz legitimiert sind. Zu denken wäre hier beispielsweise an die Schaffung einer Umweltschutzabteilung oder die Benennung einer Frauenbeauftragten.

3.1.2 Zwei Quellen von Isomorphie

Entscheidend für den Meyer-Rowanschen Ansatz ist die Vorstellung, daß Isomorphie auf die formalen Strukturen der Organisationen begrenzt bleibt. Dies hat zum einen mit dem Umstand zu tun, daß Meyer/Rowan (1991: 42) eine scharfe Trennlinie zwischen der „formal structure of an organization and its day to day work activities" ziehen. Damit bezieht sich die Isomorphie nur auf formale Strukturen, nicht aber auf die tagtäglichen Aktivitäten bzw. Handlungen. Zum anderen hängt die Begrenztheit der Isomorphie damit zusammen, daß sich die Autoren nicht vollständig von der Annahme organisationaler Effizienzanforderungen der Aufgabenumwelt verabschieden. Zwar stehen im Fokus der Arbeit jene Isomorphien, die sich aus der Aufnahme institutioneller Elemente aus der Umwelt ergeben, doch konstatieren Meyer/Rowan (1991: 47) auch Isomorphien, die sich aus der Anpassung an die Aufgabenumwelt ergeben, d.h. Isomorphien der formalen Organisation, die auf „technical and exchange interdependencies" sowie „boundary-spanning exigencies" beruhen.

3.1.3 Effizienzorientierte Organisationen versus institutionalisierte Organisationen

Obschon alle Organisationen zu einem gewissen Grad sowohl der institutionellen als auch der Aufgabenumwelt Rechnung tragen müssen, unterscheiden sich die Organisationen darin, ob ihr Überleben oder Erfolg eher von den Legitimitätsanforderungen ihrer institutionellen oder von den Effizienzanforderungen ihrer Aufgabenumwelt abhängen. Diese Unterscheidung wird nun für den Gedanken der

---

[1] Siehe auch den Beitrag von *Hellmann* in diesem Band.

Entkopplung zentral, da die Frage, ob eine Organisation eher den Anforderungen der Aufgabenumwelt oder der institutionellen Umwelt gerecht werden muß, starken Einfluß darauf hat, wie eng formale Strukturen und Aktivitäten aneinander gekoppelt sind. In effizienzorientierten, z.B. produzierenden Organisationen wie etwa Automobilunternehmen, die nah am Markt agieren, in denen es relativ klare Ursache-Wirkungszusammenhänge von Technologien gibt und in denen die Erfüllung der Organisationsaufgabe relativ klar meßbar ist, bleiben Effizienzanforderungen der Aufgabenumwelt zentral für das Organisationsüberleben. Entsprechend wird in diesen Organisationen eine enge Kopplung zwischen formalen Strukturen und Aktivitäten angenommen. Dieser Zusammenhang gilt jedoch nicht für jene Organisationen, die Meyer/Rowan als institutionalisierte Organisationen begreifen. In institutionalisierten Organisationen gibt es keine einfach meßbaren Ergebnisse, die sich aus der Erfüllung der Organisationsaufgabe ergeben. Ferner haben diese Arten von Organisationen (oder Organisationsteile) mit turbulenten Umwelten und/oder unklaren Ursache-Wirkungszusammenhängen von Technologie zu kämpfen (Meyer/Rowan definieren den Technologiebegriff nicht; eine mögliche Lesart ist jedoch, darunter organisationale Verfahren im weitesten Sinne zu verstehen, die der Erfüllung der Organisationsaufgaben dienen). Meyer/Rowan meinen mit dieser Art von Organisationen/Organisationsteilen beispielsweise staatliche Organisationen, wie Schulen und öffentliche Verwaltungen oder Forschungs- und Entwicklungsabteilungen. Diesen Organisationen ist es nicht möglich, ihren Bestand auf der Grundlage einer effizienten Aufgabenbewältigung zu sichern.

> „The uncertainties of unpredictable technical contingencies or of adapting to environmental change cannot be resolved on the basis of efficiency. Internal participants and external constituents alike call for institutionalized rules that promote trust and confidence in outputs and buffer organizations from failure (Emery/Trist 1965)." (Meyer/Rowan 1991: 55)

In diesen institutionalisierten Organisationen hängt somit der Organisationserfolg weniger von einer erfolgreichen Zweck/Mittel-Optimierung zwischen der formalen Struktur und der Organisationsaufgabe ab, sondern vom Vertrauen, das ihr die Organisationsumwelt entgegenbringt.

3.1.4 Institutionalisierte Organisationen und Entkopplung

Organisationen, deren Erfolg maßgeblich von der Isomorphie mit der institutionellen Umwelt abhängt, haben aus der Sicht von Meyer/Rowan mit zwei zentralen Problemen zu kämpfen. Zum einen haben institutionalisierte Organisationen Anforderungen der Aufgabenumwelt zu bewältigen, die mit den Legitimitätsanforderungen der institutionellen Umwelt im Konflikt stehen können. Zum zweiten sind die Anforderungen der institutionellen Umwelt häufig weder einheitlich noch widerspruchsfrei. So können unterschiedliche Segmente der institutionellen Umwelt unterschiedliche, entgegengesetzte Anforderungen stellen. Kurzum, „the organization must struggle to link the requirements of ceremonial elements to technical activities and to link inconsistent ceremonial elements to each other" (Meyer/Rowan 1991: 56). Auf diese Widersprüche können Organisationen auf unterschiedliche Weise reagieren. Meyer/Rowan (1977) stellen zunächst vier Lösungen vor, wie institutionalisierte Organisationen diese Widersprüche bewältigen können. Dazu gehört erstens der Widerstand gegen bzw. die Zurückweisung der Anforderungen der institutionellen Umwelt, zweitens eine rigide Befolgung der Anforderungen der institutionellen Umwelt, drittens ein zynisches Eingeständnis, daß die Formalstruktur und die Arbeitsanforderungen diskrepant sind, und viertens das Versprechen baldiger Reform. Diese Lösungen sind jedoch aus ihrer Sicht suboptimal, da sie entweder nicht in der Lage sind, allen Umweltanforderungen zugleich gerecht zu werden, nicht alle Anforderungen gleichermaßen ernst nehmen oder eingestehen, daß der Status quo der organisationalen Gestaltung unbefriedigend ist. Als bevorzugte und von Organisationen oft gewählte Alternativen diskutieren Meyer/Rowan daher die Entkopplung, die Logik des Vertrauens und guten Willens sowie das Mittel zeremonieller Inspektionen und Evaluationen. Um die Konflikte zwischen Aufgabenanforderungen und institutionellen Anforderungen (z.B. ein Konflikt zwischen Kostenzielen und Umweltschutzmaßnahmen) sowie zwischen unterschiedlichen institutionalisierten Erwartungen (z.B. ein Konflikt zwischen Anforderungen der Aktionäre und der Arbeitnehmer) zu vermeiden, können Organisationen Struktur und Aktivität sowie unterschiedliche strukturellen Elemente (z.B. durch Abteilungsdifferenzierung) der Organisation voneinander entkoppeln. Die Entkopplung ermöglicht institutionalisierten Organisationen gleichzeitig aufgabenbezogenen und institutionellen Umweltanforderungen gerecht zu werden, indem es zu einer Vermeidung von blockierender Integration kommt. Demgemäß haben auch hochgradig institutionalisierte Organisationen zu einem gewissen Grad ihrer Aufgabenumwelt genüge zu tun. Hieraus ergibt sich die lose Kopplung zwischen formaler Struktur oder nach außen dargestellter Aktivitäten – die zur rein zeremoniellen Fassade oder Aufführung werden können – und internen Aktivitäten. Im Ergebnis bedeutet dies, daß Organisationen, die in ähnlichen institutionellen Umwelten operieren, strukturähnlich werden. Dies meint jedoch im Meyer/Rowanschen Ansatz explizit nicht, daß sich auch die Aktivitätsmuster der Organisationen angleichen. So spiegeln letztere eher die spezifischen Aufgabenprofile der jeweiligen Organisation wider.

3.2 Der Isomorphiebegriff von DiMaggio/Powell

Neben dem oben besprochenen Text von Meyer/Rowan ist die Arbeit von Di-
Maggio/Powell (1983) der zweite klassische Beitrag, der den Begriff der Isomorphie konzeptionell im NI verankert hat. Soweit es den Isomorphiebegriff
betrifft, weist der DiMaggio/Powellsche Ansatz in dreierlei Hinsicht über den
Meyer/Rowanschen hinaus. Erstens stellt er die Isomorphie von Organisationen
mehr ins Zentrum seiner Betrachtung und konkretisiert gleichzeitig mit der Einführung des Feldbegriffes jene institutionellen Umweltbedingungen, die ihn
konstituieren. Zweitens werden die Wirkungsweisen bzw. Mechanismen der
Isomorphie differenzierter diskutiert und klarer benannt. Und drittens geht die
Annahme der Reichweite der Isomorphie über die reine Strukturähnlichkeit von
Organisationen hinaus.

3.2.1 Isomorphie im organisationalen Feld

Einen deutlichen Unterschied zum Ansatz von Meyer/Rowan stellt die von Di-
Maggio/Powell (1991b) stärkere Fokussierung auf Isomophie von Organisationen
und die Konkretisierung der Bedingungen dar, welche die Homogenisierung von
Organisationen innerhalb spezifischer institutioneller Zusammenhänge herbeifüh-
ren. Zum Verständnis jener Bedingungen, die die Homogenität von Organisationen
erzeugen, führen die Autoren den Feldbegriff ein. DiMaggio/Powell (1991b: 64f.)
definieren das organisationale Feld durch „those organizations that, in the aggregate constitute a recognized area of institutional life: key suppliers, resource and
product consumers, regulatory agencies and other organizations that produce similar services or products". Mit dem Feldbegriff wird jene institutionelle Umwelt
konkretisiert, die maßgeblich die organisationale Formentstehung begründet und in
der aggregierten Betrachtung die institutionelle Isomorphie aller Organisationen im
gleichen Feld konstituiert.

3.2.2 Zwei Quellen von Isomorphie

Auch bei DiMaggio/Powell wird die Wirkung von Isomorphie nicht ausschließlich
als Ergebnis der Legitimitätsanforderungen der institutionellen Umwelt des organisationalen Feldes gesehen. So weisen die Autoren beispielsweise – bezugnehmend
auf die Arbeit von Tolbert/Zucker (1983) – darauf hin, daß Frühadaptoren von
organisationalen Innovationen diese aus aufgabenbezogenen Effizienzerwägungen
heraus übernehmen können. Hat jedoch diese Innovation im organisationalen Feld

einen bestimmten Verbreitungsgrad erreicht, sind es vor allem institutionelle Legitimitätserwägungen, welche Organisationen dazu veranlassen, die Innovation ebenfalls zu adaptieren, d.h. unabhängig von ihrer aufgabenbezogenen Effizienz. Zum Beispiel ließe sich denken, daß vereinzelte städtische Fuhrparks zunächst japanische Arbeitskonzepte aus der Automobilindustrie übernehmen, weil diese auf der Grundlage eines verwandten Aufgabenprofils Effizienzsteigerungen versprechen. Haben diese Arbeitskonzepte jedoch einen gewissen Legitimitätsgrad erreicht, wäre es denkbar, daß eine Vielzahl öffentlicher Einrichtungen diese Praktiken übernehmen (müssen), unabhängig davon, ob diese für das spezifische Aufgabenprofil Effizienzsteigerungen erwarten lassen. Es zeigt sich mithin, daß DiMaggio/Powell (1991b) bei ihrer Bestimmung unterschiedlicher Typen von Isomorphie eine Nähe zu Meyer/Rowan (1977) aufweisen. Auch sie unterscheiden in Anlehnung an Meyer (1983) und Fennell (1980) die kompetitive und die institutionelle Isomorphie. Die kompetitive Isomorphie zeigt sich eher in Feldern, in denen freier Wettbewerb herrscht sowie in den Frühstadien der Einführung bestimmter organisationaler Innovationen. Gleichwohl bleibt festzuhalten, daß das Hauptaugenmerk auf der institutionellen Isomorphie liegt. Organisationen, so das Grundverständnis bei DiMaggio/Powell, sind nicht zu allererst rationale Akteure, deren Erfolg rein vom marktlichen Wettbewerb und universellen Effizienzkriterien abhängt. Sie sind gleichermaßen in institutionelle Umwelten bzw. organisationale Felder eingebettet, in denen der Erfolg ebenso von institutioneller Legitimität und politischer Macht abhängt.

3.2.3 Drei Mechanismen der Isomorphie

Den Kern des Beitrages von DiMaggio/Powell stellt die differenzierte Betrachtung von Isomorphie erzeugenden Mechanismen dar. Dabei unterscheiden DiMaggio/Powell zwischen *Isomorphie durch Zwang, Isomorphie durch Imitation* und *Isomorphie durch normativen Druck.*
(1) Isomorphie durch Zwang beruht auf autoritativen Zwängen, die Organisationen auf der Grundlage von Abhängigkeiten auf andere Organisationen ausüben können. Abhängige Organisationen werden dazu veranlaßt, Organisationsmodelle aus ihrer institutionellen Umwelt bzw. von Organisationen zu übernehmen, in deren Abhängigkeit sie stehen. Diese Zwänge können ebenso auf formellen wie auf informellen Drücken bzw. auf externen wie selbstauferlegten Zwängen beruhen. Die externe Einflußnahme kann zum Beispiel auf direkten Zwängen staatlicher Gesetzgebung (z.B. Umweltgesetze), aber auch marktdominierender Organisationen (z.B. Abhängigkeiten zwischen Mutter- und Tochterorganisationen, Abhängigkeiten von Zulieferunternehmen) beruhen. Ferner können die Zwänge von kulturellen

Erwartungen der Gesellschaft ausgeübt werden, in denen Organisationen operieren. Im Ergebnis führen diese Zwänge, die sich aus Abhängigkeitsbeziehungen ergeben, dazu, daß Organisationen auf diese Zwänge gleichgerichtet reagieren oder direkt organisationale Modelle übernehmen.

(2) Mimetische Isomorphie bzw. Isomorphie durch Imitation beruht auf organisationalen Reaktionen auf Unsicherheit. Unsicherheit ist dann gegeben, wenn Technologien bzw. Ursache-Wirkungs-Zusammenhänge unklar und Organisationsziele mehrdeutig sind. DiMaggio/Powell (1983) halten Unsicherheit für eine zentrale Triebkraft, die dazu führt, daß Organisationen sich andere Organisationen im Feld zum Vorbild nehmen und imitieren. Imitiert werden dabei jene Organisationen, die als legitim oder besonders erfolgreich gelten. Besondere Vehikel dieser Imitationsprozesse sind Unternehmensberatungen, die gezielt Organisationsmodelle verbreiten, sowie Personaltransfers, die ebenso, wenn auch oftmals unintendiert, zu deren Verbreitung beitragen.

(3) Isomorphie durch normativen Druck basiert in erster Linie auf Professionalisierung. Unter Professionalisierung verstehen DiMaggio/Powell (1991b: 70) „the collective struggle of members of an occupation to define the conditions and methods of their work, to control 'the production of the producers (Larson 1977: 49ff.)'." Durch die Professionalisierung kommt es zur Definition von Normen, Richtlinien, Prozeduren und Standards der „richtigen" Ausbildung, der „richtigen" Organisationen, des „richtigen" Arbeitens. Diese finden nicht nur durch Sozialisation eine kognitive Verankerung, sondern erlangen oftmals einen vorschreibenden, verpflichtenden Charakter und sind an normative Sanktionen gekoppelt.

Überdies gibt es zwei Aspekte der Professionalisierung, die die Autoren hinsichtlich der Isomorphie betonen. Der erste Aspekt beruht auf der Schaffung formeller Ausbildungswege und der zweite auf der Entwicklung professioneller Netzwerke. Formelle Ausbildungswege führen zur Definition beruflicher Normen und zur vereinheitlichenden Ausbildung der Mitglieder einer Berufsgruppe. Gleichermaßen tragen professionelle Netzwerke (z.B. Berufsverbände) zur vereinheitlichenden Entwicklung und Definition beruflicher Normen bei. Im Ergebnis führen beide Aspekte der Professionalisierung dazu, daß die Mitglieder einer Berufsgruppe ähnliche oder einheitliche Vorstellungen und Bewertungen über die „richtige" Organisation haben und diese in die Organisationen hineintragen. Da sich sowohl formelle Ausbildungswege als auch berufliche Netzwerke über Einzelorganisationen hinaus erstrecken, kommt es so zur rapiden Ausbreitung organisationaler Modelle im organisationalen Feld. Schließlich weisen DiMaggio/Powell noch daraufhin, daß Organisationen eines Feldes durch Personalselektionen (z.B. durch Rekrutierung von bestimmten Ausbildungsstätten oder die Festlegung spezifischer Qualifikationsprofile) ihrerseits dazu beitragen, daß sich einheitliche organisationale Modelle im Feld durchsetzen.

3.2.4 Reichweite der Isomorphie

Ein letzter entscheidender Unterschied zwischen Meyer/Rowan (1977) und Di-Maggio/Powell (1983) liegt in der angenommenen Reichweite der Isomorphie. Im Gegensatz zu Meyer/Rowan beschränken DiMaggio/Powell den Gedanken der Isomorphie nicht nur auf formale Strukturen oder nach außen gerichtete zeremonielle Aktivitäten, sondern beziehen diese Homogenisierungseffekte auch auf innere Aktivitäten in Organisationen. Damit ist in ihren Augen die sich in organisationalen Feldern entwickelnde Isomorphie weitreichender. Mit dieser umfassenderen Annahme von Isomorphie verliert letztlich das Konzept der Entkopplung an Bedeutung, da von einer Trennung von formaler Struktur und Aktivität in der Organisation nicht mehr ausgegangen wird. Im Gegensatz zu Meyer/Rowan erwarten DiMaggio/Powell (1983: 75) „substantive internal changes in tandem with more ceremonial practices, thus greater homogeneity and less variation".

Die beiden oben vorgestellten, eher theoretisch-programmatischen Aufsätze haben zu einer Anzahl von Arbeiten geführt, die dem Phänomen der Isomorphie empirisch nachgegangen sind. Hervorzuheben sind hier die Arbeiten von Tolbert/Zucker (1983) und Fligstein (1985, 1990, 1991), aber auch neuere Beiträge, wie etwa von Hambrick et al (2005).

4 Problematisierung der Kernaussagen: Zwischen Isomorphie und Polymorphie

In diesem Abschnitt geht es vor allem darum, den Gedanken der Isomorphie kritisch zu diskutieren. Neben der zunehmenden Infragestellung, ob es Sinn macht, institutionelle und technische-ökonomische Umwelten/Isomorphien zu unterscheiden (und letztere eher auch als institutionell definierte Umwelten zu betrachten),[2] ist wahrscheinlich die wichtigste und hier verfolgte Kritik am Isomorphiekonzept die generelle Frage, ob überhaupt die Vorstellung der Isomorphie von Organisationen eine berechtigte Annahme ist.

Bereits der genauere Blick auf die klassischen Aufsätze von Meyer/Rowan (1977) und DiMaggio/Powell (1983) lassen Zweifel aufkommen, ob die von ihnen beschriebenen Mechanismen und Annahmen stets zu Isomorphie bzw. Struktur-ähnlichkeit führen. So konstatieren Meyer/Rowan die Isomorphie formaler Strukturen, gleichzeitig bleiben aber organisationsbestimmende Aktivitäten unberührt. Theoretisch erlauben also isomorphe Formalstrukturen den Fortgang tiefer liegender unterschiedlicher Praktiken in Organisationen. Mit den Überlegungen über

---

[2] Vgl. Dobbin 1994b; Scott 2001a; Senge 2005.

widersprüchliche Kontextanforderungen und Entkopplungsoptionen legen Meyer/ Rowan einen Grundstein dafür, daß Isomorphie ihre Grenzen hat, weil Organisationen auf teils gleiche und teils unterschiedliche Kontextanforderungen reagieren müssen, was eine umfassende Homogenisierung selbst von nur formalen Strukturen problematisch erscheinen läßt. Ferner weisen Meyer/Rowan darauf hin, daß institutionelle Regeln einen hohen Generalisierungsgrad aufweisen. Dies bedeutet im Umkehrschluß, daß ihre Übernahme stets ein gewisses Maß an Interpretation und Anpassung an die Bedingungen einer konkreten Organisation verlangt (Tempel/Walgenbach 2003). Bei DiMaggio/Powell lassen sich ebenso theorieimmanente Gründe identifizieren, die eher auf Polymorphie denn auf Isomorphie verweisen. DiMaggio/Powell liefern in ihrem klassischen Aufsatz ein entscheidendes Argument gegen Isomorphie, indem sie darauf verweisen, daß statt einer getreuen Imitation Innovation das Ergebnis einer Modellübernahme sein kann, beispielsweise als Folge unvollständiger Imitation. Wenngleich die Autoren dies zu Gunsten ihrer Isomorphie-These weitgehend unterschlagen, bewirkt Imitation oftmals keine Isomorphie, sondern ihr genaues Gegenteil. Ähnlich unterstreicht Westney (1993: 65) die große Bedeutung des „mimetischen Isomorphismus" für das Entstehen von Innovationen. Überhaupt zeigen die Hypothesen von DiMaggio/Powell (1983: 74ff.), daß nur unter bestimmten Umständen Isomorphie im Feld zu erwarten ist, nämlich dann, wenn

- Ressourcenabhängigkeiten von Organisationen sehr konzentriert sind,
- wenn viele Organisationen von derselben oder ähnlichen Ressourcenquellen abhängig sind,
- wenn es im Feld wenig alternative organisationale Modelle zur Imitation gibt,
- wenn Ursache- und Wirkungszusammenhänge von Technologie und Zielen unklar sind usw.

Solche Bedingungen lassen sich jedoch als Idealbedingungen verstehen, deren Abwesenheit die Polymorphie wahrscheinlicher erscheinen lassen als die Isomorphie (Hambrick et al. 2005). Im Aufsatz von DiMaggio/Powell befindet sich schließlich auch die Aussage, daß Organisationen hinsichtlich einiger Dimensionen sehr homogen und hinsichtlich anderer durchaus heterogen sein können. Auch damit liefern sie Hinweise für die Grenzen von Isomorphie. Erstrecken sich organisationale Felder ferner über nationale Kontexte hinaus, können im gleichen organisationalen Feld sehr widersprüchliche Drücke auftreten, die im Ergebnis bedeuten, daß eine Feldhomogenisierung und Imitation – zumindest über alle Strukturdimensionen hinweg – unwahrscheinlich ist. Beispielsweise gibt es im Feld der Automobilindustrie globale Drücke hinsichtlich der Umsetzung bestimmter Produktionskonzepte. Gleichzeitig kann deren Umsetzung national-spezifischen institutionellen Drücken unterliegen, die eine perfekte Feldhomogenisierung verhindern.

4.1 Felder und Isomorphie

Wie sich bereits bei DiMaggio/Powell (1983) andeutete, hängt die Infragestellung der Isomorphie mit der Problematisierung des Feldbegriffs zusammen. Es geht also um die Frage, in welchem Maße Organisationen mit anderen Organisationen Feldbedingungen teilen und einheitlichen institutionellen Drücken ausgesetzt sind. Powell (1991) hat beispielsweise eine Reihe feldbezogener Kräfte benannt, die eher Heterogenität als Homogenität produzieren. Dazu gehören u.a. die fehlende Abgegrenztheit oder wechselseitige Durchdringung von organisationalen Feldern, die sich aus widersprüchlichen und überlappenden Drücken unterschiedlicher Jurisdiktionen ergeben, oder unterschiedliche und konkurrierende Drücke, die sich aus der Konkurrenz unterschiedlicher Berufsgruppen um die richtige Form der Organisation ergeben. Weiterhin unterstreicht Powell (1991: 194ff.), daß „erfolglose Imitationen" (z.B. durch lokale Widerstände), „Rekombinationen" von imitierten Modellen (z.B. durch Kombination unterschiedlicher Modelle), ihre „unvollständige Institutionalisierung" (z.B. durch wechselnde oder inkonsistente Umweltdrücke) sowie „Rekompositionen in organisationalen Feldern" (z.B. durch Verschiebungen von Feldgrenzen) der Isomorphie entgegenwirken und eher zu neuen oder hybriden organisationalen Formen und Praktiken führen.

4.2 Isomorphie versus Translation

Zu den Arbeiten, die für den Themenkomplex der Isomorphie relevant sind, gehören unseres Erachtens auch die Arbeiten des Skandinavischen Institutionalismus (SI) um Czarniawska/Sevón (1996a). Die skandinavischen Institutionalisten bauen auf dem NI auf, erteilen jedoch Vorstellungen von Isomorphie eine Absage. Wichtig ist in diesem Zusammenhang die Zurückweisung des Diffusionsbegriffs – der die Verbreitung organisationaler Formen im organisationalen Feld, also die Isomorphie impliziert – und dessen Ersetzung durch den Translationsbegriff. Die Kernüberlegung, die dem Translationsbegriff zu Grunde liegt, ist, daß organisationale Formen und Praktiken bei ihrer Übertragung in neue kontextuelle Bedingungen (z.B. von einer Organisation in eine andere) übersetzt werden müssen, was stets eine Veränderung des Übertragenen mit sich bringt. Diese Übersetzungsleistung wird notwendig, weil der ziel- und der empfangende Kontext nicht vollkommen identisch sind.

Der SI ist deshalb für das Verständnis von Isomorphie so aufschlußreich, weil das Translationskonzept die immanente Veränderungstendenz von Übertragungen unterstreicht. Hierbei werden Übertragungen zunehmend als Veränderungen in zweierlei Richtung verstanden. Genauer gesagt, verändert das aufnehmende Be-

deutungs- und Handlungssystem der Akteure im Prozeß der Übersetzung ebenso
die Bedeutungen und Praktiken des übertragenen organisationalen Modells, wie
das übertragene Modell das aufnehmende Bedeutungs- und Handlungssystem der
Akteure verändert (Czarniawska/Joerges 1996; Rottenburg 1996). Becker-
Ritterspach (2006) nennt diesen wechselseitigen Veränderungsprozeß „dialektische
Transformation". Hinsichtlich der Frage der Verbreitung homogener Formen impliziert dieser Ansatz, daß es zwar Organisationsmoden geben mag, die in Richtung auf die Verbreitung bestimmter organisationaler Formen wirken, daß es aber
gleichzeitig durch deren Übersetzung stets zur Entstehung neuer organisationaler
Formen und Praktiken kommt. Damit tritt eine umfassende Isomorphie von Organisationen bei genaurem Hinsehen nicht ein.

4.3   Akteure und Isomorphie

Eine weitere wichtige Entwicklung des NI, die nicht ohne Einfluß auf das Isomorphiekonzept bleibt, sind einerseits Überlegungen, die Organisationen als aktive
Akteure betrachten, und andererseits Ansätze, die Akteure, Macht und Interessen
in und zwischen Organisationen mehr in den Blick nehmen.
(1) Erste Überlegungen, Organisationen als aktive Akteure zu sehen, die ihre institutionelle Umwelt beeinflussen können, finden sich bereits bei Meyer/Rowan
(1977). Weiterentwickelt wird diese Überlegung durch Christine Oliver (1991:
152), die eine Spannbreite möglicher Alternativen zur passiven Entsprechung der
Organisation mit institutionellen Drücken diskutiert; dazu gehören die Optionen
von Organisationen, Kompromisse zu schließen, sich aktiv zu widersetzen oder
ihre Umwelt proaktiv zu manipulieren sowie Strategien der Vermeidung (z.B.
Entkopplung oder lose Kopplung). Natürlich stehen nicht jeder Organisation in
jeder Situation all diese strategischen Optionen zur Verfügung. Gleichwohl wird
deutlich, daß Organisationen weit größere Reaktionsmöglichkeiten und Spielräume
haben, auf institutionelle Drücke zu reagieren, als dies frühere Arbeiten im NI
nahelegen.
(2) Was Akteure in Organisationen betrifft, tragen u.a. DiMaggio (1988) und Powell (1991) selbst dazu bei, sich vom „übersozialisierten Modell der Organisationen" (Ortmann et al. 1997) und der Vernachlässigung von Akteuren und Eliten in
Organisationen ihrer ersten Arbeiten zu entfernen und Akteure in ihrer Relevanz
für die Institutionalisierung organisationaler Formen in den Blick zu nehmen. So
gesteht DiMaggio (1988) ein, daß der NI Interessen und Akteurshandlungen vernachlässigt. Er unterstreicht, daß aber gerade deren Berücksichtigung entscheidend
dafür wäre zu verstehen, ob eine organisationale Form zur Institution wird und eine
umfassende Verbreitung findet (Tolbert/Zucker 1996). In diesem Zusammenhang

gesteht er auch ein, daß die Diffusion selten vollständig erfolgt und unterstreicht das transformatorische Moment von Übertragungen in Abhängigkeit lokaler Interessenkonstellationen. Im Ergebnis bedeutet die Berücksichtigung von Akteuren, Macht und Interessen, daß sich der genaue Blick auf die Mikroebene nach den Interessen unterschiedlicher Akteure lohnt, und daß Variationen von Interessenkonstellationen von Organisation zu Organisation, Lokalität zu Lokalität unveränderte Übertragungen und Isomorphien in Zweifel ziehen.

4.4 Transnationalisierung und Isomorphie

Zu den vielleicht wichtigsten Entwicklungen im Hinblick auf die Bedeutung des Isomorphiebegriffs zählen Ansätze im NI, die sich mit Fragestellungen der Transnationalisierung beschäftigen. Dazu gehören folgende Fragen: Verschieben sich die Grenzen institutioneller Felder durch Prozesse der Globalisierung? Welchen isomorphen Drücken sind eigentlich jene Organisationen ausgesetzt, die transnational agieren? (Dacin et al. 2002) In der Einführung zu dem Special Issue des Academy of Management Journal zu institutionellem Wandel halten Dacin et al. (2002) Ansätze im NI von zukunftsweisender Forschungsrelevanz, die darauf eingehen, wie transnational oder global vermittelte institutionelle Muster – seien sie durch multinationale Unternehmen oder andere internationale Organisationen vermittelt – bei ihrem Auftreffen mit bereits bestehenden institutionellen Mustern interagieren. Dacin et al. (2002: 49) unterstreichen:

> „All of these studies address the complex ways in which new institutional forms interact with existing institutional arrangements to create varied 'new' structures and processes. At this level, although new ideas and models certainly travel far and wide, there is little talk of isomorphism."

Entscheidend ist hier, daß Mechanismen der Isomorphie, wie im NI konzipiert, nicht grundsätzlich in Frage gestellt werden. In Frage gestellt wird jedoch, ob diese Mechanismen im Zusammenspiel unterschiedlicher Felder und Analyseebenen – Akteurs-, Organisations-, Nations- und supranationale Ebene – im Ergebnis zu Struktur- und Formgleichheit führen. Festgestellt wird u.a., daß globale Drücke nicht notwendigerweise Uniformität erzeugen, weil handlungsmächtige Akteure aus spezifischen lokalen Institutionen heraus unterschiedlich reagieren und überlagernde oder konkurrierende institutionelle Einflüsse zu einer Vielfalt neuer und hybrider Formen und Praktiken führen.

4.5 Zwischenfazit

Es bleibt festzuhalten, daß sich der NI zunehmend von strikten Aussagen über die Isomorphie im Feld und von Vorstellungen einer reinen Imitation auf der Analyse-ebene der Einzelorganisation wegbewegt hat. Obwohl institutionelle und sogar isomorphe Drücke weiterhin eine zentrale Größe darstellen, rücken im Ergebnis an die Stelle der Isomorphie in der Einzelorganisation Begriffe wie Transformation, Translation oder Hybridisierung – Begriffe also, die auf Veränderung und Un-gleichheit verweisen. Gleichermaßen rücken auf der aggregierten Ebene des Feldes an die Stelle von Diffusion und Isomorphie Überlegungen unvollkommener Insti-tutionalisierung und Polymorphie. Zusammenfassend läßt sich sagen, daß diese Umorientierung auf vier Aspekte im NI zurückzuführen ist: erstens Problematisie-rung des Feldbegriffs; zweitens Einführung von Translations- und Hybridisierung-sansätzen; drittens Berücksichtigung von Organisationen als Akteure und von Akteuren in Organisationen; und viertens Überlegungen zu Entwicklungen der Transnationalisierung.

5   Abschlußbemerkung

Was bleibt vom Begriff der Isomorphie? Als formgebender Mechanismus bleibt der Begriff der Isomorphie für die Organisations- und Gesellschaftsforschung zukunftsweisend. Gleichzeitig ist er als Beschreibungsmerkmal für die Entwick-lungsrichtung von Organisationen, d.h. für ihre Angleichung in Form und Praktik, sehr fragwürdig geworden und nur partiell anschlußfähig. Unseres Erachtens sind für die Frage der Isomorphie vor allem Ansätze fruchtbar, die mit Konzepten der „institutionellen Dualität" (Kostava/Roth 2002) operieren und sich genauer mit der Frage beschäftigen, welche Dimensionen organisationaler Gestaltung welchen institutionellen Drücken ausgesetzt sind, um so ein differenziertes Bild von Homo-genität und Heterogenität auf der Ebene der Einzelorganisation oder der des Feldes zu zeichnen. Im Kern geht es also um eine differenzierte Betrachtung des Zusam-menspiels und der Auswirkungen komplexer institutioneller Drücke, auf Organisa-tionen (teilweise gleichgerichtet, teilweise einander widersprechend). Hierbei hal-ten wir Ansätze für fruchtbar, die Konzepte des NI mit Hybridiserungsansätzen verbinden, Ansätze also, die die multi-kontextuelle Konstitution von Organisation ins Zentrum ihrer Betrachtung stellen und mit Ansätzen des NI verbinden (Becker-Ritterspach 2006).

Eine entscheidende Schwäche des NI bleibt die offene Antwort auf die Frage, wie sich organisationale Felder und nationale Kontexte zueinander verhalten. Bei-de Analyseebenen können als entscheidende Räume gesehen werden, in denen sich isomorphe Drücke entfalten, die aber aufgrund ihrer fraglichen Deckungsgleichheit und Gleichgerichtetheit im Ergebnis Polymorphie erzeugen. Richtungsweisende Ansätze zu Fragen der Diffusion organisationaler Formen und Praktiken könnten daher Ansätze sein, die den amerikanischen feld-zentrierten Institutionalismus, der transnationale/globale institutionelle Drücke zu konzeptualisieren erlaubt, und den europäischen nation-zentrierten Institutionalismus zu verbinden suchen, der weiterhin die starke Gravitationskraft nationaler Wirtschafts- und Gesellschaftssysteme konzeptualisiert.[3]

Einführende Literatur

DiMaggio, Paul J./Powell, Walter W. 1983: The Iron Cage Revisited: Institutional Isomorphism and Collective Rationality in Organizational Fields, in: American Sociological Review 48, S. 147-160.

Kostova, Tatiana/Roth, Kendall 2002: Adoption of an Organizational Practice By Subsidiaries Of Multinational Corporations: Institutional and Relational Effects, in: Academy of Management Journal 45, S. 215-233.

Meyer, John W./Rowan, Brian 1977: Institutionalized Organizations: Formal Structures as Myth and Ceremony, in: American Journal of Sociology 83, S. 340-363.

---

[3] Vgl. Tempel/Walgenbach 2003; Geppert et al. 2004.

Organisationales Feld und Gesellschaftlicher Sektor im Neo-Institutionalismus

Jutta C.E. Becker-Ritterspach/Florian A.A. Becker-Ritterspach

Die Einführung des organisationalen Feldbegriffes stellt im Neo-Institutionalismus (NI) den systematischen Versuch dar, die zentrale Analyseeinheit des Ansatzes zu bestimmen (Senge 2005). Der Begriff des Feldes weist in diesem Zusammenhang jedoch eine gewisse Ambivalenz oder besser eine Doppelbedeutung auf. Zum einen zielt er darauf ab, die zentrale Analyseeinheit des NI anzugeben. Als solcher stellt er das Explanandum des NI dar. Gleichzeitig spielt der Feldbegriff eine zentrale Rolle für die Abgrenzung und Definition der organisationalen Umwelt, die den entscheidenden form- und strukturgebenden Einflußraum auf die fokale Organisation beschreibt. In dieser zweiten Hinsicht stellt der Feldbegriff eine zentrale Größe des Explanans im NI dar. Das heißt: Der Feldbegriff changiert zwischen einer zu erklärenden Analyseeinheit und einer erklärenden Analyseebene im NI, je nachdem ob die Entwicklungen im organisationalen Feld oder in der Organisation im Mittelpunkt der Betrachtung stehen. Wenn auch die Begriffe „organisationales Feld" und „gesellschaftlicher Sektor" von einigen Autoren synonym verwendet werden (Scott 1994b), weisen die Begriffe, wie unten zu zeigen sein wird, in ihrer Konzeptualisierung unterschiedliche Schwerpunkte und Akzentuierungen auf.

Im ersten Teil dieses Aufsatzes wird zunächst die Genealogie der Begriffe „Feld" und „Sektor" skizziert, im zweiten Teil werden drei Schlüsselbeiträge ausführlich diskutiert, die den Feld- und Sektorbegriff im NI verankert haben, und im dritten und letzten Teil dieses Beitrages werden die Begriffe „Feld" und „Sektor" kritisch hinterfragt.

1 Genealogie der Begriffe „Organisationales Feld" und „Gesellschaftlicher Sektor"

Der Begriff des Feldes beschreibt im allgemeinsten Sinne eine geographische Fläche, einen Raum oder ein Gebiet. In der Wissenschaft hat der Begriff erst in der Physik Anwendung gefunden. Dort beschreibt der Begriff des Feldes einen „von Kräften, die sich wechselseitig beeinflussen, erfüllte(n) Raum" (Fuchs et al. 1988: 228). Ein Feld wird somit als ein dynamisches Ganzes verstanden, in dem jede

Funktional ähnlich und im Wettbewerb
sowie ähnliche

punktuelle Veränderung im Feld zu einer Umgliederung des gesamten Feldes führt. In diesem Sinne wurde der Begriff in die Psychologie und die Sozialwissenschaften übernommen. In die Sozialwissenschaften fand der Feld-Begriff vor allem durch die von Lewin (1951) gegründete psychologisch-sozialpsychologische Feldtheorie Eingang. Lewin (1951: 240) definiert ein Feld als „the totality of coexisting facts which are conceived of as mutually interdependent". In der Soziologie ist der Feldbegriff vor allem von Bourdieu (1988) diskutiert und elaboriert worden. In die Organisationsforschung wurde der Gedanke des Feldes bzw. Sektors und ähnlicher Modelle, die Organisationsgruppierungen als Analyseeinheit ins Zentrum stellen, in verschiedenen Ansätzen in den 60er und 70er Jahren aufgenommen.

Die Neo-Institutionalisten entwickeln ihren Feld- bzw. Sektorbegriff[1] vor allem in Anlehnung und Entgegensetzung zu den folgenden drei Modellen: (1) *Organisationale Set-Modelle*, (2) *Populationsökologische Modelle* und (3) *Interorganisationale Feld- bzw. Netzwerkmodelle*.

(1) Organisationale Set-Modelle gehen auf die Arbeiten von Blau/Scott (1962) und Evan (1966) zurück. Organisationale Set-Modelle heben die Wichtigkeit von direkten Austauschbeziehungen bzw. Ressourcen- und Informationsflüssen zwischen der Fokalorganisation und anderen Organisationen hervor, mit denen die Fokalorganisation in wechselseitiger Abhängigkeit steht (z.B. Zulieferer, Käufer und Wettbewerber) (Scott 1994b; Scott/Meyer 1991). Mit dem Fokus auf Ressourcenabhängigkeiten und Austauschbeziehungen wird auch die Nähe zwischen den Organisationalen Set Modellen und dem Ressourcen Dependenz Ansatz (Pfeffer/Salancik 1997), aber auch der Transaktionskostentheorie (Williamson 1975) deutlich. Der NI nimmt den Gedanken auf, daß Organisationen eines Feldes bzw. Sektors in direkter Verbindung stehen. Gleichzeitig gehen die Neo-Institutionalisten über diese Modelle hinaus, indem sie indirekte Beziehungen zwischen (z.B. im Wettbewerb stehende) Organisationen in ihr Feldmodell integrieren und sich nicht nur auf eine Fokalorganisation als zentrale Analyseeinheit konzentrieren (Scott 1994b; Scott/Meyer 1991).

(2) Populationsökologische Modelle, die auf Hannan/Freeman (1977) und Aldrich (1979) zurückgehen, konzentrieren sich auf Ansammlungen von Organisationen bzw. Populationen, die sich in Form und Funktion ähneln (z.B. alle Universitäten oder alle Zeitungen eines bestimmten Gebietes). Der Fokus liegt hier auf der Population, d.h. auf funktional gleichen Organisationen innerhalb eines geographischen Raumes, die sich im Wettbewerb befinden. Wie der populationsökologische Ansatz beinhaltet der neo-institutionalistische Feld- bzw. Sektorbegriff Gruppierungen von Organisationen, die sich funktional ähneln und im Wettbewerb stehen. Der neoinstitutionalistische Feld- bzw. Sektorbegriff setzt sich aber von diesem

---

[1] Trotz der unterschiedlichen Akzentuierungen des Feld- und Sektorbegriffs in unterschiedlichen Beiträgen gelten die folgenden allgemeinen Anmerkungen für beide Begriffe.

Modell ab, indem er auch unähnliche Organisationen wie etwa regulierende Organisationen und Zulieferer betrachtet und neben wettbewerblichen Beziehungen auch unterstützende Beziehungen mit einbezieht.[2] Ein Beispiel für letztere wäre etwa die Beziehungen zwischen Museen und Stiftungen oder Fördervereinen.

(3) Interorganisationale Feld- bzw. Netzwerkmodelle gehen auf die Arbeiten von Laumann et al. (1978), Warren (1967) und Turk (1977) zurück. Im Mittelpunkt dieser Modelle stehen weniger die Organisationen selbst als vielmehr die horizontalen Beziehungen – verstanden als Wettbewerbs- und Austauschbeziehungen –, die sich zwischen ähnlichen und unähnlichen Organisationen in einem gemeinsamen System oder Netzwerk entwickeln (DiMaggio/Powell 1983; Scott/Meyer 1991). Diese werden vor allem in bestimmten geographischen Gebieten, Gemeinden bzw. städtischen Gebieten ausgemacht. Auch die Neo-Institutionalisten beziehen in ihren Feld- bzw. Sektorbegriff horizontale Beziehungen zwischen ähnlichen wie unähnlichen Organisationen ein, geben vertikalen bzw. hierarchischen Beziehungen – verstanden als Eigentumsbeziehungen oder Autoritätsbeziehung zwischen Unternehmenszentralen und Zweigniederlassungen – aber eine gleichwertige Bedeutung. Darüber hinaus ist der geographische Raum im NI kein entscheidendes Abgrenzungskriterium zur Definition der organisationalen Feld- bzw. Sektorzugehörigkeit.

2   Drei Schlüsselbeiträge zum Verständnis des organisationalen Feldbegriffs und des gesellschaftlichen Sektorbegriffs im NI

Die Diskussion der folgenden drei Kernbeiträge, die den Feld- bzw. Sektorbegriff in den NI eingeführt haben, orientiert sich an drei Leitfragen: Wie werden die Begriffe jeweils definiert. Anhand welcher Eigenschaften und Dimensionen werden Felder oder Sektoren unterschieden? Und was bedeuten diese Unterschiede für die Strukturen und Formen von Organisationen im Feld bzw. Sektor? Die Reihenfolge der Beitragsdiskussion folgt dem Erscheinungsjahr der Beiträge, die teilweise aufeinander aufbauen und Bezug nehmen.

---

[2] Vgl. Scott 1994; Scott/Meyer 1991; DiMaggio/Powell 1983.

2.1 Der Begriff des organisationalen Feldes bei DiMaggio und Powell

2.1.1 Definition des organisationalen Feldes

Der Begriff des organisationalen Feldes ist maßgeblich durch die Arbeit von Di-Maggio/Powell (1983) geprägt worden. Ihre Arbeit gehört zu den ersten im NI, die den systematischen Versuch unternimmt, die Analyseeinheit einer neo-institutionalistischen Untersuchung zu bestimmen (Reay/Hinings 2005; Senge 2005). Di-Maggio/Powell (1991b: 64f.) definieren das organisationale Feld als „those organizations that in the aggregate constitute a recognized area of institutional life: key suppliers, resource and product consumers, regulatory agencies and other organizations that produce similar services or products". Das organisationale Feld umfaßt somit sowohl Organisationen, die ähnliche Dienstleistungen oder Produkte anbieten, als auch Kontrollorganisationen, Zulieferer und Konsumenten. Diese können sowohl in Konkurrenz zueinander stehen als auch miteinander kooperieren. Die Autoren sehen den Vorteil ihrer Definition des „organistionalen Feldes" darin, daß sie über die Betrachtung in Wettbewerb stehender Organisationen (Populationsökologische Modelle) sowie tatsächlich miteinander agierender Organisationen hinausgeht (Interorganisationale Netzwerkmodelle) und damit die Gesamtheit der relevanten – auch nicht in direktem Kontakt zueinander stehenden – Akteure mit einschließt (Scott 1994b: 206f.; DiMaggio/Powell 1991b: 65). Die Felddefinition von DiMaggio/Powell setzt mithin einen Akteursfokus voraus, der Organisationen als die relevanten Akteure im Feld betrachtet.

Im Zusammenhang mit der Diffusion von Kunstmuseen in den USA in den 1930er Jahren unternimmt DiMaggio (1991) den Versuch, die Entwicklung eines organisationalen Feldes empirisch nachzuzeichnen. DiMaggios Studie zeigt, daß die Entwicklung der Museen erst vor dem Hintergrund einer Feldbetrachtung verstehbar wird. Neben den Museen gehören zum Feld Stiftungen (z.B. die Carnegie Corporation), professionelle Vereinigungen, Dachorganisationen (die American Association of Museums), staatliche Projektträger und Universitäten. Erst in der historischen Betrachtung des Zusammenspiels und der Interaktion dieser Organisationen und ihrer Schlüsselakteure, wird die Entwicklung der Museen als Teil eines organisationalen Feldes verständlich.

2.1.2 Variierende Strukturierung organisationaler Felder

DiMaggio/Powell (1991b: 65) zufolge existieren Felder nur dann, wenn sie institutionell definiert sind. Unter dem Prozeß der institutionellen Definition verstehen

DiMaggio/Powell (1991b: 65) die zunehmende Strukturierung eines Feldes, die durch vier Aspekte konstituiert ist:

1. eine Zunahme des Umfangs der Interaktionen unter den Organisationen eines Feldes;
2. die Entstehung eindeutig definierter interorganisationaler Herrschaftsstrukturen und Koalitionsmuster;
3. eine Zunahme des Informationsaufkommens, das die Organisationen eines Feldes verarbeiten und berücksichtigen müssen sowie
4. die Entwicklung einer wechselseitigen Wahrnehmung unter den Teilnehmern bzw. Organisationen eines Feldes.

Aus diesem Verständnis geht hervor, daß sich organisationale Felder hinsichtlich ihrer Strukturierung unterscheiden können. Dabei thematisieren die Autoren in erster Linie die zunehmende, nicht aber die abnehmende Strukturierung eines Feldes.

2.1.3   Feldstrukturierung und organisationale Isomorphie

Im Ansatz von DiMaggio/Powell (1983) ist der Feldbegriff zentral für das Verständnis von Isomorphie. So konstatieren sie, daß es mit der Etablierung eines Feldes zu einem starken Schub in Richtung Isomorphie der Organisationen im Feld kommt. Das bedeutet: Aufgrund der Entstehung starker Feldkräfte durch den Wettbewerb, den Staat oder Professionen werden sich die Organisationen eines Feldes immer ähnlicher.[3] DiMaggio/Powell (1991b: 65) unterstreichen, daß Isomorphie mit der Strukturierung im Feld im Zusammenhang steht; erst wenn das Feld einen gewissen Strukturierungsgrad erreicht hat, führt organisationaler Wandel zu Homogenisierung: „Thus organizations may try to change constantly; but after a certain point in the structuration of an organizational field, the aggregate effect of individual change is to lessen the extent of diversity within the field". Somit beschreiben das Feld und seine Beschaffenheit jene zentralen Umweltbedingungen, die für den NI struktur- und formgebend auf die Organisation wirken.

2.2   Der Begriff des gesellschaftlichen Sektors bei Scott und Meyer

2.2.1   Definition des gesellschaftlichen Sektors

Der Begriff des gesellschaftlichen Sektors („societal sector") ist durch die Arbeit von Scott/Meyer (1991) entscheidend geprägt worden. Mit dem Begriff des Sek-

---

[3] Siehe auch den Beitrag von *Becker-Ritterspach/Becker-Ritterspach* über „Isomorphie" in diesem Band.

tors versuchen die Autoren, jene gesellschaftliche Umwelt zu benennen, die die Organisationsstrukturen und -gestaltungen maßgeblich beeinflussen. Auch für Scott/Meyer (1991: 108) stellt der gesellschaftliche Sektor, verstanden als interorganisationales System, die zentrale Untersuchungseinheit des NI dar. In großer Nähe zum Feldbegriff von DiMaggio/Powell (1983) definieren sie:

> „A societal sector is defined to include all organizations within a society supplying a given type of product or service together with their associated organization sets: suppliers, financier, regulators, and so forth".

Im Gegensatz zum Feldbegriff von DiMaggio/Powell diskutieren Scott/Meyer den Begriff des gesellschaftlichen Sektors sehr viel ausführlicher. Den Autoren geht es darum, entscheidende Charakteristiken und Dimensionen von Sektoren zu identifizieren und diese mit der Anzahl, Vielfalt, Struktur sowie dem Funktionieren von Organisationen in einem Sektor in Zusammenhang zu bringen.

Doch werfen wir zunächst einen genaueren Blick auf die Definition eines gesellschaftlichen Sektors von Scott/Meyer (1991: 117f.):

> „A societal sector is defined as (1) a collection of organizations operating in the same domain, as identified by the similarity of their services, products or functions, (2) together with those organizations that critically influence the performance of the focal organizations: for example, major suppliers and customers, owners and regulators, funding sources and competitors. The adjective societal emphasizes that organizational sectors in modern societies are likely to stretch from local to national or even international actors. The boundaries of societal sectors are defined in functional, not geographical terms: sectors are comprised of units that are functionally interrelated even though they may be geographically remote. The concept of sector incorporates and builds on the economist's concept of industry: all sellers of one type of product or service – or, more abstractly, all those firms characterized by a close substitutability of products usage who, as a consequence, exhibit demand interdependence. However, the concept of sector is broader than that of industry since it encompasses the different types of organizations to with these similar providers relate."

Als Beispiel für einen Sektor geben Scott/Meyer den Immobiliensektor an. Zu einem solchen gehören Scott/Meyer zu Folge alle privaten und öffentlichen Einheiten, Organisationsbeziehungen (z.B. Abhängigkeitsbeziehungen oder Kooperationen) und Ressourcen- oder Informationenflüsse, die für die Bereitstellung von Immobilien relevant sind. Daß eine derartige Vorstellung weit über den Industriebegriff hinausgeht, zeigt sich beispielsweise daran, daß zu dem Sektor etwa das Baugewerbe, Versicherungen, Banken, Makler, Immobiliengesellschaften und öffentliche Verwaltungen hinzugezählt würden.

Der Begriff des gesellschaftlichen Sektors geht nach Meinung der Autoren über frühere Umweltmodelle (Organisationale Set-Modelle, Populationsökologische Modelle, Interorganisationale Feldmodelle) in fünf Punkten hinaus:

1. Die Aufmerksamkeit ist nicht allein auf Beziehungen zwischen spezifischen Organisationen gerichtet, sondern auf die umfassendere Beziehungsstruktur, die organisationales Funktionieren beeinflußt;
2. Beziehungen zwischen ähnlichen wie unähnlichen Organisationen sind gleichermaßen von Interesse;
3. horizontale and vertikale Beziehungen werden gleichermaßen berücksichtigt;
4. es wird ebenso lokalen wie nicht-lokalen Beziehungen Beachtung geschenkt;
5. beide, technische und institutionelle, Aspekte von Organisationen und Umwelten werden als entscheidende Einflußgrößen betrachtet (Scott/Meyer 1991: 111).

Insgesamt weist der Sektorbegriff von Meyer/Scott eine große Nähe zum Feldbegriff von DiMaggio/Powell (1983) auf. Gemeinsam ist ihnen ein Akteursfokus, der sich auf Organisationen bezieht und auf diese beschränkt bleibt, d.h. nur Organisationen gehören zum Feld bzw. Sektor. Der Sektorbegriff baut – wie der Feldbegriff – auf dem Industriebegriff auf, geht aber gezielt über diesen hinaus, indem er auch funktional unähnliche Organisationen umfaßt. In beiden Konzepten müssen Organisationen nicht notwendigerweise in einem direkten Interaktionsverhältnis stehen, um zu einem Feld bzw. Sektor zu gehören. Trotz seiner Nähe zum Feldbegriff von DiMaggio/Powell ist der Sektorbegriff von Scott/Meyer expliziter hinsichtlich der räumlichen Struktur eines Sektors. So heben die Autoren sowohl die lokale, nationale als auch die internationale Ebene als mögliche geographische Ausdehnungen von Sektoren hervor.

2.2.2   Unterschiede zwischen Sektoren

Ein zentrales Anliegen im Beitrag von Scott/Meyer ist die Identifikation verschiedener Charakteristiken gesellschaftlicher Sektoren. Sie diskutieren vier Aspekte, anhand derer sich Sektoren erheblich voneinander unterscheiden können:
(1) Aufbauend auf der Unterscheidung zwischen technischen und institutionellen Umwelten werden technische und institutionelle Sektoren unterschieden. In technischen Sektoren haben Organisationen in erster Linie den Effizienzanforderungen der Aufgabenumwelt Genüge zu tun (*efficiency/effectiveness demands*). Demgegenüber haben Organisationen in institutionellen Sektoren eher gesellschaftlichen Regeln und regulativen Anforderungen zu folgen (*conform to procedural requirements*).

(2) Sektoren unterscheiden sich ferner hinsichtlich der Komplexität ihrer Strukturen. Damit meinen die Autoren die unterschiedliche Anzahl und Verortung von Ebenen, auf denen sich organisationale Einheiten entwickelt haben. Während einige Sektoren organisational auf die lokale Ebene beschränkt sein können, lassen sich andere Sektoren als komplexe, vertikal strukturierte Systeme unterschiedlicher Ebenen abbilden (z.B. ist der Sektor des öffentlichen Schulsystems der USA nach einer nationalstaatlichen, bundesstaatlichen, regionalen und kommunalen Ebene differenziert).

(3) Sektoren lassen sich auch danach unterscheiden, in welcher Weise unterschiedliche Entscheidungsinhalte und -befugnisse für derartige Entscheidsinhalte innerhalb eines Sektors verteilt sind. Scott/Meyer (1991) unterscheiden dabei drei Typen von Entscheidungen bzw. Entscheidungsinhalten und drei Dimensionen einer möglichen Verortung von Entscheidungsbefugnissen. Entscheidungsinhalte werden nach *programmatischen* (Entscheidungen, die Ziele und Ausrichtung von Sektoraktivitäten betreffen), *finanzbezogenen* (Entscheidungen, die Höhe und Verteilung von Geldern im Sektor betreffen) und *instrumentellen* (Entscheidungen, die Prozeduren oder Mittel zur Zielerreichung von Sektoraktivitäten betreffen) Aspekten unterschieden. Gleichzeitig können Entscheidungsbefugnisse für unterschiedliche Inhalte entweder zentralisiert oder dezentralisiert (der Grad, zu dem Entscheidungsbefugnisse eher auf höheren denn auf niedrigeren Ebenen angesiedelt sind), fragmentiert oder vereinheitlicht (der Grad, zu dem Entscheidungsbefugnisse auf einer Ebene integriert oder fragmentiert sind) sowie föderal oder konzentriert sein (der Grad, zu dem Entscheidungsbefugnisse für gleiche Entscheidungsinhalte auf unterschiedlichen Ebenen verteilt sind).

(4) Schließlich unterscheiden sich Sektoren darin, mittels welcher Kontrollformen höher angesiedelte Einheiten tiefer liegende kontrollieren. Scott/Meyer unterscheiden hierbei drei Kontrollformen, und zwar strukturelle Kontrollen (Kontrolle organisationaler Merkmale oder Teilnehmercharakteristiken), Prozeßkontrollen (Kontrolle der Einhaltung von Standards oder Verhaltensregeln organisationaler Aktivitäten) und Ergebniskontrollen (Kontrolle der Ergebnisse organisationaler Aktivitäten).

2.2.3   Sektorcharakteristiken und Organisationsmerkmale

Auf der Grundlage unterschiedlicher Sektorcharakteristiken fragen Scott/Meyer einerseits nach den Determinanten dieser Sektorcharakteristiken und andererseits danach, in welcher Weise diese Sektorcharakteristiken Organisationsmerkmale prägen. Ihr Hauptaugenmerk legen die Autoren auf letzteres. Die vier von Scott/Meyer (1991) diskutierten Sektorcharakteristiken werden nun miteinander

und mit Merkmalen von Organisationen in Zusammenhang gesetzt. In einer Zu-
sammenschau unterschiedlicher empirischer Arbeiten identifizieren die Autoren
folgende Erklärungszusammenhänge:

(1) *Technische/Institutionelle Umwelten und Organisationsmerkmale*: Scott/Meyer
argumentieren, daß Organisationen, die in technischen Sektoren operieren, d.h.
eine Sach- oder Dienstleistung produzieren und am Markt bereitstellen, dazu tendieren, ihre Produktionsaktivitäten eng aufeinander abzustimmen, und gleichzeitig
versuchen, diese Produktionsaktivitäten soweit wie möglich von störenden Umwelteinflüssen abzuschirmen (z.B. produzierende Unternehmen wie Automobil-
hersteller). Mit anderen Worten werden Organisationen dieser Sektoren in dem
Maße erfolgreich sein, wie es ihnen gelingt, effiziente Produktionsaktivitäten aufzubauen und effektive Kontroll- und Koordinationsstrukturen zu etablieren. Für
Organisationen, die in institutionellen Sektoren eingebettet sind (z.B. Schulen und
Kirchen), gilt demgegenüber, daß diese in erster Linie versuchen werden, mit den
Regeln und Anforderungen der institutionellen Umwelt konform zu gehen, um so
Legitimität und Unterstützung zu erhalten. Scott/Meyer sehen den Organisationserfolg dieser Organisationen und die Frage gekoppelt, inwieweit es den Organisationen gelingt, der institutionellen Umwelt gerecht zu werden. Organisationen, die
beiden Umweltarten stark ausgesetzt sind (z.B. Banken, Krankenhäuser), sehen
sich einer vergleichsweise komplexeren Umwelt gegenüber. In Folge dessen gehen
die Autoren davon aus, daß diese Organisationen umfassendere, komplexere administrative Strukturen ausbilden. Bezugnehmend auf Studien von Neuhauser (1972),
Davis/Lawerence (1977) und Scott (1982) illustrieren Scott/Meyer (1991) diesen
Zusammenhang am Beispiel von Krankenhäusern und Rüstungsfirmen, die stark in
technische und institutionelle Umwelten eingebettet sind. Es zeigt sich, daß diese
Arten von Organisationen in Folge komplexer Umweltanforderungen duale Auto-
ritätssysteme (z.B. Matrixstrukturen) ausbilden und darüber hinaus starken internen Konflikte ausgesetzt sind.

(2) *Sektorkomplexität und Organisationsmerkmale*: Scott/Meyer konstatieren, daß
die Sektorkomplexität in den Strukturen einer Organisation Niederschlag findet.
Sie zeigen anhand vergleichender Studien unterschiedlicher Schularten in den
USA (z.B. privat/staatlich), daß die Größe von Schulverwaltungen stark von ihrer
Förder- bzw. Geldgeberstruktur sowie der Komplexität ihrer Einbettung in größere
Organisationsverbünde auf unterschiedlichen Ebenen abhängt (Rowan 1981). So
waren zum Beispiel Privatschulen kaum überregional organisiert, dafür wiesen sie
aber größere lokale Verwaltungen als andere Schularten auf.

(3) *Entscheidungen in Sektoren und Organisationsmerkmale*: Ein Schlüsselargu-
ment in diesem Zusammenhang ist, daß sich die Allokation unterschiedlicher Entscheidungsinhalte in Sektoren in den Merkmalen von Organisationen widerspiegeln. So zeigen die Autoren zum Beispiel, daß Sektoren, die sich durch eine Frag-

mentierung oder Föderalisierung von Entscheidungsbefugnissen für programmatische Inhalte auszeichnen, über sehr komplexe Beziehungen über unterschiedliche Sektorebenen hinweg verfügen und daher dazu tendieren, ausladende und umfassende administrative Strukturen auszubilden. Das Gegenteil ist der Fall, wenn Entscheidungsbefugnisse programmatischer Art zentralisiert, vereinheitlicht und konzentriert sind. Scott/Meyer (1991) unterstreichen, daß letzteres für viele Sektoren in den USA zutrifft. Als Beispiele geben sie den Bildungs-, Gesundheits- und Sozialhilfesektor an und beziehen sich u.a. auf eine Studie in den USA von Ann Stackhouse (1982). Diese konnte zeigen, daß Schulen, die in Bundesstaaten operieren, in denen es stark zentralisierte und vereinheitlichte Entscheidungsstrukturen von programmatischen Inhalten gibt, vergleichsweise kleinere Verwaltungen aufweisen als Schulen, die in Bundesstaaten mit zentralisierten aber fragmentierten Entscheidungsumwelten operieren.

(4) *Kontrollformen und andere Sektorcharakteristiken*: Scott/Meyer bringen die unterschiedlichen Kontrollformen mit anderen Sektorcharakteristiken in Verbindung. Zum Beispiel wird angenommen, daß in technischen Sektoren Ergebniskontrollen und in institutionellen Sektoren strukturelle Kontrollen vorherrschen. Scott/Meyer diskutieren dies kurz am Beispiel von Umweltrichtlinien im Automobilsektor in den USA. Verstanden als typischer technischer Sektor lassen sich hier vor allem Ergebniskontrollen durch die Umweltschutzbehörde der Vereinigten Staaten (EPA) finden. Kontrolliert werden Ergebnisse, d.h. Emissionsmengen, und nicht die Art und Weise, wie diese erreicht werden oder gar die Qualifikation der Mitarbeiter, die diese Fahrzeuge entwickeln und produzieren.

Zusammenfassend ist festzuhalten, daß Scott/Meyer den starken Einfluß von bestimmten Sektoreigenschaften auf die Anzahl, Typen und Strukturen sowie das Leistungsvermögen von Organisation eines Sektors betonen. Ihr Beitrag stellt dabei eine wichtige Ausarbeitung dar, die Sektorunterschiede umfassend diskutiert und diese direkt mit Organisationsmerkmalen in Verbindung bringt.

2.3 Der Begriff des organisationalen Feldes bei Scott

2.3.1 Definition des organisationalen Feldes

Neben dem von DiMaggio/Powell (1983) konzeptualisierten Feldbegriff ist Scotts (1994b) Ausarbeitung zum organisationalen Feld ein weiterer Schlüsselbeitrag, der den Begriff im NI etabliert hat. Dieser Beitrag gehört zu den wenigen Arbeiten, die sich ausschließlich mit den unterschiedlichen Facetten des Feldbegriffs im NI auseinandersetzen. Scott sieht in der Auseinandersetzung mit dem Feldbegriff und seiner Einführung als Analyseeinheit einen entscheidenden Schritt, um von Studien, in denen die Gesellschaft bei der Untersuchung von Organisationen kaum eine Rolle spielt, und solchen wegzukommen, die eine isolierte Betrachtung von Organisationen vornehmen. Ähnlich wie DiMaggio (1986) schreibt er dem Begriff des Feldes eine Brückenfunktion zu, die es erlaubt, Studien der Einzelorganisation mit Entwicklungen auf der gesellschaftlichen Ebene zu verbinden. Für Scott (1994b: 207) sind organisationale Felder „an important intermediate unit connecting the study of individual organizational structure and functioning on the one hand and societal level processes on the other". Scott entwickelt seinen Begriff des organisationalen Feldes in Anlehnung an DiMaggio/Powell (1983) sowie den von Scott/Meyer (1991) konzeptualisierten Begriff des gesellschaftlichen Sektors. In seiner Definition nimmt Scott all jene Organisationen auf, die in derselben Domäne operieren. Eine solche ist gekennzeichnet durch die Organisationen, die ähnliche Dienstleistungen oder Produkte bereitstellen, sowie Organisationen, die die Leistung der Organisation entscheidend beeinflussen, wie Zulieferer, Kunden und Regulatoren. Ferner schließt das Konzept die Interaktion innerhalb und zwischen Populationen von Organisationen mit ein. Die Grenzen des Feldes sind ebenso wie bei DiMaggio/Powell und Scott/Meyer nicht geographisch bestimmt. Sie sind vielmehr kulturell und funktional definiert und umfassen Organisationen, die sich gegenseitig wahrnehmen, unabhängig von ihrer geographischen Nähe. Hierbei unterstreicht Scott, daß die Organisationen eines Feldes nicht notwendigerweise in direkter Beziehung zueinander stehen müssen. Für die Feldzugehörigkeit reicht eine Operation unter ähnlichen Bedingungen aus. Scotts Feldbegriff bezieht sowohl die horizontalen (verstanden als Wettbewerbs- oder Austauschbeziehungen) als auch die vertikalen Beziehungen von Organisationen mit ein, verstanden als Eigentums-, Autoritäts- und Machtbeziehungen.

Insgesamt ähnelt der Feldbegriff Scotts (1994b) dem Sektorbegriff von Scott/Meyer (1991). Er stellt jedoch insofern eine Weiterentwicklung des Scott/ Meyerschen Sektorbegriffs dar, als er die kulturell-kognitive Komponente entwickkelt und als zentral für die Konstitution eines Feldes ansieht. Das heißt: Neben der oben dargelegten allgemeinen Bestimmung des Feldbegriffs im NI sind Scott zufolge organisationale Felder durch „cultural and behavioral elements" konstituiert. Unter kulturellen Elementen versteht Scott (1994b: 207)

> „meaning systems and symbolic frameworks that define and give coherence to a set of behaviours, together with the constitutive rules that define the utilities and capabilities of actors and the normative rules that specify appropriate forms of conduct: the rules of the game".

Vor allem unterstreicht Scott die Bedeutung kognitiver Regeln. Diese konstituieren Identitäten, Handlungslogiken und unhinterfragte Situationsdefinitionen von Akteuren. Verhaltenselemente beziehen sich demgegenüber auf Aktivitäten und Interaktionen, die von sozialen, individuellen wie kollektiven Akteuren vollzogen werden. In ihrem Handeln greifen Akteure auf kulturelle Glaubens- und Bedeutungssysteme zurück, reproduzieren sie oder stellen sie in Frage. Aufbauend auf diesem Verständnis einer starken kulturell-kognitiven Verankerung des Akteurshandelns definiert Scott (1994b: 207f.) das organisationale Feld als „a community of organizations that partakes of a common meaning system and whose participants interact more frequently and fatefully with one another than with actors outside of the field". Ähnlich wie bei DiMaggio/Powell (1983) werden dabei Organisationen als die primären Typen von Akteuren im Feld verstanden.

2.3.2   Unterschiede zwischen organisationalen Feldern

Scott (1994b) unterstreicht, daß sich Felder in vielerlei Hinsicht voneinander unterscheiden können. Er fokussiert auf drei Aspekte: (1) den Geltungsbereich von Glaubenssystemen (*jurisdiction of belief systems*); (2) die „Natur" des Herrschafts- oder Governancesystems (*governance system*) und (3) den Strukturierungsgrad des Feldes (*field structuration*).

(1) *Der Geltungsbereich von Glaubenssystemen*: Scott zufolge sind organisationale Felder entscheidend durch die Präsenz bestimmter Regel- oder Glaubenssysteme[4] definiert und geformt. Für die Feldteilnehmer fungieren sie orientierend und handlungsanleitend. Was die Entstehung dieser Regel- oder Glaubenssysteme betrifft, so diskutiert Scott drei Quellen. Dazu gehören Prozesse der Professionalisierung in modernen Gesellschaften, der Staat mit seiner regulierenden Macht sowie mächtige oder global agierende Organisationen selbst.

Scott nimmt nun eine weitere Spezifizierung von feldrelevanten Regel- oder Glaubenssystemen vor. Regel- oder Glaubenssysteme lassen sich hinsichtlich ihres Inhaltes (*content*), ihrer Penetrationstiefe (*penetration* oder *vertical depth*), ihrer horizontalen Verbundenheit (*horizontal linkage*) und ihrem Ausmaß an Exklusivität (*extent of exclusiveness*) im Feld unterscheiden.

- *Inhalt*: Es bestehen unterschiedliche Grundannahmen oder Logiken in unterschiedlichen institutionellen Bereichen. Widersprüche werden als Quellen von Konflikt und Wandel gesehen.
- *Penetrationstiefe*: Glaubenssysteme konstituieren Identität. Dabei sind einige Glaubenssysteme tiefer verankert als andere und haben somit eine größere Bedeutung für die Identität eines Akteurs.

---

[4] Diese beiden Begriffe werden synonym verwendet.

- *Ausmaß an horizontaler Verbundenheit:* Es bestehen unterschiedliche Intensitäten und Verbindungen zwischen Glaubenssystemen und ihren angebundenen Aktivitäten oder unterschiedlichen Glaubenssystemen.

- *Ausmaß ihrer Exklusivität:* Während sich die ersten drei Merkmale auf Eigenschaften von Glaubens- und Regelsystemen als solche beziehen, verweist der letzte Punkt spezifisch auf die Frage, in welchem Verhältnis die Regel- und Glaubenssysteme zum organisationalen Feld stehen. Scott (1994b) macht deutlich, daß, wenngleich derartige Systeme prägend für die Handlungen im Feld sind, ihre Grenzen keineswegs immer eindeutig klar, bestimmbar und konstant sind. Auch müssen Glaubenssysteme eines Feldes keineswegs widerspruchsfrei oder deckungsgleich mit den Feldgrenzen sein.

Im Kern stellen Scotts Überlegungen den Einfluß eines einzigen Glaubenssystems im Feld in Frage. Eher ist von verschiedenen, teils widersprüchlichen Logiken auszugehen.

(2) *Die „Natur" des Herrschafts- oder Governancesystems*: Neben der Betrachtung des Geltungsbereichs von Glaubenssystemen richtet Scott (1994b) seine Aufmerksamkeit auf den Zusammenhang zwischen unterschiedlichen Governanceformen und organisationalen Feldern. Hierbei gilt sein Augenmerk zwei Aspekten: dem Einfluß der generellen Herrschaftsstruktur des Staates auf die Charakteristiken des organisationalen Feldes und auf unterschiedliche Governancesysteme in organisationalen Feldern. Scott weist darauf hin, daß jede Diskussion, die sich für Zusammenhänge zwischen Governancesystemen und organisationalen Felder interessiert, nicht an der komplexen Realität des Nationalstaates als zentralem Governancesystem vorbeikommt. Der zweite Aspekt, dem sich Scott im Zusammenhang mit Governancesystemen zuwendet, ist die Frage, wie sich Governancesysteme von Feldern unterscheiden können. Beispielsweise unterliegen einige Felder einem starken Einfluß staatlicher Akteure (z.B. durch Förderprogramme) und/oder institutioneller Regulation (z.B. durch Gesetzgebung), während andere relativ frei davon sind. In diesem Zusammenhang diskutiert Scott eine Reihe von Governanceformen, die in organisationalen Feldern vorherrschen können. So stellen Märkte, Hierarchien, Netzwerke oder Vereinigungen alternative Governanceformen dar, die innerhalb von Feldern regulierend wirken bzw. dominant sein können.

(3) *Der Strukturierungsgrad des Feldes*: Bezugnehmend auf DiMaggio/Powell (1983) und Giddens (1988) weist Scott auf unterschiedliche Strukturierungsgrade eines organisationalen Feldes hin. Dabei benennt er folgende Indikatoren, die auf eine zunehmende Strukturierung des Feldes hinweisen: ein zunehmendes wechselseitiges Bewußtsein unter den Teilnehmern, daß sie ein gemeinsames Bedeutungssystem teilen und in verwandte oder ähnliche Aktivitäten involviert sind; eine zunehmende Konvergenz hinsichtlich der institutionellen Logiken, die die Aktivi-

täten des Feldes anleiten oder bestimmen; eine zunehmende Interaktion unter den Organisationen eines Feldes; eine zunehmende Isomorphie struktureller Formen innerhalb von Populationen eines Feldes; eine zunehmende strukturelle Äquivalenz organisationaler Sets innerhalb eines Feldes; eine zunehmende Klarheit der Feldgrenzen; und die zunehmende Herausbildung einer klaren Statusordnung.

2.3.3   Feldcharakteristiken und Organisationsmerkmale

Obwohl Scott (1994b) Glaubenssysteme, Governancesysteme und die Feldstrukturierung als entscheidende Charakteristiken zur Unterscheidung von organisationalen Feldern diskutiert, bleiben seine Ausführungen auf einem sehr allgemeinen Niveau mit wenig empirischen Bezugspunkten. Vor allem erfahren wir kaum Konkretes darüber, wie sich Variationen in diesen Feldcharakteristiken in Eigenschaften der Organisationen im Feld manifestieren. Die wenigen konkreten Beispiele beziehen sich vor allem auf den Zusammenhang zwischen den strukturellen Eigenschaften des Staates (z.B. seiner Ausdehnung, Zentralisierung, Hierarchisierung, partizipativen Strukturen) und den Charakteristiken organisationaler Felder. Beispielsweise verweist Scott auf die Beziehung zwischen Systemen der Interessenvertretung innerhalb eines Staates und organisationalen Feldern. Bezugnehmend auf Studien von Meyer (1983) und Carroll et al. (1988) argumentiert er, daß ein korporatistischer Staat geringere Niveaus an formalen Organisationen generiert als ein individualistisch-pluralistischer.

Es bleibt festzuhalten, daß Scott vor allem um die Bestimmung des Feldes als Analyseeinheit bemüht ist und sich vergleichsweise wenig für die Auswirkungen unterschiedlicher Feldcharakteristiken auf die Struktur und Gestaltung von Organisationen im Feld interessiert. Scott versucht sich hier vor allem an der Herausarbeitung einer Definition des Feldbegriffs. Wenn auch bereits in DiMaggio/Powells Definition eines Feldes ein kognitives Element in Form der gegenseitigen Wahrnehmung der Akteure im Feld mitschwingt, ist die Unterstreichung des kognitiven Elements die wohl wichtigste Akzentuierung, mit der sich Scott von vorhergehenden Feld- oder Sektordefinitionen absetzt.

3   Problematisierung der Begriffe

Die Definitionen des organisationalen Feldes bzw. des gesellschaftlichen Sektors stellen wichtige Versuche dar, zentrale Analyseebenen und -einheiten im NI zu bestimmen. Mit seinem Fokus auf die Mesoebene, zwischen Fokalorganisation und Gesellschaft, führt der Feld- bzw. Sektorbegriff eine wichtige Analyseebene und

Analyseeinheit zum Verständnis organisationalen Verhaltens ein (Scott 1994b: 207; Westney 1993). Im Hinblick auf das Verständnis der gesellschaftlichen Konstitution einer Fokalorganisation ist es eine große Stärke des Feld- bzw. Sektorbegriffs, daß die Organisationsumwelt nicht lediglich als passiver oder abstrakter Einflußraum gefaßt wird, sondern als Raum, der durch mehr oder weniger miteinander in Beziehung stehende und interagierende Akteure verstanden wird. Scott et al. (1994: 136) bringt dies wie folgt auf den Punkt:

> „Concepts such as organizational field challenge and supersede earlier concepts, such as environment, which favor a passive construction. The notion of field reminds us that environments of organizations are not random collections of resources and schemas, nor are they constructs defined by disembodied dimensions, such as complexity and munificence; rather, they are themselves organized."

Aber nicht nur als Analyseebene trägt der Feldbegriff zum Verständnis organisationalen Verhaltens bei. Das Gleiche gilt auch für den Blick auf Felder als Analyseinheiten, insofern Organisationen in der gesamten Komplexität ihrer Beziehungen betrachtet werden, die weit über rein wettbewerbliche Strukturen unter funktional ähnlichen Organisationen hinausreichen. Hier wird auch der Vorteil des Feldbegriffs gegenüber einem Industrie- oder Populationsbegriff deutlich. Davis/Marquis (2005: 337) sehen den besonderen Vorteil des Feldbegriffs vor allem in Zeiten großer Industriedynamiken in denen Industriegrenzen kaum mehr zu bestimmen sind:

> „A field-level approach is especially appropriate during unsettled times such as today, when new industry segments proliferate and when the boundaries around existing industries can shift from permeable to nonexistent. For example, in the United States the sharp legal divisions among commercial banking, investment banking, and insurance, and the geographical restrictions on the operations of financial institutions, were largely eliminated. This enabled the assembly of conglomerates providing every conceivable business and consumer financial service under one roof. Media and communications companies have similarly effaced the distinctions among 'channels' (providing broadcasts, telephone service, cable television, broadband, and Internet access) and 'content' (the stuff distributed over the channels). The inevitable term 'media conglomerate' ends up providing very little information about what a company actually does. In such contexts, a field-level approach provides a useful framework for characterizing how settlements come about."

Zusammenfassend läßt sich der Vorteil des Feld- bzw. Sektorbegriffs gegenüber vergleichbaren Begriffen anderer Organisationstheorien vor allem darin sehen, daß er die Komplexität organisationaler Beziehungen zu erfassen erlaubt und uns hilft zu verstehen, wie sich Fokalorganisationen und organisationale Gruppierungen im

Verhältnis zu ihrer organisationalen Umwelt entwickeln. Während neuere Studien im NI von der anhaltenden Aktualität des Feldbegriffs zeugen, müssen aber auch die Grenzen des Feld- oder Sektorbegriffs diskutiert werden. Zu fragen ist zum einen nach der Stärke des Feldbegriffs als Analyseebene und seiner Relevanz als Analyseeinheit im NI als Organisationstheorie und zum anderen nach seiner Relevanz im NI als allgemeine Sozial- oder Gesellschaftstheorie.

3.1   Relevanz/Stärke des Feldbegriffs als Analyseebene und -einheit im NI als Organisationstheorie

Zu den Schwächen des Feld- bzw. Sektorbegriffs gehört zum einen seine schwierige Abgrenzbarkeit und empirische Handhabbarkeit (Powell 1991; Westney 1993). Scott (2001a) selbst zeigt, daß die Bestimmung der Grenzen organisationaler Felder keiner einheitlichen Handhabung unterliegt. DiMaggio/Powell (1983) etwa halten die Bestimmung eines Feldes nur ex-post in der empirischen Arbeit für möglich. Die Versuche von Scott/Meyer (1991) und Scott (1994b), Sektoren und Felder umfassender zu definieren, haben die Begriffe theoretisch komplexer werden lassen, ihre empirische Handhabbarkeit aber keineswegs erleichtert. Westney (1993) argumentiert, daß die Begriffe als multidimensionale Konstrukte gleichzeitig die Ziehung unterschiedlicher Feldgrenzen zulassen und damit ein methodologisches Problem darstellen. Diese methodologischen Schwierigkeiten werden um so größer, wenn Organisationen über nationale Grenzen hinaus operieren. Hier stellt sich die Frage, ob zum Beispiel multinationale Konzerne selbst institutionelle Felder konstituieren und/oder gleichzeitig durch unterschiedliche Felder konstituiert sind. Auch in der empirischen Forschungspraxis hat die definitorische Komplexität der Feld- bzw. Sektorbegriffe nur eingeschränkt Widerhall gefunden. So tendieren feldbezogene Studien im NI dazu, eher auf Populationen oder Industrien, also im Kern funktional ähnliche Organisationen (z.B. Verlage, Anwaltskanzleien, Beratungsfirmen, Business Schools, Colleges, Banken etc.) zu fokussieren (Dacin et al. 2002; Hambrick et al. 2005). Damit bleibt aber ein wichtiger Teil der empirischen Felddefinition unbeachtet, die auch unähnliche Organisationen mit einbezieht.

Wichtig erscheint, daß organisationale Gruppierungen sowohl innerhalb der Organisationsforschung (z.B. Populationsökologie) als auch innerhalb des NI nach wie vor eine wichtige Analyseeinheit darstellen. Dies zeigen nicht zuletzt jüngere Studien, die sich für Prozesse des Wandels oder der De-Konstruktion, der De-Institutionalisierung in Feldern und der Re-Komposition von Feldern und Feldgrenzen interessieren.[5] Es ist selbstredend, daß damit auch die Annahme einer zunehmenden Isomorphie in Feldern von DiMaggio/Powell (1983) in Frage gestellt wurde.[6] Genauer: Überlegungen zu sich überschneidenden oder wechselseitig durchdringenden Feldern (Powell 1991), Organisationen, die sich in Situationen der institutionellen Dualität befinden (Kostova/Roth 2002) sowie Überlegungen zu konkurrierenden institutionellen Logiken innerhalb eines Feldes (Reay/Hinings 2005) lassen zunehmende Isomorphie und Stabilität von organisationalen Strukturen und Praktiken im Feld bestenfalls als temporales Teilphänomen institutionalistischer Prozesse im Feld begreifen (Hambrick et al. 2005).

Schließlich wurde darauf hingewiesen, daß der Feldbegriff im NI als organisationaler Umweltbegriff zu kurz greift, wenn es darum geht, die Totalität des gesellschaftlich relevanten Einflußraums auf Fokalorganisationen zu erfassen. Scott (1994b) zeigt in seiner Feldcharakterisierung, daß organisationenbeeinflussende Felder, kulturelle Logiken und Governancesysteme nicht deckungsgleich sein müssen. Zu Recht weist Senge (2005: 97) darauf hin, daß neo-institutionalistische Studien nicht nur Organisation als relevanten Einflußraum auf organisationales Geschehen betrachten, wie es auch für den Feldbegriff zutrifft:

> „Denn da im Neo-Institutionalismus gerade nicht nur Organisationen in ihrem gegenseitigen Einfluß aufeinander untersucht werden, sondern zusätzlich eine Vielzahl von Einzelphänomenen – nämlich unterschiedliche Institutionen –, die in ihrer Bedeutung für das organisationale Geschehen betrachtet werden, aber nicht alle organisational verankert sind, greift der Feldbegriff mit Bezug auf die im Neo-Institutionalismus tatsächlich inkludierten Kategorien zu kurz: Rollenmuster (Zucker 1991), Unternehmenskulturen (Tolbert 1988), Professionsstandards (DiMaggio/Powell 1991b; Scott 1987), das Rechtssystem (Zucker 1987), das Schulsystem (Meyer 1994), der Staat (Baron et al. 1986), Werte und Normen (Baum/ Powell 1995; Meyer/Rowan 1991), „world polity" (Boli/Thomas 1997; Kirby/Kirby 1996) usw. sind keine Organisationen, jedoch von großer Bedeutung im neo-institutionalistischen Ansatz."

Bleibt zuletzt festzustellen, daß die Relevanz und empirische Tragfähigkeit des Feld- bzw. Sektorbegriffs trotz seines theoretischen Aufbaus auf dem Industriebegriff und seiner theoretisch räumlichen Unbegrenztheit oftmals auf den Zusammenhang öffentlicher Sektoren und/oder Nationalstaaten (v.a. die USA) beschränkt ist. Damit bleibt vor allem der Nachweis offen, inwieweit der Feld- bzw. Sektorbegriff über die nationale Ebene hinaus – z.B. in Form globaler organisationaler Felder – empirisch tragfähig ist.

---

[5] Vgl. Davis et al. 1994; Greenwood/Hinings 1996; Scott, 2001a; Greenwood et al. 2002; Reay/Hinings 2005.
[6] Siehe auch den Beitrag von *Becker-Ritterspach/Becker-Ritterspach* über „Isomorphie" in diesem Band.

3.2 Relevanz/Stärke des Feldbegriffs als Analyseebene und -einheit im NI als Sozial- oder Gesellschaftstheorie

Um die Bedeutung des Feld- oder Sektorbegriffs für den NI einschätzen zu können, ist es wichtig festzuhalten, daß der NI nicht bloß eine Organisationstheorie ist, sondern sich einige Arbeiten in Richtung einer umfassenderen Gesellschaftstheorie entwickeln. Vor diesem Hintergrund hat der Feldbegriff, soweit er sich nur auf Organisationen bezieht, innerhalb des NI seine Grenzen. Wenn auch das organisationale Feld eine viel oder gar die meist gewählte Analyseeinheit des NI darstellt, ist es keineswegs die einzige (Dacin et al. 2002). So interessieren sich Neo-Institutionalisten ebenso für Analyseeinheiten auf der Mikro- und Makroebene, beispielsweise individuelle Rollenverständnisse und das Zusammenspiel von Akteuren, Handlungen und Bedeutungen auf der Mikroebene,[7] wie für die Gesellschaft, das Weltsystem und „world polity" auf der Makroebene.[8] Bleibt zu bemerken, daß der Feldbegriff für den NI weitergehende Bedeutung erhält, da er sich nicht mehr nur exklusiv auf Organisationen zu beschränken scheint. Eine derart erweiterte Fassung des Feldbegriffes deutet sich in einer Neubestimmung des Begriffs bei McAdam/Scott (2005: 10) an:

> „The concept of field identifies an arena – a system of actors, actions and relations – whose participants take one another into account as they carry out interrelated activities. Rather than focussing on a single organization or movement (population), it allows us to view those actors in context."

Zu einer ähnlichen Einschätzung kommen auch Davis/Marquis (2005: 337), wenn sie unter Bezugnahme auf McAdam/Scott kommentieren: „[T]his approach is distinguished by taking the field as the relevant unit of analysis and remaining agnostic about whether it is composed of organizations, individuals, or other combinations of actors".

4   Abschlußbemerkung

Zu den wichtigsten Weiterentwicklungen im Zusammenhang des Feldbegriffs gehört der Fokus auf die institutionelle Dualität, d.h. auf die gleichzeitige Einbettung von Organisationen in unterschiedlichen Felder (Westney 1993; Kostova/ Roth 2002). Ferner hat eine Fokusverschiebung vom konvergenten Wandel und der Stabilität im Feld hin zu einem umfassenderen Verständnis der Feldentwick-

---

[7] Vgl. Zucker 1977; Bellah et al. 1991; Zilber 2002; Scott 2001a.
[8] Vgl. Scott 2001a; Dobbin 1994; Meyer 1994; Senge 2005.

lung stattgefunden. Dieses umfaßt ebenso die Herausbildung wie die Transformation und den Niedergang von Feldern. Vor allem liegt der neuerliche Forschungsfokus auf dem institutionellen Wandel, und zwar nicht nur im Feld, sondern auch oberhalb und unterhalb des Feldes als Analyseeinheit (Dacin et al. 2002). Zu den wichtigsten Entwicklungen zählen in diesem Zusammenhang die Annäherungen zwischen Institutionalisten und Populationsökologen, die Wandelprozesse auf der Populationsebene betrachten.[9] Zu einer letzten wichtigen Entwicklung, die für die Rolle und Bedeutung des Feldbegriffs relevant ist, gehören Ansätze im NI, die versuchen, gleichzeitig unterschiedliche Analyseebenen und -einheiten zu verknüpfen. Scott et al. (1994: 196) unterstreicht zum Beispiel die Bedeutung von „multi-level and recursive modells":

> „World-system, trans-societal, or societal institutions provide a context within which more specific institutional fields and forms exist and operate, and these, in turn, provide contexts for particular organizations and other types of collective actors, which themselves supply contexts for sub-groups and for individual actors and actions."

Von zukunftsweisender Bedeutung dürften für den NI daher Ansätze sein, die die Koevolution von Mikro- (Akteure), Meso- (Feld) und Makroebene (Gesellschaft oder gesellschaftliche Institutionen) in den Mittelpunkt ihrer Betrachtung stellen.

Einführende Literatur

DiMaggio, Paul J./Powell, Walter W. 1983: The Iron Cage Revisited: Institutional Isomorphism and Collective Rationality in Organizational Fields, in: American Sociological Review 48, S. 147-160.
Scott, W. Richard 1994: Conceptualizing organizational fields. Linking Organizations and Societal Systems, in: Hans-Ulrich. Derlien/Uta Gerhardt/Fritz W. Scharpf (Hg.): Systemrationalität und Partialinteresse. Baden Baden: Nomos, S. 203-222.
Scott, W. Richard/Meyer, John W. 1991: The Organization of Societal Sectors: Propositions and Early Evidence, in: Walter W. Powell/Paul J. DiMaggio (Hg.): The New Institutionalism in Organizational Analysis. Chicago/London: The University of Chicago Press, S. 108-140.

---

[9] Vgl. Baum 1996; Aldrich 1999; Scott 2001a.

Teil 2:

Zentrale Themen-
und Problemfelder

World Polity Forschung[1]

Georg Krücken

Der Großteil der neo-institutionalistischen Arbeiten versteht sich selbst als Beitrag zu einer Theorieperspektive mittlerer Reichweite, die vor allem im Rahmen der interdisziplinären Organisationsforschung von Bedeutung ist. Der weitgehende und bewußte Verzicht dieser Arbeiten auf eine makrosoziologische und sozialtheoretische Perspektive hängt sicherlich mit der Diskreditierung von „grand theories" in der amerikanischen Soziologie nach dem Zusammenbruch des von Talcott Parsons entwickelten strukturfunktionalistischen Paradigmas zusammen. Der ursprüngliche Anspruch institutionalistischen Denkens, einen grundlegenden Beitrag zur allgemeinen Theorie des Sozialen und zur Theorie der Gesellschaft zu leisten, geht solchermaßen allerdings verloren.

Die sogenannte „world polity"-Forschung stellt in dieser Hinsicht sicherlich einen Sonderfall innerhalb des Neo-Institutionalismus (NI) dar. Unbeeindruckt von sämtlichen theoretischen Strömungen und Moden der letzten Jahre arbeiten der Stanforder Soziologe John Meyer und seine Mitstreiterinnen und Mitstreiter schon seit den 1970er Jahren an einer eigenständigen *„grand theory"*, die vor allem im Rahmen der neueren Globalisierungs- und Weltgesellschaftsdiskussion breite Anerkennung erfährt. Sie basiert auf der originellen Synthetisierung und Weiterentwicklung makrosoziologischer und sozialtheoretischer Überlegungen und wurde im Rahmen zahlreicher Forschungsprojekte empirisch umgesetzt (Meyer 2005a). Im Folgenden sollen Grundbegriffe und Forschungsergebnisse der neo-institutionalistischen „world polity"-Forschung vorgestellt werden.

1 Was ist die „world polity"?

Der Begriff „world polity" ist mißverständlich. Es handelt sich nicht um einen politikwissenschaftlichen Fachterminus, mit dem im Unterschied zu „politics" und „policies" die institutionelle Dimension territorial verfaßter politischer Systeme –

---

[1] Dieser Beitrag basiert auf der Einleitung und dem Nachwort des Autors zur deutschsprachigen Ausgabe der wichtigsten Texte der vor allem von John Meyer vertretenen „world polity"-Forschung (Krücken 2005a, b) sowie einem längeren Essay, in dem die Bezüge zwischen diesem Ansatz und den Arbeiten europäischer Autoren wie Pierre Bourdieu, Michel Foucault, Anthony Giddens und Niklas Luhmann hergestellt werden, vgl. Krücken 2002.

Verfassungen, Parlamente, Wahlen etc. – bezeichnet wird. Daß die institutionelle Dimension im „world polity"-Ansatz nicht auf staatliche Grenzen bezogen ist, wird in der ersten Hälfte des Labels zum Ausdruck gebracht.

Es geht jedoch um mehr als um die Analyse von politisch-institutionellen Faktoren auf der globalen Ebene, nämlich um grundlegende kulturelle Deutungsmuster der Gesellschaft. Diese entsprechen zunächst dem, was bereits in Max Webers Studien zur okzidentalen Rationalisierung herausgestellt wurde.[2] Vor allem geht es dabei um den Glauben an den Fortschritt und die Durchsetzung zweckrationaler Handlungsorientierungen in sämtlichen Bereichen der Gesellschaft. Webers *Rationalisierungsthese* mündet in der „world polity"-Forschung in eine *Globalisierungsthese* ein, da Meyer sich im Unterschied zu Weber nicht primär auf die Analyse nationalstaatlich verfaßter Gesellschaften konzentriert, sondern auf die Frage, „wie die westlichen Prinzipien die Welt durchdringen", so der Untertitel von Meyer (2005a). Die im prinzipiell unabgeschlossenen Rationalisierungsprozeß weltweit diffundierenden kulturellen Orientierungsmuster werden zudem weiter gefaßt als bei Weber. So spielen Zweckrationalität und Fortschrittsglauben zwar eine wichtige Rolle. Hinzu kommen aber auch universalistische Fairneß- und Gerechtigkeitsnormen, freiwillige und selbstorganisierte Handlungsfähigkeit, Weltbürgertum sowie die Bereitschaft, sowohl andere zu beraten als auch sich selbst beraten zu lassen. Dies erklärt die besondere Bedeutung von internationalen Regierungs- und Nicht-Regierungsorganisationen im weltgesellschaftlichen System. So wird in den in Boli/Thomas (1999a) versammelten Arbeiten die UN selbst als Verkörperung der „world polity" angesehen. Ebenso symbolisieren die dort untersuchten internationalen Nicht-Regierungsorganisationen (INROs) die zuvor genannten Grundprinzipien der „world polity". Aus diesem Grund sind INROs, die weder über formale demokratische Legitimation noch über die Möglichkeit verfügen, rechtlich bindende Entscheidungen durchzusetzen, durchaus zentrale Akteure, wenn es darum geht, politisches Handeln in Bereichen der Menschenrechts-, Bildungs- und Umweltpolitik zu erklären. In ähnlicher Weise wird in den Studien von Drori et al. (2003) argumentiert. Hier ist es die Wissenschaft, die mit ihrer kosmopolitischen, universalistischen und fortschrittsorientierten Ausrichtung zentrale Grundprinzipien der „world polity" verkörpert und aus diesem Grund über eine hohe gesellschaftliche Legitimation verfügt.

Auch wenn internationale Organisationen und die Wissenschaft somit als wichtige Träger von „world polity"-Prinzipien identifiziert werden, ist der Status der „world polity" dennoch im Wesentlichen virtuell. Sie ist, um einen Begriff von

---

[2] Vgl. Weber 1924, 1988a. Deutlich wird, daß die Weber-Rezeption von Seiten der neo-institutionalistischen „world polity"-Forschung, wie die US-amerikanische Weber-Rezeption generell, eine insgesamt zu optimistische und geradlinige Lesart gesellschaftlicher Rationalisierungsprozesse darstellt, in der die pessimistischen Seiten und Ambivalenzen Webers nicht hinreichend berücksichtigt werden.

Benedict Anderson (1983) in verfremdender Absicht zu benutzen, eine „imagined community", eine überindividuelle Vorstellungswelt, die sich gerade nicht an konkreten Akteuren festmachen läßt. Gegenstand der „world polity"-Forschung ist die weltweite Diffusion all dieser Prinzipien und hierauf bezogener Strukturformen, die „vormoderne" kulturelle Orientierungen und Organisationsformen des Sozialen verdrängen.

Inhaltlich liegt es nahe, den Begriff „world polity" im Deutschen mit „Weltkultur" zu übersetzen. „Kultur" gilt im „world polity"-Ansatz als die zentrale Kategorie zur Erklärung sozialer Prozesse und Strukturen. Dem liegt ein sehr breiter Kulturbegriff zugrunde. Kultur wird weder auf die expressiven Dimensionen des Sozialen verkürzt, noch gilt Kultur als ein Gesellschaftsbereich neben anderen. Kultur wird vielmehr als zumeist implizit bleibendes Hintergrundwissen verstanden, das *allen* sozialen Praktiken zugrunde liegt.

2   Der „world polity"-Ansatz als makro- und kultursoziologische Institutionentheorie

Dem „world polity"-Ansatz unterliegt ein breites Institutionenverständnis. Vor allem die *Wissenssoziologie* von Berger/Luckmann (1967) spielt eine überragende Rolle für die sozialtheoretische Fundierung des Ansatzes. Im Anschluß hieran werden Institutionen als grundlegende und allen Gesellschaftsmitgliedern bekannte Erwartungsstrukturen definiert, die darüber bestimmen, was als angemessenes Handeln gilt. Dabei geht es nicht nur um formale Normen, wie Gesetze, deren Nicht-Einhaltung mit Sanktionen bestraft werden kann. Wenigstens ebenso wichtig sind nach Berger/Luckmann Routinen und Gewohnheiten im gesellschaftlichen Miteinander, die in der Regel unhinterfragt und ohne Absicherung durch einen formalen Sanktionsapparat vollzogen werden.

Im Gegensatz zu dem daraufhin einsetzenden „microsociological turn" in der amerikanischen Soziologie, der dazu führte, daß man Routinen und Gewohnheiten als lokal erzeugte Mikrophänomene zu verstehen suchte, ist die hier diskutierte Variante des NI jedoch dezidiert *makrosoziologisch* ausgerichtet.[3] Daraus folgt, daß die gesellschaftliche Makrostruktur, die als umfassender kultureller Bezugsrahmen verstandene „world polity" als die entscheidende Ebene der Erzeugung sozialer Wirklichkeit angesehen wird und nicht vom Individuum her rekonstruierbare Interaktionsbeziehungen. So stellen Handlungsroutinen und -gewohnheiten im Alltag, wie etwa der Handschlag zur Begrüßung oder eine nur kurze Antwort auf die Frage „Wie geht's?", keine Besonderheit jeweils einzigartiger lokaler Interakti-

---

[3] Siehe auch den Beitrag von *Hasse* in diesem Band.

onssituationen dar, sondern den Vollzug allgemeiner kultureller Vorgaben der Gesellschaft.

Aufgrund der kultursoziologischen Ausrichtung stehen die Arbeiten Meyers und seiner Mitstreiterinnen und Mitstreiter in deutlichem Gegensatz zu dem in der US-amerikanischen Soziologie gegenwärtig dominanten Realismus. Dieser Realismus drückt sich darin aus, daß man individuelle und kollektive Akteure als unhinterfragt gegebene Einheiten voraussetzt, ohne sich mit Fragen ihrer Konstituierung zu beschäftigen. Im Gegensatz dazu ist Handlungsfähigkeit aus Sicht der „world polity"-Forschung jedoch nur im Rahmen eines übergreifenden kulturellen Deutungssystems zu verstehen. Folglich steht die *Konstitution von Akteuren* im Zentrum zahlreicher theoretischer und empirischer Analysen (grundlegend Meyer/Jepperson 2005). Es sind nicht Akteure und ihre Interessen, die die Gesellschaft konstituieren („bottom up"), sondern es verhält sich umgekehrt: In fortwährenden Rationalisierungsprozessen erzeugt die Gesellschaft – hier verstanden als überindividuelle Vorstellungswelt der „world polity", die sich aus den kulturellen Grundprinzipien der westlichen Moderne zusammensetzt – die sie bevölkernden Akteure („top down"). Akteure sind also nicht als fixe und vorgegebene Einheiten vorauszusetzen.

Bei dem Thema „Akteurskonstitution" werden die hohen theoretischen Ambitionen der „world polity"-Variante des NI deutlich, die in Richtung auf eine makrosoziologische Theorie gesellschaftlicher Entwicklung gehen. Damit wird die in anderen Varianten des soziologischen Neo-Institutionalismus übliche Beschränkung auf „middle range"-Theorien für klar umrissene soziale Gebilde wie insbesondere Organisationen transzendiert. Zudem wird mit der These einer Konstitution des Individuums in fortwährenden Rationalisierungsprozessen der Gegenstandsbereich institutionalistischer Analysen in der Soziologie erweitert. Institutionen sind hier weit mehr als Regelwerke zur Begrenzung und Ermöglichung individuellen und kollektiven Handelns, da individuelle Identitäten selbst das Ergebnis umfassender gesellschaftlicher Rationalisierungsprozesse darstellen:

> „(So) hat die moderne Gesellschaft die Identität von Bürgern und Bürgerinnen, Konsumenten und Konsumentinnen, Arbeitern und Arbeiterinnen, Kindern, Ehepartnern usw. institutionell transformiert. In jedem einzelnen Fall haben sich mehr Dinge geändert als lediglich die Spielregeln – die Spieler selbst sind nun andere, mit anderen Werten, Wissensgrundlagen, Zielen und Interessen" (Meyer 2005b: 11).

3 Akteure in der „world polity"-Forschung

Aus Sicht des „world polity"-Ansatzes kennt die Moderne drei Typen von Akteuren: *Individuen, Organisationen, Staaten*. Diese setzen sich auf Kosten anderer Formen der Organisierung von Handlungsfähigkeit (Clans, Familien, Gruppen etc.) durch.

So läßt sich dem Ansatz zufolge eine Vervielfältigung individueller, organisationaler und staatlicher Akteure beobachten. Daß Individuen als selbständige Handlungsträger und nicht vornehmlich als Teile übergreifender sozialer Einheiten in Erscheinung treten, wird als langfristiger und historisch unabgeschlossener Prozeß verstanden. Erst gesellschaftliche Modernisierung schafft die Voraussetzung dafür, dem Individuum als Handlungsträger einen Akteursstatus zuzuschreiben und den Druck traditionaler Gemeinschaftsstrukturen, in die der Einzelne hineingeboren wird, zu lockern. Ähnliches gilt für Organisationen und Staaten, die historische Erfindungen darstellen und deren schiere Zunahme als Trend ungebrochen ist. So prägt der Handlungsträger „Organisation" mehr und mehr sämtliche Bereiche der Gesellschaft und bestimmt – von der Kindertagesstätte bis zum Altenheim – den Lebenszyklus des Einzelnen. Ebenso zeigt sich vor allem seit dem Ende des Zweiten Weltkriegs ein enormer Anstieg von Nationalstaatsgründungen. Staatlichkeit avanciert zunehmend zur einzig legitimen Form der Artikulation territorialer Interessen im Rahmen der internationalen Politik, wie das Streben von Unabhängigkeitsbewegungen zeigt, deren Ziel zumeist die Gründung eines eigenen Staates ist.

Es würde jedoch zu kurz greifen, die Vervielfältigung von Akteuren mit deren Autonomisierung in eins zu setzen. Denn in der Perspektive der „world polity"-Forschung können Akteure über ihre Mittel und Zwecke nicht nach Belieben verfügen, sondern gelten als „scripted", und das heißt: Sie werden nur dann als Akteure anerkannt, wenn sie sich dem externen gesellschaftlichen Drehbuch der „world polity" entsprechend verhalten. Individuen gelten nur dann als legitime Akteure, wenn sie sich dem gesellschaftlichen *Konformitätsdruck* unterwerfen. Hier ist nicht nur an langfristige gesellschaftliche Entwicklungstrends in Richtung Affektkontrolle und Selbstdisziplinierung zu denken, sondern auch an Ratgeber ganz unterschiedlicher Art (Selbsthilfratgeber, Therapeuten, Lehrbücher etc.), die in Bereichen wie Gesundheit, Sexualität und Altersvorsorge die Diffusion gesellschaftlich anerkannter „scripts" vorantreiben.

Für Organisationen und Staaten gilt dasselbe. Organisationen, die weder die von Max Weber so hervorgehobenen Insignien der Bürokratie (wie Akten- und Buchführung, hierarchische Ordnung, Dienstwege und klare Zuständigkeiten) tragen, noch von modernen Konzepten des Managements (wie lean management, Total Quality Management und Organisationsnetzwerken) geprägt sind, werden nur schwerlich von ihrer Umwelt als legitime organisationale Akteure anerkannt.

Folglich werden sowohl bürokratische Elemente als auch die Offenheit gegenüber Managementkonzepten nach außen hin demonstrativ in Szene gesetzt. Dieser Konformitätsdruck führt dazu, daß nicht nur nationale, sondern auch sektorale Grenzen zwischen Organisationen immer durchlässiger werden.

So nutzt es deutschen Universitäten gegenwärtig wenig, im Rekurs auf „von Humboldt" an die Besonderheit der deutschen Universität zu appellieren. Vielmehr werden Universitäten als Organisationen verstanden, die sich im internationalen Wettbewerb positionieren müssen und die zu diesem Zweck sowohl Universitätsmodelle anderer Länder als auch Managementkonzepte und Organisationsformen aus Wirtschaftsunternehmen zu kopieren versuchen (Krücken/Meier 2006). Ebenso müssen moderne Staaten formale Strukturen wie Verfassungen und eine breite Palette an Ministerien etablieren, in einer Vielzahl internationaler Organisationen mitwirken, weltweit standardisierte Datenerfassungssysteme übernehmen, individuelle Schutz- und Menschenrechte gewährleisten und weltweiten Moden unterworfene Vorstellungen über wirtschaftliche Entwicklung berücksichtigen, um als legitime gesellschaftliche Akteure ihren Platz im System der Weltgesellschaft zu finden – und auch hier sieht man den (Selbst-)Zwang zur nach außen gerichteten Inszenierung (Meyer et al. 2005b).

Überlegungen zur Akteurskonstitution in der „world polity" bleiben jedoch nicht nur auf einer theoretischen Ebene, sondern werden auch auf vielfältige Art und Weise in empirische Forschung umgesetzt. So versucht man aufzuzeigen, wie die zuvor benannten „world polity"-Prinzipien Fortschrittsglaube, Individualismus und Universalismus in den Problembereichen „Bildung" und „Menschenrechte" ineinanderwirken und mit der Konstitution von Individuen, Organisationen und Staaten korrelieren (Boli/Thomas 1999a; Drori et al. 2003). Getragen von diesen Prinzipien avancieren Bildung und Menschenrechte zu zentralen Leitvorstellungen im Selbstverständnis der modernen Gesellschaft. Deren Implementierung basiert auf der sich gegenseitig verstärkenden Handlungsträgerschaft von Individuen, Organisationen und Staaten. Dies kann man sich folgendermaßen vorstellen: Individuen stellen den zentralen Bezugspunkt der Bildungs- und Menschenrechtspolitik dar. Ein universalistisches Konzept „individueller Rechte" setzt Argumentationsmuster und Praktiken, die mit Bezug auf gesellschaftliche Traditionen oder gar „natürliche" Unterschiede (etwa zwischen Mann und Frau) Bildungs- und Schutzrechte partikularistisch definieren und nur einzelnen Bevölkerungsgruppen zuteilen, zunehmend unter Druck.

Unterstützt wird dieser gesellschaftlich als Fortschritt gedeutete Prozeß von einer Vielzahl an Organisationen, die sowohl auf der nationalen und internationalen als auch auf der Regierungs- und Nicht-Regierungsebene angesiedelt sind. Schließlich betreiben Staaten eine aktive Bildungspolitik und sind der Hauptadressat der Menschenrechtspolitik. Dementsprechend sehen sich Staaten gerade in diesen Politikbereichen vielfältiger Kritik ausgesetzt, von der Diskussion um die Ergebnisse der im Auftrag der OECD durchgeführten PISA-Studie bis zu der nicht nur in Deutschland gefürchteten Kritik von Amnesty International.

Am Beispiel dieser Bildungs- und Menschenrechtsorganisationen wird auch deutlich, daß in dem wechselseitigen Konstituierungsprozeß von Individuen, Organisationen und Staaten INROs eine besondere Bedeutung zukommt. Sie sind Träger, Resultat und Verstärker gesamtgesellschaftlicher Rationalisierungsprozesse. Wie in dem zuvor kurz dargestellten Sammelband von Boli/Thomas (1999a) gezeigt, symbolisieren INROs – von der kosmopolitischen und universalistischen Orientierung bis zu Handlungsprinzipien der Selbstorganisation und Zweckrationalität – den kulturellen Kern der „world polity" und treten als weltweite *Diffusionsagenten* ihrer Prinzipien in Erscheinung.

4   Methoden der „world polity"-Forschung

Grundlegend für die „world polity"-Forschung ist ihre nahezu ausschließlich quantitative Ausrichtung. Hierfür gibt es zwei Gründe. Erstens war Meyer Student und Mitarbeiter bei Paul Lazarsfeld, einem Wiener Emigranten, der später als Professor an der Columbia University maßgeblich an der Ausarbeitung von Panel-Verfahren und quantitativen Mehrebenenanalysen in den Sozialwissenschaften beteiligt war. Dieses früh erworbene methodische Rüstzeug wurde später im Rahmen von „world polity"-Studien verfeinert und weiterentwickelt. Zweitens muß sich die „world polity"-Forschung im Rahmen der US-amerikanischen Soziologie behaupten. Das Streben nach Legitimität innerhalb dieses Diskurssystems bedeutet, daß das positivistische Selbstverständnis der Disziplin und die starke Orientierung an Methoden quantitativer Sozialforschung in den eigenen Arbeiten kaum in Frage gestellt werden können. Konkret werden *Längsschnittanalysen* durchgeführt, um die Entwicklung der „world polity" zu messen. Die Daten werden in der Regel nicht selbst erhoben. Stattdessen werden verfügbare statistische Daten kodiert und mit Hilfe unterschiedlicher Verfahren (Regressionsanalysen, Faktorenanalysen, lineare Strukturgleichungsmodelle für Panel-Daten, Ereignisanalysen) ausgewertet.

5   Kritik

Aus der Kopplung von Theorie und Methoden resultiert ein eigenständiges makro-soziologisches Forschungsprogramm, das gegen alle Spielarten von „bottom up"-Ansätzen gerichtet ist und vor allem in der soziologischen Globalisierungsfor-schung mittlerweile breite Anerkennung erfährt. Kritisch ist allerdings einzuwen-den, daß aus der Kombination von hoch generalisierten theoretischen Annahmen und hoch aggregierten Längsschnittdaten ein zu geradliniges Modell gesellschaftli-cher Rationalisierung resultiert. Damit werden Prozesse der weltweiten Struktur-angleichung überbetont, während Differenzen, Heterogenitäten und Ambivalenzen gesellschaftlicher Entwicklungsverläufe unterbelichtet bleiben. Theoretische und methodische Perspektiven der Weiterentwicklung des „world polity"-Ansatzes sollen nun stichwortartig benannt werden.

5.1   Theoriekritik

In theoretischer Hinsicht wäre eine stärkere Auseinandersetzung mit makrosozio-logischen und gesellschaftstheoretischen Ansätzen wünschenswert, die einen *ein-heitlichen* Begriff der Moderne, wie er der „world polity"-Forschung zugrunde liegt, in Frage stellen. Dies gilt insbesondere für die aktuelle Globalisierungsdis-kussion. Während dem „world polity"-Ansatz zufolge die Moderne als homogene und weltweit diffundierende Ordnung zu verstehen ist, aus der die Akteure klar formulierte und widerspruchsfreie „scripts" beziehen, hat sich die gegenwärtige Diskussion von diesen Prämissen weit entfernt.
So plädiert Shmuel N. Eisenstadt (2000) dafür, von heterogenen Modernitäts-vorstellungen auszugehen, die im Rahmen unterschiedlicher Zivilisationen entwik-kelt wurden und die sich nicht auf einer einheitlichen Modernisierungsachse abtra-gen lassen. Doch auch Autoren wie Anthony Giddens und Rudolf Stichweh, die ebenso wie die „world polity"-Forschung einen einheitlichen weltgesellschaftli-chen Bezugsrahmen annehmen, stellen eine wichtige Herausforderung dar. Gid-dens (2001) sieht im Gegensatz zu Meyer, der mit Weber Aspekte des Fortschritts-glaubens und der Zweckrationalität betont, die Zunahme von Unsicherheiten, Risi-ken und Ambivalenzen als zentrales Merkmal der globalisierten Moderne. Stich-weh (2005) versucht, die Weltgesellschaft gerade nicht als kompakte Einheit, son-dern entlang spezifischer Inklusions- und Exklusionsmechanismen im Hinblick auf unterschiedliche gesellschaftliche Funktionssysteme zu beschreiben. Hieraus resul-tieren wichtige und gegenwärtig nur selten genutzte Anregungen für die theoreti-sche Weiterentwicklung der „world polity"-Forschung.

5.2 Methodenkritik

Auch das der „world polity"-Forschung zugrunde liegende Methodenarsenal gilt es
zu erweitern. Zwar ist die im Rahmen dieser Forschung vorgenommene Auswer-
tung von Längsschnittdaten mit einer Vielzahl zum Teil sehr avancierter quantitativer Methoden beeindruckend. Es stellt sich jedoch die Frage nach der Verläßlich-
keit der verwendeten Daten, die nicht selbst, sondern zumeist von internationalen
Organisationen wie der UNESCO oder der Weltbank erhoben wurden. Derartige
Daten sind zumeist lückenhaft und unter erheblichen zeitlichen Restriktionen zustande gekommen. Aufgrund des Standardisierungsdrucks bei derartigen Erhebun-
gen kann zudem nicht zwischen den spezifischen Bedingungen in unterschiedlichen nationalen Kontexten unterschieden werden. Die Beobachtungen weisen
zwangsläufig ein nur geringes Maß an Tiefenschärfe auf. Aus diesem Grund sind
Studien um so wichtiger, die auf der Grundlage von Prämissen der „world polity"-
Forschung qualitativ ansetzen.

Hier ist an die historisch-qualitative Studie von Frank Dobbin (1994a) zur Ei-
senbahnpolitik in den USA, Frankreich und Großbritannien zwischen 1825 und
1900 zu denken. Dobbin zeigt, daß die gesellschaftlichen Rationalitätsvorstellungen in den drei untersuchten westlichen Ländern erheblich divergieren. Vor allem
die USA und Frankreich bilden hier die Antipoden. Dobbin kontrastiert die im
amerikanischen Kontext dominante Erwartung, im Rekurs auf marktwirtschaftliche
Mechanismen ein Höchstmaß an gesamtgesellschaftlicher Rationalität zu erzielen,
mit dem französischen Verständnis, demzufolge diese Rationalität nur durch einen
starken Staat zu erreichen ist. Derartige Beobachtungen liegen unterhalb der hoch
aggregierten Daten- und Argumentationsebene der meisten „world polity"-Studien.
Bezieht man Regionen der Weltgesellschaft sowie Staaten in die Analyse mit ein,
die eine höhere Unterschiedlichkeit als die von Dobbin untersuchten Einheiten
aufweisen, so werden Divergenz und Heterogenität gesellschaftlicher Entwicklungsverläufe vermutlich noch stärker hervortreten.

**6   Die besondere Bedeutung der „world polity"-Forschung im deutsch-
       sprachigen Forschungskontext**

Kein Zweifel: Die Infragestellung der grundlegenden „world polity"-Annahme
weltweiter Strukturangleichungsprozesse erfordert Untersuchungsdesigns, die
jenseits eines Forschungsprogramms liegen, das sich durch die feste Kopplung von
quantitativer Methodik und einer theoretisch begründeten Orientierung an der
Einheit der Gesellschaft auszeichnet. Einstweilen stellt die spezifische Ausrichtung
des Ansatzes, der vor allem von John Meyer beharrlich und kompromißlos seit

mittlerweile mehr als drei Jahrzehnten verfolgt wird, eine wesentliche Bereiche-
rung des NI dar. Für die deutschsprachige Diskussion halte ich insbesondere zwei
Aspekte dieses Ansatzes für besonders bemerkenswert, da sich mit ihnen bewährte
Denk- und Forschungsroutinen in Frage stellen lassen.

Erstens stellt die „world polity"-Forschung einen sehr seltenen – und übrigens auch in der US-amerikanischen Soziologie recht einsam dastehenden –
Versuch der *Verzahnung* von theoretisch-abstrakter Reflexion und empirisch-
quantitativer Sozialforschung dar. Auch wenn beide Bereiche im Einzelfall oft
nur lose miteinander verkoppelt sind, haben wir es doch mit einem Ansatz zu
tun, der das in der deutschsprachigen Diskussion beobachtbare Schisma von
„spekulativer Metaphysik" versus „uninspirierter Fliegenbeinzählerei", so die
typische Charakterisierung der jeweils anderen Seite, überwindet. Damit werden
vermeintliche Wahlverwandtschaften durcheinander gebracht und neu kombiniert: Ambitionierte theoretische Überlegungen zu Struktur und Dynamik der
modernen Gesellschaft müssen nicht, wie etwa bei Beck, Habermas oder Luhmann, mit sporadischen Illustrationen „am Fall" oder ideengeschichtlichen Re-
konstruktionen einhergehen, und ebenso erfordern quantitative Untersuchungsdesigns keineswegs gesellschaftstheoretische Ferne und die Orientierung an
Bezugsgrößen, die, wie individuelle Akteure, von Seiten der theoretischen Soziologie selbst wieder in Frage gestellt werden können.

Zweitens liefert der makrosoziologische Ansatz der „world polity"-Forschung
eine *komplementäre* Perspektive zu der in der deutschsprachigen Soziologie dominanten Theorie funktionaler Differenzierung. Nach dieser vor allem von Luhmann
ausgearbeiteten Theorie läßt sich die moderne Gesellschaft nur mehr über die Differenz selbstreferenziell operierender Funktionssysteme (Politik, Recht, Wirtschaft,
Wissenschaft etc.) bestimmen (Luhmann 1997a). Demgegenüber wird die moderne
Gesellschaft bei Meyer und anderen als umfassender kultureller und systemüber-
greifender Rationalisierungsprozeß verstanden.[4] Die von Seiten der Theorie funktionaler Differenzierung betonte systemische Eigenlogik stellt also nur *eine* Seite
der gesellschaftlichen Entwicklung dar. Die *andere* Seite besteht in dem von der
„world polity"-Forschung betonten einheitlichen Komplex grundlegender kultureller Wert- und Deutungsmuster, in den gesellschaftliche Funktionssysteme eingebettet sind. Die wechselseitige Spiegelung und Brechung beider Perspektiven aneinander verspricht, analog zu der Re-Kombination von Theorie und Methode,

---

[4] Bei Klassikern der Soziologie wurden gesellschaftliche Differenzierung und Rationalisierung noch
als sich wechselseitig bedingend im Rahmen *einer* Theorie behandelt. Dies gilt insbesondere für Max
Weber, dem zufolge die Differenzierung der modernen Gesellschaft in unterschiedliche „Wertsphären" eine Folge der umfassenden „okzidentalen Rationalisierung" darstellt, aus der weitere Rationali-
sierungsschübe folgen, vgl. Schimank 1996: 53ff.

erhebliche Reflexionsgewinne, die für die zukünftige Entwicklung der „world polity"-Forschung bedeutsam sind.

Einführende Literatur

Boli, John/Thomas, George M. 1999a: World Polity Formation since 1875: World Culture and International Non-Governmental Organizations. Stanford: Stanford University Press.

Drori, Gili/Meyer, John/Hwang, Hokyu (Hg.) 2006: Globalization and Organization. World Society and Organizational Change. Oxford: Oxford University Press.

Meyer, John W. 2005: Weltkultur: Wie die westlichen Prinzipien die Welt durchdringen. Herausgegeben und eingeleitet von Georg Krücken. Frankfurt/M.: Suhrkamp.

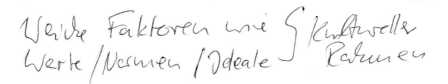

Weibe Faktoren wie ⎱ Kulturelle
Werte / Normen / Ideale ⎰ Rahmen

Der Neo-Institutionalismus als makrosoziologische Kulturtheorie

Raimund Hasse

1 Die Umweltperspektive des Neo-Institutionalismus

Der soziologische Neo-Institutionalismus (NI) präsentiert sich derzeit als ein überaus erfolgreiches Forschungsprogramm der Organisationswissenschaft. Indikatoren hierfür sind die Präsenz in einschlägigen Sammelwerken[1] sowie die Vielzahl einzelner Beiträge, die seit nunmehr drei Jahrzehnten in den angesehensten Fachzeitschriften veröffentlicht werden. Um die Grundlagen des Programms zu charakterisieren, kann man den NI zunächst den Ansätzen innerhalb der Organisationswissenschaft zuordnen, die Organisationsstrukturen und deren Veränderung im zeitlichen Verlauf mit Verweis auf sog. Umweltfaktoren erklären (Aldrich/Marsden 1994; Nohria/Gulati 1994). Umwelt ist dabei ein Sammelbegriff für alles, was außerhalb einer Organisation angesiedelt ist und von dem im Anschluß an die klassischen Beiträge von Dill (1959), Lawrence/Lorsch (1967) und Child (1972) angenommen wird, daß es auf Organisationen einwirken kann – entweder weil die Umwelt bestimmte Organisationsformen erzwingt (in Form rechtlicher Vorschriften und anderer Auflagen, z.B. um als gemeinnütziger Verein oder als Universität anerkannt zu werden) oder weil sie bestimmte Organisationsentscheidungen nahe legt (z.B. um wirtschaftlich erfolgreich zu sein oder um politische Wahlen zu gewinnen).

Umwelterklärungen lassen sich danach unterscheiden, welchen Umweltfaktoren sie einen starken Einfluß auf Organisationen zuschreiben. In dieser Hinsicht besteht die Besonderheit des NI darin, daß er die Prägung von Organisationen durch sog. harte Faktoren – wie technologische Bedingungen, Abhängigkeit von finanziellen und anderen Ressourcen, Marktstrukturen (Dichte der Konkurrenz, Ein- und Austrittsraten von Unternehmen) etc. – eher gering veranschlagt. Stattdessen werden sog. weiche Faktoren als entscheidende Einflußfaktoren erachtet. Hierzu zählen Werte, Normen und Ideale guter Praktiken des Organisierens. Nach neo-institutionalistischer Auffassung bilden sie den kulturellen Rahmen, der Organisationen grundlegend beeinflußt.

---

[1] Vgl. Walgenbach 1995; Tolbert/Zucker 1996; Türk 1997.

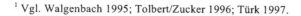

Eine weitere Möglichkeit der Unterscheidung von Umwelterklärungen besteht darin zu fragen, für wie stark – das heißt: wie andauernd und wie tief greifend – diese Einflüsse gehalten werden. So lassen sich Umwelterklärungen in der Organisationswissenschaft unabhängig davon, welche Umweltfaktoren im Einzelfall hervorgehoben werden, einer von zwei großen Gruppen zuordnen: Entweder erachtet man diejenigen Rahmenbedingungen als zentral, die in entscheidenden Phasen (z.B. zum Zeitpunkt der Organisationsgründung) vorherrschend waren und Organisationen sehr nachhaltig beeinflussen, oder man nimmt eine kontinuierliche Prägung von Organisationen an, bei der die Wirkung zurückliegender Einflüsse rasch verpufft.

Zunächst zum ersten Fall, bei dem davon ausgegangen wird, daß Organisationen einmal aufgenommene Umwelteinflüsse „konservieren". Es wird betont, daß von Anpassungen an bestimmte Umweltbedingungen Beharrungseffekte ausgehen, weil Routinen ausgebildet oder Entscheidungen getroffen werden, die nicht leicht rückgängig zu machen sind (Hannan/Freeman 1984). Wichtig ist, daß solche Beharrungseffekte eine gegebene Organisation zu aktuell vorherrschenden Umwelteinflüssen in Distanz bringen können, sofern sich diese Umwelteinflüsse von den ursprünglichen Bedingungen unterscheiden. Man kann dieses Erklärungsmuster in Anlehnung an den Organisationssoziologen Arthur Stinchcombe (1965) mit „imprinting" überschreiben. Belegt wurde die „imprinting"-Perspektive von Stinchcombe, indem er große Unterschiede zwischen Unternehmen (z.B. hinsichtlich des Anteils an Ausgaben für Forschung und Entwicklung, in bezug auf das Verhältnis zwischen Arbeitern und Angestellten oder zwischen angelernten und gut ausgebildeten Arbeitern) aufzeigte und nachwies, daß diese Unterschiede mit dem Zeitpunkt der Unternehmensgründung und zu diesem Zeitpunkt vorherrschenden Umweltbedingungen erklärt werden können.

Im zweiten Fall nimmt man eine permanente Beeinflussung durch Umwelteinflüsse an, so daß unter der Voraussetzung eines Wandels vorherrschender Bedingungen eine zeitnahe unvermittelte Veränderung von Organisationsmerkmalen zu erwarten ist. Organisationen wird hier eine größere Anpassungsfähigkeit zugeschrieben (Kurke 1988). Dieses Erklärungsmuster läßt sich in Anlehnung an den Wirtschaftssoziologen Mark Granovetter (1985) mit „embeddedness" überschreiben. Granovetter ging es dabei darum zu zeigen, daß sich Organisationen permanent an aktuelle Beziehungen zu Kunden, Zulieferern und anderen Kooperationspartnern anpassen. Diese Anpassung, so Granovetter, geht soweit, daß Organisationen sogar ihre Präferenzen und Zielsetzungen bereitwillig modifizieren. Die „embeddedness"-Perspektive besagt demnach: Was gestern noch einen prägenden Einfluß auf Organisationen hatte, kann heute bereits unerheblich sein, wenn sich die Bedingungen geändert haben.

Na!

Hinsichtlich der Erklärung formaler Organisationsstrukturen und hierauf bezogener öffentlichkeitswirksamer Selbstdarstellungen (also des Aufbaus einer Organisation in Form von Abteilungen, Stäben und Stellen sowie der offiziellen Präsentation einer Organisation nach außen, so wie es in Public Relations-Maßnahmen zum Ausdruck kommt) ist beim NI eine „embeddedness"-Perspektive vorherrschend. Das heißt: Es wird angenommen, daß sich Organisationen an aktuell vorherrschende Einflüsse anpassen und daß sie bereitwillig Änderungsbereitschaft signalisieren, sobald sich eine Diskrepanz zwischen Organisation und Umwelt offenbart (Meyer/Rowan 1977; Rowan 1982). So hat man in einzelnen empirischen Studien die Schaffung neuer Stellen (z.B. für Fragen der Gleichstellung oder für Aufgaben des Datenschutzes), die Verabschiedung von Programmen (z.B. solche der Mitarbeiterförderung oder des Total Quality Managements) oder auch die öffentlich inszenierte Präsentation neuartiger Zielsetzungen (z.B. Stärkung des Shareholder Value oder Bereitschaft zur Orientierung am Ideal der Nachhaltigkeit) mit veränderten Umwelteinflüssen in Beziehung gesetzt und aufgezeigt, daß es sich bei diesen Veränderungen um Phänomene handelt, die weit über den Einzelfall einer gegebenen Organisation hinausreichen, weil viele Organisationen zu einem bestimmten Zeitpunkt überaus ähnlichen Umweltbedingungen ausgesetzt sind.[2]

Allerdings bestehen Organisationen nicht nur aus formalen Strukturen und hierauf bezogenen Selbstdarstellungen. Auch Praktiken und konkrete handlungsrelevante Entscheidungen sind zu berücksichtigen (Brunsson 1982). Diese Praktiken und Entscheidungen sind nicht unbedingt für die Öffentlichkeit bestimmt, sondern für die detaillierte Gestaltung interner Prozesse. Für eine Positionsbestimmung des NI ist es wichtig hervorzuheben, daß Organisationen hinsichtlich vorherrschender Praktiken und interner Entscheidungsprozesse als hochgradig „imprinted" gelten. Für die Frage nach der Tiefenwirkung von Umwelteinflüssen bedeutet dies, daß der NI im Falle dieser Praktiken und Entscheidungen annimmt, daß sich Organisationen z.B. an eingespielten Routinen oder an organisationsintern vorherrschenden Machtstrukturen orientieren (Feldman/March 1981) – Umwelteinflüsse also vergleichsweise unbedeutend bleiben können (Krücken 2003). In Bezug auf Praktiken und konkrete handlungsrelevante Entscheidungen lautet die neo-institutionalistische These deshalb: Auch unter veränderten Bedingungen weisen Organisationen mitunter nur eine geringe Änderungsbereitschaft auf (Hasse/Krücken 1999: 68ff.).

Die dargelegte Doppelorientierung war der Kerngedanke des für den NI charakteristischen Postulats einer losen Kopplung zwischen Organisationsstrukturen und hierauf bezogener öffentlichkeitswirksamer Selbstdarstellungen auf der einen und Praktiken und konkreten handlungsrelevanten Entscheidungen auf der anderen

---

[2] Für einen Überblick über einzelne Fallstudien vgl. Scott 2001a; Mizruchi/Fein 1999; Walgenbach 2002.

Seite. Lose Kopplung bedeutet im Anschluß an Meyer/Rowan (1977): Die Beziehung zwischen diesen beiden Seiten einer Organisation ist schwach; weder determinieren Organisationsstrukturen und hierauf bezogene öffentlichkeitswirksame Selbstdarstellungen die vorherrschenden Praktiken und konkreten handlungsrelevanten Entscheidungen einer Organisation, noch erzwingen vorherrschende Praktiken und konkrete handlungsrelevante Entscheidungen bestimmte Organisationsstrukturen und hierauf bezogene öffentlichkeitswirksame Selbstdarstellungen. In Abgrenzung zu fast allen anderen Ansätzen der Organisationswissenschaft, die sich mit Organisationsstrukturen beschäftigen, schreibt der NI Organisationsstrukturen also nicht die Funktion zu, Abläufe einer Organisation festzulegen, die sich auf Praktiken und konkrete handlungsrelevante Entscheidungen beziehen (Brunsson 1989; Hasse 2005). Insofern ist der NI durch ein nicht-funktionalistisches Verständnis für Organisationsstrukturen gekennzeichnet. Diese dienen gar nicht der Organisation interner Abläufe, so eine Kernaussage.

2   Zwischenorganisatorische und gesamtgesellschaftliche Rahmenbedingungen

Aus einer „embeddedness"-Perspektive, die dem neo-institutionalitischen Verständnis von vorherrschenden Organisationsstrukturen und hierauf bezogenen öffentlichkeitswirksamen Selbstdarstellungen zu Grunde liegt, gilt: Die gleichen Umwelteinflüsse bewirken gleichartige Effekte, auch wenn es sich um unterschiedliche Organisationen handelt. Entsprechend nimmt der NI an, daß Angleichungen der Organisationsumwelt zu Angleichungen auf organisatorischer Ebene führen. Diese Angleichungen sind im NI unter dem Stichwort der Isomorphie behandelt worden (DiMaggio/Powell 1983; Scott 2001a).[3] So werden mehr oder weniger permanent Gesetze und Verordnungen verabschiedet, deren Umsetzung im Regelfall staatlichen Einrichtungen überantwortet wird. Im Falle von Wirtschaftsorganisationen denke man z.B. an arbeitsrechtliche Bestimmungen, an Auflagen zum Schutz der Umwelt und an viele Verordnungen zur Informationspflicht, an die sich börsennotierte Unternehmen anpassen müssen.

Weitere Angleichungen sind das Ergebnis des Einflusses von Professionen (DiMaggio 1991), der Angleichung von Ausbildungsinhalten (Frank et al. 2000) oder der Diffusion sog. „Best Practices" durch Beratungseinrichtungen (Kieser 2002). Diese Einflüsse bewirken insbesondere, daß sich allgemeingültige Vorstellungen über rationale Formen der Organisation oder eines bestimmten Organisationstyps durchsetzen. So ist ein Krankenhaus oder eine Schule gut beraten, sich an

---

[3] Siehe auch den Beitrag über „Isomorphie" von *Becker-Ritterspach/ Becker-Ritterspach* in diesem Band.

Professionsnormen von Ärzten bzw. Lehrern zu orientieren, ein Unternehmen sollte sich den Vorstellungen moderner Unternehmensführung, so wie sie Managern im Verlauf ihrer Ausbildung oder in der Weiterbildung nahegebracht wird, nicht verschließen, und es sollte sich auch nicht als „beratungsresistent" gegenüber den Vorstellungen von anerkannten Experten zeigen. Schließlich kann auch Nachahmung, d.h. die Aufgeschlossenheit gegenüber Trends und Konjunkturen, eine Ursache für Angleichungen sein (Kondra/Hinnings 1998). Hier steht die Orientierung an Organisationen im Vordergrund, mit denen Markt- und Kooperationsbeziehungen unterhalten werden oder die als Peers und Vorbilder einen wichtigen Orientierungsrahmen bilden (Hasse/Wehner 2005). Insbesondere unter Bedingungen hoher Ungewißheit ist demnach die Übernahme andernorts beobachteter und als erfolgreich bewerteter Strukturen naheliegend (Haveman 1993). Ebenfalls ist Nachahmung grundsätzlich eine bewährte Strategie, um gegenüber Konkurrenten nicht ins Hintertreffen zu geraten (Lant/Baum 1996).

Die hier berücksichtigten Formen der Angleichung von Organisationen basieren auf der institutionellen Vermittlung gesellschaftlicher Einflüsse – das heißt: Vorstellungen guter Organisation werden von einem breiten Spektrum an Organisationen an einzelne Organisationen adressiert. Als Vermittlungsorganisationen werden insbesondere staatliche Regulierungseinrichtungen, Ausbildungsinstitutionen, Unternehmensberater, Kooperationspartner, Wettbewerber und allgemein sämtliche Organisationen berücksichtigt, mit denen eine gegebene Organisation Beziehungen unterhält. Der nicht immer genau definierte Begriff des organisatorischen Feldes bezeichnet dieses Ensemble an Organisationen, von denen Einflüsse in Richtung Strukturangleichung ausgehen (DiMaggio 1986, 1991).

Untersuchungen zur Übersetzung von Umweltvorgaben in Organisationsstrukturen bilden einen weithin sichtbaren Forschungsschwerpunkt des NI. Der enorme Publikationserfolg und die Dynamik der Wissensentwicklung kommen nicht zuletzt darin zum Ausdruck, daß Überblicke und Systematisierungen aus den 1990er Jahren bereits wenige Jahre später ergänzt und aktualisiert worden sind.[4] Man kann daher von einem gut aufgearbeiteten und etablierten Forschungsfeld sprechen. Im Vergleich hierzu sind neo-institutionalistische Studien weniger breit rezipiert worden, die gesamtgesellschaftliche Grundlagen von Prozessen des Organisationswandels beleuchtet haben. In diesen weniger beachteten Studien wird eine großformatige historische Perspektive auf Prozesse der gesellschaftlichen Entwicklung eingenommen, und es werden Zusammenhänge zwischen Strukturmerkmalen (wie der Durchsetzung bestimmter Organisationsweisen) und kulturellen Grundlagen (wie insbesondere der Dominanz universeller Normen, Werte und Ideale) thematisiert (Jepperson 2001; Meyer 1980, 1988). Im Zentrum der Aufmerksam-

---

[4] Vgl. Scott 2001a; Walgenbach 2002; Hasse/Krücken 2005b.

keit steht dabei die Auseinandersetzung mit gesamtgesellschaftlichen Fragestellungen, so wie es für die sog. Makrosoziologie charakteristisch ist.

Der makrosoziologischen Ausrichtung des NI liegen zwei Erweiterungen der Untersuchungsperspektive zu Grunde: Erstens wird davon ausgegangen, daß sämtliche Organisationen ähnlichen Einflüssen ausgesetzt sind, weil sie in einen übergeordneten kulturellen Rahmen eingebettet sind (Meyer 2001a; Finnemore 1996a). Die Beschränkung auf einzelne organisatorische Felder und dort vorherrschende Beziehungen wird somit aufgegeben. Zweitens bilden Organisationen und deren gleichförmiger Wandel aus dieser erweiterten Perspektive nur einen von mehreren Untersuchungsbereichen, in dem sich gerichtete Entwicklungen beobachten lassen. So ist in empirischen Untersuchungen aufgezeigt worden, daß auch Vorstellungen individueller Lebensführung (z.B. gesundheitsbewußte Lebensführung oder lebenslanges Lernen) und Konzepte einzelner Lebensphasen (z.B. Kindheit als geschützte Lebensphase, sog. Neue Alte als aktiv partizipierende Gesellschaftsmitglieder etc.) sowie Erwartungen an Staaten und deren Maßnahmen (z.B. im Bereich des Umweltschutzes, der Sozialpolitik oder der Bildung) Gegenstand von Beeinflussungen geworden sind, die massive Angleichungen bewirkt haben.[5]

Doch welche übergeordneten gesamtgesellschaftlichen Entwicklungen sind hier gemeint; was sind die charakteristischen Merkmale des zu Grunde liegenden kulturellen Rahmens? Hauptsächlich geht es nach neo-institutionalistischer Auffassung um Prozesse der Rationalisierung, die bereits vor ungefähr einem Jahrhundert von Max Weber (1972, 1988a) als ein umfassendes Projekt der Modernisierung beschrieben worden sind. Seitdem sind die Anhänger der Rationalisierungsthese überzeugt, daß potentiell alle Gesellschaftsbereiche erfaßt werden. John W. Meyer argumentiert ganz in diesem Sinne, wenn er behauptet, daß nicht nur Organisationen, sondern auch Individuen und Staaten Objekte umfassender Rationalisierungsansprüche und -erwartungen geworden sind (Meyer et al. 1994). Organisationen, Individuen und Staaten haben demnach gemeinsam, daß sie sich als rationale Akteure verhalten – und daß genau dies von ihnen erwartet wird (Meyer/Jepperson 2000). Neben Rationalisierung erachtet der NI zudem die Universalisierung von Fairneß-Idealen als zentralen Bestandteil des kulturellen Rahmens. Dabei ist vor allem an Ansprüche der Demokratisierung oder der Stärkung partizipativer Elemente zu denken, an die Durchsetzung von Prinzipien der Chancengleichheit sowie an die Festigung und Weiterentwicklung der Gewährung von Schutz- und Minderheitenrechten (Boli/Thomas 1997).

Organisationen bilden in diesem makrosoziologischen Zusammenhang also lediglich einen von mehreren Anwendungsbereichen (Jepperson 2001; Schneiberg/Clemens 2006). Sie sind – ebenso wie Staaten und Individuen – Adressaten

---

[5] Für die Bezugnahme auf Muster moderner Individualität vgl. Meyer 1986, 1990; Frank et al. 1995; zur kulturellen Prägung moderner Staaten siehe Meyer 1980, 2000a.

für Veränderungen in die kulturell vorgegebene Richtung (Thomas et al. 1987).
Das heißt: Von ihnen wird erwartet, daß sie sich vorherrschenden Normen, Werten und Idealen unterwerfen und als rationale sowie Idealen der Fairneß ver-
pflichtete Akteure in Erscheinung treten. Sie werden nach diesen Kriterien beur-
teilt und müssen mit Kritik und Benachteiligung rechnen, wenn erkennbar wird,
daß sie von den genannten Vorgaben abweichen. Darüber hinaus nehmen Organisationen in diesem makrosoziologischen Zusammenhang auch eine aktive
Rolle wahr, indem sie als engagierte Vollzugsinstanzen der Durchsetzung kulturell verankerter Normen, Werte und Ideale berücksichtigt werden (Boli/Thomas
1999a). Sie sind insofern Vermittler der Gesellschaftsentwicklung und sorgen für
die Ausbreitung vorherrschender Erwartungen (McNeely 1995). Theoretisch ist
jedoch wichtig: Sie sind nur Agenten einer Entwicklung, die ursächlich durch die
Dominanz und Ausbreitung einer universalistischen Kultur vorangetrieben wird
(Hasse/Krücken 2005b).

Die makrosoziologische Perspektive des NI ist bereits in den 1970er Jahren
entwickelt worden (Meyer/Hannan 1979; Meyer 1980). Man kann sie als Gegen-
entwurf zu funktionalistischen Interpretationen der gesamtgesellschaftlichen Entwicklung begreifen – das heißt: zu solchen Sichtweisen, die Vorteile an technischer Effizienz (z.B. im Zusammenhang mit Annahmen eines Wettbewerbs zwischen Gesellschaftssystemen) oder allgemein die Erfüllung bestimmter Funktionserfordernisse (wie höheres Maß an Feinabstimmung und Kontrolle oder Reduktion
von Komplexität) als Motor der gesellschaftlichen Entwicklung erachteten (Hasse
2003). Die Renaissance des makrosoziologischen NI hängt nicht zuletzt damit
zusammen, daß auf objektive Funktionserfordernisse Bezug nehmende Erwartungen   einer   quasi-zwangsläufigen   Angleichung   unterschiedlicher   Ge-
sellschaftsordnungen heute als widerlegt betrachtet werden. Es überwiegt die Einschätzung, daß sich aus Funktionserfordernissen und Wettbewerbszwängen keine
rigiden Vorgaben ableiten. So wurde für zentrale Bereiche (z.B. Wohlfahrtspolitik,
industrielle Beziehungen, Wissens- und Technologietransfer, Beteiligung organisierter Interessen an politischen Entscheidungen etc.) die Überlebensfähigkeit im
Detail recht unterschiedlicher Arrangements nachgewiesen.[6] Die Frage ist nur:
Was entscheidet darüber, wie die verbleibenden Spielräume genutzt werden?

---

[6] Vgl. Esping-Anderson 1990; Hollingsworth/Boyer 1997; Hall/Soskice 2001b.

3 Bilanz unter besonderer Berücksichtigung des neo-institutionalistischen Kulturverständnisses

Im ersten Abschnitt wurde dargelegt, daß der NI den Einfluß sog. weicher Umweltfaktoren auf Organisationsstrukturen hervorhebt. Organisationsstrukturen sind demnach nicht auf technologische Herausforderungen, auf die Bewältigung von Ressourcenengpässen oder auf Marktzwänge bezogen. Vielmehr reflektieren sie in der Umwelt verankerte Werte, Normen und Ideale. Eine Folge davon ist, daß deren Funktion für die Gestaltung interner Abläufe eher schwach ist, so wie es das Postulat der losen Kopplung besagt. Im zweiten Abschnitt ist die Umweltperspektive aufgelöst worden, indem zwischen zwischenorganisatorischen sowie makrosoziologischen Bedingungen differenziert worden ist. Auch hier wurde eine Vormachtstellung bestimmter Werte, Normen und Ideale als Triebfeder der gesellschaftlichen Entwicklung hervorgehoben. Die im NI thematisierten Veränderungen sind demnach nicht in Sachzwängen begründet, sondern in der kulturellen Verfaßtheit der modernen Gesellschaft.

Ein wesentliches Kennzeichen der neo-institutionalistischen Perspektive ist die Annahme, daß der aus Grundüberzeugungen, Idealen und Glaubensvorstellungen bestehende kulturelle Rahmen von definitionsmächtigen Instanzen repräsentiert wird. Hierzu zählen insbesondere Internationale Organisationen, zwischenstaatliche Einrichtungen und zu Netzwerken zusammengeschlossene soziale Bewegungen (Meyer et al. 1997). In ihrem Zusammenwirken, so die neo-institutionalistische Annahme, repräsentieren diese Instanzen das kulturelle Programm der modernen Gesellschaft und sorgen für deren Ausbreitung, indem sie Ratschläge erteilen, Empfehlungen unterbreiten, Kritik äußern, auf Vorbilder verweisen usw. Organisationswissenschaftlich ist an dieser makrosoziologischen Perspektive wichtig: Es wird angenommen, daß der kulturelle Rahmen – zumindest potentiell – auf sämtliche Organisationen und Organisationsfelder einwirkt (Hasse/Krücken 2005a).

Internationale Organisationen, zwischenstaatliche Einrichtungen und zu Netzwerken zusammengeschlossene soziale Bewegungen sind im Regelfall einzelnen Anliegen verpflichtet, die sich auf Rationalisierungsideale oder auf Ansprüche im Hinblick auf Fairneß und Gerechtigkeit beziehen. Beispiele für solche Anliegen sind technischer Fortschritt, Bildung und Qualifizierung, Schutz der Umwelt, Durchsetzung von Menschenrechten und demokratischen Prinzipien, rationale Lebensführung usw. (Boli/Thomas 1997). Unabhängig vom breiten Spektrum der einzelnen Themen ist es jedoch aus neo-institutionalistischer Perspektive eine Gemeinsamkeit der genannten Instanzen, daß sie für sich reklamieren, nicht im eigenen Interesse zu agieren, sondern den Dienst an der ihnen anvertrauten Sache zum Maßstab ihrer Aktivitäten zu machen (Meyer/Jepperson 2000; Bruch/Türk

2005). In dieser Hinsicht, so die These, besteht eine Gemeinsamkeit zwischen den Vereinten Nationen und ihnen zugeordneten Einrichtungen, wissenschaftlichen Beratungsinstanzen und Professionsvereinigungen, Greenpeace und Amnesty International usw.

Zusammen betrachtet bildet der nicht-funktionalistische Charakter der Erklärungen für Strukturveränderungen das gemeinsame Band zwischen den auf Organisationen und auf makrosoziologische Zusammenhänge ausgerichteten Untersuchungsfeldern des NI (Schneiberg/Clemens 2006). Damit ist nicht behauptet, strukturelle Merkmale seien generell funktions- und sinnlos. Vielmehr ist entscheidend, daß sich in ihnen eine symbolische Anpassung an übergeordnete Erwartungen ausdrückt, deren substanzielle Effekte unbestimmt sind. Strukturen zielen demnach nicht auf die Gestaltung interner Bedingungen, und ebensowenig sind sie durch diese determiniert.

Eine für diese kulturtheoretische Perspektive wichtige Gegenüberstellung betrifft das Verhältnis von Kultur und instrumenteller Rationalität. Frank Dobbin (1994b) grenzt den NI in diesem Zusammenhang von einer ansonsten weit verbreiteten Sichtweise ab, die Organisationen im Anschluß an Talcott Parsons eindeutig einer Sphäre der Rationalität zugeordnet – und sie so von einer Sphäre der Kultur abgegrenzt – hat. Frank Dobbin (1994b: 119) beschreibt die Grundlagen dieser Gegenposition des NI wie folgt:

> „Parsons' disciples spun out rationalist abstract theories of organization, taking it as an article of faith that instrumental organizational practices were oriented to some higher order set of universal principles … The presumption that the central characteristics of organizations were overdetermined by transcedental laws of rationality prevented analysts from exploring the cultural aspects of rationality of organizations."

Eine Folge des bis zur Durchsetzung des NI weit verbreiteten rationalistischen Organisationsverständnisses (das von wirtschaftswissenschaftlicher Seite und hierauf bezogenen Managementkonzepten bis heute nicht in Frage gestellt wird) ist die Geringschätzung von kulturellen Phänomenen als erklärende Variablen für Organisationswandel gewesen. Vor allem wurde darauf verzichtet, die kulturelle Prägung vorherrschender Verständnisse von Rationalität in Erwägung zu ziehen (Meyer 1988).

Der NI hat die Bedeutung kultureller Faktoren demgegenüber radikal aufgewertet, weil vorherrschende Formen der Rationalität hier als Ausdruck kulturell verfestigter Grundüberzeugungen aufgefaßt werden. Diese kulturelle Prägung gilt ausdrücklich auch für moderne Gesellschaften und deren hohe Wertschätzung für Wissenschaft und Technik. Deshalb ist nicht nur aufgezeigt worden, daß die Beziehung zwischen eingesetzten Mitteln und zu Grunde liegenden Zielsetzungen schwächer ist als gemeinhin angenommen wird, sondern auch, daß Vorstellungen über Rationalität im zeitlichen Verlauf oder im Vergleich zwischen Sektoren und Ländern stärker variieren, als es aus einer universalistischen Perspektive anzunehmen wäre (Dobbin 1994b; Orrù et al. 1991).

Kulturtheoretisch ist bedeutsam, daß die neo-institutionalistische These einer kulturellen Einbettung vorherrschender Rationalitätsauffassungen nicht nur an Max Weber anknüpft. Vielmehr ist zugleich eine Anlehnung an den Sozialkonstruktivismus von Berger/Luckmann (1980) kennzeichnend (Meyer 1992b; Oliver 1991). Aus dieser Perspektive sind die Möglichkeiten einer instrumentellen Nutzung kultureller Vorgaben begrenzt, weil sie vorwiegend „hinter dem Rücken" der Beteiligten wirken (Zucker 1977). Für die Theoriegrundlagen bedeutet dies: Der bereits bei Max Weber angesprochene Prozeß der Rationalisierung wird in der neo-institutionalistischen Zuspitzung von jedweder interessentheoretischen Begründung befreit (Jepperson/Swidler 1994; Jepperson 1991) – auch wenn nicht ausgeschlossen wird, daß einzelne kulturelle Elemente absichtsvoll eingesetzt und demonstrativ zur Schau gestellt werden können (DiMaggio 1988).

Für die sozialwissenschaftliche Forschung kann hieraus der Aufklärungsauftrag abgeleitet werden, die soziale Konstruktion kulturell geprägter Vorstellungen von Rationalität – aber auch von vorherrschenden Idealen der Fairneß und Gerechtigkeit – aufzudecken. Der NI hat hierzu ein empirisches Forschungsprogramm entwickelt, das durch einen eigenständigen theoretischen Rahmen gekennzeichnet ist. Im auffälligen Gegensatz zur Organisationsforschung sind die Anknüpfungspunkte an andere makrosoziologische Perspektiven, so wie sie insbesondere in der komparativen Forschung sowie in sozialwissenschaftlichen Beiträgen zum Globalisierungsdiskurs anzutreffen sind, jedoch noch unausgeschöpft. Um das Profil des NI als einem umfassenden kulturtheoretischen Forschungsprogramm zu schärfen, wäre es nun wichtig, die hierin begründeten Anschlüsse stärker als bislang zu nutzen.

Einführende Literatur

Boli, John/Thomas, George M. 1997: World Culture in the World Polity: A Century of International Non-Governmental Organization, in: American Sociological Review 62, S. 171-190.

Dobbin, Frank 1994: Cultural Models of Organization: The Social Construction of Rational Organizing Principles, in: Diana Crane (Hg.): The Sociology of Culture. Oxford: Blackwell, S. 117-142.

Jepperson, Ronald L. 2001: The Development and Application of Sociological Neoinstitutionalism. Florence: EUI Working Paper RSC No. 2001/5.

Die Mikroperspektive des Neo-Institutionalismus
Konzeption und Rolle des Akteurs

Renate Meyer/Gerhard Hammerschmid

1   Mikrofundierung als zentrale Herausforderung des Neo-Institutionalismus

Aus der Mikroperspektive steht die Auswirkung von Institutionen auf konkrete Praktiken im Zentrum. Die Frage nach der Mikrofundierung zielt daher insbesondere auf das Handlungs- und Akteurskonzept des Neo-Institutionalismus (NI) ab. Das Bestreben, eine Gegenposition sowohl zu Rational Choice-Modellen als auch zu funktionalistischen Erklärungen einzunehmen, ist zusammen mit der Betonung überindividueller sozialer Phänomene ein wesentliches Charakteristikum der neo-institutionalistischen Organisationsforschung. Das Hinterfragen des utilitaristischen, rationalen Akteurs und die damit verbundene absichtliche „De-Fokussierung" des Akteurs sind Eckpfeiler des Forschungsprogramms[1] und haben – verbunden mit dem die frühen Jahre dominierenden Schwerpunkt auf Ordnung und Homogenität – das Bild des NI wesentlich geprägt.

Obwohl sich die Theorieentwicklung und die empirischen Studien vielfach mit der Meso- oder Makroebene beschäftigen (Felder, Pfade und Muster institutioneller Diffusion), ist die Mikrofundierung für die Weiterentwicklung der Theorie essentiell. Ein schwach konturiertes oder übersozialisiertes Akteurs- und ein deterministisches Handlungskonzept werden als Hauptgründe für die Schwierigkeiten der neoinstitutionalistischen Theorie angesehen, Heterogenität in organisationalen Feldern, Macht oder institutionellen Wandel auch ohne externe Auslöser wie Krisen oder neue Technologien zufriedenstellend erklären zu können[2] – eine Kritik, die angesichts der Wurzeln des Ansatzes in der neuen Wissenssoziologie von Berger/Luckmann,[3] die selbst wiederum auf Schütz, Weber und den amerikanischen Pragmatismus aufbauen, besonders gravierend ist. Der NI habe, so der Vor-

---

[1] Vgl. DiMaggio 1988: 3, 16; Scott/Meyer 1994: 1; Jepperson 2002.
[2] Vgl. Perrow 1985; DiMaggio 1988; DiMaggio/Powell 1991; Oliver 1991; Scott 1995; Hasse/Krücken 1996; Special Issue des American Behavioral Scientist 1997; Hirsch 1997; Kondra/Hinings 1998; Beckert 1999; Fligstein 2001; Campbell 2004.
[3] Im Original erstmals 1966 erschienen.

wurf, das sozio-phänomenologische, handlungstheoretische Erbe aufgegeben und sei zu einem funktionalistischen, positivistischen Mainstream-Ansatz geworden.[4]

Um die Problembereiche, Kritikpunkte und Weiterentwicklungen nachvollziehen zu können, ist es wichtig, sich zu vergegenwärtigen, daß die Frage nach der Mikrofundierung unterschiedliche Aspekte umfaßt. Es geht dabei nie *nur* um die Mikroebene, sondern immer auch um das Verhältnis von Institution, Akteur und Handlung, d.h. um einen Brückenschlag zwischen Handlungs- und Strukturebene. Auch ist diese Frage stark mit dem Institutionenkonzept verknüpft, da sich mit Veränderungen des Verständnisses von Institutionen die grundsätzlichen Fragestellungen verlagern. Zentrale Herausforderung ist es, soziale Akteure zwar als durch Institutionen definiert, aber nicht determiniert zu konzeptualisieren.

2   Akteure und Mikrofundierung in den frühen Beiträgen

Während in der frühen Phase der neoinstitutionalistischen Theoriebildung die Bezugnahmen auf die Wissenssoziologie oder die Ethnomethodologie zahlreich waren, sind diese in den folgenden Jahren zunehmend in den Hintergrund gerückt. Sowohl Lynne Zucker (1977: 727f.) als auch John Meyer und Brian Rowan (1977: 346) verweisen auf Berger/Luckmann und argumentieren, daß Institutionen sozial konstruierte Handlungsmuster darstellen, welche erst durch kontinuierliche Interaktionen entstehen und aufrechterhalten werden. Gleichwohl weisen diese beiden Aufsätze, die als Grundlagen der neoinstitutionalistischen Organisationstheorie betrachtet werden, in unterschiedliche Richtungen: Während Zucker auf die Mikroebene, insbesondere den Prozeß der Institutionalisierung sowie die kognitive Verankerung von institutionalisiertem Wissen fokussiert und daher als erster Meilenstein der kognitiven Wende des NI gewürdigt wird (Hasse/Krücken 1996: 97), stellen Meyer/Rowan mit ihren Rationalitätsmythen die Makroperspektive ins Zentrum. Häufig wird in diesem Zusammenhang von einem Mikroinstitutionalismus (Institution als Prozeß) und einem Makroinstitutionalismus (Institution als Ergebnis) gesprochen.[5] Die beiden Klassiker setzen aber auch hinsichtlich Mikrofundierung und Akteurskonzept unterschiedliche Akzente.

Zucker zeigt, daß die Beständigkeit kultureller Praktiken in engem Bezug zum Grad ihrer Institutionalisierung steht: Hochgradig institutionalisierte Praktiken sind relativ stabil, von Einzelpersonen unabhängig und veränderungsresistent. Wird der Kontext als hochgradig institutionalisiert angesehen, verwenden die Akteure spezifische Handlungsskripte. Sie tun dies, ohne darüber zu reflektieren, einfach, weil die Dinge so und nicht anders getan werden. Gehen Akteure bei-

---

[4] Siehe den Beitrag von *Senge/Hellmann* in diesem Band.
[5] Vgl. Zucker 1987; Scott 2001a; Walgenbach 2000.

spielsweise von einem formalorganisatorischen Kontext aus, interpretieren sie ihre eigenen Handlungen und die anderer Akteure als stärker reguliert, an bestimmte Positionen gebunden und weniger personalisiert. Zucker (1977: 726) betont, daß institutionalisiertes Wissen als soziales Faktum, als Teil der objektiven Realität, übertragen wird. Positive oder negative Sanktionen sind nicht erforderlich, sondern im Gegenteil tendenziell kontraproduktiv, weil sie deutlich machen, daß Alternativen vorhanden sind und Abweichungen vom institutionell vorgesehenen Handlungspfad grundsätzlich möglich wären (Zucker 1977: 728). In diesem Sinne sieht Zucker (1977: 741) das Befolgen von Handlungsmustern aufgrund von Zwang und Druck der institutionellen Umwelt, das bei Meyer/ Rowan im Zentrum steht, eher als ein Indiz für einen schwachen Institutionalisierungsgrad. Beide (1977: 728) betont weiters, daß die Makroebene, also die institutionelle Umwelt, und die Mikroebene, also die Interpretationen und Wahrnehmungsmuster der einzelnen Akteure, untrennbar miteinander verbunden sind und nimmt damit wesentliche Aspekte, die die spätere Diskussion prägen, vorweg: Institutionen entfalten ihre Wirkung, weil sie kognitiv so stark verankert sind, daß sie die Wahrnehmungen der Akteure und ihre Situationsdefinitionen beeinflussen. Umgekehrt sind es die Akteure, die durch diese Interpretationen und die entsprechenden Umsetzungen in Handlungen Institutionen kontinuierlich und über Generationen hinweg reproduzieren oder eben verändern.

Meyer/Rowan fokussieren in ihrem klassischen Aufsatz auf die Übernahme von Praktiken aufgrund machtvoller Institutionen in der Umwelt der individuellen oder kollektiven Akteure (z.B. Organisation). Ihr Kernargument kann als bekannt vorausgesetzt werden: Viele Elemente von Organisationen haben mit der eigentlichen Aufgabenabwicklung wenig zu tun, sie sind Manifestationen machtvoller institutioneller Regeln der Organisationsumwelt, die als rationalisierte Mythen für die Organisation verbindlich werden (Meyer/Rowan 1977: 343). Anders als Zukker, die sich vornehmlich mit Handlungsweisen beschäftigt, die unhinterfragt ausgeführt werden, betonen sie den Charakter von Institutionen als Erwartungsstrukturen. Akteure befolgen Institutionen nicht nur deshalb, weil sie selbst keine Handlungsalternativen sehen, sondern weil sie davon ausgehen, daß andere diese institutionalisierten Praktiken von ihnen erwarten (Meyer 1977: 75).

> „That is, the truly fundamental beliefs for reproducing a social order are people's beliefs about *others'* behavior and beliefs; the basic 'myths' of society operate primarily by establishing beliefs about what others think and expectations about how others will behave" (Jepperson 2002: 232).

Sie übernehmen die Vorgaben somit nicht notwendigerweise als unreflektierte, verinnerlichte Selbstverständlichkeiten, sondern gehen mit ihnen durchaus auch bewußt und kalkulierend um. Sie signalisieren beispielsweise Übereinstimmung,

koppeln aber gleichzeitig zentrale Tätigkeiten ab und schützen diese so vor externer Evaluierung („decoupling" oder „buffering" – Meyer/Rowan 1977: 356f.), da
es zur Gewinnung von Legitimität oftmals ausreicht, den Anschein der Konformität zu erwecken.[6] Meyer/Rowan (1977: 348) betonen, daß individuelle und kollektive Akteure nicht nur bestehende institutionelle Regeln für ihre eigenen Zwecke
nutzen, sondern darüber hinaus aktiv versuchen, den institutionellen Kontext entsprechend zu gestalten: „organizations do often adapt to their institutional contexts,
but they often play active roles in shaping those contexts". In ähnlicher Weise
eröffnen beispielsweise auch die drei von DiMaggio/Powell (1983) diskutierten
Isomorphie bedingenden Prozesse Raum für reflektierte und kalkulierende Aktivitäten unterschiedlich machtvoller Akteure mit divergierenden Interessen.

Was die Mikrofundierung betrifft, wird aus diesen kurzen Ausführungen
deutlich, daß Akteure in den beiden zentralen frühen Beiträgen eine durchaus aktive, wenngleich unterschiedliche Rolle spielen. Die aus diesen divergierenden Ak-
zenten resultierende Frage, ob und in welcher Form Institutionen strategisch verfügbar sind oder ob gerade im Fehlen dieser Verfügbarkeit das für den NI Charakteristische begründet liegt, führte zu nachhaltigen Diskussionen innerhalb des NI.
Obwohl darüber hinaus beide Beiträge explizit auf die Dualität von Institutionen
als Ermöglichung und Beschränkung verweisen, konzentrieren sich dennoch viele
der darauf folgenden Arbeiten zumeist auf die einschränkende Qualität von Institutionen[7] und betrachten Institutionen primär als exogene Einflußgrößen des (zumeist organisationalen) Handelns. Die Mikrofundierung von Institutionen als abge-
lagerte („sedimentierte") Erfahrungen im Wissen der Akteure geriet zunehmend in
den Hintergrund und mündete, so die Kritik von Barley/Tolbert (1997: 959), in
vielen neoinstitutionalistischen Arbeiten schließlich in einer Verdinglichung von
Institutionen.

3   Mikrofundierung und Institutionenverständnis

Um die zentrale Rolle der Mikrofundierung in der gegenwärtigen neoinstitutionalistischen Diskussion zu verstehen, ist es notwendig, einen Blick auf das neoinstitutionalistische Verständnis von Institutionen zu werfen.[8] Institutionen koordinieren
Interaktionen, verteilen Aufgaben bzw. Rollen und definieren Beziehungen der
Akteure zueinander. Sie wirken stabilisierend, indem sie Erwartungssicherheit
bieten bzw. Unsicherheiten reduzieren. Sie üben – was durch die häufig verwendeten Metaphern des institutionellen „Rahmens" oder der „gesellschaftlichen Spiel-

---

[6] Vgl. Oliver 1991: 155; Zajac/Westphal 2004.
[7] Vgl. als frühe Kritik daran Zucker 1987: 444ff.
[8] Siehe auch den Beitrag von *Senge* in diesem Band.

regeln" sehr gut bildhaft ausgedrückt wird – eine gleichermaßen beschränkende wie ermöglichende Wirkung auf die Akteure aus. Als Regeln oder Rahmen betrachtet, bleiben Institutionen und Akteure allerdings voneinander getrennte Kategorien, d.h. Institutionen bleiben dem Akteur „so äußerlich – bequem oder unbequem – wie dem Eingebetteten sein Bett" (Edeling 1999: 10).

Über diese „äußerlichen", regulativen und normativen Aspekte hinausgehend, betont der NI aber insbesondere den *konstitutiven Charakter* und die kognitive Dimension von Institutionen.[9] Es ist somit zwar richtig, daß – um die Spiele-Metapher wieder aufzugreifen – dem Spieler durch das Spiel Rechte und Pflichten eingeräumt werden und er die Regeln interpretiert und zu seinem Vorteil anzuwenden versucht. Wichtiger ist jedoch, daß es ihn ohne das Spiel als sozialen Akteur mit spezifischen Interessen und Präferenzen gar nicht gäbe. Akteure (nicht nur kollektive Akteure wie Organisationen, deren institutioneller Charakter unbestritten ist, sondern auch das Individuum als sozialer Akteur) folgen institutionalisierten Handlungsskripten nicht nur deshalb, weil sie sich dadurch Vorteile erhoffen oder Sanktionen befürchten, sondern weil sie mit der sozialen Identität, die von Institutionen bereitgestellt wird, eine bestimmte Position einnehmen und die Welt aus dieser Perspektive wahrnehmen. Scott (1995: 52) bringt diese Sichtweise auf den Punkt, indem er betont, daß Akteure und deren Beziehungen nicht bloß in soziale Strukturen eingebettet sind, sondern soziale Strukturen *sind*. In diesem konstitutiven Sinne definieren Institutionen, welche Typen von Akteuren existieren, welche Handlungsmöglichkeiten und -beschränkungen sie vorfinden und welche sozialen Bedeutungen und Erwartungen an sie und ihre Handlungen geknüpft werden. Dabei ist nicht die Annahme von Rationalität der Akteure für ein konstitutives Verständnis per se problematisch, im Gegenteil: Rationales, zielorientiertes Vorgehen wird durchaus als eine Art der Handlungsorientierungen betrachtet – aber eben nur als eine mögliche und nicht als allgemeingültiges Prinzip. Darüber hinaus sind die gesellschaftlich zur Anwendung gebrachten Rationalitätskriterien ebenso wie die Ziele, Interessen und Präferenzen der einzelnen Akteure selbst sozial konstruiert und somit an einen spezifischen historischen und sozialen Kontext gebunden (Scott 2001a: 65). Lounsbury/Ventresca (2003: 464) betonen, daß

> „institutional theory is not about the leftovers of rational action, the ways in which cultural conventions rush in where means-ends relations are opaque. Rather, institutional logics constitute the cosmology within which means are meaningful, where means-ends couplets are thought appropriate and become the naturalized, unthought conditions of social action, performing the substances at stake within them."

---

[9] Vgl. Jepperson 1991, 2001; Meyer/Boli/Thomas 1994; Meyer/Jepperson 2000; Zucker 1977.

Dies macht klar, daß in der konstitutiven Sichtweise des NI jede Dichotomisierung bzw. Trennung von sozialem Akteur und Institution eine künstliche und nur analytisch relevante ist. Es zeigt auch, vor welchem Hintergrund die Fokussierung auf die Makroebene institutionalisierter Regeln erfolgt und Akteure defokussiert werden (Jepperson 2002: 230f.).

Mit dieser Schwerpunktsetzung auf ein konstitutives Verständnis von Institutionen gehen zumeist auch spezifische Handlungskonzepte einher: Während in einer Sichtweise von Institutionen als Rahmen oder Spielregeln vielfach zielorientiertes, strategisches oder (auch ökonomisch) rationales Handeln im Zentrum steht, werden bei Betonung der konstitutiven Sichtweise, die insbesondere zu Beginn der neoinstitutionalistischen Forschung im Vordergrund stand, jene unhinterfragten Selbstverständlichkeiten hervorgehoben, die ohne bewußte Reflexion zur Anwendung kommen. In zweiterem Sinne schlägt Jepperson (1991: 148f.; 2002) vor, das Befolgen von institutionalisierten Handlungsskripten überhaupt nicht als Handeln (im Sinne von reflexivem, absichtgeleitetem Vorgehen) zu bezeichnen: „The point is: one enacts institutions; one takes action by departing from them, not by participating in them". Diese kurze Darstellung zeigt, woher die bereits sehr frühzeitig sowohl von Neoinstitutionalisten wie auch Gegnern vorgebrachte Kritik rührt, der NI habe ein „people problem" (Hallett/Ventresca 2006), arbeite mit einem passiven, konformistischen, übersozialisierten Akteur[10] und würde nicht nur den strategischen, instrumentellen Umgang mit Institutionen, sondern zusammen mit dem handlungsmächtigen, interessegeleiteten Akteur auch Macht, endogenen Wandel und Heterogenität aus dem Blickwinkel verlieren. Campbell (2004: 188) beispielsweise bezeichnet die Frage, wie Akteure ihre Probleme, mögliche Lösungen, Veränderungsmöglichkeiten und eventuelle Handlungsoptionen wahrnehmen, als „generisch blinden Fleck" der Neoinstitutionalisten, der seiner Ansicht nach aus einer „excessively structural quality of most institutional analysis" herrührt.

4   Unterschiedliche Positionen innerhalb des Neo-Institutionalismus

Als einer der ersten und schärfsten Kritiker dieser Entwicklung trat Paul DiMaggio in seinem vielfach zitierten Beitrag „Interest and Agency in Institutional Theory" (1988) auf, in dem er die Schwächen des Ansatzes prägnant zusammenfaßte und die Basis für eine theoretische Weiterentwicklung mit verstärktem Augenmerk auf Akteure, Interessen und Handlungen legte. Die Ursache dafür, daß die ursprüngliche explizite Berücksichtigung von Agentenschaft und Interessen nicht den gebührenden Platz im Forschungsprogramm des NI einnehme, sieht DiMaggio (1988:

---

[10] Vgl. Powell 1991: 183; Oliver 1991: 146; Tolbert/Zucker 1996: 176; Christensen et al. 1997; Barley/Tolbert 1997; Walgenbach 2000: 69; Scott 2001a: 193.

16) im Ziel des NI „to break through the conceptual hegemony of utilitarian, actor-interest models". Die zunehmende Ausblendung des Akteurs führe dazu, daß der NI keine eigenständige Erklärung für den Ursprung von Institutionen sowie die Prozesse der (De-)Institutionalisierung oder des institutionellen Wandels habe (DiMaggio 1988: 4). Sein Plädoyer für eine stärkere Mikrofundierung – „to bring interest and agency more centrally on the institutional stage" (DiMaggio 1988: 12) – hat auch fast zwei Dekaden später nur wenig von seiner Aktualität eingebüßt. Darüber hinaus legt DiMaggio (1988: 14) mit seinem Hinweis auf institutionelle Unternehmer – „New institutions arise when organized actors with sufficient resources (institutional entrepreneurs) see in them an opportunity to realize interests that they value highly" – den Grundstein für eine Vielzahl von späteren Arbeiten. Der institutionelle Unternehmer mit seiner Fähigkeit, existierende institutionelle Elemente in innovativer Form zu neuen Bedeutungen zu rekombinieren oder unterschiedliche Logiken für seine Zwecke zu mobilisieren,[11] wird häufig als vielversprechender Weg für eine tragfähige Mikrofundierung betrachtet.[12]

Die Kritik an einer übersozialisierten Perspektive mit zu geringen Handlungsspielräumen wurde in der Folge von zahlreichen Autoren aufgegriffen.[13] Um die eingemahnten Defizite zu beheben, konzentrierte sich die Forschung zum einen – in Fortsetzung der Arbeiten von Zucker – auf eine verstärkte Auseinandersetzung mit Prozessen der Institutionalisierung und De-Institutionalisierung,[14] da gerade hier Agentenschaft und Interessen sichtbarer sind als bei bereits etablierten Institutionen. Zum anderen wurden zahlreiche Handlungsoptionen von Akteuren mit Eigeninteressen jenseits der Konformität aufgezeigt. Insbesondere Christine Oliver skizzierte ein breites Repertoire möglicher Reaktionen auf institutionelle Erwartungen, welches nutzenorientiertes und strategisches Handeln betont. Sie unterscheidet fünf Strategien (Duldung, Kompromiß, Vermeidung, Trotz und Manipulation) mit je eigenen Techniken, die in Abhängigkeit von verschiedenen institutionellen Rahmenbedingungen zum Einsatz kommen (Oliver 1991: 160). Konformität mit institutionellen Regelungen ist dabei nur eine der Optionen.

Strategisches Handeln bezieht sich aus Sicht des NI vielfach auf die Herstellung von Legitimität.[15] Ruef/Scott (1998: 900) betonen etwa, daß Legitimität nicht nur verliehen, sondern auch aktiv hergestellt wird. Suchman (1995) unterscheidet in seinen Überlegungen betreffend das „Legitimitätsmanagement" von Organisationen verschiedene Optionen, die je nach Art der Herausforderung (Legitimati-

---

[11] Vgl. Friedland/Alford 1991: 254; Fligstein 1997; Dacin/Goodstein/Scott 2002; Munir/Phillips 2005.
[12] Siehe den Beitrag von *Quack* in diesem Band.
[13] Vgl. Oliver 1991; Goodstein 1994; Scott 1995; Christensen et al. 1997; Fligstein 1997; Kondra/Hinings 1998; Beckert 1999.
[14] Vgl. Barley/Tolbert 1997; siehe auch den Beitrag von *Quack* in diesem Band.
[15] Siehe auch den Beitrag von *Hellmann* in diesem Band.

onserhaltung, -gewinnung oder -wiederherstellung) und Legitimität (pragmatisch, moralisch oder kognitiv) variieren. Moralische Legitimität beispielsweise läßt sich durch Erfolg oder „Impression Management" herstellen. In Verbindung mit kogni-tiver Legitimität, die aus der Verwendung geteilter Interpretationsrahmen resultiert, ist kollektives Handeln in Form von Popularisierung (d.h. die Förderung einer besseren Verständlichkeit durch anschlußfähige Erklärungen) sowie Standardisie-rung denkbar (Suchman 1995: 593) – Vorgehensweisen, die in engem Zusammen-hang mit der „Theoretisierung" von Praktiken stehen (Strang/Meyer 1993). Als zentrale Akteurskategorie zur Durchsetzung neuer Realitätsdefinitionen weist Suchman auf die von DiMaggio (1988) in die Diskussion eingebrachten institutio-nellen Unternehmer hin. Im Repertoire an Taktiken, die ein Akteur bei Fligstein (1997) – auch hier geht es im Wesentlichen um die sozialen Fähigkeiten des insti-tutionellen Unternehmers – in Abhängigkeit des Feldes, in dem er aktiv wird, an-wenden kann, finden sich neben dem Ausüben direkter Autorität und verschiede-nen Verhandlungstaktiken auch Agenda Setting oder Framing. In ähnlichem Zu-sammenhang weisen Lounsbury/Glynn (2001) auf die Bedeutung von „entrepre-neurial stories" im Rahmen des strategischen Umgangs mit institutionellen Um-welten hin.

Die Öffnung für einen strategischen Umgang mit Institutionen hat indes ebenfalls zahlreiche Kritiker auf den Plan gerufen. Der NI habe, so der Vorwurf, seine theoretische Grundlage, nämlich das auf die Arbeit von Berger/Luckmann basierende Verständnis von Institutionen als internalisierte Selbstverständlich-keiten des alltäglichen Lebens, preisgegeben und beschäftige sich eigentlich gar nicht mehr mit institutionalisierten Praktiken (Tolbert/Zucker 1983: 179). Dies macht deutlich, was die zentrale Herausforderung, aber auch die Attraktivität und Relevanz der Mikrofundierung für den NI ausmacht: Akteure können absichtge-leitet oder unintendiert vorgehen, sie können sich unterschiedlicher Handlungsal-ternativen bewußt sein oder nicht (Barley/Tolbert 1997: 102; Friedland/Alford 1991: 254). Ihr Handeln kann institutionalisierte Strukturen reproduzieren oder von ihnen abweichen. Das Akteurskonzept muß all diese Varianten inkludieren. Die Schwierigkeit, all diesen Optionen gerecht zu werden, führt dazu, daß, wie Beckert (1999: 789) hervorstreicht,

> „new institutionalism has shifted uneasily back and forth between, on the one hand, a notion of culturally dominated actors and, on the other hand, a notion of rational actors as constrained in their instrumental course of action by the reality of institutionalized practices in an organizational field."

Um ein Verständnis von Akteuren und Interessen zu entwickeln, das nicht im Widerspruch mit grundlegenden Annahmen der Theorie steht, muß es gelingen, die institutionelle Verankerung zu erfassen, die – will der NI über die Kontingenztheorie hinausgehen – mehr sein muß als ein Rahmen bzw. ein „Bett" und die soziale Konstruiertheit von Akteuren und ihrer sozialen Identitäten und Positionen berücksichtigt. Gleichzeitig ist Handeln voluntaristisch zu erhalten, d.h. der NI muß auch innerhalb des konstitutiven Begriffsverständnisses von handlungsmächtigen Akteuren ausgehen bzw. strategisch agierende Akteure institutionell fundieren.

Dies gilt im selben Maße für den institutionellen Unternehmer, der, um eine tragfähige Mikrofundierung für den NI zu liefern, im allgemeinen Akteurs- und Handlungskonzept integriert werden muß und nicht zu einem besonderen Akteurstypus werden darf, der auf der konzeptionellen Ebene mit Charakteristika ausgestattet wird, über die „gewöhnliche" Akteure nicht verfügen (z.B. Charisma). Seine soziale Identität, Ressourcen und Interessen, seine besonderen Situationsdefinitionen müssen institutionell verankert sein (Meyer 2006). Auch dem institutionellen Unternehmer stehen „keine Rückzugsmöglichkeiten in ein generell ‚institutionenfreies Terrain' zur Verfügung" (Hasse/Krücken 1996: 98). In diesem Sinne weist auch Campbell (2004: 74) darauf hin, daß die entscheidende Rolle der institutionellen Unternehmer nicht in erster Linie auf individuelle Eigenschaften (wie Talent, Charisma), sondern auf deren Positionierung und Einbettung innerhalb des sozialen Beziehungs- und Institutionengefüges und damit nicht zuletzt auch die Machtausstattung zurück geht.

5   Kognitive Verfügbarkeit und diskursive Konstruktion von Institutionen

Die neoinstitutionalistische Organisationsforschung geht davon aus, daß Institutionen nur dann ermöglichend oder beschränkend wirken können, wenn entsprechende Erfahrungen im Wissen der Akteure vorhanden („sedimentiert"), die Institutionen also kognitiv verfügbar sind. DiMaggio/Powell (1991a: 22ff.) betonen in diesem Zusammenhang den Einfluß der kognitiven Psychologie auf den NI (Scott 1995: 40ff.). „Institutions do not just constrain options: they establish the very criteria by which people discover their preferences. In other words, some of the most important sunk costs are cognitive" (DiMaggio/Powell 1991a: 11).

Obwohl sozial mächtige Institutionen oft nicht ins Bewußtsein der Akteure vordringen, bedeutet Verankerung im Wissen nicht notwendigerweise, daß Institutionen unhinterfragt, wie selbstverständlich zum Einsatz kommen, sondern vielmehr, daß die Akteure die sozialen Erwartungen an sie kennen – „externe Erwartungen müssen intern erwartet werden" (Hasse/Krücken 1996: 104).[16] Ähnlich betont Giddens (1988: 57), daß die Grenze zwischen diskursivem und

---

[16] Vgl. auch Scott/Christensen 1995: 313; DiMaggio 1997: 266.

praktischem Wissen fließend und von Akteur zu Akteur verschieden ist. Ob Institutionen selbstverständlich wirken, hängt nicht nur vom Grad der Institutionalisierung, sondern vor allem vom Ausmaß der Internalisierung ab.

Mit Ausnahme von totalen Institutionen (Goffman 1961) kontrollieren Institutionen Handlungskontexte niemals vollständig. Daraus resultieren zum einen multiple Bezugsgruppen mit zum Teil unterschiedlichen Anforderungen und Erwartungen an die Akteure sowie divergierenden Sanktionsmöglichkeiten, zum anderen haben die Akteure Kenntnis von unterschiedlichen institutionellen Regelungen. In ähnlicher Weise betonen Friedland/Alford (1991: 232), daß multiple, potentiell widersprüchliche institutionelle Logiken[17] verfügbar sind. Institutionen werden handlungswirksam, indem Akteure die Situation, in der sie sich befinden, entsprechend definieren. Wo solche Definitionen gewohnheitsmäßig vorgenommen werden, erfolgt die Reproduktion der Institutionen routinemäßig. So kann jede Arbeitsanweisung grundsätzlich auf ihre Legitimität hin hinterfragt werden, trotzdem haben die Akteure im Normalfall das Prinzip hierarchisch strukturierter Durchsetzung akzeptiert, noch bevor sie ins Arbeitsleben eintreten, weil sie damit bereits in anderen Institutionen (Schule, Universität etc.) konfrontiert worden sind. Was jedoch auch in diesen unreflektierten Situationen erhalten bleibt, ist die Einsicht, daß selbst Routinen sich nicht automatisch ergeben, sondern von den beteiligten Akteuren beständig neu erarbeitet werden müssen und daß diese Notwendigkeit immer das Potenzial der Veränderung in sich birgt. Diese Fragilität auch von über lange Raum-Zeit-Strecken reproduzierten Institutionen haben die Neo-Institutionalisten im Auge, wenn sie von „institutional work" sprechen, die permanent geleistet werden muß, um die Institutionen zu reproduzieren (DiMaggio 1988: 13).

Verbunden mit dem „cognitive turn" rücken mit der Ambivalenz und Widersprüchlichkeit von institutionalisierten Umwelterwartungen und der Verfügbarkeit multipler Regelsysteme soziale Bedeutungen und Sinn sowie die Interpretationsleistungen der Akteure wieder in den Mittelpunkt neoinstitutionalistischer Forschung. In diesem Zusammenhang weisen in jüngerer Zeit zahlreiche neoinstitutionalistische Autoren auf das Potential der Wissenssoziologie und des symbolischen Interaktionismus, eine tragfähige Fundierung zu liefern.[18] Dies bringt den NI in puncto Akteurs- und Handlungskonzept wieder zu seinen Wurzeln zurück.

Für Situationsdefinitionen ist eine Mehrzahl an Interpretationsrahmen kognitiv verfügbar, das heißt, daß es *die* richtige Interpretation bzw. Situationsdefinition nicht gibt, weil immer mehr als eine Sichtweise möglich ist, sich aber sehr wohl

---

[17] Eine institutionelle Logik bezeichnet ein „set of material practices and symbolic constructions – which constitutes its (an institutional order's) organizing principles and which is available to organizations and individuals to elaborate" (Friedland/Alford 1991: 248).
[18] Vgl. DiMaggio 1997; Fligstein 2001; Campbell 2004: 65; Hallett/Ventresca 2006; Meyer 2006.

spezifische Interpretationen durchsetzen. Institutioneller Wandel erfordert daher nicht notwendigerweise äußerliche Impulse, wie technologische Entwicklungen oder durch Krisen induzierte Schocks, sondern eine Veränderung der Art und Weise, wie Akteure ihre Situation bzw. Probleme definieren und welche Handlungsoptionen bzw. Lösungsmöglichkeiten sie sehen (Campbell 2004: 188). Dacin et al. (2002: 47) betonen, daß „diversity is derived from both exogenous sources and perceptions, interpretations, and enactments of institutional logics by actors who give meaning and life to institutions". Institutionelle Unternehmer sind demnach Akteure, denen es gelingt, genügend Unterstützung zu mobilisieren, um ihre Sichtweisen auch verbindlich zu machen. Im Zusammenhang mit dieser Mobilisierung von Unterstützung werden zahlreiche Anleihen aus der sozialen Bewegungsforschung, und hier insbesondere aus dem Framing-Ansatz, genommen (Campbell 2004: 188; Davis et al. 2005). Im Zentrum dieses Ansatzes steht die soziale Konstruktion von Rahmungen bzw. Deutungen, mit denen soziale Bewegungen Unterstützung mobilisieren und Legitimation für ihre Existenz und ihr Handeln schaffen wollen.[19] Soziale Bewegungen nehmen dabei Bezug auf das geteilte Wissen, das ein unterschiedlich anschlußfähiges Repertoire an Symbolen und diskursiven Elementen enthält. Deutungskompetenz und Definitionsmacht von einzelnen Akteuren und Gruppen sind in diesem Zusammenhang zentrale Aspekte.

Schon Berger/Luckmann (1980: 69) betonten, daß „(d)ie objektivierte soziale Welt von der Sprache auf logische Fundamente gestellt (wird). Das Gebäude unserer Legitimation ruht auf der Sprache und Sprache ist ihr Hauptinstrument."[20] Bezug nehmend auf die zentrale Rolle der Sprache wird in der jüngeren Vergangenheit besonderes Augenmerk auf eine Analyse der diskursiven Rahmungs-Prozesse gelegt, in denen institutionelle Ordnung oder Wandel konstruiert wird.[21] Für die Mikrofundierung des NI kann die Rahmungsanalyse also insbesondere in den Bereichen Prozeß-, Macht- und Akteursorientierung oder „Übersetzungs"- bzw. „editing"-Aktivitäten (Sahlin-Andersson 1996), die von Kritikern des NI als fehlend moniert wurde, zentrale Impulse liefern. In engem Zusammenhang damit steht auch die Diskussion der Konzeption des organisationalen Feldes als Konfiguration jener Akteure, die sich an der Definition von kontroversiellen Themen beteiligen.[22] In diesen „Issue-Feldern" (Hoffman 1999) wird das Nebeneinander multipler institutioneller Logiken, die Aktivitäten interessierter und unterschiedlich mächtiger Akteure ebenso wie Kontinuität oder Wandel von sozialen Bedeutungen sichtbar.

---

[19] Vgl. Goffman 1986; Snow et al. 1986; Gamson 1992; Benford/Snow 2000.
[20] Vgl. Meyer/Rowan 1977: 349; Zucker 1977: 728.
[21] Vgl. Hirsch 1986; Creed/Scully/Austin 2002; Meyer 2004; Glynn/Lounsbury 2005; Ghaziani/Ventresca 2005; Meyer/Hammerschmid 2006.
[22] Siehe auch den Beitrag „Organisationales Feld und Gesellschaftlicher Sektor" von Becker-Ritterspach/Becker-Ritterspach in diesem Band.

6   Zusammenfassung

Trotz der zentralen Relevanz für die Weiterentwicklung der neoinstitutionalistischen Theorie stand die Mikrofundierung längere Zeit im Schatten der Ma-
kro-Diffusions-Studien. Erst in Folge zunehmender Kritik an diesen Diffusionsstudien – vor allem die Fragen nach Wandel, Heterogenität und „Übersetzungen"
globaler Konzepte in lokale Kontexte sowie den damit verbundenen Mechanismen betreffend – erfolgte ein „turn toward micro-level analysis and perhaps even
weak-form methodological individualism" (Campbell 2004: 89). Im Zusammenhang mit der Mikrofundierung des NI erscheint insbesondere der Einbezug des
Framing-Ansatzes der sozialen Bewegungsforschung und eine Rückbesinnung
auf die wissenssoziologischen und symbolisch interaktionistischen Grundlagen
vielversprechend.

Einführende Literatur

Campbell, John L. 2004: Institutional Change and Globalization. Princeton: Princeton Uni-
     versity Press.
Special Issue Academy of Management Journal on Institutional Theory and Institutional
     Change, 45/1, 2002.
Walgenbach, Peter/Meyer, Renate 2006: Organisationen und Institutionen. Stuttgart: Kohl-
     hammer.

Institutioneller Wandel
Institutionalisierung und De-Institutionalisierung

Sigrid Quack

In den letzten Jahren wächst in den Sozialwissenschaften das Interesse an Fragen des institutionellen Wandels. Insbesondere in Soziologie und Politikwissenschaft, aber auch in der Ökonomie, werden Institutionen nicht mehr nur als übergreifende Erwartungszusammenhänge und vorgegebene Ordnungsstrukturen gesehen, die begrenzend, hemmend, ermöglichend oder fördernd auf Verhaltensweisen einwirken. Vielmehr wird zunehmend auch nach den Voraussetzungen, Akteuren und Prozessen gefragt, die zur Entstehung, Durchsetzung und Veränderung sowie dem Verfall und Verschwinden von Institutionen beitragen. Den institutionellen Wandel wissenschaftlich in den Blick zu nehmen bedeutet auch, sich mit einem der großen Grundthemen der Sozialwissenschaften, dem Spannungsverhältnis zwischen Akteurshandeln und gesellschaftlichen Strukturen, auseinander zu setzen.

Der soziologische Neo-Institutionalismus US-amerikanischer Herkunft (im Weiteren: NI) befaßte sich mit diesen Fragen zunächst insbesondere im Kontext der Organisationsforschung. Seit den 1990er-Jahren gibt er aber immer wieder auch Anstöße zur soziologischen Theoriebildung. Diese Anregungen gingen zum einen von der Forschergruppe um John Meyer in Stanford aus, die die Institutionentheorie auf weltgesellschaftliche Zusammenhänge ausdehnte. Zum anderen erfolgten wichtige Impulse durch mikrosoziologisch orientierte Studien; sie fragten nach der Legitimierung oder Delegitimierung institutioneller Formen und erkundeten die Freiheitsgrade, die zwischen institutionellen Erwartungszusammenhängen und tatsächlichem Verhalten bestehen. Ingesamt betont der NI die normativen und kognitiven Dimensionen des institutionellen Wandels, die zu einer Angleichung von Verhaltenserwartungen und Organisationsmustern führen. Der NI setzt sich damit von ökonomischen und politikwissenschaftlichen Ansätzen ab, die stärker auf die Steuerung des Akteurshandelns durch Anreize und Verbote abstellen und die Effizienz institutioneller Arrangements hervorheben (North 1990; Hall/Soskice 2001a).

1 Prozesse des Institutionenwandels

Prozesse des Institutionenwandels können aus verschiedenen Perspektiven betrachtet werden (Jepperson 1991). Während sich frühe Arbeiten des NI vorrangig mit der Verbreitung und Diffusion institutioneller Formen und Regeln (*Institutionalisierung*) befaßten, wurden in der Folge auch vermehrt der Verfall und Abbau institutioneller Vorgaben (*De-Institutionalisierung*) sowie die Ersetzung bestehender durch neue Institutionen (*Re-Institutionalisierung*) untersucht. Im Folgenden soll das Vorgehen neo-institutionalistischer Autorinnen und Autoren bei der Untersuchung dieser Typen des Institutionenwandels am Beispiel einiger Studien veranschaulicht werden.

1.1 Institutionalisierung

Im Mittelpunkt der Studien zur Institutionalisierung steht die Herausbildung formaler Organisationsmuster und Verhaltensregeln und deren Diffusion durch regulative, normative und kognitive Mechanismen (DiMaggio/Powell 1983; Scott 2001a). Von besonderem Interesse für den NI ist dabei der letztgenannte Mechanismus. Bereits Meyer/Rowan (1977) beschrieben die Institutionalisierung „rationaler" Organisationsmythen als einen Prozeß, bei dem bestimmte kognitive Klassifikationen verbreitet und als wechselseitige Verhaltenserwartungen generalisiert werden. Dies führt dazu, daß die beteiligten Akteure sie zunehmend als selbstverständlich („taken-for-granted") ansehen. Vertreterinnen und Vertreter des NI betonen die Bedeutung gesellschaftlicher Legitimität für den positiven Verlauf von Diffusionsprozessen. Mit zunehmender Diffusion einer Organisationsform wachse – so die Grundannahme – der Legitimitätsdruck auf die verbleibenden Organisationen, sich ebenfalls anzupassen, und zwar unabhängig davon, ob die neue Organisationsform zu einer Effizienzsteigerung organisationaler Prozesse führt oder nicht. Herausbildung und Verfestigung organisationaler oder institutioneller Felder tragen wesentlich dazu bei, daß sich Verhaltenserwartungen wechselseitig strukturieren (DiMaggio/Powell 1983; Hoffman 1999).

Empirische Befunde weisen auf unterschiedliche Dynamiken der Institutionalisierung hin; dies gab den Anlaß, verschiedene *Verlaufsmodelle* zu entwickeln. So stellten Tolbert/Zucker (1983) in ihrer Untersuchung der Verwaltungsreformen im U.S.-amerikanischen öffentlichen Dienst im Zeitraum von 1880 bis 1935 fest, daß zunächst Stadtverwaltungen mit aktuellem Problemlösungsbedarf die Reformen übernahmen; später folgten Stadtverwaltungen, für die der Legitimitätsgewinn, der mit der Übernahme verbunden war, den Ausschlag gab. Dieser Verlauf entspricht dem Phasenmodell „Habitualisierung, Objektivierung und Sedimentierung", das

Tolbert/Zucker in einem späteren Fachbeitrag (1996) unter Rückgriff auf Berger/Luckmann entwickelten. In der ersten Phase, der Habitualisierung, entwickeln Akteure in regelmäßigen Interaktionen spezifische Verhaltensmuster zur Lösung konkreter Problemstellungen, denen gemeinschaftlich geteilte Bedeutungen zugeschrieben werden. Habitualisierung bezeichnet hier also gemeinsame Praktiken auf der Ebene des Alltagshandelns, die nur durch beständige gemeinsame Ausübung in einem lokal begrenzten Kontext Geltung entfalten.[1] Im Zuge der Objektivierung werden Argumentationen zur Legitimierung der Denk- und Verhaltensmuster vorgebracht, die dazu beitragen können, daß diese über den lokalen Kontext hinaus von anderen Akteuren akzeptiert und übernommen werden. Eine vollständige Institutionalisierung erfordert als dritten Schritt die Sedimentierung, d.h. die Verinnerlichung und Naturalisierung als „sozialem Fakt". Der Vorteil dieser Konzeption: Es können verschiedene Grade der Institutionalisierung unterschieden werden (Jepperson 1991). So bezeichnen Tolbert/Zucker die Habitualisierung als vorinstitutionelle und die Objektivierung als semi-institutionelle Phase. Eine vollständige Institutionalisierung hängt von vielen Voraussetzungen ab, unter anderem von einem geringen Widerstand gegnerischer Gruppen, der kontinuierlichen kulturellen und symbolischen Unterstützung und Beförderung durch Befürworter sowie einer positiven Beziehung zu den erwünschten Ergebnissen (Tolbert/Zucker 1996: 184).

Dieses Phasenmodell weist jedoch in zweierlei Hinsicht Beschränkungen auf. Zum einen favorisiert es kognitive Mechanismen der Diffusion gegenüber solchen, die auf normativem Druck oder Zwang basieren. Zum anderen wird von einer allmählich ansteigenden Diffusionskurve ausgegangen, die episodisch und zyklisch schwankende Diffusionsmuster unberücksichtigt läßt. Lawrence et al. (2001) stellen eine Konzeptualisierung temporaler Institutionalisierungsmuster vor, die zwischen Einflußnahme, Gewalt, Disziplin und Dominanz als unterstützenden Faktoren differenziert und diese in Beziehung zu Geschwindigkeit und Stabilität von Institutionalisierungsprozessen setzt. Diese Konzeptualisierung erlaubt es, bislang als abweichend klassifizierte Institutionalisierungsverläufe einzuordnen.[2]

Für die Studien zur Institutionalisierung ist *Isomorphismus* als Quelle konvergenten Institutionenwandels ganz zentral.[3] Die Verbreitung einer Organisationsform oder einer Verhaltenserwartung führt zur Homogenisierung der empirisch beobachtbaren formalen Institutionen. Ein Beispiel hierfür auf der Makroebene ist: die weltweite Angleichung von Nationalstaaten im Hinblick auf die formale und inhaltliche Ausgestaltung ihrer Verfassungen und die Anerkennung bestimmter

---

[1] Habitualisierung meint in diesem Zusammenhang also gerade nicht die von Bourdieu (1982) als Habitus bezeichnete Verinnerlichung von Verhaltensweisen und -erwartungen auf Basis von Sozialisationsprozessen.

[2] Für weitere Studien vgl. Ritti/Silver 1986; Røvik 1996.

[3] Siehe auch den Beitrag zu "Isomorphie" von *Becker-Ritterspach/Becker-Ritterspach* in diesem Band.

internationaler Konventionen zu Menschenrechten.[4] Auf der Mikro- und Mesoebene wird der homogenisierende Effekt von Institutionalisierungsprozessen illustriert
durch die Verbreitung der multidivisionalen Form unter U.S.-amerikanischen Unternehmen (Fligstein 1985), durch die Diffusion bestimmter Formen der Hoch-
schulbudgetierung (Covalevski/Dismith 1988), die Übernahme neuer Organisati-
ons- und Produktionsmodelle durch US-amerikanische Rundfunkstationen (Leblebici et al. 1991), die Verbreitung von Bilanzierungspraktiken in den größten U.S.-
Unternehmen (Mezias 1990) und Managementwissen in verschiedenen Ländern
(Meyer 2004; Sahlin-Andersson/Engwall 2002).

Die NI-Analyse von *Diffusionen* hebt die Bedeutung institutioneller Interaktionen hervor. Diese können zum einen auf strukturellen Beziehungsnetzwerken
basieren (Djelic 2004; Powell et al. 2005). Sie können zum anderen über symbolische und kulturelle Medien und Artefakte befördert werden. Nach Strang/Meyer
(1993) tragen vor allem kulturelle Homogenität und die Theoretisierung bestimmter Praktiken, d.h. deren Erklärung und Präsentation als überlegene und normativ
gültige Muster, zur Diffusion und Institutionalisierung von Verhaltenserwartungen
bei. Die Institutionalisierung von Organisationsformen und Verhaltenserwartungen
verlaufe in vielen Fällen unabhängig von Strukturierungsprozessen in spezifischen
organisationalen oder institutionellen Feldern und strukturellen Beziehungsnetzwerken. Nur so lasse sich die rasche weltweite Institutionalisierung spezifischer
Verhaltenserwartungen, etwa die Anerkennung von Menschenrechtskonventionen
durch Nationalstaaten, erklären (Strang/Soule 1998).

Die *Ergebnisse* von Diffusionen müssen aber nicht zwangsläufig einheitlich,
sie können durchaus sehr unterschiedlich sein (Dobbin 1994a). Ursachen hierfür
liegen zum einen in Übertragungsfehlern (Zucker 1977), zum anderen darin, daß
jeder Versuch der Imitation zwingend auch ein innovatives Element beinhaltet.[5]
Eleanor Westney (1987) arbeitete in ihrer Untersuchung der Nachahmung westlicher Organisationsmuster im Meiji-Japan (1868-1912) heraus, wie mimetische
Diffusionen – insbesondere solche zwischen sehr unterschiedlichen Kulturen – zur
Quelle immer neuer und unterschiedlicher Adaptionen und Varianten des transfe-
rierten Modells werden. Wie bedeutsam der lokale institutionelle und kulturelle
Kontext für die unterschiedliche Adaption von Transfers ist, wird insbesondere von
europäischen Vertreterinnen und Vertretern des „Effet Social"- und des „Business
Systems"-Ansatzes betont.[6] Djelic (1998) zeigt in ihrer Untersuchung des Trans-
fers des U.S.-amerikanischen Modells nach Europa, daß geopolitische Abhängigkeiten, transnationale Netzwerke von Eliten und die Stärke der Ablehnung und des
Widerstandes von Akteuren prägend waren für den Erfolg oder Mißerfolg und die

---

[4] Vgl. Boli/Thomas 1999; Finnemore 1993, 1996a; Meyer et al. 1997.
[5] Siehe auch den Beitrag zu "Isomorphie" von *Becker-Ritterspach/Becker-Ritterspach* in diesem Band.
[6] Vgl. Maurice/Sorge 2000; Sorge 2005; Whitley 1999.

spezifischen Formen der Adaption. Neben den genannten Studien wiesen vor allem Vertreterinnen und Vertreter des skandinavischen NI darauf hin, daß Diffusionen und Transfers immer auch Übersetzungsleistungen zwischen unterschiedlichen sozialen und kulturellen Kontexten umfassen, und daß diese Übersetzungen je nach sozialem Kontext zu einer Vielzahl unterschiedlicher Ergebnisse von Institutionalisierung führen können.[7] Untersuchungen der durchaus sehr divergenten Formen der substanziellen Adaption weltgesellschaftlicher Institutionen, etwa der lokalen Implementation internationaler Menschenrechtskonventionen in verschiedenen Ländern, verweisen ebenfalls auf die Bedeutung von Übersetzungs- und Anpassungsprozessen und die daraus resultierenden divergenten Ergebnisse von Institutionalisierung (Heintz et al. 2001).

1.2 De-Institutionalisierung

De-Institutionalisierung bezieht sich im NI-Ansatz auf Prozesse, die Institutionen schwächen, zur Erosion ihres Geltungsgrades beitragen oder diese ganz zum Verschwinden bringen. Dies kann durch regulative Veränderungen (z.B. Gesetzesänderungen oder abnehmende Befolgung von Gesetzen), ebenso durch normativen und kognitiven Wandel erfolgen. In der Regel stehen wachsende Diskrepanzen zwischen Erwartungshaltungen und dem Handeln der Akteure am Anfang einer De-Institutionalisierung, sei es nun, daß das Alltagshandeln immer weniger den institutionellen Verhaltensanforderungen entspricht, kollektive „Selbstverständlichkeiten" von immer mehr Beteiligten kritisch hinterfragt oder normative Erwartungen wiederholt nicht erfüllt werden. Allen institutionellen Systemen wohnen zwangsläufig solche Abweichungen zwischen institutionellen Vorgaben einerseits und dem Handeln und Denken der Akteure andererseits inne. Sie resultieren u.a. aus unvollständigen Übersetzungen (Zucker 1977) und der beständigen Anpassung institutioneller Vorgaben an konkrete Sachverhalte (Beckert 1999). Die Übergänge von einem „Normalzustand" zu einer De-Institutionalisierung sind denn auch fließend und häufig schwer zu erkennen. Von De-Institutionalisierung wird im NI gesprochen, wenn die gesellschaftliche Unterstützung für eine Institution sichtbar abnimmt, wenn ihre Zweckmäßigkeit z.B. durch einflußreiche Gruppen offen in Frage gestellt wird oder ihre Verhaltensanforderungen von der Mehrheit der Akteure nicht mehr befolgt werden. De-Institutionalisierung bedeutet in den Worten von Tolbert/Zucker (1996), daß die Grundlagen für die Objektivierung und Sedimentierung schwinden.

---

[7] Vgl. Czarniawska/Sevón 1996b; Cziarniawska/Joerges 1996.

Christine Oliver (1992) identifiziert politischen, funktionalen und sozialen Druck als drei Ursachen für De-Institutionalisierung.

- *Politischer Druck* erwächst aus intentionalem, interessengeleitetem Handeln von Akteuren, das darauf abzielt, die Legitimität existierender Institutionen in Frage zu stellen. Die Ursachen für eine De-Institutionalisierung können aber auch weniger politischer als funktionaler Natur sein.

- *Funktionaler Druck* ist wirksam, wenn die Legitimität einer Institution von den Beteiligten aufgrund ihrer wachsenden Inkompatibilität mit technischen und ökonomischen Anforderungen in Frage gestellt wird. In beiden Fällen verfolgen Akteure eine bewußte und gezielte Abkehr von institutionalisierten Praktiken. De-Institutionalisierung muß aber nicht immer das Ergebnis intentionalen Handelns sein, sondern kann auch eher beiläufig als Nebenprodukt von Prozessen des Organisationswandels oder Strukturveränderungen in der Umwelt von Organisationen zu Stande kommen.

- *Sozialer Druck* für eine De-Institutionalisierung erwächst aus Prozessen der Differenzierung und Fragmentierung zwischen Organisationsmitgliedern und im Umfeld einer Organisation, die zu einer Abschwächung oder dem Verlust des normativen Konsensus und geteilter kognitiver Wahrnehmung führen und auf diese Weise die Legitimität einer Institution aushöhlen können.

Welche Mittel und Ressourcen für eine De-Institutionalisierung benötigt werden und welche Akteure dabei die größte Aussicht auf Erfolg haben, ob dieser Prozeß das Ergebnis strategischer Bemühungen bestimmter Akteursgruppen ist oder sich eher aus komplexen gesellschaftlichen Konstellationen emergent entwickelt – all dies hängt von den genannten Graden und Mechanismen der Institutionalisierung ab. Nach Tolbert/Zucker (1996) können habitualisierte Verhaltenserwartungen leicht in Frage gestellt und umgangen werden. Vollständig institutionalisierte Verhaltensmuster weisen dagegen eine höhere Beständigkeit und Selbstverständlichkeit auf. Eine institutionalisierte Verhaltenserwartung, die in erster Linie auf gesetzlichen Vorschriften beruht, ist noch verhältnismäßig leicht abzuschaffen: durch episodisches regulatives Handeln der dazu befugten gesellschaftlichen Funktionsträger oder der legitimierten Herrschaftsträger einer fremden Besatzungsmacht. Bei einer Verhaltenserwartung, die sich auf gesellschaftlich tief verwurzelte Überzeugungen und Wahrnehmungsmuster, vielleicht sogar individuell verinnerlichte Disziplin stützt, wird dies schon schwieriger. Letzteres erfordert in der Regel eine viel weitergehende gesellschaftliche Mobilisierung, indem auf die öffentliche Meinungsbildung und individuelle Selbstwahrnehmung Einfluß genommen wird. Selbst wenn der Einsatz unterschiedlichster Ressourcen dazu führt, daß eine Institution an Legitimität einbüßt, folgt daraus nicht zwangsläufig deren De-Institutionalisierung. Interessierte Akteure entwickeln mitunter durchaus erfolgreiche „Reparaturstrategien" (Suchman 1995a). Diese zielen darauf ab, Kritik am funktionalen Versagen der Institution durch Erklärungen oder die Einführung neuer Aufsichtsgremien aufzufangen, Verschiebungen in Interessen- und Machtkonstellationen entgegenzuwirken oder die Institution von sich diversifizierenden alltagsweltlichen Praktiken und Sichtweisen zu „entkoppeln". Solche Reparaturstrategien lassen sich am leichtesten zur Wiederherstellung pragmatischer Legitimität generieren, können sich aber auch – wie Suchman zeigt – im Bereich der moralischen und kognitiven Legitimität entfalten.[8]

1.3 Re-Institutionalisierung und institutionelle Weiterentwicklung

Institutioneller Wandel findet nur selten in einem sozialen Vakuum, hingegen meist im Kontext von Gesetzen, Standards und impliziten Erwartungen statt. Häufig geht der Institutionalisierung einer Verhaltenserwartung der Legitimitätsverlust oder gar die De-Institutionalisierung anderer institutioneller Regeln voraus. Re-Institutionalisierung, der Ersatz bestehender durch neue Institutionen, stellt also eine durchaus häufige Form des Institutionenwandels dar. „Neu" geschaffene Institutionen sind auch keineswegs immer so neu, wie sie auf den ersten Blick erscheinen. Anknüpfungspunkte bestehen hier zu andern soziologischen und politikwissenschaftlichen Institutionentheorien. So weisen Streeck/Thelen (2005: 19ff) darauf hin, daß alte Institutionen nicht selten für neue Zwecke umfunktioniert („Konversion"), bestehende Institutionen durch andere „ersetzt" oder um einen „Anbau" erweitert werden. Auch der soziologische NI wandte sich in den letzten Jahren verstärkt der Betrachtung derart komplexer Phänomene des institutionellen Wandels zu. Hierzu hat insbesondere die Erweiterung der Forschungsperspektive auf Wechselwirkungen zwischen verschiedenen gesellschaftlichen Ebenen wie Organisationen, organisationalen Feldern und nationalen Regimen beigetragen.

Scott (2001a) schlägt vor, zwischen *„Top-down"-* und *„Bottom-up"- Prozessen* zu unterscheiden. So begrenzen und ermöglichen Institutionen auf der internationalen oder nationalen Ebene durch „Top-down"-Prozesse (Zwang, Anreize, Nachahmung oder Sozialisation) Handlungen von Akteuren in lokalen Kontexten. Synchron hierzu beeinflussen und verändern lokale Akteure und Strukturen über „Bottom-up"-Prozesse (selektive Verarbeitung, Interpretation, Adaption oder Rekombination) den übergeordneten institutionellen Kontext. Ein illustratives Beispiel für das Zusammenwirken dieser Prozesse stellen die Initiativen U.S.-amerikanischer Personalmanager zur Auslegung der Bürgerrechtsgesetzgebung hinsichtlich deren Anwendung auf Gleichstellung in Unternehmen dar.[9] Carruthers/Halliday (1998) arbeiteten heraus, wie Initiativen des Gesetzgebers zu

---

[8] Siehe auch den Beitrag von *Hellmann* in diesem Band.
[9] Vgl. Edelman 1992; Dobbin et al. 1993; Sutton/Dobbin 1996.

Reformen im Insolvenzrecht in den U.S.A. und Großbritannien auf je unterschiedliche Weise von Rechtsanwälten und Anwaltsverbänden aufgegriffen wurden, um die materielle und prozedurale Gestaltung dieses Rechts zu beeinflussen. Djelic/Quack (2003a) sowie Djelic/Sahlin-Andersson (2006) thematisieren die Wechselwirkungen von „Top-down"- und „Bottom-up"-Prozessen im Kontext *transnationaler Governance*. Sie zeigen, wie lokale und nationale Akteure an der Genese transnationaler Institutionen beteiligt sind und welche Rückwirkungen sich hieraus für Institutionen im nationalen und lokalen Kontext ergeben. Die Beiträge im Sammelband von Djelic/Quack illustrieren institutionelle Innovationen, die als „Rekombination" oder „Bricolage" bezeichnet werden (Campbell 2004; Douglas 1991). Gemeint sind damit die Kombination alter und neuer wie auch die Übernahme von Elementen grenzüberschreitender Institutionentransfers und deren Neuverknüpfung mit lokalen Institutionen. Nach Campbell/Pederson (1996) charakterisiert dieser Mechanismus auch viele Bereiche institutionellen Wandels in Osteuropa nach der „Wende" (Stark 1996). Die möglichen Ergebnisse der institutionellen Rekombination werden beeinflußt durch den lokalen Kontext, den Grad der politischen Mobilisierung für oder gegen spezifische institutionelle Lösungen, soziale Auseinandersetzungen um Macht und Einfluß zwischen den beteiligten Gruppen sowie deren Fähigkeiten und Potenziale, Ressourcen zur Implementierung zu mobilisieren (Djelic 1998).

Der soziologische NI hat sich im Unterschied zur politikwissenschaftlichen Forschung[10] vergleichsweise wenig mit der *Weiterentwicklung von Institutionen von innen heraus* befaßt; geschuldet ist dies unter anderem seinem starken Fokus auf formale und seiner Vernachlässigung inhaltlicher Aspekte von Institutionen. So sagt die weltweite staatliche Anerkennung von Menschenrechtskonventionen (formale Ebene) noch nichts darüber aus, wie diese Konventionen innerhalb unterschiedlicher Staaten implementiert, angewandt und weiterentwickelt werden. Die Weiterentwicklung von Institutionen betrifft Modifikationen innerhalb einer institutionellen Form, die durch eine veränderte Interpretation und Aneignung seitens der Akteure zustande kommen. Dies kann im Zeitverlauf dazu führen, daß institutionalisierte Verhaltenserwartungen sich intern ausdifferenzieren, an veränderte Umweltbedingungen anpassen und Ergänzungen erfahren, wobei sie aber weiterhin derselben grundlegenden Logik folgen. Ein Beispiel stellt die historische Entwicklung des Sozialversicherungssystems in Deutschland dar: Ausgehend von einer Unfall- und Krankenversicherung für Arbeiter wurden die Leistungen im Folgenden auf andere Risiken (Alter, Arbeitslosigkeit) und Bevölkerungsgruppen (Angestellte, Beamte) ausgeweitet, wobei am Prinzip einkommensbasierter Beitragszahlungen festgehalten wurde. Berührungspunkte gibt es zu Analysen des

---

[10] Vgl. Clemens 1993; Steinmo et al. 1992; Thelen 2003.

pfadabhängigen Wandels in der Forschungstradition der vergleichenden Betrachtung von Wirtschafts- und Produktionssystemen.[11]

2   Ursachen institutionellen Wandels

Bei den Ursachen institutionellen Wandels wird unterschieden zwischen solchen, die von innerhalb (*endogen*), und solchen, die von außerhalb (*exogen*) des institutionellen (Teil-)Systems wirken. Wird zum Beispiel der institutionelle Wandel in Organisationen untersucht, so können die Einführung neuer Technologien und Managementtechniken, Gesetzesänderungen oder Veränderungen relevanter gesellschaftlicher Werte und Einstellungen *exogene* Anstöße dafür geben, daß Institutionen an Bedeutung verlieren, sich verändern, oder daß sich neue Institutionen entwickeln. Liegt der Fokus hingegen auf Veränderungen makro-gesellschaftlicher Institutionen, so kommen eher ökonomische und politische Krisen, geopolitische und weltgesellschaftliche Einflüsse als exogene Faktoren in Betracht. Auf beiden Ebenen kommt der grenzüberschreitenden Diffusion von Ideen und Ideologien eine wachsende Bedeutung zu (Campbell 1998).

Endogener Wandel in hochgradig institutionalisierten Systemen erscheint zwar zunächst als ein Widerspruch in sich selbst: Warum und wie sollten Akteure Regeln in Frage stellen, verändern und ersetzen wollen, wenn diese eine „Taken-for-granted"-Qualität und hohe soziale Legitimität besitzen? Dennoch: Es lassen sich endogene Quellen institutionellen Wandels ermitteln. Sie ergeben sich aus den Spielräumen, die zwischen institutionellen Verhaltensanforderungen einerseits und dem tatsächlichen Handeln der Akteure andererseits bestehen, aus der Veränderlichkeit und Interpretierbarkeit von institutionellen Regelungen (Clemens/Cook 1999; Sewell 1992) sowie den internen Widersprüchen, die sich historisch als Ergebnis nicht intendierter Folgen in den meisten komplexen institutionellen Systemen herausbildeten.[12] Veränderungen in den Interessen- und Machtkonstellationen, sozialer Wandel sowie neue Einstellungen und Präferenzen in einer Gesellschaft veranlassen individuelle und kollektive Akteure dazu, sich Institutionen immer wieder neu anzueignen, sie zu interpretieren und „auszuhandeln": Dies sind die internen Triebfedern des Institutionenwandels.

Daneben kann auch zwischen *angebots- oder nachfrageseitigen Faktoren* unterschieden werden, die zur Genese neuer institutioneller Formen beitragen. Nach Suchman (1995b) geht der Anstoß für die Schaffung neuer Institutionen von der Entwicklung, Wahrnehmung und Benennung eines wiederkehrenden Problems aus, für das bestehende Institutionen keine befriedigende Lösung anbieten. Dem-

---

[11] Vgl. Deeg 2005; Morgan et al. 2005; Morgan/Kubo 2005.
[12] Vgl. Scott 2001a; Thelen/Streeck 2005; Townley 2002.

nach sind es also in erster Linie spezifische Problemstellungen, wenn auch sozial konstruiert und wahrgenommen, die zur Genese von Institutionen führen. Die Weltgesellschaftstheorie von John Meyer et al. (1997) hingegen legt eine eher angebotsorientierte Sichtweise nahe. Professionsangehörige und Akteure aus der Wissenschaft besetzen institutionalisierte Positionen, die es ihnen erlauben, neue institutionelle Regeln und Formen zu entwerfen und durchzusetzen. Propagiert und verbreitet werden diese institutionellen Formen unter dem Banner der Modernisierung, unabhängig von spezifischen Problemstellungen oder sozialen Kontexten.

3   Zum Verhältnis von Interessen, Akteuren und Institutionen

Zentral für die Untersuchung verschiedener Formen des institutionellen Wandels ist das Verhältnis von Interessen, Akteuren und Institutionen. Die Interessen und Identitäten von Akteuren, so die theoretischen Grundannahmen des NI, werden durch den institutionellen Kontext zwar geprägt, aber keineswegs vollständig determiniert. Akteure imaginieren, evaluieren und rekonstruieren ihre Wahlmöglichkeiten in einem interpretativen Dialog mit den institutionellen Rahmenbedingungen. Regeln müssen ausgewählt und interpretiert werden, um befolgt werden zu können (March/Olsen 1998). Normen und Werte stellen einen kulturellen „Werkzeugkasten" für das strategische Handeln von Individuen und Organisationen dar (Swidler 1986). Institutionen bedürfen somit nicht nur der aktiven Aneignung und Unterstützung durch die Akteure, um fortbestehen zu können; sie stellen vielmehr auch eine Ressource für individuelle und kollektive Akteure dar, die sie zur Verfolgung ihrer Interessen zu mobilisieren vermögen. Akteure können strategisch und praktisch darauf hinwirken, institutionelle Rahmenbedingungen entsprechend ihren Vorstellungen und Interessen zu verändern. Neuere Studien des NI heben besonders darauf ab, wie Individuen und Organisationen durch strategisches Verhalten und Innovationen aktiv zum Institutionenwandel beitragen.[13]

Wie Institutionen entstehen und wie sie sich entwickeln, wird in den verschiedenen Strömungen des NI ganz unterschiedlich konzipiert: Sind sie für die einen Resultat eines absichtsvollen Designs einiger institutioneller Unternehmer („institutional entrepreneurs"), sehen andere sie als Ergebnis einer kumulativen Verfestigung des Alltagsgebrauchs von Routinen, Praktiken und Gebräuchen, die nicht notwendigerweise von allen beteiligten Akteuren intendiert war – insbesondere nicht, wenn es sich um eine große Zahl dezentral agierender Individuen und Gruppen handelt (Hasse/Krücken 2005a). Die erste Sichtweise ist vor allem mit strategieorientierten und machtpolitischen Ansätzen des NI verbunden;[14] sie kam

---

[13] Vgl. Oliver 1991; Greenwood et al. 2002; Morgan/Quack 2005.
[14] Vgl. Fligstein 1990; Oliver 1988; Suchman/Cahill 1996; Lepsius 1995.

vor allem in der Untersuchung von Gesetzesreformen und supranationalen Politik-
agenden (Fligstein/Mara-Drita 1996) und der Genese organisatorischer Felder zum
Tragen (DiMaggio 1991; Sahlin-Andersson 1996). Die zweite Perspektive greift
auf die wissenssoziologische Arbeit von Berger/Luckmann aus dem Jahr 1967
zurück und wendet diese auf emergente Prozesse des institutionellen Wandels an.[15]
Demnach kann sowohl Handeln, das sich an einer Logik der erwarteten Konsequenzen, als auch solches, das sich an einer Logik der Angemessenheit
(March/Olsen 1998) orientiert, zur Entstehung und zum Wandel von Institutionen
führen. Beide Perspektiven beziehen wichtige Impulse und Grundlagen aus der
Feldtheorie Bourdieus (1982, 1989) und der Strukturationstheorie Giddens (1988).

Der Begriff des *institutionellen Unternehmers* („institutional entrepreneur")
wird in der Regel mit dem Prototyp eines strategisch initiierten, interessen- und
machtpolitisch motivierten Institutionenwandels verbunden (Beckert 1999). Di-
Maggio (1988) zufolge entstehen neue Institutionen, wenn organisierte Akteure
mit ausreichenden Ressourcen in der Genese solcher Institutionen eine Möglichkeit
sehen, ihre Interessen durchzusetzen. Institutionelle Unternehmer suchen geeignete
politische Möglichkeiten zur Propagierung ihrer Interessen und Ideen und formu-
lieren diese so, daß sie an die Interessen wichtiger gesellschaftlicher oder organisationaler Gruppen anknüpfen (Fligstein 1997). Interessen und Ideen können institutionellen Wandel begünstigen wie auch begrenzen. Häufig bereiten die Erarbeitung
und Verbreitung neuer kognitiver Rahmungen regulativen und normativen Wandel
vor (Campbell 2004). So zeigt Kristina Tamm Hallström (2004) in ihrer Untersuchung internationaler Standardsetzungsagenturen, wie diese ganz gezielt die Zu-
sammenarbeit mit anderen internationalen Organisationen und nationalen Stan-
dardsetzern suchten, um für ihre Ziele zu werben und ihr Herangehen an Standardisierung mehrheitsfähig zu machen. Daß strategisches Handeln nicht auf einzeln
agierende Unternehmen oder Organisationen beschränkt ist, zeigt Peter Walgenbach (2000) in seiner Untersuchung der Entstehung, Verbreitung und Nutzung von
ISO-Standards für das Qualitätsmanagement. In diesem Fall mobilisierte und in-
tervenierte eine Vielzahl von Organisationen zugunsten der Verbreitung und Anerkennung der ISO-Standards.

Die Schöpfer neuer institutioneller Regeln oder Formen sind, wie entsprechende Befunde nahe legen, häufig an den Übergängen oder Verbindungen zwischen unterschiedlichen sozialen Netzwerken, organisationalen oder institutionalen
Feldern angesiedelt. Eine solche *soziale Platzierung* scheint auch die Wahrscheinlichkeit dafür zu erhöhen, daß der angestoßene Wandel transformativ wirkt.[16] Die
Gründe hierfür liegen zum einen in dem breiteren Repertoire an institutionellen
Verhaltenserwartungen, mit dem diese Akteure vertraut sind. Zum anderen können

---

[15] Vgl. Zucker 1977; Barley/Tolbert 1997; Davis/Marquis 2005.
[16] Vgl. Campbell 2004; Djelic 2004; Djelic/Quack 2003a; Scott 2001a.

diese Akteure durch ihre verzweigten Netzwerkbeziehungen auf vielfältigere Ressourcen zurückgreifen und werden häufiger mit neuen Ideen konfrontiert als Akteure, die in einem weitgehend homogenen sozialen und institutionellen Umfeld angesiedelt sind.

Je nach Verlaufsform kann institutioneller Wandel ganz unterschiedliche Ergebnisse zeitigen. Berührungspunkte ergeben sich zu Debatten in Ökonomie und Politikwissenschaft, in denen häufig von einer Abfolge langer Phasen der institutionellen Beharrung und Stabilität und kurzen Episoden der Möglichkeit radikaler Veränderung von Institutionen ausgegangen wird. Dabei wird dem Typus des *graduellen Wandels mit geringfügigen, adaptiven Effekten* jener des *abrupten Wandels mit umfangreichen transformativen Wirkungen* gegenübergestellt. Studien zur Liberalisierung und Globalisierung weisen jedoch auf die wachsende Bedeutung einer dritten Form des Institutionenwandels hin: *graduelle transformative Veränderungen*, die über einen längeren Zeitraum hinweg durch die Akkumulation gradueller institutioneller Modifikationen zu einer grundlegenden Transformation von Institutionen führen.[17]

4   Zusammenfassende Einschätzung

Die Stärken des zuerst in den U.S.A. entwickelten soziologischen NI liegen vor allem in jenen Bereichen, in denen wirkungsvolle mimetische und kognitive Mechanismen zur Institutionalisierung oder De-Institutionalisierung von Verhaltenserwartungen führen und in denen die gesellschaftliche Legitimität eine Dynamik struktureller Isomorphie in Bewegung setzt. Ein Beispiel hierfür ist der weltgesellschaftliche Ansatz. Er begreift Modernisierung als ein expansives kulturelles Projekt und belegt eindrucksvoll die internationale Verbreitung „rationalisierter" institutioneller Erwartungen. Dies manifestiert sich in einer wachsenden Ähnlichkeit so unterschiedlicher Formen und Tatbestände wie nationaler Verfassungen, Anerkennung von Menschenrechten, Gleichstellungsparagraphen und Bildungsinstitutionen. Auch auf der Mikro- und Mesoebene besteht der Hauptbeitrag des NI in methodisch wie theoretisch ausgereiften Studien zum Transfer und zur Diffusion institutioneller Formen und Regeln. Neben Stärken hat der U.S.-amerikanische NI aber durchaus auch seine Schwächen; so sind Genese wie Entwicklung von Institutionen bislang nur wenig erforscht. Der Fokus auf kognitive und mimetische Prozesse hat zu einer Vernachlässigung von Zwang und Norm als Mechanismen des institutionellen Wandels geführt (Misruchi/Fein 1999). Unterschätzt wird auch das Innovationspotenzial lokaler Adaptions- und Verarbeitungsprozesse. Und nicht

---

[17] Vgl. Djelic/Quack 2003a; Quack 2005; Streeck/Thelen 2005.

zuletzt bleiben Quellen für divergenten Wandel unberücksichtigt. Demgegenüber messen europäische Vertreterinnen und Vertreter des soziologischen NI Interessen, Macht und Einflußnahme als Ursachen des Wandels größeres Gewicht bei (Üsdiken/Pasadeos 1995). Sie betonen Übersetzung, Adaption und Rekombination als Mechanismen des institutionellen Wandels und konstatieren häufiger divergente Ergebnisse von Transfers und Diffusionen. Beide Richtungen stehen indes vor den gleichen *Herausforderungen*: Sie müssen das Zusammenspiel von transnationalen und lokalen Prozessen, die Ko-Evolution und Interaktion institutioneller Entwicklungen auf unterschiedlichen Ebenen sowie das Zusammenwirken von regulativen, normativen und kognitiven Prozessen genauer spezifizieren. Spannend wird es für den soziologischen NI also dort, wo die Grenzen zu Institutionentheorien anderer wissenschaftlicher Disziplinen verschwimmen.

Einführende Literatur

Campbell, John L. 2004: Institutional Change and Globalization. Princeton: Princeton University Press.

Lawrence, Thomas B./Winn, Monika I./Jennings, P. Devereaux 2001: The Temporal Dynamics of Institutionalism. In: Academy of Management Review 26, S. 624-644.

Oliver, Christine 1992: The Antecedents of Deinstitutionalization. In: Organization Studies 13, S. 563-588.

„New Institutionalism" und „European Institutionalism"
Verhältnis und Vergleich

Anne Tempel/Peter Walgenbach

Das Verhältnis zwischen der stärker von US-amerikanischen Organisationsforschern geprägten neoinstitutionalistischen Organisationstheorie und den vorwiegend von europäischen Organisationswissenschaftlern vertretenen institutionalistischen Ansätzen wird derzeit intensiv diskutiert.[1] Das Kernargument, das alle letztgenannten Ansätze verbindet, ist, daß Organisationen in besonderer Weise durch den nationalen institutionellen Rahmen geprägt werden, in dem sie operieren.[2] Eine Diskussion über das Verhältnis zwischen dem Neoinstitutionalismus (NI) und den verschiedenen europäischen Ansätzen mit ihren jeweiligen Nuancen etwa im Hinblick auf Fokussierung, Konzepte und Begriffe würde jedoch den Rahmen dieses Kapitels sprengen. Deswegen werden wir uns hier auf den Vergleich und die Verknüpfung von NI und Business Systems-(BS)-Ansatz von Whitley (1999) konzentrieren, weil dieser Verknüpfungsversuch einerseits bisher am weitesten vorangetrieben wurde und andererseits der Business Systems-Ansatz als der elaboriertste unter den stärker von europäischen Organisationsforschern geprägten Ansätzen gilt.

Die Diskussion um eine mögliche Verknüpfung des NI mit dem BS-Ansatz hat sich vor dem Hintergrund der Debatten über die Auswirkungen der ökonomischen Globalisierung auf die strukturelle Ausgestaltung von Organisationen und die Anwendung bestimmter Managementkonzepte entwickelt, wie etwa Shareholder-Value (Guillén 2001a; Held/Grew 2003). Während das eine Lager in dieser Debatte argumentiert, daß sich die Strukturen und Managementpraktiken von Organisationen weltweit angleichen, ist das andere Lager überzeugt, daß Unterschiede zwischen Organisationen in unterschiedlichen Ländern bestehen bleiben.[3] Eine solche Entweder/Oder-Betrachtung findet sich auch innerhalb des Lagers jener Organisationsforscher, die auf der Basis institutionalistischer Theorien arbeiten (Djelic/Quack 2003b). Dies ist insofern bemerkenswert, als das Kernargument grundsätzlich dasselbe ist, nämlich daß Organisationen durch die institutionelle

---

[1] Vgl. Djelic 1998; Djelic/Quack 2003a; Tempel/Walgenbach 2004; Geppert et al. 2006.
[2] Vgl. Amable 2003; Hall/Soskice 2001a; Hollingsworth/Boyer 1997; Maurice/Sorge 2000; Whitley 1999.
[3] Vgl. Campbell 2004; Djelic/Quack 2003b; Guillén 2001a, 2001b; Kogut 1991.

Umwelt geprägt werden, in die sie eingebunden sind. Während die Neoinstitutionalisten von einer zunehmenden globalen Standardisierung organisationaler Strukturen und Managementpraktiken ausgehen, bezweifeln Vertreter des BS-Ansatzes
eine solche Entwicklung und vertreten die Ansicht, daß spezifisch nationale Muster
der Organisation und des Managements auch in Zukunft bestehen bleiben. Wodurch nun sind die unterschiedlichen Perspektiven bedingt?

Wie in den vorangegangen Kapiteln ausführlich diskutiert wurde, untersucht
der NI den Einfluß der gesellschaftlichen oder kulturellen Umwelt auf Organisationen (Meyer/Rowan 1977; DiMaggio/Powell 1983). Neoinstitutionalisten behaupten, daß innerhalb einer Gesellschaft bestehende Annahmen, Vorstellungen
und Erwartungen bestimmen, wie Unternehmungen, Schulen oder Krankenhäuser
organisiert sein sollen, warum diese nützlich sind und welche Aufgaben ihnen
zukommen und welche nicht (Scott/Meyer 1994). Sie behaupten, daß selbst Akteure, deren Interessen und Verhaltensweisen, als durch institutionalisierte Regeln und
Erwartungen konstituiert zu betrachten sind.

Neoinstitutionalisten bezweifeln, daß die Ausgestaltung der Struktur einer
Organisation allein durch das Argument der technischen Effizienz erklärt werden
kann. Sie behaupten vielmehr, daß spezifische Ausgestaltungen der formalen
Struktur nicht deshalb bestehen, weil sie ein optimales Input-Output-Verhältnis
hervorbringen, sondern weil sie institutionalisierten Erwartungen entsprechen. Die
spezifischen Ausgestaltungen der formalen Struktur von Organisationen liegen vor
allem in der notwendigen Legitimität begründet, die Organisationen nur dann zugesprochen bekommen, wenn ihre Strukturen mit institutionalisierten Erwartungen
übereinstimmen. Um ihr Überleben zu sichern, müssen Organisationen sich institutionalisierten Erwartungen fügen und die von der institutionellen Umwelt erwarteten Strukturelemente und Managementpraktiken adoptieren. Die Übernahme institutionalisierter Strukturelemente führt in der Folge zu einer Strukturgleichheit
(Isomorphie) von Organisationen und deren institutionellen Umwelten (Mey-
er/Rowan 1977).

Das neoinstitutionalistische Argument des Drucks in Richtung einer Strukturgleichheit von Organisationen wurde auf zwei Ebenen konzeptionalisiert und untersucht: erstens auf der Ebene des organisationalen Feldes (DiMaggio/Powell
1983) und zweitens ab Mitte der 90er Jahre insbesondere von John W. Meyer und
seinen Kollegen auf der Ebene der „world polity".[4] Allerdings konzentrieren sich
beide Stränge des NI vor allem auf die Verbreitung und viel weniger auf die Implementierung von Strukturelementen und Managementpraktiken. Sie gehen nicht
den Fragen nach, ob und inwieweit diese neuen Ideen und Konzepte im Prozeß der

---

[4] Vgl. Drori et al. 2003; Meyer 1987, 1999, 2000a; Meyer et al. 1997.

Übernahme durch Organisationen in unterschiedlichen Ländern eine jeweils eigene (nationale) Interpretation oder „Übersetzung" erfahren.[5]

Auf der anderen Seite betont der BS-Ansatz in besonderer Weise, wie nationale institutionelle Rahmenbedingungen die Ausgestaltung von Organisationen und Managementpraktiken beeinflussen. Das Ausgangsargument lautet: „(N)ation states constitute the prevalent arena in which social and political competition is decided in industrial capitalist societies" (Whitley 1999: 19). Aufgrund der Fokussierung auf den Einfluß nationaler institutioneller Regelungen neigt der BS-Ansatz jedoch dazu, den Einfluß supranationaler Entwicklungen, etwa im Rahmen der standardisierend wirkenden EU-Richtlinien oder der Aktivitäten multinationaler Unternehmen, herunterzuspielen.

Im Folgenden werden wir nun den BS-Ansatz knapp darstellen. Daran anschließend werden wir – aufbauend auf einem auf wenige zentrale Dimensionen beschränkten Vergleich der beiden institutionalistischen Ansätze – zeigen, in welchen Bereichen Verknüpfungsmöglichkeiten zwischen den beiden Ansätzen gesehen werden. Von der Verknüpfung der beiden Ansätze erhofft man sich, daß ihre jeweiligen Vertreter in die Lage versetzt werden, ein differenzierteres Bild der Auswirkungen der ökonomischen Globalisierung auf die Ausgestaltung von Organisationen und deren Managementpraktiken zu zeichnen. Die Integration einzelner Argumente aus der einen Theorie in die jeweils andere soll die Erklärungskraft der beiden Ansätze erhöhen.

1 Kernargumente des Business Systems-Ansatzes

Whitley, der Begründer und Hauptvertreter des BS-Ansatzes, entwickelt in seinen Schriften zunächst einen konzeptionellen Rahmen zur Identifikation der Hauptcharakteristika von Business Systems. Anschließend werden BS durch Unterschiede zwischen spezifischen gesellschaftlichen Institutionen erklärt.

Der konzeptionelle Rahmen des BS-Ansatzes hebt zwei zentrale Merkmalsdimensionen von BS hervor. Die erste betrifft das Ausmaß sowie die Art und Weise der organisationalen Integration ökonomischer Aktivitäten. Die zweite bezieht sich auf „the ways that differently constituted groupings of social actors control economic activities and resources" (Whitley 1999: 32). Mit sozialen Akteuren sind Anbieter und Nachfrager von Kapital, Lieferanten und Kunden, Wettbewerber, Unternehmungen in anderen Branchen sowie unterschiedliche Gruppen von Beschäftigten gemeint. Auf der Basis dieser beiden Schlüsselfaktoren entwickelt

---

[5] Vgl. Czarniawska/Sevón 1996a; Sahlin-Andersson/Engwall 2002.

Whitley eine Typologie, mit deren Hilfe ein BS-Vergleich ermöglicht werden soll (siehe Tabelle 1).

Die erste Gruppe innerhalb dieser Typologie entwickelter BS-Merkmale bezieht sich auf das Wesen oder die Natur der Unternehmung in unterschiedlichen Gesellschaften oder, in den Begriffen von Whitley, die Art oder Ausprägung der „ownership co-ordination". Diese betrifft zum einen das Verhältnis zwischen Eigentümern und Managern sowie das Ausmaß, in dem Eigentümer auf das Management von Unternehmen einwirken. Zum anderen bezieht sie sich auf den Umfang, in dem ökonomische Aktivitäten in eine Unternehmung integriert sind, d.h. auf das Ausmaß, in dem Unternehmungen vertikal und/oder horizontal diversifiziert sind.

Die zweite Gruppe von BS-Merkmalen bezieht sich auf „non-ownership coordination", d.h. auf Formen hierarchisch-autoritärer ökonomischer Koordination, die nicht notwendigerweise innerhalb einer Unternehmung erfolgen, sondern deren Kennzeichen eine „obedience to established rules of conduct in the pursuit of collectively agreed goals" ist (Whitley 1999: 31). Diese Formen der „non-ownership coordination" umfassen drei Arten von Beziehungen zwischen Unternehmungen: Beziehungen zwischen den Mitgliedern einer Wertschöpfungskette, Beziehungen zwischen Wettbewerbern und Beziehungen zwischen Unternehmungen in unterschiedlichen Branchen. Die Ausprägungen dieser Beziehungen bewegen sich auf dem Spektrum von Nullsummenspielen, über „arm's-length"-Wettbewerb bis hin zu kooperativen und langfristigen sowie wechselseitig verpflichtenden Beziehungen zwischen Transaktionspartnern und Wettbewerbern.

Die letzte Merkmalsgruppe bezieht sich auf das Management von Arbeitsbeziehungen sowie die Ausgestaltung der Arbeitsorganisation in unterschiedlichen Gesellschaften. „Employment relations" werden hier nach dem Grad der wechselseitigen Abhängigkeit von Arbeitgebern und Arbeitnehmern differenziert. Das heißt: Es wird nach dem Umfang unterschieden, in dem ein Zugang zu externen Arbeitsmärkten möglich ist, und betrachtet, in welchem Umfang wechselseitige Verpflichtungen eingegangen und Investitionen getätigt werden. Formen der „work organization" werden danach unterschieden, in welchem Umfang Entscheidungsbefugnisse an untere Hierarchieebenen delegiert werden und in welchem Maße der Gruppe der Arbeitnehmer Vertrauen entgegengebracht wird.

BS bestehen aus einer Kombination dieser Merkmale. Da widersprüchliche Anforderungen bei bestimmten Merkmalskombinationen zu Konflikten zwischen Gruppierungen soziale Akteure und zu Spannungen im institutionellen Rahmen führen, kann nach Whitley nur eine begrenzte Anzahl mögliche Kombinationen solcher Charakteristika über einen längeren Zeitraum hinweg Bestand haben. Spezifische BS-Ausprägungen haben sich durch die gemeinsame Entwicklung der zentralen sozialen Institutionen und der spezifischen Merkmale eines BS während und nach der Phase der Industrialisierung herausgebildet. Eigenständige BS entstehen „wherever key associated institutions are both mutually reinforcing and distinctive from other ones" (Whitley 1999: 44). Nationalstaaten entwickeln oftmals ideosynkratische BS, da staatliches Handeln die Rolle und Wirksamkeit jener Institutionen bestimmt, die die Formen der Koordination (*ownership, non-ownership*), der Arbeitsbeziehungen (*employment relations*) und der Arbeitsorganisation (*work organization*) regulieren. Der BS-Ansatz wirft also ein besonderes Augenmerk auf gesellschaftliche Makroinstitutionen, insbesondere also jene Institutionen, die den „access to critical resources, especially labor and capital" regulieren und insofern die Charakteristika eines BS in besonderer Weise prägen (Whitley 1999: 47).

Tabelle 1: Grundelemente von „National Business Systems" (in Anlehnung an Geppert et al. 2004)

Institutionengefüge eines Landes

Staat	Finanzierungssystem	Ausbildungs- und Beschäftigungssystem	Konventionen, die Vertrauens- und Herrschaftsbeziehungen regulieren

⇩

National Business System

Natur der Unternehmung z.B. Verhältnis zwischen Managern und Eigentümern Vertikale und horizontale Diversifizierung von Unternehmen	Beziehungen zwischen Unternehmungen z.B. Beziehungen zwischen den Mitgliedern einer Wertschöpfungskette Beziehungen zwischen Wettbewerbern Beziehungen zwischen Unternehmungen in unterschiedlichen Branchen	Arbeitsbeziehungen und Arbeitsorganisation z.B. Grad der wechselseitigen Abhängigkeit zwischen Arbeitgebern und Arbeitnehmern Grad der Delegation an und Vertrauen in Arbeitnehmer

Whitley (1999) identifiziert in seiner Arbeit nun vier relevante institutionelle Arenen oder Bereiche, in die BS eingebettet sind: den Staat als übergeordnete Steuerungsinstanz, das Finanzierungssystem, das Ausbildungssystem (*skill development and control system*) sowie Konventionen, die Vertrauens- und Herrschaftsbeziehungen regulieren. Diese Institutionen strukturieren durch ihre wechselseitige Verbundenheit die jeweiligen BS. Der Grad der Verbundenheit der Institutionen in einem BS und das Ausmaß, in dem sich die Institutionen wechselseitig verstärken, haben Auswirkungen auf die Kohäsion und die Besonderheiten dieses BS. So argumentiert Whitley (1999, 2005) etwa, daß die starke Verbindung zwischen den einzelnen institutionellen Arenen in Japan dazu geführt hat, daß das japanische BS wesentlich homogener ist als das britische oder das US-amerikanische.

Nationale BS weisen nach Whitley eine große Beständigkeit auf. Änderungen sind selten und verlaufen, wenn sie auftreten, langsam. Zudem erscheint es unwahrscheinlich, daß Änderungen in BS aus den Aktivitäten einzelner Unternehmungen resultieren. Dennoch: Wandel ist möglich! Aber die Möglichkeit hängt vom Grad der Kohäsion und der Integration des institutionellen Rahmens und des BS ab. Dort, wo wesentliche Institutionen eng miteinander verzahnt sind, BS stark integriert und kohäsiv sind, ist Wandel eher unwahrscheinlich – zumindest so lange, wie keine radikalen Veränderungen, etwa durch grundlegende politische Reformen, im institutionellen Rahmen vollzogen werden. Dort, wo die Institutionen stärker differenziert sind und ihre Interdependenz weniger stark ausgeprägt ist, können sich Veränderungen in den BS-Charakteristika und in einzelnen institutionellen Regelungen zeigen. Diese Veränderungen führen in der Regel jedoch nicht zu radikalen Abweichungen vom etablierten System der ökonomischen Organisation.

2   Hauptunterschiede zwischen dem Neoinstitutionalismus und dem Business Systems-Ansatz

Zwischen den Argumentationsfiguren des NI, die in den vorausgegangenen Kapiteln ausführlich dargestellt wurden, und denen des BS-Ansatzes zeigen sich gravierende Unterschiede, die jedoch nicht zur Folge haben, daß die beiden Perspektiven inkommensurabel sind.[6] Im Gegenteil: Beide Ansätze weisen ein gemeinsames Kernargument auf. Beide gehen davon aus, daß das Verhalten und die Strukturen von Organisationen durch den sie umgebenden institutionellen Rahmen bestimmt werden. Mit Blick auf das zweite, bereits skizzierte Kernargument unterscheiden sich die beiden Theorien jedoch fundamental. Während in der NI, und zwar insbesondere in den Arbeiten von John W. Meyer (2000a, 2002, 2005a), die weltweite Diffusion von standardisierten Managementpraktiken und Strukturkonzepten sowie eine weltweite Angleichung der organisationalen Formen betont wird, wird im BS-Ansatz hervorgehoben, daß Organisationen in besonderer Weise durch den nationalen institutionellen Rahmen geprägt werden, in den sie eingebettet sind. Neben diesem grundsätzlichen Unterschied zeigen sich weitere Unterschiede im Detail, d.h. mit Blick auf die Mechanismen, die zu einer Anpassung der Organisa-

---

[6] Zum Problem der Inkommensurabilität von Theorien vgl. Scherer 2002.

tionen an den institutionellen Rahmen führen (2.1), der Einheit der Analyse (2.2) und dem Verständnis von Institutionen (2.3) (Tempel/Walgenbach 2006). Diesen Unterschieden werden wir im Weiteren zunächst nachgehen, um anschließend aufzuzeigen, wie die Argumente der beiden Perspektiven durch die Übernahme von Argumenten aus der jeweils anderen im Hinblick auf die Globalisierungsdebatte geschärft werden könnten.

2.1 Mechanismen der Anpassung

Im NI sind es die Mechanismen des Zwangs, der Imitation und des normativen Drucks, die eine Anpassung der Organisationen entweder in einem organisationalen Feld oder weltweit in dem Sinne zur Folge haben, daß sie einander immer ähnlicher werden (DiMaggio/Powell 1983). Dabei wird jedoch darauf hingewiesen, daß Management- und Organisationskonzepte, die diffundieren, sehr allgemein gehalten sind und in hohem Maße von den spezifischen Bedingungen einzelner Organisationen abstrahieren (Strang/Meyer 1993). Insofern bleibt im Hinblick auf die Debatte um die globale Standardisierung von Management- und Strukturkonzepten unklar, ob mit der globalen Diffusion solcher Konzepte auch eine faktische Angleichung der Praktiken und Strukturen von Organisationen einhergeht oder ob sich lediglich Schlagworte des Managements und der Organisation weltweit verbreiten, die eine spezifisch nationale Interpretation erfahren (Czarniawska/Sevón 1996a; Meyer 2004).

Im Gegensatz dazu wird im BS-Ansatz argumentiert, daß die enge Kopplung von BS und institutioneller Umwelt zu einer kontinuierlichen Reproduktion nationaler Besonderheiten führt. Insofern wird die Behauptung, daß die ökonomische Globalisierung zu einer Standardisierung von Organisationsstrukturen und Managementpraktiken führt, in Frage gestellt. Die Behauptung einer engen Verzahnung der BS-Charakteristika und die starke Betonung von „homeo-static feedback loops" (Whittington/Mayer 2000a: 36) innerhalb einzelner BS führen jedoch dazu, daß die Möglichkeit abweichender Strategien und Praktiken von Organisationen in einem nationalen Kontext generell ausgeblendet wird. Wandel eines BS ist insofern weder durch die Aktivitäten einzelner Akteure innerhalb eines BS noch durch transnationale Entwicklungen erklärbar. Anders als in der neoinstitutionalistischen Organisationstheorie wird im BS-Ansatz jedoch betont, daß die Anpassung an den nationalen institutionellen Rahmen, d.h. die Übernahme von Praktiken und Strukturelementen, die typisch für ein BS sind, durchaus mit einem Effizienzvorteil verbunden ist. Die Überlegenheit bestimmter Praktiken und Strukturelemente wird jedoch nicht generell, sondern nur mit Blick auf ein spezifisches nationales BS behauptet.

2.2 Analyseeinheit

Auch in Hinsicht auf die Analyseeinheit unterscheiden sich die beiden Perspektiven. Während es im BS-Ansatz um den Vergleich unterschiedlicher nationaler BS geht, untersuchen die Neoinstitutionalisten den Angleichungsprozeß von Organisationen in eng umgrenzten organisationalen Feldern und auf der Ebene der „world polity".[7] Das Konzept des organisationalen Feldes ist jedoch nicht auf einen nationalen Raum eingeschränkt. Scott (1994: 206) hebt hervor, daß der Begriff des organisationalen Feldes „the possible importance of distant, non-local connections among organizations" betont. Insofern können die Mitglieder eines organisationalen Feldes grundsätzlich in unterschiedlichen Nationen lokalisiert sein, auch wenn in empirischen Studien – wie durchaus kritisch angemerkt wird[8] – die Grenzen organisationaler Felder oftmals mit nationalen oder, im Falle der USA, mit bundesstaatlichen Grenzen gleichgesetzt werden und komparative Untersuchungen über den Einfluß nationaler Institutionen innerhalb der neoinstitutionalistischen Forschung eher Mangelware sind.[9]

Darüber hinaus wird in den jüngeren Arbeiten von John W. Meyer und Kollegen das neoinstitutionalistische Argument des Drucks in Richtung einer Strukturgleichheit von Organisationen auf die Wirkungen einer global agierenden Gruppe von „Beratern" – Ökonomen, Wissenschaftler, Professionen – übertragen.[10] Diese Akteure generieren globale Diskurse und produzieren dabei „talk as to what actors, such as firms, 'should be like and should do' (Meyer 1999: 128)" (Tempel/Walgenbach 2006). Empirische Studien in diesem Strang des NI sind von Natur aus international vergleichend. Sie legen ihr Hauptaugenmerk jedoch dabei auf das Vorhandensein von Organisationsstrukturen und Praktiken und nicht auf deren konkrete Implementierung in verschiedenen Ländern.

Während sich dieser mit Blick auf die Globalisierungsdebatte zu enge Fokus innerhalb des NI durch die Anlage der bisher durchgeführten empirischen Studien ergibt, ist er im BS-Ansatz konzeptionell bedingt. Obwohl insbesondere in den letzten Jahren zunehmend mehr Studien durchgeführt wurden, die der Tatsache Rechnung tragen, daß einzelne Akteure, etwa multinationale Unternehmen, in mehreren BS agieren können,[11] wurde der Einfluß dieser Akteure auf die BS-Ausgestaltung aufgrund der Basisargumentation des Ansatzes heruntergespielt (Morgan 2001a; Whitley 1998, 2001).

---

[7] Siehe hierzu die Beiträge von *Becker-Ritterspach/Becker-Ritterspach* und *Krücken* in diesem Band.
[8] Vgl. Gooderham et al. 1999; Orrù et al. 1991; Westney 1993.
[9] Ausnahmen sind etwa die Studien von Dobbin 1994; Dobbin/Boychuk 1999; Gooderham et al. 1999; Guler et al. 2002; Kostova/Roth 2002.
[10] Vgl. Drori et al. 2003; Meyer 1987, 1999, 2000a; Meyer et al. 1997.
[11] Vgl. Morgan et al. 2001; Ferner/Almond 2006.

2.3 Institutionenbegriff

Ein weiterer Unterschied zwischen den beiden Perspektiven zeigt sich im Institutionenbegriff. Im NI wird der Schwerpunkt auf die normative und kognitive Säule von Institutionen gelegt, während im BS-Ansatz die regulative Säule von Institutionen in besonderer Weise betont wird.[12] In empirischen Studien zum NI wird zudem oftmals implizit davon ausgegangen, daß Management- und Organisationskonzepte in eindeutiger und konsistenter Weise interpretiert werden können. Allerdings enthalten die Konzepte, die sich in den letzten Jahren weltweit verbreitet haben, wie etwa multidivisionale Strukturen, Business Process Reengineering, ISO 9000 oder Shareholder-Value, nur grobe oder vage Vorgaben, in welcher Weise sie umzusetzen sind. Sie bleiben deshalb offen für lokale Interpretationen (Meyer 2000a). Insofern bleibt in den für den NI typischen Diffusionsstudien die Frage offen, in welcher Weise diese institutionalisierten Konzepte im Kontext unterschiedlicher nationaler regulativer Institutionen, wie Ausbildungs- und Beschäftigungssysteme, wie sie im BS-Ansatz identifiziert werden, interpretiert werden. Im Gegensatz dazu werden im BS-Ansatz sowohl die Diffusion normativ und kognitiv verankerter struktureller Elemente und Managementpraktiken in unterschiedliche nationale Kontexte als auch die Wirkungen, die diese dort entfalten, heruntergespielt. Der Einfluß, den etwa weltweit operierende Unternehmensberatungen, Professionen und Wissenschaftler, insbesondere auf Vorstellungen von rationaler Organisationsgestaltung und Unternehmensführung haben, wird insofern zurückgedrängt.

3 Verknüpfungsmöglichkeiten und Fazit

Vor dem Hintergrund der grundsätzlichen Gemeinsamkeit und der aufgezeigten Unterschiede zwischen den beiden institutionalistischen Perspektiven plädieren Tempel/Walgenbach (2006) dafür, einzelne Argumente aus der einen Theorie in die jeweils andere aufzunehmen, um im Rahmen der Diskussion über die Effekte der ökonomischen Globalisierung über die Entweder-oder-Behauptungen hinauszukommen. Auf diese Art können beide Ansätze voneinander lernen.

Der NI könnte in besonderer Weise dadurch profitieren, daß die Grenzen organisationaler Felder in empirischen Studien durch ländervergleichende Studien weiter ausgedehnt werden. Eine solche Ausdehnung erscheint vor dem Hintergrund der globalen Aktivitäten institutioneller Unternehmer, wie etwa von multinationalen Unternehmen, Unternehmensberatungen, Professionen und Organisations-

---

[12] Vgl. zum Drei-Säulen-Modell Scott (2001a) und zu einer ähnlichen Argumentation Djelic/Quack (2003a).

und Managementwissenschaftern, die bestimmte organisationale Formen und Managementpraktiken legitimieren und zu deren Diffusion beitragen, dringend geboten (Sahlin-Andersson/Engwall 2002). Der NI würde auch durch eine tiefgehende Analyse der nationalen institutionellen Kontexte gewinnen, in denen sich Strukturelemente und Managementpraktiken verbreiten, um möglichen nationalen Unterschieden in der Interpretation und Implementation dieser Konzepte nachzugehen. Der BS-Ansatz stellt für eine solche Analyse einen bereits relativ ausdifferenzierten konzeptionellen Rahmen zur Verfügung. Daß dieser in fruchtbarer Weise genutzt werden kann, zeigt sich etwa in vergleichenden empirischen Untersuchungen zur Umsetzung der ISO 9000 und Konzepten der Gruppenarbeit in der deutschen und französischen Automobilindustrie (Hancke/Casper 1999; Woywode 2002). In diesen Arbeiten wird deutlich, daß die Umsetzung der Konzepte in erheblichem Umfang durch die Beziehungen zwischen Lieferanten und Abnehmern, dem Berufsausbildungssystem und den industriellen Beziehungen beeinflußt wurde. Es zeigt sich sogar, daß bestehende Unterschiede zwischen den Organisationen in den beiden Ländern durch die Übernahme der Konzepte noch vertieft wurden. Während also oberflächlich eine Angleichung der formalen Strukturen der Organisationen in beiden Ländern erkennbar wird, wird bei einer genaueren Hinsicht deutlich, daß sich diese Angleichung auf eine gemeinsame Bezugnahme auf diese Konzepte und eine Angleichung des verwendeten Vokabulars beschränkt.

Die Verzahnung der nationalen Institutionen mit den BS-Charakteristika dürfte sich zudem auch auf die Geschwindigkeit auswirken, in der bestimmte neue strukturelle Elemente und Managementpraktiken innerhalb eines BS diffundieren. So zeigt sich in vorliegenden Untersuchungen etwa, daß die divisionalisierte Unternehmung nicht nur in den USA, sondern auch in Europa ein weit verbreitetes Strukturkonzept darstellt (Fligstein 1985; Dyas/Thanheiser 1976). Anfang der 90er Jahre des letzten Jahrhunderts war es die bei großen Unternehmen in Deutschland, Frankreich und Großbritannien am häufigsten vorzufindende Organisationsstruktur. Allerdings zeigt sich auch, daß britische Unternehmen diese Strukturform erheblich früher und häufiger übernommen haben als deutsche und französische (Whittington/Mayer 2000).

Umgekehrt kann auch der BS-Ansatz durch Anleihen beim NI gewinnen. Durch eine Ausdehnung der Analyse über nationale Grenzen hinaus, etwa durch eine tiefergehende Betrachtung der Auswirkungen der zunehmenden Regulierung auf EU-Ebene[13] sowie durch den Einbezug global agierender Akteure und institutioneller Unternehmer in zukünftige Untersuchungen könnte der BS-Ansatz zu differenzierteren Aussagen gelangen.[14] Die Argumentationsfiguren des NI könnten

---

[13] Vgl. Braithwaite/Drahos 2000; Djelic/Bensedrine 2001; Morgan 2001b.
[14] Vgl. Djelic/Quack 2003d; Morgan et al. 2001; Whitley 2003.

dabei helfen, die Diffusion und die Verankerung neuer Strukturelemente und Managementpraktiken durch die Aktivitäten dieser Akteure nachzuzeichnen.[15]

Gewinnen könnte der BS-Ansatz auch dadurch, daß die enge Kopplung zwischen den BS-Charakteristika und dem jeweiligen institutionellen Rahmen gelokkert wird, um so möglichen Praktiken und Strukturen, die von institutionalisierten Vorgaben abweichen, Rechnung tragen zu können. Dabei könnte sich der von Scott (1994) innerhalb des NI entwickelte Rahmen zur Analyse institutionalisierter Vorstellungssysteme (*belief systems*) in organisationalen Feldern als nützlich herausstellen. Scott charakterisiert organisationale Felder anhand der Exklusivität der darin vorherrschenden Vorstellungssysteme und argumentiert, daß der Grad der Exklusivität eines Vorstellungssystems erhebliche Auswirkungen auf den Grad der Institutionalisierung eines organisationalen Feldes hat. Ein organisationales Feld kann von einem einzigen, andere Vorstellungssysteme ausschließenden Vorstellungssystem dominiert werden. Es kann aber auch durch starke, aber allgemein gehaltene Vorstellungen beeinflußt werden, die lokale Interpretationen und Anpassungen erlauben. Darüber hinaus ist auch vorstellbar, daß zwei oder mehr starke und zueinander in Widerspruch stehende Vorstellungssysteme in einem organisationalen Feld wirksam werden. Würde der Grad der Exklusivität institutionalisierter Vorstellungssysteme als variabel betrachtet werden, könnte die enge Kopplung zwischen einzelnen BS und ihren jeweiligen institutionellen Rahmungen gelockert werden. Damit wäre eine Erklärung einer möglichen Konvergenz des Verhaltens von Unternehmen in unterschiedlichen BS möglich. In der Tat haben empirische Studien gezeigt, daß internationale institutionelle Investoren einen hohen Druck auf Unternehmen in unterschiedlichen Ländern wie Deutschland, Finnland oder Japan ausgeübt haben, internationale Rechnungslegungspraktiken und Aktienoptionen einzuführen sowie Investor-Relations-Abteilungen aufzubauen – das heißt also Praktiken und Strukturen zu übernehmen, die sich nicht als Vorgaben innerhalb der jeweiligen nationalen institutionellen Rahmen finden.[16]

In der Form weiterer komparativer Studien wäre zu zeigen, inwieweit es zu einer weltweiten Standardisierung von organisationalen Strukturen und Managementpraktiken kommt, bzw. wäre zu überprüfen, ob die Übernahme bestimmter Organisations- und Managementkonzepte in einzelnen Ländern nur in ritualisierter Form erfolgt, und das heißt: eine lokale Entkopplung von formaler Struktur und tatsächlichen Praktiken stattfindet (Djelic/Bensedrine 2001; Meyer 2000a). Auch wäre der Frage nachzugehen, ob die Differenzen zwischen den importierten Strukturen und Praktiken und den lokalen Vorstellungssystemen zu einer Vertiefung der Unterschiede zwischen dem Verhalten und den Strukturen von Organisationen in unterschiedlichen nationalen Kontexten führen.

---

[15] Vgl. Guler et al. 2002; Kipping/Engwall 2002; Sahlin-Andersson/Engwall 2002.
[16] Vgl. Höpner 2001; Tainio et al. 2003; Yoshikawa/Linton 2000.

Die Argumentation für eine Lockerung der Verbindung zwischen BS und institutionellem Rahmen bedeutet nun jedoch nicht, daß die Strukturen und Praktiken von Organisationen dauerhaft vom nationalen institutionellen Kontext entkoppelt werden, auch hat sie nicht zur Folge, daß abweichende Strategien und Praktiken folgenlos bleiben müssen. Vielmehr ist davon auszugehen, daß – wenn die sich an einem externen Vorstellungssystem orientierenden und vom nationalen institutionellen Rahmen abweichenden Strukturen und Praktiken eine zunehmend einheitliche Form aufweisen und in der Folge die Spannungen zwischen den institutionalisierten Vorstellungssystemen überdeutlich werden – eine Anpassung des institutionellen Rahmens an die veränderten Praktiken (*trickle-up change*) ausgelöst werden kann (Djelic/Quack 2003d).

Darüber hinaus könnte der BS-Ansatz gewinnen, wenn die Einbettung der unterschiedlichen BS-Charakteristika als variabel gefaßt werden würde. Die Verknüpfung zwischen institutionellem Rahmen und Charakteristika eines BS dürfte in einigen Fällen enger sein als in anderen. Insofern dürfte sich auch der Grad der Eindeutigkeit institutioneller Vorgaben, mit dem sich die Akteure in einem BS konfrontiert sehen, unterscheiden. Ähnlich argumentieren auch Clemens/Cook (1999) in ihrem konzeptionellen Beitrag zur Erklärung institutionellen Wandels im Rahmen des NI. Sie unterscheiden zwischen Muß-Regeln, Darf-nicht-Regeln und Kann-Regeln: Muß-Regeln führen zu einer Reproduktion der institutionellen Struktur; Darf-nicht-Regeln bestimmen lediglich die Grenzen dessen, was getan werden kann; und Kann-Regeln minimieren die Wahrscheinlichkeit der Reproduktion institutionalisierter Handlungen und Strukturen und befördern Wandel und Innovation. Für Akteure stellen insbesondere die letztgenannten Regeln ein „repertoire or tool kit" dar, auf das sie zugreifen und das sie neu kombinieren können (Clemens/Cook 1999: 448).

Übertragen auf die Globalisierungsdebatte bedeutet dieses Argument, daß die Aktivitäten und Strukturen von Organisationen in einigen Fällen durch eindeutige und zwingende nationale Vorgaben geregelt werden, während in anderen Fällen zwischen den durch den nationalen Kontext definierten und den von außerhalb herangetragenen Regeln gewählt werden kann. Dies erscheint in hohem Maße plausibel, und so wundert es nicht, daß sich etwa in der Studie von Whittington/Mayer (2000) eine Konvergenz der Strategien und Strukturen der großen Unternehmen in Europa zeigt, während in der Studie von Gooderham et al. (1999) deutlich wird, daß in einigen europäischen Ländern, insbesondere in Skandinavien, der nationale institutionelle Rahmen dem Versuch amerikanischer Unternehmen, global einheitliche Human-Resource-Management-Praktiken zu verankern, Grenzen gesetzt hat.

Abschließend läßt sich sagen, daß die Verknüpfung des NI mit dem BS-Ansatz erst in den Anfängen steht. Diese sind allerdings vielversprechend, da sich zwischen den beiden theoretischen Perspektiven keine unüberwindbaren Hindernisse, etwa in Form nicht vereinbarer Grundannahmen, zeigen (Geppert et al. 2006). Die Schwierigkeiten liegen hier vielmehr in der Realisierung dieser Verknüpfung in der empirischen Forschung. Komparative Forschung, insbesondere dann, wenn sie im Längsschnitt erfolgen soll, erfordert einen hohen Ressourceneinsatz und höchst unterschiedliche Qualifikationen, die nur wenige Wissenschaftler in sich vereinen.

Einführende Literatur

Campbell, John L. 2004: Institutional Change and Globalization. Princeton: Princeton University Press.

Djelic, Marie-Laure/Quack, Sigrid (Hg.) 2003: Globalization and Institutions – Redefining the Rules of the Economic Game. London: Edward Elgar.

Tempel, Anne/Walgenbach, Peter 2006: Global standardization of organizational forms and management practices? What new institutionalism and the business-systems approach can learn from each other, in: Journal of Management Studies.

Rückblick und Ausblick

Reflexionen über ein halbes Jahrhundert Organisationssoziologie[1]

W. Richard Scott[2]

1 Einleitung

Ich hatte das Glück, mit der Organisationssoziologie „groß zu werden". Als ich in den 1950er Jahren die Graduate School besuchte, war die Organisationssoziologie gerade im Entstehen. Erst in den folgenden Jahrzehnten beobachtete ich eine Vertiefung und Erweiterung der Theorie sowie eine starke Zunahme empirischer Studien. Insgesamt, denke ich, kann man von einer positiven Entwicklung sprechen, die von einem relativ brachliegenden Feld zu einem der lebendigsten intellektuellen Gebiete der zweiten Hälfte des 20. Jahrhunderts führte. Ein Problem, vor das ich mich in diesem Essay gestellt sehe, besteht darin, daß die Organisationssoziologie überaus eng mit der übergeordneten Organisationswissenschaft verknüpft ist (ein aktueller Rückblick auf die Geschichte dieser übergeordneten Disziplin findet sich bei Augier et al. 2004). Diese beiden Bereiche beeinflussen sich gegenseitig, und oft ist es nicht möglich, Entwicklungen in dem enger begrenzten Bereich der Organisationssoziologie von den Entwicklungen im weiteren Feld der Organisationswissenschaft zu unterscheiden. Nichtsdestotrotz halte ich es für legitim, hier den Schwerpunkt auf die soziologischen Beiträge zu setzen. In diesem Kapitel werde ich einige der wichtigsten Entwicklungen und Trends der Organisationssoziologie wiedergeben, mich dann den aktuellen Problemen zuwenden und schließlich mögliche zukünftige Entwicklungen kommentieren.

[1] Translated and reprinted, with permission, from the *Annual Review of Sociology*, Vol. 30 © 2004 by Annual Reviews (www.annualreviews.org) as well as from the author, W. Richard Scott, Department of Sociology, Stanford University, Kalifornien 94305 (scottwr@stanford.edu).
[2] Danksagungen: Ich danke für Anmerkungen zu früheren Entwürfen der Herausgeberin Karen Cook, Carol Heimer, James G. March und Marc Ventresca. Dank auch an meinem hochgeschätzten Freund und Schwager Robert Canfield für die Aufnahme [abgelichtet im Ann. Rev. of Sociol.], die er von mir gemacht hat.

2   Die Erschaffung eines neuen Forschungsfeldes

2.1 Die Fundamente: Auf gespaltenem Fels

Zwar tauchen in der uns überlieferten Geschichte immer wieder Konzepte und
Erörterungen auf, die für die Organisationssoziologie relevant sind, doch zu den
ersten systematischen Untersuchungen über das Verhalten von Organisationen kam
es erst in den letzten Jahrzehnten des 19. Jahrhunderts. Bedingt durch die Veränderungen gesellschaftlicher Strukturen durch Industrialisierung und Bürokratisierung,
begannen Wissenschaftler unterschiedlicher Disziplinen, Organisationen und deren
Auswirkungen auf das gesellschaftliche Leben mehr Aufmerksamkeit zu schenken.
Bereits seit diesen Anfängen gab es unter der fortwährend wachsenden Zahl der
Organisationswissenschaftler eine Polarisierung, die bis heute besteht.

    Die früheste Herangehensweise an das Phänomen „Organisation", die auch
heute noch existiert, zeichnete sich durch ihre technische, ingenieurwissenschaft-
liche Orientierung aus: Wie lassen sich Arbeitssysteme gestalten, um Funktions-
sicherheit und Produktivität zu verbessern? Ingenieure – der bekannteste von
ihnen war Frederick W. Taylor (1911) – forderten eine grundlegende Reform der
Arbeitssysteme. Sie begannen mit einer Standardisierung von Schrauben und
Muttern und wandten sich dann schrittweise den Bewegungen der Arbeiter, der
Abfolge der Arbeitsschritte, der Einteilung von Arbeitsschritten in Funktionen
und der Zusammenfassung dieser Funktionen in Abteilungen zu (Shenav 1999).
Auch heute forschen Industrieingenieure und Operational-Researcher weiterhin
zu diesen Themen. Management-Theoretiker wie Fayol (1919/1949) gingen
dabei „top down" vor und entwickelten Prinzipien für die Gliederung und Koordination komplexer Arbeitssysteme. Bei vielen dieser Arbeiten handelte es sich
eher um Präskriptionen als um empirische Studien. Die meisten der frühen Organisationswissenschaftler konzentrierten sich auf Webers (1924) bedeutende
Darstellung der geschichtlichen Transformationen administrativer Systeme und
auf dessen idealtypische Modelle rational-legaler bürokratischer Systeme, die –
basierend auf einer verkürzten Weberinterpretation – dazu verwendet wurden,
die vorherrschende gestaltorientierte, formalisierte und präskriptive Herangehensweise bei der Organisationsanalyse zu bestätigen.

    Als Reaktion auf diesen technokratischen Ansatz begannen Sozialwissen-
schaftler in den 1930er und 1940er Jahren, Akteure an ihrem Arbeitsplatz zu beobachten und auch mit ihnen zu reden, mit dem Ergebnis, das Konzept einer von
rationalem und instrumentellem Verhalten bestimmten Organisation mehr und
mehr zu hinterfragen. Bei ihren Untersuchungen entdeckten Sozialpsychologen
komplexere individuelle Motive. Die Studien von Anthropologen und Soziologen
legten inoffizielle und informelle Kooperationsmuster offen und zeigten die Be-

deutung von geteilten Normen und Konflikten sowohl unter Managern als auch zwischen Managern und Arbeitern.[3]

Beiden dieser frühen Ansätze ging es nicht um die Untersuchung von Organisationen um ihrer selbst willen, so daß dem Phänomen Organisation „an sich" keine Aufmerksamkeit geschenkt wurde. Zu den relevanten Themen gehörten vielmehr Industriegestaltung, Management, Arbeitspsychologie oder Arbeitsgruppenforschung. Im Bestfall wurden Organisationen als Rahmen betrachtet, in dem die Arbeit ausgeführt wurde, nicht jedoch als eigenständige soziale Systeme und schon gar nicht als kollektive Akteure. Zu den ersten Wissenschaftlern, welche die Organisation als Untersuchungsgegenstand in den Fokus rückten, gehörten Barnard (1938) und Selznick (1948). Beide betrachteten Organisationen nicht nur als technische Produktionssysteme, sondern auch als adaptive soziale Systeme, die in ihrer Umwelt zu überleben versuchen.

Damit stellten sich Barnard und Selznick einer auch heute noch bestehenden Aufgabe, nämlich die konfligierenden Betrachtungsweisen von Organisationen als Produktionssysteme auf der einen und als adaptive soziale Systeme auf der anderen Seite zu synthetisieren. Barnard schenkte dabei der Wechselbeziehung von formalen und informalen Strukturen in Organisationen besondere Aufmerksamkeit und sah in der Gestaltung effizienter Systeme gerade nicht die Hauptaufgabe der Organisationsführung an – da dies den „Managern" überlassen werden konnte. Hingegen bestand für ihn die Hauptaufgabe der Organisationsführung in der Entwicklung und Propagierung moralischer Visionen der Organisationsmission, welche die Akteure gegenüber der Organisation innerlich verpflichten sollten. Selznick legte den Schwerpunkt seiner Untersuchungen auf das „Paradoxon" von Organisationen: Denn Organisationen seien einerseits „formal structures subject to calculable manipulation", andererseits aber auch soziale Strukturen „inescapably imbedded in an institutional matrix" (Selznick 1948: 25f.). In einem wegweisenden Essay kodifizierte schließlich Gouldner (1954) diese beiden miteinander verbundenen, aber widersprüchlichen Sichtweisen: (a) die Betrachtungsweise der Organisation als „rationales System", welche Organisationen als Instrumente betrachtet, die bewußt manipuliert und geformt werden können, um gesteckte Ziele zu erreichen; und (b) die Betrachtungsweise der Organisation als „natürliches System", welche Organisationen als organische Systeme sieht, die ihr Überleben sichern wollen bzw. als Kollektive, die sich in spontanen, ungelenkten Prozessen entwickeln. Auch wenn es etwas paradox klingt, ermöglichte die explizite Anerkennung dieser sich widersprechenden Sichtweisen den Wissenschaftlern, mehr Kohärenz innerhalb des Feldes zu entdecken als zuvor. Immer mehr Wissenschaftler wurden darauf aufmerksam, daß sich eine zentrale Debatte mit durchaus klar definierten Positionen

---

[3] Vgl. Roethlisberger/Dickson 1939; Arensberg 1951; Roy 1952; Dalton 1959.

und Protagonisten entwickelte, was zumindest zu einer Art Einheit führte: ein gespaltener Fels zwar, aber dennoch ein Fundament, um darauf aufzubauen.

2.2 Aufbau des Feldes: Die Institutionalisierung des Dualismus

Während der 1950er Jahre wurde die Analyse von Organisationen mehr und mehr zu einem anerkannten Forschungsfeld sozialwissenschaftlicher Studien. Das Feld war von Anfang an interdisziplinär. Es waren vor allem zwei akademische Zentren, die an der Gestaltung dieser neu aufkommenden Disziplin maßgeblich beteiligt waren: das Carnegie Institute of Technology (heute: Carnegie-Mellon University) und die Columbia University. Zu der Carnegie-Gruppe gehörten Politik- und Wirtschaftswissenschaftler sowie Psychologen. Die frühen Arbeiten Simons (1945) beschäftigten sich vornehmlich mit Entscheidungen und Entscheidungsträgern, erst spätere gemeinschaftliche Arbeiten weiteten die Analyse auf Organisationen aus (March/Simon 1958). Die Wissenschaftler der Columbia University waren Soziologen und standen unter der Leitung von Merton. Beide Wissenschaftlergruppen stellten sich dem Paradoxon, das ihre Vorgänger verwirrt und gespalten hatte. Simon und seine Kollegen am Carnegie Institute arbeiteten auf der Grundlage des Modells der „begrenzten Rationalität", das unterschiedliche Betrachtungsweisen geschickt verband, indem es den Schwerpunkt auf Ziele und Absichten legte, jedoch die kognitiven und sozialen Einschränkungen solch rationalen Handelns berücksichtigte.[4] Merton (1949) von der Columbia University betonte seinerseits die „unbeabsichtigten Konsequenzen beabsichtigten Handelns", und seine Kollegen, die früh beschreibende Studien zu öffentlichen und privaten Organisationen durchführten, führten ebenfalls neue Perspektiven bei der Betrachtung der dualen Natur von Organisationen ein. Daß Selznick (1948, 1949) die Aufmerksamkeit auf das Paradoxon lenkte, haben wir bereits erwähnt. Blau (1955) konzentrierte sich auf die Dilemmata der Bürokratie, die als formale Struktur zur Lösung von Problemen geschaffen wurde und dabei wieder neue Probleme aufwarf. Gouldner (1954) beschrieb das janusköpfige Wesen von Organisationen als Systeme von Zwang und Übereinstimmung. Und in Großbritannien verfocht eine eklektische Gruppe von Organisationswissenschaftlern ein sozio-technisches Modell, das Organisationen als Verbund von Ungleichen betrachtete (Emery 1959).

Als Schüler von Peter Blau an der Chicago University während der 1950er Jahre konnte ich als Angehöriger der zweiten Generation Zeuge und Nutznießer dieser grundlegenden Studien werden. Unsere gemeinsame Arbeit über Organisationen spiegelt diese widersprüchlichen Tendenzen wider, insofern wir Themen

---

[4] Vgl. Simon 1945; March/Simon 1958; Cyert/March 1963.

wie informale und formale Strukturen, Führungsstil und Autorität sowie Eigenverantwortung und Kontrolle gleich viel Aufmerksamkeit schenkten (eine frühe Abhandlung Blau/Scott 1962/2003).

Bis heute ist diese Institutionalisierung der Dualität sichtbar. Auch wenn Wissenschaftler gelegentlich reine Modelle vorstellen, die entweder von perfekter Rationalität (postuliert durch eine These) oder von vollständiger Irrationalität (aufgrund der Betrachtung von Organisationen als Fluch der Moderne) ausgehen, so scheinen die meisten der zeitgenössischen Wissenschaftler doch damit zufrieden zu sein, ihre Forschungsarbeiten irgendwo zwischen diesen beiden Polen anzusiedeln. So unterschiedliche Konzepte wie „Transaktionskosten" (Wiliamson 1975), „rationale Mythen" (Meyer/Rowan 1977), die „soziale Einbettung wirtschaftlichen Handelns" (Granovetter 1985) und die Gegenüberstellung von „Instrumentalität" und „Angemessenheit" (March/Olsen 1989) zeugen weiterhin von dem Riß, der die Fundamente dieses Fachgebiets durchzieht.

So gesehen besitzen das übergeordnete, interdisziplinäre Fach der Organisationswissenschaft und das untergeordnete Gebiet der Organisationssoziologie ein gemeinsames Erbe und ähnliche Geburtsmerkmale. Die Disziplin der Organisationswissenschaft hat sich rasch ausgeweitet. Zu den Disziplinen, deren Erkenntnisse sich die Organisationswissenschaft zunutze macht, gehören alle Sozialwissenschaften – Anthropologie, Kommunikations-, Wirtschafts- und Politikwissenschaft, Psychologie und Soziologie – sowie bestimmte Zweige der Ingenieurs- und Entscheidungswissenschaften, der Kognitiven Wissenschaft und Managementlehre, insbesondere wenn es um Themen wie Organisationsverhalten, Strategie und Unternehmensleitung geht. Soziologen haben bei der Gestaltung dieses weitreichenden Forschungsfeldes in vielen Aspekten eine zentrale Rolle gespielt, und auf ihre Beiträge möchte ich mich hier nun konzentrieren.

In der Bildungsphase der Disziplin, die in den 1950er Jahren begann und bis in die 1980er andauerte, beschäftigten sich Soziologen zwar mit einer Vielfalt an Themen, doch von besonderer Bedeutung, Einfluß und Konsistenz war die Beschäftigung mit den Determinanten der Organisationsstruktur. Wie ließen sich die spezifischen Merkmale von Organisationen am besten darstellen? Von welchen Kräften wurden diese Merkmale beeinflußt? Zum Beispiel führte Blau zusammen mit einigen Mitarbeitern ein vergleichendes Forschungsprogramm durch, in dem die formalen Strukturen verschiedenartiger Organisationen schonungslos untersucht wurden und sich Organisationen als Systeme „mit eigenen Gesetzmäßigkeiten" erwiesen (Blau/Schoenherr 1971: 356). In der späteren Phase der Entwicklung des Faches, die von den 1980er Jahren bis heute andauert, wurden diese Themen auf einer höheren Untersuchungsebene weiterverfolgt, indem Soziologen die strukturellen Charakteristika ähnlicher Organisationen (Organisationspopulationen) sowie unterschiedlicher, interdependenter Organisationen (Organisationsfelder und Netzwerke) untersuchten.

Gleichzeitig konzentrierten sich Soziologen nicht nur auf die Determinanten, sondern auch auf die Konsequenzen der Organisationsstruktur, indem sie deren Auswirkungen auf den Erfolg der Organisation und die Akteure in Organisationen sowie – allgemeiner betrachtet – auf Macht und soziale Ungleichheit untersuchten. Diese Entwicklungen werde ich in den folgenden Abschnitten genauer erörtern.

2.3 Die Transformation des Feldes: Modelle Offener Systeme

Zur gleichen Zeit wie diese Pioniere der Organisationswissenschaft war auch eine bunt gemischte Gruppe interdisziplinärer Wissenschaftler damit befaßt, Modelle *Offener* (oder: *Allgemeiner*) *Systeme* zu entwickeln, um durch die Herausarbeitung gemeinsamer Elemente oder Prozesse in unterschiedlichen Systemen voneinander abgegrenzte Disziplinen miteinander zu verknüpfen und zu erneuern. Die analysierten Systeme reichten dabei von lebenden Zellen bis zum Sonnensystem (von Bertalanffy 1956). Zwar wurden diese Ideen und Ansätze von mehreren Disziplinen, einschließlich der Soziologie (Buckley 1967) aufgenommen, doch erlangten sie nirgends so starken Einfluß wie in der Organisationswissenschaft. Bevor das Konzept *Offener Systeme* entwickelt worden war, hatten sich die Organisationswissenschaftler auf Akteure (Arbeiter, Arbeitsgruppen, Manager) und Prozesse (Motivation, Zusammenhalt, Kontrolle) in Organisationen konzentriert. Der Umwelt, in der eine Organisation operierte, wurde kaum Aufmerksamkeit geschenkt. War dies doch einmal der Fall, dann wurde die Umwelt all zu oft lediglich als Ursache von Störungen dargestellt. Diese kurzsichtige Betrachtungsweise wurde während der 1960er Jahre allmählich ersetzt, angespornt durch die Arbeiten von Katz/Kahn (1966), Lawrence/Lorsch (1967), Thompson (1967/2003) und Weick (1969).[5]

In wichtigen Punkten zeugt die Entwicklung der Organisationswissenschaft vom letzten Viertel des 20. Jahrhunderts bis heute von einer wachsenden Anerkennung der vielen und unterschiedlichen Arten, wie die Organisationsumwelt Organisationen konstituiert, beeinflußt und durchdringt. Zudem ist das Bewußtsein dafür gewachsen, daß Organisationen andere grundlegende gesellschaftliche Prozesse und Systeme beeinflussen.

---

[5] Katz, Kahn und Weick waren Sozialpsychologen; Lawrence und Lorsch Managementwissenschaftler; Thompson war Soziologe.

3   Das Feld reift heran

3.1   Theoriewirbel um Determinanten

Mit der Einführung von Modellen *Offener Systeme* begann das Fachgebiet, im Schlamm leicht abgenutzter Differenzierungen zu waten, so daß nutzlose Debatten ins Leben gerufen wurden. Schlag auf Schlag wurden neue innovative Theorien und Argumentationen eingeführt, die alle neue Einsichten in die Determinanten von Organisationsstrukturen boten.

Als erstes tauchte die *Kontingenztheorie* auf, die postuliert, daß, auch wenn alle Organisationen in Bezug auf Ressourcen und technische Informationen von ihrer Umwelt abhängig sind, sich die Umwelt von Organisation zu Organisation in Bezug auf Komplexität und Unsicherheit unterscheidet und infolgedessen sich auch die Organisationsstrukturen unterscheiden.[6] Man erkannte, daß Organisationen sich funktional zu ihrer technischen Umwelt unterschieden, und daß jene Organisationen, deren Strukturen am besten an ihre spezifische Umwelt angepaßt waren, die beste Leistung zeigten. Die Kontingenztheorie war nicht nur die erste Theorie der – nennen wir es einmal „modernen" – Ära der Organisationswissenschaft, sondern bis heute auch die einflußreichste (Donaldson 2001). Diese Popularität ist zum Teil sicher auch dadurch zu erklären, daß sie für Praktiker attraktiv ist, die ihre Organisation verbessern wollen.

Ein verwandter Ansatz, die *Transaktionskostentheorie*, basiert auf der wirtschaftswissenschaftlichen Erkenntnis, daß alle Transaktionen (Austausch von Gütern und Leistungen) etwas kosten, aber daß manche mehr kosten als andere. Oliver E. Williamson (1975, 1985) griff die Erkenntnis Ronald H. Coases (1937) auf, nach der Organisationen entstehen, um Transaktionskosten in den Griff zu bekommen, wo dies den Märkten nicht gelingt. Relativ unsichere und komplexe Transaktionen verlangen Lenkungsmechanismen, die den beteiligten Parteien Sicherheit garantieren. Organisationen stellen einen solchen Mechanismus dar, mittels dessen unterschiedliche Interessen in Einklang gebracht und Kontrollsysteme erschafft werden können, um opportunistischem Verhalten vorzubeugen. Zu bemerken ist, daß dieser Ansatz auch auf einer rationalen Begründung für die Existenz von Organisationen beruht. Da sich die Arten der Transaktionen unterscheiden, unterscheiden sich auch die Organisationsstrukturen in bezug auf die Ressourcen, die für die Lenkung und Kontrolle von Transaktionen aufgebracht werden müssen. Diese Argumente lieferten eine weitere Erklärung für die Vielfalt von Organisationen und einen weiteren grundlegenden Aspekt für die Gestaltung von Organisationen.

---

[6] Vgl. Woodward 1958; Lawrence/Lorsch 1967; Galbraith 1973.

Ein dritter Ansatz, die *Theorie der Ressourcenabhängigkeit*, betont ebenfalls die Vorteile einer Anpassung von Organisationen an die Umwelt, bezieht aber sowohl politische als auch wirtschaftliche Systeme in die Betrachtung mit ein. Dieser Ansatz, der auf Emersons (1962) Begriff des „Machtabhängigkeitsverhältnisses" und dessen Weiterentwicklung durch Pfeffer/Salancik (1978/ 2003) aufbaut, geht davon aus, daß Organisationen zum Überleben Ressourcen austauschen müssen, daß dieser Austausch jedoch, wenn er unausgewogen ist, zu Machtdifferenzen führen kann. Daher kann wirtschaftlicher Austausch zu Machtdifferenzen führen, und wirtschaftliche Abhängigkeit kann politische Lösungen hervorbringen. Vertreter dieser Theorie betonen, daß Manager nicht nur ihre Strukturen, sondern auch ihr Umwelt managen müssen, indem sie Abhängigkeiten abbauen und ausreichend Machtvorteile anstreben.

Die *Netzwerktheorie* wurde von Psychologen und Soziologen lange Zeit dazu verwendet, interpersonelle Beziehungen zu untersuchen; in den 1970er und 1980er Jahren wurde diese Theorie dann aber auch auf die Beziehungen von Organisationen angewandt. Netzwerktheoretiker – aufbauend auf die grundlegende Arbeit von White et al. (1976) – gingen dazu über, für die Untersuchung der Netzwerke von Organisationen geeignete Maßstäbe und Methoden zu entwickeln. Man stellte fest, daß die Position einer Organisation in einem Netzwerk ebenso wie die Struktur des Netzwerks selbst Einfluß auf Organisationsverhalten und Organisationsergebnisse hatten. Die Verbindungen und Strukturen dieser Netzwerke wurden bei Untersuchungen in den folgenden Kontexten analysiert: vernetzte Aufsichtsratspositionen (Mizruchi 1982), wettbewerbliche Austauschstrukturen und Gewinne (Burt 1983), Untersuchungen politischer Auswirkungen interorganisatorischer Systeme auf der nationalen Ebene (Laumann/Knoke 1987) und die Bildung und Auswirkungen strategischer Allianzen (Powell et al. 1996). Da die Netzwerktheorie den relationalen Aspekt der Umwelt betont, war sie bei der Untersuchung ressourcenabhängiger Verbindungen hilfreich (Pfeffer 1987).

Ungefähr zur gleichen Zeit entwickelte sich die *Organisationsökologie* als alternatives Paradigma. Aufbauend auf der Arbeit von Hawley (1950) wiesen Hannan/Freeman darauf hin, daß die bisherigen Theorien das Maß, in dem einzelne Organisationen fundamentale Veränderungen durchlaufen können, viel zu hoch eingeschätzt hatten. Daher, so Hannan/Freeman, sollte in Untersuchungen über die Veränderung von Organisationen die Aufmerksamkeit von der einzelnen Organisation auf Populationen von Organisationen (des gleichen Typs) verlagert werden. Diese Verlagerung der Analyseeinheit wurde als nötig erachtet, da fundamentaler Wandel für gewöhnlich die Ersetzung eines Organisationstyps durch einen anderen mit sich bringt. In späteren Arbeiten legten sie den Schwerpunkt auf die Dynamik von Organisationspopulationen, also darauf, wie auf lange Sicht gesehen neue

Organisationstypen entstehen, wachsen, konkurrieren und wieder verschwinden (Hannan/Freeman 1989).

    Zudem entstand in dieser Zeit ein weiterer Ansatz, die *Institutionentheorie*, die den Schwerpunkt auf die kulturellen Merkmale der Umwelt legte. Aufbauend auf die Arbeit von Berger/Luckmann (1967) argumentierten Institutionstheoretiker, daß Organisationen nicht nur ihre technische, sondern auch ihre „institutionelle" Umwelt berücksichtigen müßten, also regulative, normative und kulturell-kognitive Merkmale, die „social fitness" definieren.[7] Frühere Theoretiker wie Selznick (1949) und Parsons (1960) betonten die regulativen und normativen Aspekte institutioneller Systeme. Auch spätere „neoinstitutionalists" berücksichtigten diese Aspekte als wichtige Faktoren, lenkten die Aufmerksamkeit jedoch auch auf die Bedeutung symbolischer Elemente wie Schemata, Typifikationen und Skripte, die eine wichtige und unabhängige Rolle bei der Gestaltung der Organisationsstruktur und des Organisationsverhaltens spielen (Scott 2001a).

    Mit ihrer Behauptung, daß neben den strukturellen und materiellen Faktoren auch kulturelle Faktoren eine gleichwertige und unabhängige Rolle spielen, legten Institutionstheoretiker nahe, daß man die Ursprünge von Organisationen auf die Zeit der Aufklärung im 17. Jahrhundert vorverlegen sollte (bis dahin hatte man allgemein angenommen, Organisationen seien in der späten Phase der Industrierevolution entstanden). Meyer et al. (1994) sowie Pedersen/Dobbin (1997) begründen dies damit, daß in jener Zeit Philosophen und Wissenschaftler begannen, zunächst physikalische und später dann auch soziale Phänomene in allgemeine Typen und Subkategorien einzuteilen und das Projekt der gesellschaftlichen Rationalisierung ins Leben zu rufen. Nach und nach akzeptierte man das Vorhandensein von Generaltypen sozialer Strukturen (Organisationen), die durch einen gemeinsamen Wissensvorrat verwaltet wurden (Management) und anerkannte Subkategorien (Firmen, Schulen, Behörden) beinhalteten. Die Entstehung der Organisationswissenschaft, die wissenschaftliche Erklärungen für diese Phänomene sucht, hat dazu beigetragen, dieses Vorhaben zu unterstützen und voranzubringen.

    Als die Forscher in den 1960er und 1970er Jahren die Vielfältigkeit der Umwelt erkannten und deren Bedeutung für die Strukturen und Prozesse von Organisationen untersuchten, lösten sich diese unterschiedlichen Theorien in rascher Reihenfolge ab. Es wurde über technische, wirtschaftliche, politische, relationale, ökologische und kulturelle Faktoren theoretisiert und einer nach dem anderen untersucht. Drei der sechs Ansätze (der ökologische, der relationale und der institutionelle) basierten auf der Arbeit von Soziologen, und auch ein vierter (der politische Ressourcenabhängigkeitsansatz) beruhte stark auf der Arbeit des Soziologen Richard Emerson, wurde jedoch eher auf interorganisatorischer als interpersoneller

---

[7] Vgl. Meyer/Rowan 1977; DiMaggio/Powell 1983; Meyer/Scott 1983.

Ebene angewandt. Bemerkenswert ist, daß soziologisch argumentierende Ansätze Organisationen als natürliche Systeme auf einem Kontinuum verorten, das von „natürlichen" bis zu „rationalen" Systemen reicht. Wirtschaftswissenschaftler (die sich für den Transaktionskosten-Ansatz entschieden) und Managementtheoretiker (welche die Kontingenztheorie vertraten) tendieren dagegen eher dazu, Organisationen als rationale Systeme zu betrachten.[8]

Während dieser kreativen Phase der Organisationswissenschaft arbeitete ich an der Stanford University, der ich in meiner beruflichen Laufbahn bis heute treu blieb. Mitte der 1970er Jahre gab es dort die weltweit beste Ansammlung von Organisationswissenschaftlern. Drei der sechs wichtigsten Theorien – die Theorie der Ressourcenabhängigkeit, die Organisationsökologie und die Institutionentheorie – wurden von Mitgliedern der Stanford University auf den Weg gebracht. Meiner Meinung nach war es nicht nur die Reihe großer Talente in Stanford – eine „Kompetenzdichte", um meinen Freund und Kollegen Jim March zu zitieren –, sondern die Art kollegialer Gemeinschaft, die wir gemeinsam aufbauten und welche diese Kreativität entfachte. Wie auch immer es gewesen war: Die Hauptquelle wissenschaftlicher Kreativität hat sich von Columbia und Carnegie westwärts nach Stanford verlagert.

3.2 Höhere Niveaus

Diese theoretischen Entwicklungen führten nicht nur dazu, daß wir unsere Konzeption der Umwelt um mehrere unterschiedliche Facetten erweiterten, sondern auch dazu, daß wir bei der Organisationsanalyse ein höheres Niveau erreichten. Die ersten Ansätze *Geschlossener Systeme* beschränkten ihre Aufmerksamkeit auf Phänomene innerhalb von Organisationen. Die Organisationsstrukturen wurden nur als Kontext für das Verhalten von Individuen und Gruppen betrachtet. Erst mit dem Auftauchen von Modellen *Offener Systeme* wurden Organisationen selbst zum Untersuchungsobjekt. Sie wurden entweder als Systeme, die auf ihre Umwelt reagierten und von ihr geprägt wurden, oder als kollektive Akteure, die ihren Kontext gestalten, sowie als aktive Elemente in umfassenderen, übergeordneten Systemen betrachtet.

Während der 1960er Jahre begannen Wissenschaftler mit Untersuchungen, die Organisationen sowie deren Strukturen und Prozesse zum Gegenstand hatten. In empirischen Studien wurden systematisch Informationen zu ausgewählten Organisationen gesammelt – entweder zu Organisationen desselben Typs oder zu Organisationen unterschiedlichen Typs im gleichen Bereich (Blau/Schoenherr

---

[8] Eine wichtige Ausnahme stellt hierbei der Soziologe Thompson dar, der darauf besteht, daß seine Kontingenzargumente nur „under norms of rationality" anwendbar sind.

1971; Pugh et al. 1969). Diese Art der Untersuchungen wurde in den darauf folgenden Jahrzehnten fortgeführt, doch erst Mitte der 1990er Jahre gab es eine Untersuchung zu einer repräsentativen Auswahl von Organisationen innerhalb einer Gesellschaft, nämlich den USA (Kalleberg et al. 1996). Diese Untersuchungen, insbesondere jene über verschiedene Organisationstypen und gesellschaftliche Kontexte, bestätigten den dualen Charakter von Organisationen, der zum Teil durch materiell-ressourcenspezifische Kräfte (Technik, Größe, Wettbewerb) und zum Teil durch kulturelle Systeme (Normen und kulturelle Überzeugungen) geprägt wurde (Lincoln/Kalleberg 1990; Orrù et al. 1997).

Mit dem Fokus auf ein „organization set" (eine Fokalorganisation und deren wichtigste Partner im Ressourcenaustausch) gingen die Forscher über die Ebene der individuellen Organisation hinaus (Blau/Scott 1962/2003; Evan 1966). Diese Herangehensweise erlaubte es den Wissenschaftlern, den ausschlaggebenden Kontext für eine bestimmte Organisation genauer zu bestimmen. Die Untersuchung eines solchen „set" lenkte die Aufmerksamkeit weniger auf abstrakte Kontextdimensionen wie „Komplexität" oder „Unsicherheit" als vielmehr auf spezifische Ressourcen- und Informationsflüsse sowie spezifische Netzwerkverbindungen und deren Auswirkungen. Diese Untersuchungsebene eignete sich gut für die Analyse ressourcenabhängiger Beziehungen und Fragen der Organisationsstrategie.

Organisationsökologen konzentrierten ihre Arbeit vornehmlich auf die Ebene der *Organisationspopulation,* obwohl ihre Theorie auf mehreren Ebenen anwendbar ist. Nach Definition besteht eine Organisationspopulation aus all jenen Organisationen, die in der derselben Umweltnische um Ressourcen konkurrieren. In der Praxis wurden meist Organisationen des gleichen Archetyps, die eine ähnliche Struktur aufweisen und die ähnliche Ziele verfolgen, als eine Population operationalisiert und untersucht. Eine bestimmte organisationale Form entsteht zu einem spezifischen Zeitpunkt, vereint auf spezifische Art und Weise vorhandene Technologien und Typen sozialer Akteure und tendiert dazu, mit nur geringfügigen Veränderungen in dieser Form fortzubestehen (Stinchcombe 1965). Betrachtete man die Gesamtentwicklung einer Form, so ergaben Analysen zahlreicher unterschiedlicher Populationen ähnliche Muster eines S-förmigen Wachstums und Verfalls (Hannan/Freeman 1989; Baum 1996). Hannan/Freeman erläutern, daß die Dichteveränderungen von Populationen die bekannte dualistische Spannung zwischen den Legitimationskräften der frühen Wachstumsphase und den Kräften des Wettbewerbs, die später entscheidend sind, widerspiegeln.

Institutionelle Einflüsse spielen auf allen Ebenen eine Rolle, doch haben die Institutionstheoretiker der Ebene des *Organisationsfeldes* („organizational field") besondere Aufmerksamkeit geschenkt. Dieses wird definiert als Ansammlung ähnlicher und unähnlicher, in Wechselbeziehung zueinander stehender und in einem funktionell-spezifischen Bereich tätiger Organisationen und deren Austauschpartner, Ressourcengeber und Regulierungsbehörden (DiMaggio/Powell 1983). Da das Organisationsfeld per definitionem mit einem institutionell bestimmten Bereich gesellschaftlicher Tätigkeit einhergeht, eignet sich diese Ebene für die Untersuchung von Strukturationsprozessen, ganz gleich, ob es sich dabei um konvergierende oder divergierende Veränderungen bestimmter Typen von organisationalen Akteuren und deren Beziehungen untereinander handelt. Wissenschaftler untersuchten langfristige Veränderungen der Regel- und Überzeugungssysteme von Organisationsfeldern in so unterschiedlichen Kontexten wie dem internationalen Handelsschiedsgericht (Dezalay/Garth 1996), der norwegischen Fischerei (Holm 1995), den größten Industrieunternehmen der USA (Fligstein 1990), der Mineralöl- und Chemieindustrie bei ihrer Anpassung an umweltrechtliche Bestimmungen (Hoffman 1997) und der Gesundheitsversorgungssysteme (Scott et al. 2000). Jede dieser Untersuchungen unterstreicht das komplexe Zusammenspiel zwischen materiellen Ressourcen, Wettbewerbsumwelt und institutioneller Umwelt.

3.3 Bedenken der Konsequenzen

Die Strukturen und Funktionsweisen von Organisationen haben sowohl für die Organisationen selbst als auch für die Gesellschaften, in denen sie operieren, Konsequenzen. Während sich Wirtschaftswissenschaftler und Managementtheoretiker auf die Identifikation von Leistung und Produktivität beeinflussenden Faktoren der Organisationen konzentrierten, fragten Soziologen danach, wer von den Aktivitäten der Organisation profitiert und wer nicht bzw. wem diese Tätigkeiten schaden (Scott 1977; Perrow 1986). So waren es auch Soziologen, die unbequeme Fragen über eng gekoppelte, komplexe Organisationen stellten, die für ihre Betriebssicherheit gerühmt werden, wie Atomkraftwerke oder Sicherheitssysteme von Fluglinien. Deren Komplexität und die gegenseitige Abhängigkeit ihrer Bestandteile machen Unfälle wahrscheinlich, ja sogar zum „Normalfall" (Perrow 1984; Vaughan 1996).

Coleman (1974) formulierte eloquent seine Bedenken in bezug auf Organisationen in ihrer Eigenschaft als Machtsysteme, indem er darauf hinwies, daß Organisationen in ihrer Eigenschaft als kollektive Akteure Interessen und Ziele verfolgen, die sich von denen ihrer Mitglieder unterscheiden, und daß Individuen sowohl hinsichtlich ihrer Beziehung zu anderen Individuen als auch zu Organisationen beständig an Macht verlieren. Es ist also nicht so, daß Organisationen unter unserer Kontrolle stehen und Ziele verfolgen, vielmehr stellen wir unsere Zeit und Energie in den Dienst von Organisationen und dienen ihnen damit beim Verfolgen ihrer eigenen, begrenzten Ziele. Organisationen beeinflussen auch in zunehmendem

Relevante Umwelten (handwritten annotation)

Maße die gesellschaftliche Mobilität und die Lebensmöglichkeiten. Wissenschaftler, die sich mit sozialer Schichtung befaßten und sich lange Zeit vom Phänomen der sozialen Klassen hatten faszinieren lassen, begannen sich auf die Rolle von Organisationen als zentrale Mediatoren der Mobilität in modernen Gesellschaften zu konzentrieren. Die „neuen Strukturalisten" fokussierten die Struktur der Arbeit, die heute routinemäßig in Firmen und Industrien eingebettet ist, und Prozesse des Statuserwerbs in Organisationen, wie Einstellungen, Training, Beförderungen und Entlassungen (Baron/Bielby 1980). Eine wachsende Zahl an Untersuchungen zeigt übrigens, daß diese Prozesse nicht unabhängig von Geschlecht oder ethnischer Zugehörigkeit sind (Reskin et al. 1999).

Insgesamt wurde die Entwicklung der Organisationswissenschaft im Allgemeinen und der Organisationssoziologie im Besonderen in den letzten Jahrzehnten durch die Logik *Offener Systeme* bestimmt, nach der Theoretiker und Forscher ihren Blick auf immer mehr Facetten der relevanten Umwelten von und für Organisationen ausweiteten und in ihren Untersuchungen größere und umfassendere Systeme mit Organisationen als den zentralen Akteuren analysierten (Scott 2003). Zudem wurden Themen, die für Soziologen von zentraler Bedeutung sind (z.B. die Verteilung von Macht und Status), überzeugend mit organisationalen Prozessen und Strukturen in Verbindung gebracht.

4   Aktuelle Trends

Auch wenn in den letzten Jahrzehnten kein vergleichbar intensives kreatives Niveau zu beobachten war, hat sich das Fachgebiet weiterhin in neue Richtungen entwickelt. Hier betrachte ich kurz drei Aspekte über die heutige Veränderung von Organisationen und einen vierten Aspekt, der unsere Betrachtungsweise von Organisationen revidiert.

4.1 Neue Grenzen

Seit den Arbeiten Webers (1924) spielen die Grenzen von Organisationen eine zentrale Rolle in der Organisationsanalyse. Weber definierte Organisationen als „geschlossene" soziale Beziehungen, deren Zugang auf spezifische Individuen begrenzt ist und deren Begrenzung durch einen Leiter oder Direktor mit Hilfe eines Verwaltungsstabes durchgesetzt wird. Mit dem Aufkommen *Offener Systeme* erkannten Theoretiker die Abhängigkeit von Organisationen vom Ressourcenmanagement und von anderen Austauschprozessen mit der Umwelt, betonten jedoch weiterhin die für Organisationen bestehende Notwendigkeit der Reduzierung externer Einflüsse durch einen Schutz des technischen Kerns vor den Turbulenzen der Umwelt (Thompson 1967/2003). Wissenschaftler haben zahlreiche Konzepte entwickelt und bei ihren Studien über die Grenzen von Organisationen verschiedenste Indikatoren berücksichtigt, darunter Akteure (spezifische Rollen, Mitgliedschaftskritierien, Identität), Beziehungen (Interaktionsfrequenz, Kommunikationsmuster, Netzwerke), Aktivitäten (Aufgaben, Routinen, Gespräche) sowie normative und rechtliche Kriterien (Eigentumsverhältnisse, Verträge, legitime Autorität).

Es besteht jedoch kein Zweifel daran, daß die Grenzen von Organisationen in den letzten Jahrzehnten als offener und flexibler betrachtet werden. Auch wenn die Verkündung einer Organisation „ohne Grenzen", wie es manche enthusiastische Beobachter bereits getan haben, verfrüht erscheint, gibt es doch zahlreiche Hinweise auf eine stärkere Durchlässigkeit und geringere Starrheit von organisationalen Grenzen: Auf Dauer angestellte Mitarbeiter werden durch Zeitarbeiter, Teilzeitarbeiter oder Vertragskräfte ersetzt; Teams oder Projektgruppen haben oft Mitglieder von einer Vielzahl unabhängiger Firmen; Organisationen verringern den Personalbestand, kaufen und verkaufen Bestandteile der Organisation und gehen Allianzen mit Austauschpartnern und Mitbewerbern ein, so daß die betrieblichen Grenzen neu gezogen werden (Kanter et al. 1992). Die heutigen Produktions- und Dienstleistungssysteme weiten sich mit höherer Wahrscheinlichkeit zu Netzwerken unabhängiger bzw. semi-unabhängiger Unternehmen und Geschäftsstellen aus, da sich zu den früheren handwerklichen Produktionssystemen kleine Firmen gesellen, sich um größere Unternehmen Spin-Offs versammeln und strategische Allianzen eingegangen werden (Harrison 1994; DiMaggio 2001). Diese Entwicklungen sind jedoch kein Hinweis auf das Verschwinden von Grenzen, sondern auf Veränderungen in bezug auf deren Geltungsbereich sowie ihre Beschaffenheit, Dauer und Verstärkungsmechanismen. Dabei werden materialistische Formen der Grenzmarkierung zunehmend durch symbolische ersetzt.

4.2 Neue Strategien

In engem Zusammenhang mit den wechselnden Konzepten der Organisationsgrenzen stehen wechselnde Ansichten über die Art der Relationierung von Organisation und Umwelt. Während des 20. Jahrhunderts begriff man das Verhältnis von Organisation und Umwelt im Wesentlichen im strategischen Sinne einer *Internalisierung* der Umwelt durch die Organisation. Organisationen tendierten dazu, Schlüsselaufgaben ihrer Funktion in ihren Strukturen zu „absorbieren" oder „zu entsprechen". „Absorption" bedeutet, daß ursprünglich externe Elemente in die eigenen Grenzen geholt wurden. Organisationen begannen zunächst, Arbeitskräfte, Technologien und Fachwissen zu absorbieren. Wenn eine Organisation größer wurde, verlagerte sie sich auf eine Strategie der vertikalen Integration, wobei sie Inputres-sourcen, Marketing- und Vertriebssysteme integrierte (Chandler 1977). War eine solche Internalisierung nicht möglich, versuchten Organisationen, den wichtigsten Aspekten der Umwelt in den eigenen Strukturen „zu entsprechen", d.h. sie heuer-ten z.B. Personen mit Gewerkschaftserfahrung für das Labor Relations Department an oder Rechtsanwälte für den Umgang mit der rechtlichen Umwelt. Wie Perrow (1991) behauptete, schien es tatsächlich so, als ob große Organisationen letztend-lich alle Aspekte der Gesellschaft absorbieren würden.

Doch während der späteren Jahrzehnte des 20. Jahrhunderts traten überra-schende und unvorhergesagte Wendungen auf, als Organisationen nämlich ver-schiedene Komponenten und Funktionen auslagerten. Eine zunehmende Zahl von Unternehmen machte nun *Externalisierung* zur Hauptstrategie: Sie trennten sich von internen Einheiten und lagerten vormals im Unternehmen ausgeübte Funktio-nen aus. Wie bereits erwähnt, wenden Organisationen diese Strategien auf Mitar-beiter, Abteilungen und Funktionen an. Als Beispiel für die weite Verbreitung dieser Tendenz nennen Carroll/Hannan (2000) die durchschnittliche Verkleinerung von US-Unternehmen von ungefähr 60 Mitarbeitern im Jahr 1960 auf ungefähr 34 Mitarbeiter im Jahr 1990. (Dieser Trend spiegelt allerdings nicht nur den Externali-sierungstrend in großen Unternehmen wider, sondern auch die wachsende wirt-schaftliche Bedeutung neuer, kleinerer Unternehmen.) Heute lassen sich Manager von dem Mantra „Kultiviere Deine Kernkompetenzen" leiten. Diese Entwicklun-gen haben zwangsweise Auswirkungen auf Mitarbeiter, die erkennen müssen, daß der „ungeschriebene Vertrag", nach dem Loyalität Jobsicherheit garantiert, neu definiert, wenn nicht sogar aufgehoben wurde. Die mit der Externalisierung ver-bundenen negativen wie positiven Auswirkungen auf die individuellen Beteiligten wurden maßgeblich von Soziologen untersucht (Pfeffer/Baron 1988; Smith 2002).

Zwar gibt es eine Reihe marktbasierter, neoliberaler Erklärungen für diesen Externalisierungstrend, doch ich denke, eine wichtige, bislang unbeachtete Ursache ist in den Veränderungen von Gesellschaftssystemen zu sehen. Dadurch, daß mehr und mehr Aspekte der Gesellschaft rationalisiert (also als instrumentelle Systeme organisiert werden, die systematisch die Mittel dem Zweck anpassen), gibt es im-mer weniger Notwendigkeit, das eigene System abzuschotten und immer mehr Möglichkeiten, sich „externen" Systemen (die nach dem gleichen Prinzip funktio-nieren) zur Erreichung von Zielen anzuschließen. In diesem Sinne ist es vielleicht weniger so, daß Organisationen Gesellschaften absorbieren (wie Perrow nahe legt), sondern vielmehr so, daß Gesellschaften Organisationen absorbieren (Meyer 1983; Scott/Meyer 1994: 4).

4.3 Neue Machtprozesse

Der Einsatz sowie die Form von Macht und Kontrolle in Organisationen ändern sich. Die archetypische einheitliche Hierarchie, die für so lange das entscheidende Merkmal von Organisationen war, macht Platz für weniger zentralisierte und mehr horizontal ausgerichtete Systeme, insbesondere in Organisationen der neueren Industriezweige. Denn wenn die für einen effektiven Wettbewerb benötigten wichtigen Informationen vornehmlich an den Grenzen und nicht in den Zentren von Organisationen zu finden sind, werden zentralisierte Weisungs- und Kontrollstrukturen dysfunktional und mit der Zeit obsolet. Da sich die betrieblichen Grenzen von Firmen und Geschäftsstellen nach außen verschieben und nun auch Zeit- und Vertragsarbeiter mit einschließen, müssen Manager sowohl in horizontaler (ohne Autorität) als auch vertikaler Hinsicht besondere Managementfertigkeiten lernen.

Externalisierungsstrategien zeugen von einem wachsenden Vertrauen in die Mechanismen des Marktes, im Unterschied zu organisationsinternen Kontrollen. Außerdem reflektieren sie das wachsende Bewußtsein innerhalb privater wie öffentlicher Organisationen, daß Eigentum nicht mit Kontrolle gleichgesetzt werden kann: Oft erlauben Verträge mehr Einflußnahme als Eigentum.

Das Entstehen neuer Kapitalmärkte, die stärker von institutionellen als von privaten Investoren regiert werden, stellt eine Bedrohung für die während der letzten fünfzig Jahre von Managern beherrschten Machtstrukturen in Organisationen dar. Es kann gut sein, daß das Zeitalter des „Managerkapitalimus" ein Ende hat, auch wenn die schwindende Macht der Unternehmenselite vielleicht durch eine wachsende Macht von Managern großer Pensionsfonds oder anderer institutioneller Investoren abgelöst wird (Davis 1994; Useem 1996).

Unternehmen haben lange einen beträchtlichen Einfluß auf den Staat ausgeübt. Alle Soziologen – von Mills (1965) bis zu Mizruchi (1992) und Perrow (2002) – haben gezeigt, wie einfach sich wirtschaftlicher Reichtum und wirtschaftliche Macht in politischen Einfluß umwandeln lassen. In den USA genießen Unternehmen den Vorteil, rechtlich als Personen betrachtet zu werden und damit das Anrecht auf freie Meinungsäußerung zu haben, das sie vor allem durch Lobbyismus und Finanzierung von Wahlkampagnen ausdrücken. Noch nie war die Macht und der politische Einfluß von Unternehmen stärker.

4.4 Neue Konzepte

Es wäre in der Tat überraschend, wenn sich diese grundlegenden Veränderungen der Organisationsstruktur und des Organisationsverhaltens nicht auch in den Konzepten widerspiegeln würden, die Wissenschaftler in ihrer Arbeit anwenden. Ich glaube, die bedeutenden derzeitigen Veränderungen in unserem Fachgebiet lassen sich am besten durch den Essay von Emirbayer (1997) über die Konzepte sozialer Strukturen beschreiben. Er zeigt darin, daß sich die Aufmerksamkeit zunehmend von substantialistischen auf relationale Strukturmodelle verlagert hat. Bei der *substantialistischen* Herangehensweise werden Strukturen als Dinge oder Einheiten definiert. Emirbayer unterscheidet zwei Subtypen substantialistischer Konzepte:

- zum einen substantialistische, eigenaktive Definitionen, welche auf Organisationen angewandt werden und den Schwerpunkt auf die Unabhängigkeit von Organisationen legen sowie auf die Merkmale, die Organisationen von anderen Formen sozialer Strukturen unterscheiden – also solche Konzepte, die in der Gründungsphase der Organisationswissenschaft vorherrschend waren (Weber, March/Simon, Blau/Scott);

- zum anderen substantialistische, interaktive Definitionen, die es seit der Betrachtung von Organisationen als offene Systeme gibt. Auch wenn Organisationen weiterhin als eigenständige Einheiten angesehen werden, so werden ihre Eigenschaften doch in Abhängigkeit von wechselnden Kontextbedingungen gesehen, seien diese technischer, politischer, transaktionaler oder institutioneller Art.

Das relationale bzw. prozeßorientierte Konzept der Organisation wird bislang zwar nur von einer Minderheit der Wissenschaftler angewandt, jedoch ist ihre Zahl steigend. Diese Betrachtungsweise berücksichtigt, daß Organisationen „untrennbar von dem Kontext der Transaktionen sind, in dem sie eingebettet sind" (Emirbayer 1997: 287). Nach der von White (1992) ausgearbeiteten Betrachtungsweise entwickelt sich die Bedeutung und die Identität eines Akteurs (auch des kollektiven Akteurs) in einem relationalen Konzept aus den Rollen, die er bei den fortlaufenden Beziehungen und Zusammentreffen spielt. Giddens' (1979) Konzept der Strukturation ist die einflußreichste allgemeine Formulierung dieser Betrachtungsweise.

Meines Wissens war Weick (1969) der erste Organisationswissenschaftler, der für seine Untersuchungen eine relationale Betrachtungsweise wählte und die Verlagerung von einem einheitsbasierten Konzept (Organisation) zu einem prozeßbasierten Konzept (Organisieren) vertrat. In den letzten Jahrzehnten formulierte eine Vielzahl von Theoretikern relationale Konzepte. Doch auch hier erscheint wieder der alte Widerspruch zwischen denjenigen, die rationale Aspekte betonen – z.B. Organisationen als „Knotenpunkte von Verträgen" (Jensen/Meckling 1976) oder als „Portofolio von Finanzanlagen" (Fligstein 1990) – und denjenigen, die den Schwerpunkt auf eher organische Merkmale legen – z.B. Organisationen als veränderliche Populationsansammlungen von Beteiligten (Bidwell/Kasarda 1985) oder als durch Geschichten oder Narrationen konstituierte Objekte (Czarniawska

1997). Im Allgemeinen zeichnen sich relationale Ansätze der Organisationsforschung dadurch aus, daß mit ihnen

> „Prozesse gegenüber Strukturen und das Werden gegenüber dem Sein hervorgehoben
> werden. Dabei variiert erheblich, was den Prozeß durchläuft. In manchen Versionen
> sind es Symbole und Worte, in einer anderen Beziehungen oder Verträge, in wieder
> anderen Vermögenswerte. Wenn im relationalen Ansatz jedoch die Rede von Struktu-
> ren ist, so existieren diese nur, indem sie ständig erschaffen und erneuert werden, und
> wenn die Welt überhaupt einen Sinn besitzt, dann nur, weil Akteure stetig Intentionen
> und Zuschreibungen sowohl konstruieren als auch rekonstruieren und damit ihre eige-
> ne Identität und die der anderen." (Scott 2001b: 10913)

5   Ausblicke und Bedenken

Meine Begeisterung ist wahrscheinlich offensichtlich, und zwar ebenso über die
Erfolge im Aufbau des vitalen Feldes der Organisationswissenschaft wie über die
soziologischen Beiträge zu dieser Entwicklung während der letzten fünfzig Jahre.
Kein anderer mir bekannter Wissenschaftsbereich ist so dynamisch oder hat so
viele Fortschritte bei der Theoretisierung oder Dokumentation der zentralen Entwicklungen des untersuchten Phänomens gemacht. Dabei stützen sich die Organisationssoziologen ebenso wenig wie ihre Kollegen aus dem übergeordneten Feld
der Organisationswissenschaft auf ein einziges, einheitliches Paradigma. Vielmehr
verhält es sich so, wie Augier et al. (2004: 21) es zusammenfassen:

> „[Unser] Erfolg wird nicht an zunehmender Konvergenz gemessen, sondern an zu-
> nehmender Vielfalt und Komplexität sowie dem Gefühl, auf eine gemeinsame Ge-
> schichte zurückblicken zu können. Der Kanon ändert sich durch Ausweitung und In-
> klusion, durch Ausarbeitung und Aufnahme neuer Blickwinkel. ... Es gibt Wandel,
> aber auch Kontinuität."

Ich werde nun einen Blick in die Zukunft wagen und dabei kurz einige Entwicklungen aufführen, die mir viel versprechend erscheinen, aber auch eine, die ich als
besorgniserregend erachte.

5.1   Auf dem Weg zu Integration und intellektueller Inklusivität

In den letzten zwei Jahrzehnten brachten Theoretiker eine konkurrierende Betrachtungsweise nach der anderen hervor, und es schien, als sei das Fachgebiet der Organisationswissenschaft der Zersplitterung oder dem Untergang geweiht. Aldrich
(1992) wies in einem Kommentar zum Status der Organisationswissenschaft am

in patterns

Ende des 20. Jahrhunderts auf die Gefahr einer langen Phase destruktiver „Paradigmenkämpfe" hin. Diese düstere Vision wurde jedoch nicht Wirklichkeit. Der Großteil der Wissenschaftler hat in überraschendem Ausmaß einen moderaten Weg gewählt und Schritte zur Entwicklung integrativer Ansätze unternommen. Es gibt Anzeichen für eine Annäherung zwischen den eher akteurzentrierten Modellen, welche die Kontingenztheorie und die Theorie des Strategischen Managements kennzeichnen, und den eher strukturellen Betrachtungsweisen der ökologischen und institutionellen Perspektiven. Adaptions- und Selektionsmodelle werden zunehmend in den gleichen theoretischen Rahmen eingebunden (Baum/Singh 1994; Aldrich 1999). Auf ähnliche Weise haben Populationsökologen institutionelle Argumente aufgenommen und in ihre Modelle integriert. Dank den Arbeiten Olivers (1991) begann man auch institutionelle Erklärungen mit der Theorie der Ressourcenabhängigkeit auf konstruktive Weise zu verknüpfen. Methoden und Argumente der Netzwerktheorie werden nicht nur, wie bereits erwähnt, in die Theorie der Ressourcenabhängigkeit integriert, sondern auch in die ökologischen und institutionellen Betrachtungsweisen (Haveman 2000). Zudem gibt es Hinweise auf eine Integration unterschiedlicher Untersuchungsebenen. Manche von uns betrachten Organisationen, Sets, Populationen oder Felder nicht mehr als alternative, sondern als komplementäre Aspekte und begründen die Vorteile dieser Betrachtungsweise damit, daß jeder dieser Aspekte notwendig ist, um das komplexe Reich der Organisationen besser zu verstehen (Scott et al. 2000).

Organisationssoziologen haben schon seit langem darauf hingewiesen, daß Organisationen eine Vielfalt von Größen und Formen aufweisen und in zahlreichen Sektoren tätig sind. Im Gegensatz zu vielen Managementwissenschaftlern haben Soziologen ihre Aufmerksamkeit nicht nur auf gewinnorientierte Unternehmen gerichtet, sondern kontinuierlich auch auf Non-Profit-Organisationen, Nicht-Regierungsorganisationen und öffentliche Organisationen.[9] Angespornt von den Organisationsökologen haben sich Soziologen geweigert, ausschließlich Organisationen der Fortune 500 oder anderer Rankings zu analysieren, in denen nur die größten und einflußreichsten Organisationen gelistet sind. Statt dessen waren Soziologen stets bemüht, die gesamte Bandbreite bestimmter Organisationstypen zu untersuchen (Aldrich 1999; Carroll/Hannan 2000).

Organisationswissenschaftler haben ihrerseits Erkenntnisse aus verschiedenen Teilgebieten der Soziologie aufgenommen. Es gibt seit langem starke und produktive Verbindungen zwischen der Organisationswissenschaft und der Soziologie der Arbeit, Soziologie sozialer Schichtung, Ethnizität und Gender. Zudem gibt es in letzter Zeit vielversprechende Anzeichen für eine gegenseitige Befruchtung der Organisationswissenschaft und der sozialen Bewegungsforschung – sowohl der

---

[9] Vgl. Galaskiewicz/Bielefeld 1998; Powell 1987; Boli/Thomas 1999b; Campbell et al. 1991.

politikwissenschaftlichen als jener der politischen Soziologie (Davis et al. 2005), der Rechts- und Gesellschaftsforschung (Edelman/Suchman 1997), der Wirtschaftssoziologie (Smelser/Swedberg 1994) und der Kultursoziologie (Zukin 1991; DiMaggio 1994).

Eine weitere ermutigende Entwicklung ist die wachsende Internationalisierung des Fachgebiets. Ich habe mich in diesem kurzen Überblick zwar vornehmlich auf die USA konzentriert, doch in den beiden letzten Jahrzehnten haben amerikanische und ausländische Wissenschaftler weltweit Entwicklungen untersucht, insbesondere in Europa und Asien. Der Zusammenbruch alter Regierungsstrukturen, wie in der ehemaligen Sowjetunion und in Osteuropa sowie die Entstehung neuer Regierungsformen, wie der Europäischen Union, haben alte Organisationsformen in Frage gestellt und die Entwicklung neuer Organisationsformen angeregt.[10] Die überraschenden Leistungen von Organisationen in Japan und den asiatischen Tigerstaaten auf der anderen Seite des Globus, die sich von den westlichen Organisationsmodellen unterscheiden, und der Rückbau staatlicher Unternehmen in China haben großes Interesse geweckt und zu produktiven Forschungsarbeiten angeregt.[11] Das Tempo der Globalisierung beeinflußt jede Art des Organisierens, ob es sich nun um Wirtschaftsunternehmen, Regierungssysteme oder Terrorzellen handelt, und Soziologen beobachten diese Entwicklungen aufmerksam (Albrow 1997; DiMaggio 2001).

5.2 Standortwechsel von Forschung und Lehre

Wie in diesem kurzen historischen Überblick ersichtlich wird, waren Soziologen eher Nachzügler, die sich vergleichsweise spät der Analyse von Organisationen widmeten; ihnen voran gegangen waren Ingenieure, Industriepsychologen und Managementtheoretiker. Soziologen beschränkten ihre Tätigkeit anfänglich auf die Analyse von Arbeitsgruppen, sahen jedoch auch bald in den spezifischen Merkmalen von Organisationen einen wertvollen Untersuchungsgegenstand. Ab den frühen 1960er Jahren wurde die Organisationssoziologie ein anerkanntes Teilgebiet der Soziologie, und die Zahl der Wissenschaftler stieg seitdem rasant an. Die 1968 gegründete *Section on Organizations and Occupations* (die später in *Section on Organizations, Occupations and Work* umbenannt wurde) wurde schnell zu einer der zweit- oder drittgrößten Sektionen innerhalb der *American Sociological Association* (ASA) und ist dies bis heute auch geblieben.

Relativ kurz nachdem dieses Teilgebiet sich in der Soziologie etabliert hatte, begannen Professional Schools – z.B. in den Bereichen Erziehungswissenschaft,

---

[10] Vgl. Fligstein 2001; Stark/Bruszt 1998; Whitley/Kristensen 1997.
[11] Vgl. Orrù et al. 1997; Lin 2002; Tsui/Lau 2002.

Öffentliche Verwaltung und ganz besonders Businesschulen – Absolventen der Organisationssoziologie zu rekrutieren. Wie zuvor Psychologen und Wirtschaftswissenschaftler wurden nun auch Soziologen in Programme der Erziehungswissenschaft, der öffentlichen Verwaltung oder des Organisationsverhaltens mit einbezogen. Die Soziologen in den Busineßschulen erweiterten ihre Agenda bald um den Bereich „Organisationstheorie", deren Schwerpunkt eher auf der Untersuchung von Organisationen als auf der Untersuchung individuellen Verhaltens in Organisationen lag, und beschäftigen sich heute mit so unterschiedlichen Themen wie Management, Organisationsstrategie, Human Ressources und Unternehmensleitung. Heute nehmen an den jährlichen Treffen der *Academy of Management* ebenso viele (wenn nicht eher mehr) Organisationssoziologen teil wie an den Jahrestreffen der ASA. (Die Abteilung *Organization Theory and Management* der *Academy of Management* ist dreimal so groß wie die Sektion *Organizations, Occupation and Work* der *American Sociological Association*). Viele unserer Kollegen wurden von der besseren Ressourcenausstattung – Gehalt, Forschungsförderung und Zugang zu Organisationen – angezogen, die Soziologen in den Professional Schools zur Verfügung stehen.

In einer Reihe von Foren wurden die Auswirkungen auf die Forschung diskutiert, die dieser Standortwechsel der Organisationssoziologen – fort aus den akademischen Departments hinein in die Professional Schools – zur Folge hat.[12] Es gibt die Bedenken, daß das Fach sich in Richtung einer angewandten Wissenschaft entwickelt, die eher problem- als theorieorientiert ist, und daß Soziologen ihre Untersuchungen und Methoden anpassen werden, da sie im großen Schatten der Wirtschaftswissenschaftler arbeiten, die diese Themen zur Zeit beherrschen. Weiterhin bestehen Bedenken, daß Soziologen die größeren Themen wie Ungleichheit und Macht, die lange Zeit unsere Untersuchungen motiviert haben, vernachlässigen werden. Auch wenn es unterschiedliche Hinweise auf solche Entwicklungen gibt, so sind zwei Dinge sicher: Erstens, Lehrkörper der Professional Schools sehen sich viel stärker damit konfrontiert, heutige und zukünftige Praktiker auszubilden, als dies vom akademischen Lehrkörper erwartet wird. Die Klientel der Professional Schools ist verständlicherweise auf die Anwendung organisationalen Wissens und auf gewinnorientierte Unternehmen konzentriert. Als Theoretiker, die ihren Studien ein Konzept *Offener Systeme* zugrunde legen, dürfen wir die Auswirkungen des Organisationskontextes auf das Verhalten nicht außer Acht lassen – auch nicht die Auswirkungen unseres eigenen Kontextes auf uns als Wissenschaftler. Zweitens hat die Zahl der Lehrkörper der Organisationssoziologie in unseren akademischen Abteilungen in den letzten Jahrzehnten ständig abgenommen, wo-

---

[12] Vgl. Blau 1996; Scott 1996; Stern/Barley 1996; Hinings/Greenwood 2002.

durch die Frage aufgeworfen wird: Wer soll die zukünftige Generation von Organisationssoziologen ausbilden?

Ich selbst habe keine Antwort auf diese Frage. Eine Möglichkeit (deren Umsetzung eher unwahrscheinlich ist) bestünde darin, die Businesschulen davon zu überzeugen, die Ausbildung der Organisationssoziologen als langfristige Investition in ihr intellektuelles Kapital zu unterstützen. Ein realistischerer Ansatz wäre es, gemeinsame Berufungen zu fördern, wo immer dies möglich ist, auch wenn hinsichtlich des Gehalts natürlich Unterschiede bestehen, was unter Umständen ebenfalls einen Transfer von Mitteln von den Professional Schools zu den Soziologiedepartments notwendig machen würde. Eine weitere mögliche Herangehensweise wäre die Kultivierung starker intellektueller Verknüpfungen unter den Organisationswissenschaftlern des selben Campus, wie dies im bereits erwähnten Programm der Stanford University geschehen ist, sowie zwischen verschiedenen Hochschulen, was zur Bildung informeller, aber starker Netzwerke führen würde.[13] Organisationswissenschaftler im Allgemeinen und Organisationssoziologen im Besonderen müssen sich regelmäßig zusammensetzen und Ideen austauschen, wenn wir unsere spezifischen Kompetenzen erhalten wollen.

Ob diese oder andere Lösungsvorschläge nun greifen oder nicht, wir sollten auf jeden Fall stolz auf das sein, was wir im letzten halben Jahrhundert erreicht haben. Für viele Jahrzehnte haben Soziologen entscheidende Beiträge zu unserem Verständnis von Organisationen in der modernen Gesellschaft geleistet, und Organisationen gehören weiterhin zu den einflußreichsten Akteuren unserer Zeit. Ihre Rolle im gesellschaftlichen Leben und ihr mitunter problematischer Einfluß auf alle Facetten dieses Lebens waren noch nie so bedeutend wie heute. Es ist für mich unvorstellbar, daß unsere Profession nicht eine Möglichkeit finden wird, auch weiterhin eine führende Rolle bei dem Verständnis und der Lenkung dieser Entwicklungen zu spielen.

Die Übersetzung aus dem Amerikanischen besorgte *Ulrike Brandhorst*.

---

[13] In den 1990er Jahren haben einige von uns versucht, ein solches Netzwerk zu knüpfen: das *Consortium of Centers for Organizations Research* (CCOR), das einmal acht Universitäten umspannte.

Literaturverzeichnis

Ahlstrom, David/Bruton, Garry D. 2001: Learning from successful local private firms in China: establishing legitimacy, in: Academy of Management Executive 15, S. 72-83.

Albrow, Martin 1997: The Global Age. State and Society Beyond Modernity. Stanford: Stanford University Press.

Aldrich, Howard E. 1979: Organizations and Environments. Englewood Cliffs: Prentice-Hall.

Aldrich, Howard E. 1992: Incommensurable paradigms? Vital signs from three perspectives, in: Mike Reed/Michael D. Hughes (Hg.): Rethinking Organization. New Directions in Organization Theory and Analysis. London/Newbury: Sage, S. 17-45.

Aldrich, Howard E. 1999: Organizations Evolving. Thousand Oaks: Sage.

Aldrich, Howard E./Marsden, Peter V. 1994: Environments and Organizations, in:, Neil J. Smelser/Richard Swedberg (Hg.): The Handbook of Economic Sociology. Princeton: Princeton University Press, S. 361-392.

Allport, Floyd H. 1933: Institutional Behavior. Chapel Hill: University of California Press.

Amable, Bruno 2003: The Diversity of Modern Capitalism. Oxford: Oxford University Press.

Anderson, Benedict 1983: Imagined Communities. Reflections on the Origin and Spread of Nationalism. London: Verso.

Anderson, John R. 2001: Kognitive Psychologie. Heidelberg: Spektrum.

Arensberg, Conrad M. 1951: Behavior and organization: industrial studies, in: John H. Rohrer/Muzafar Sherif (Hg.): Social Psychology at the Crossroads. New York: Harper, S. 324-352.

Ashforth, Blake E./Gibbs, Barrie W. 1990: The Double-Edge of Organizational Legitimation, in: Organization Science 1, S. 177-194.

Augier, Mie/March, James G./Sullivan Bilian Ni 2004: The evolution of a research community. Organization studies in anglophone North America, 1945-2000. Working Paper, School of Education. Stanford University. Stanford.

Bader, Veit Michael/Berger, Johannes/Ganßmann, Heiner/Knesebeck, Jost Herneid v.d. 1980: Einführung in die Gesellschaftstheorie. Gesellschaft, Wirtschaft und Staat bei Marx und Weber. Frankfurt/M.: Campus.

Barley, Stephen R./Tolbert, Pamela S. 1997: Institutionalization and Structuration: Studying the Links Between Action and Institution, in: Organization Studies 18, S. 93-117.

Barnard, Chester I. 1938: The Functions of the Executive. Cambridge: Harvard University Press.

Barnes, Barry 1983: Social Life as Bootstrapped Induction, in: Sociology 14, S. 524-545.

Barnes, Barry 1988: The Nature of Power. Urbana/Chicago: University of Illinois Press.

Barnes, Barry 1995: The Elements of Social Theory. Princeton: Princeton University Press.

Barnes, Barry 2001: The Macro/Micro Problem and the Problem of Structure and Agency, in: George Ritzer/Barry Smart (Hg.): Handbook of Social Theory. London: Sage, S. 98-123.

Baron, James N./Bielby, William T. 1980: Bringing the firms back in. Stratification, Segmentation, and the Organization of Work, in: American Sociological Review 45, S. 737-765.

Baron, James N./Dobbin, Frank R./Jennings, Deveraux P. 1986: War and Peace: The Evolution of Modern Personnel Administration in U.S. Industry, in: American Journal of Sociology 92, S. 350-383

Baum, Joel A.C. 1996: Organizational Ecology, in: Stewart R. Clegg/Cynthia Hardy/Walter R. Nord (Hg.): Handbook of Organization Studies. London: Sage, S. 77-114.

Baum, Joel A. C./Powell, Walter W. 1995: Cultivating an Institutional Ecology of Organizations: Comment on Hannan, Carroll, Dundon, and Torres, in: American Sociological Review, S. 529-538.

Baum, Joel A. C./Singh, Jitendra V. (Hg.) 1994: Evolutionary Dynamics of Organizations. New York/Oxford: Oxford University Press.

Becker-Ritterspach, Florian 2006: Wissenstransfer und -integration im Transnationalen Konzern: Eine soziologische Perspektive, in: Ursula Mense-Petermann/Gerhard Wagner (Hg.): Transnationale Konzerne als neuer Organisationstyp? Organisationstheoretische und empirische Beiträge zum Problem der Glokalität. Wiesbaden: Verlag für Sozialwissenschaften (i.E.).

Beckert, Jens 1999: Agency, Entrepreneurs, and Institutional Change. The Role of Strategic Choice and Institutionalized Practices in Organizations, in: Organization Studies 20, S. 777-799.

Bellah, Robert N./Madsen, Richard/Sullivan, William M./Swidler, Ann/Tipton, Steven M. 1991: The Good Society. New York: Knopf.

Benford, Robert D./Snow, David A. 2000: Framing Processes and Social Movements: An Overview and Assessment, in: Annual Review of Sociology 26, S. 611–639.

Berger, Peter L. 1981: New attack on the legitimacy of business, in: Harvard Business Review, September-October, S. 82-89.

Berger, Peter L./Luckmann, Thomas 1967: Die gesellschaftliche Konstruktion der Wirklichkeit. Eine Theorie der Wissenssoziologie. Frankfurt/M.: Fischer.

Berger, Peter L./Luckmann, Thomas 1980: Die gesellschaftliche Konstruktion der Wirklichkeit. Eine Theorie der Wissenssoziologie. Frankfurt/M.: Fischer.

Berger, Ulrike/Bernhard-Mehlich, Isolde 1998: Die Verhaltenswissenschaftliche Entscheidungstheorie, in: Alfred Kieser (Hg.): Organisationstheorien. Stuttgart: Kohlhammer, S. 133-168.

Bidwell, Charles I./Kasarda, John D. 1985: The Organization and Its Ecosystem. A Theory of Structuring in Organizations. Greenwich: JAI.

Bittner, Egon 1965: The Concept of Organization, in: Social Research 32, S. 239-255.

Blau, Judith R. 1996: Organizations as overlapping jurisdictions. Restoring reason in organizational accounts, in: Administrative Science Quarterly 41, S. 172-179.

Blau, Peter M. 1955: The Dynamics of Bureaucracy. A Study of Interpersonal Relations in Two Government Agencies. Chicago: University of Chicago Press.

Blau, Peter M./Schoenherr, Richard A. 1971: The Structure of Organizations. New York: Basic Books.

Blau, Peter M./Scott, W. Richard 1962: Formal Organizations. San Francisco: Chandler.

Boli, John/Thomas, George M. 1997: World Culture in the World Polity: A Century of International Non-Governmental Organization, in: American Sociological Review 62, S. 171-190.

Boli, John/Thomas, George M. 1999a: World Polity Formation since 1875: World Culture and International Non-Governmental Organizations. Stanford: Stanford University Press.

Boli, John/Thomas, George M. (Hg.) 1999b: Constructing World Culture. International Nongovernmental Organizations since 1875. Stanford: Stanford University Press.

Boulding, Kenneth 1953: The Organizational Revolution. New York: Harper & Brothers.

Boulding, Kenneth E. 1968: The Legitimation of the Market, in: Nebraska Journal of Economics and Business 7, S. 3-14.

Bourdieu, Pierre 1982: Die feinen Unterschiede. Frankfurt/M.: Suhrkamp.

Bourdieu, Pierre 1988: Homo Academicus. Stanford: Stanford University Press.

Bourdieu, Pierre 1989: Social space and symbolic power, in: Sociological Theory 7, S. 14-25.

Bowerman, Mary 2002: Isomorphism Without Legitimacy? The Case of the Business Excellence Model in Local Government, in: Public Money and Management, S. 47-52.

Braithwaite, John/Drahos, Peter 2000: Global Business Regulation. Cambridge: Cambridge University Press.

Bruch, Michael/Türk, Klaus 2005: Organisation als Regierungsdispositiv der modernen Gesellschaft, in: Wieland Jäger/Uwe Schimank (Hg.): Organisationsgesellschaft. Facetten und Perspektiven. Wiesbaden: Verlag für Sozialwissenschaften, S. 89-123.

Brunsson, Nils 1982: The Irrationality of Action and Action Rationality: Decisions, Ideologies and Organizational Actions, in: Journal of Management Studies 9, S. 29-44.

Brunsson, Nils 1985: The Irrational Organization: Irrationality as a Basis for Organizational Action and Change. Chicester: Wiley.

Brunsson, Nils 1989: The Organization of Hypocrisy. Talk, Decisions, and Actions in Organizations. Chichester: Wiley.

Buckley, Walter F. 1967: Sociology and Modern Systems Theory. Englewood Cliffs: Prentice-Hall.

Burnham, James 1941: The Managerial Revolution. New York: Day.

Burt, Ronald S. 1983: Corporate Profits and Cooptation. New York: Academic.

Campbell, John L. 1998: Institutional Analysis and the Role of Ideas in Political Economy, in: Theory and Society 27, S. 377-409.

Campbell, John L. 2004: Institutional Change and Globalization. Princeton: Princeton University Press.

Campbell, John L./Hollingsworth, J. Rogers/Lindberg, Leon N. (Hg.) 1991: Governance of the American Economy. New York: Cambridge University Press.

Campbell, John L./Pederson, Ove K. 1996: Legacies of Change. Transformation of Postcommunist European Economies. New York: Aldine de Gruyter.

Carroll, Glenn R./Delacroix, Jacques/Goodstein, Jerry 1988: The Political Environments of Organization: An Ecological View, in: Barry M. Staw/Larry L. Cummings (Hg.): Research in Organizational Behavior. Vol. 10. Greenwich: JAI, S. 359-392.

Carroll, Glenn R./Hannan, Michael T. 2000: The Demography of Corporations and Industries. Princeton: Princeton University Press.

Carruthers, Bruce G./Halliday, Terence C. 1998: Rescuing Business. The Making of Corporate Bankruptcy Law in England and the United States. Oxford: Clarendon Press.

Chandler, Alfred D. Jr. 1977: The Visible Hand. The Managerial Revolution in American Business. Cambridge: Belknap of Harvard University Press.

Child, John 1972: Organizational structure, environment and performance: the role of strategic choice, in: Sociology 6, S. 1-22.

Christensen, Søren/Karnø, Peter/Pedersen, Jesper S./Dobbin, Frank 1997: Actors and Institutions: Editors' Introduction, in: American Behavioral Scientist 40, S. 392-396.

Clark, Andy 1997: Being There. Putting Brain, Body and World Together Again. Cambridge: MIT Press.

Clark, Andy 2001: Mindware. An Introduction to the Philosophy of Cognitive Science. Oxford: Oxford University Press.

Clark, Andy 2003: Natural Born Cyborgs. Minds, Technologies and the Future of Human Intelligence. Oxford: Oxford University Press.

Clark, Andy/Chalmers, David 1998: The Extended Mind, in: Analysis 58, S. 7-19.

Clemens, Liz 1993: Organizational Repertoires and Institutional Change: Women's Groups and the Transformation of US Politics, 1890-1920, in: American Journal of Sociology 98, S. 755-798.

Clemens, Elisabeth S./Cook, James M. 1999: Politics and institutionalism, in: Annual Review of Sociology 25, S. 441-466.

Coase, Ronald H. 1937: The nature of the firm, in: Economica 4, S. 386-405.

Coleman, James S. 1974: Power and the Structure of Society. New York: Norton.

Cooley, Charles H. 1922: Social Process. New York: Scribner's Sons.

Covaleski, Mark A./Dirsmith, Mark W. 1988: An Institutional Perspective on the Rise, Social Transformation, and Fall of a University Budget Category, in: Administrative Science Quarterly 33, S. 562-587.

Creed, Douglas W.E./Scully, Maureen A./Austin, John R. 2002: Clothes Make the Person? The Tailoring of Legitimating Accounts and the Social Construction of Identity, in: Organization Science 13, S. 475-496.

Cyert, Richard M./March, James G. 1963: A Behavioral Theory of the Firm. Englewood Cliffs: Prentice-Hall.

Czarniawska, Barbara 1997: Narrating the Organization. Dramas of Institutional Identity. Chicago/London: University of Chicago Press.

Czarniawska, Barbara/Sevón, Guje (Hg.) 1996a: Translating Organizational Change. Berlin: De Gruyter.

Czarniawska, Barbara/Sevón, Guje 1996b: Introduction, in: Barbara Czarniawska/Guje Sevón (Hg.): Translating organizational change. Berlin: DeGruyter, S. 1-12.

Czarniawska, Barbara/Joerges, Bernward 1996: Travels of Ideas, in: Barbara Czarniawska/Guje Sevón (Hg.): Translating Organizational Change. Berlin: Walter de Gruyter, S. 13-48.

Dacin, Tina M./Goodstein, Jerry/Scott, Richard W. 2002: Institutional Theory and Institutional Change: Introduction to the Special Research Forum, in: Academy of Management Journal 45, S. 45-56.

Dalton, Melville 1959: Men Who Manage. New York: Wiley.

Davis, Gerald F. 1994: The corporate elite and the politics of corporate control, in: Christopher Pendergast/David J. Knottnerus (Hg.): Current Perspectives in Social Theory. Greenwich: Jai, S. 215-239.

Davis, Gerald F./Diekmann, Kristina A./Tinsley, Catherine H. 1994: The Decline and Fall of the Conglomerate Firm in the 1980s: the Deinstitutionalization of an Organizational Form, in: American Sociological Review 59, S. 547-570.

Davis, Keith 1968: Attitudes Toward the Legitimacy of Management efforts to Influence Employees, in: Academy of Management Journal, June, S. 153-162.

Davis, Gerald F./Marquis, Christopher 2005: Prospects for Organization Theory in the Early Twenty-First Century: Institutional Fields and Mechanisms, in: Organization Science 16, S. 332-343.

Davis, Gerald/McAdam, Doug/Scott, W. Richard/Zald, Mayer N. (Hg.) 2005: Social Movements and Organization Theory. Cambridge et al.: Cambridge University Press.

Davis, Stanley M./Lawrence, Paul R. 1977: Matrix. Reading: Addison-Wesley.

Deeg, Richard 2005: Path Dependency, Institutional Complementarity, and Change in National Business Systems, in: Glenn Morgan/Richard Whitley/Eli Moen (Hg.): Changing Capitalism? Internationalization, Institutional Change, and Systems of Economic Organization. Oxford: Oxford University Press, S. 21-52.

Deephouse, David L. 1996: Does Isomorphism Legitimate?, in: Academy of Management Journal 39, S. 1024-1039.

Deephouse, David L./Carter, Suzanne M. 2005: An Examination of Differences Between Organizational Legitimacy and Organizational Reputation, in: Journal of Management Studies 42, S.- 329-360.

Dezalay, Yves/Garth, Bryant G. 1996: Dealing in Virtue. International Commercial Arbitration and the Construction of a Transnational Legal Order. Chicago: Universityof Chicago Press.

Dill, William R. 1959: Environment as an Influence on Managerial Autonomy, in: Administrative Science Quarterly 2, S. 409-443.

DiMaggio, Paul J. 1986: Structural Analysis of Organizational Fields: A Blockmodel Approach, in: Barry M. Staw/Larry L. Cummings (Hg.): Research in Organization Behavior, Vol. 8. Greenwich: JAI, S. 355-370.

DiMaggio, Paul J. 1988: Interest and Agency in Institutional Theory, in: Lynne G. Zucker (Hg.): Institutional Patterns and Organizations. Cambridge: Ballinger, S. 3-22.

DiMaggio, Paul J. 1991: Constructing an Organizational Field as a Professional Project: U.S. Art Museums, 1920-1940, in: Walter W. Powell/Paul J. DiMaggio (Hg.): The New Institutionalism in Organizational Analysis. Chicago: University of Chicago Press, S. 267-292.

DiMaggio, Paul J. 1994: Culture and Economy, in: Neil J. Smelser/Richard Swedberg (Hg.): The Handbook of Economic Sociology. New York: Princeton University Press/Russell Sage Found, S. 17-57.

DiMaggio, Paul J. 1997: Culture and Cognition, in: Annual Review of Sociology 23, S. 263-288.

DiMaggio, Paul J. (Hg.) 2001: The Twenty-First-Century Firm. Changing Economic Organization in International Perspective. Princeton: Princeton University Press.

DiMaggio, Paul J./Powell, Walter W. 1983: The Iron Cage Revisited: Institutional Isomorphism and Collective Rationality in Organization Fields, in: American Sociological Review 48, S. 147-160.

DiMaggio, Paul J./Powell, Walter W. 1991a: Introduction, in: Walter. W. Powell/Paul J. DiMaggio (Hg.): The New Institutionalism in Organizational Analysis. Chicago: The University of Chicago Press, S. 1-40.

DiMaggio, Paul J./Powell, Walter W. 1991b: The Iron Cage Revisited: Institutional Isomorphism and Collective Rationality in Organizational Fields, in: Walter W. Powell/Paul J. DiMaggio (Hg.): The New Institutionalism in Organizational Analysis. Chicago/London: The University of Chicago Press, S. 63-82.

Djelic, Marie-Laure 1998: Exporting the American Model. The Postwar Transformation of European Business. Oxford: Oxford University Press.

Djelic, Marie-Laure 2004: Social networks and country-to-country transfer: dense and weak ties in the diffusion of knowledge, in: Socio-Economic Review 2, S. 341-370.

Djelic, Marie-Laure/Bensedrine, J. 2001: Globalization and its limits: The making of international regulation, in: Glenn Morgan/Peer Hull Kristensen/Richard Whitley (Hg.): The Multinational Firm. Organizing Across Institutional and National Divides. Oxford: Oxford University Press, S. 253-280.

Djelic, Marie-Laure/Quack, Sigrid (Hg.) 2003a: Globalization and Institutions. Redefining the Rules of the Economic Game. Cheltenham: Edward Elgar.

Djelic, Marie-Laure/Quack, Sigrid 2003b: Introduction: Governing Globalization – Bringing Institutions Back in, in: Marie-Laure Djelic/Sigrid Quack (Hg.): Globalization and Institutions – Redefining the Rules of the Economic Game. London: Edward Elgar, S. 1-14.

Djelic, Marie-Laure/Quack, Sigrid 2003c: Theoretical Building Blocks for a Research Agenda Linking Globalization and Institutions, in: Marie-Laure Djelic/Sigrid Quack (Hg.): Globalization and Institutions. Redefining the Rules of the Economic Game. London: Edward Elgar, S. 15-34.

Djelic, Marie-Laure/Quack, Sigrid 2003d: Conclusion: Globalization as a double process of institutional change and institution building, in: Marie-Laure Djelic/Sigrid Quack (Hg.): Globalization and Institutions – Redefining the Rules of the Economic Game. London: Edward Elgar, S. 302-333.

Djelic, Marie-Laure/Quack, Campbell, John, L. 2004: Institutional Change and Globalization. Princeton: Princeton University Press.

Djelic, Marie-Laure/Sahlin-Andersson, Kerstin (Hg.) 2006: Transnational Governance: Institutional Dynamics of Regulation. Cambridge: Cambridge University Press (i.E.).

Dobbin, Frank R. 1994a: Forging Industrial Policy. The United States, Britain, and France in the Railway Age. Cambridge: Cambridge University Press.

Dobbin, Frank R. 1994b: Cultural Models of Organization: The Social Construction of Rational Organizing Principles, in: Diana Crane (Hg.): The Sociology of Culture. Oxford/Cambridge: Blackwell, S. 117-141.

Dobbin, Frank/Boychuk, Terry 1999: National employment systems and job autonomy: Why job autonomy is high in the Nordic countries and low in the United States, Canada and Australia, in: Organization Studies 20, S. 257-291.

Dobbin, Frank/Sutton, John R./Meyer, John W./Scott, Richard 1993: Equal Opportunity Law and the Construction of Internal Labor Markets, in: The American Journal of Sociology 99, S. 396-427.

Donaldson, Lex 1995: American Anti-Management Theories of Organization. A Critique of Paradigm Proliferation. Cambridge: Cambridge University Press.

Donaldson, Lex 2001: The Contingency Theory of Organizations. London/Thousand Oaks: Sage.

Douglas, Mary 1991: Wie Institutionen denken. Frankfurt/M.: Suhrkamp.

Drori, Gili S./Meyer, John W./Ramirez, Francisco O./Schofer, Evan 2003: Science in the Modern World Polity. Institutionalization and Globalization. Stanford: Stanford University Press.

Drori, Gili S./Meyer, John W./Hwang, Hokyu (Hg.) (2006): Globalization and Organization: World Society and Organizational Change. Oxford: Oxford University Press.

Duncan, Otis D./Scott, Richard W./Lieberson, Stanley/Duncan, Beverly/Winsborough, Hal 1960: Metropolis and Region. Baltimore: Johns Hopkins Press.

Durkheim, Emile 1999: Die Regeln der soziologischen Methode. Frankfurt/M.: Suhrkamp.

Duysters, Geert/Hagedoorn, John 1994: A phenotype interpretation of isomorphism and diversity: corporate structures and strategies in the international dataprocessing industry. MERIT Research Memorandum 2/94-001. Quelle: http://www.merit.unu.edu/publications/rmpdf/1994/rm1994-001.pdf (15.1.2006).

Dyas, Gareth/Thanheiser, Heinz 1976: The Emerging European Enterprise. London: Macmillan.

Edeling, Thomas 1999: Einführung: Der Neue Institutionalismus in Ökonomie und Soziologie, in: Thomas Edeling/Werner Jann/Dieter Wagner (Hg.): Institutionenökonomie und Neuer Institutionalismus. Überlegungen zur Organisationstheorie. Opladen: Leske+Budrich, S. 7-15.

Edelman, Lauren B. 1990: Local environments and Organizational Governance: The Expansion of Due Process in the American Workplace, in: American Journal of Sociology 95, S. 1401-1440.

Edelman, Lauren B. 1992: Legal Ambiguity and Symbolic Structures: Organizational Mediation of Civil Rights Law, in: The American Journal of Sociology 97, S. 1531-1576.

Edelman, Lauren B./Suchman, Mark C. 1997: The legal environment of organizations, in: Annual Review of Sociology 23, S. 479-515.

Eisenstadt, Samuel N. 2000: Die Vielfalt der Moderne. Weilerswist: Velbrück.

Emerson, Richard M. 1962: Power-dependence relations, in: American Sociological Review 27, S. 31-40.

Emery, Fred E. 1959: Characteristics of Socio-Technical Systems. London: Tavistock.

Emery, Fred E./Trist, Eric L. 1965: The Causal Texture of Organizational Environments, in: Human Relations 18, S. 21-32.

Emirbayer, Mustafa 1997: Manifesto for a relational sociology, in: American Journal of Sociology 103, S. 962-1023.

Esping-Anderson, Gosta 1990: The Three Worlds of Welfare Capitalism. Cambridge: Polity Press.

Esser, Hartmut 2000: Soziologie. Spezielle Grundlagen. Band 5: Institutionen. Frankfurt/M.: Campus.

Etzioni, Amitai 1961: A Comparative Analysis of Complex Organizations. New York: Free Press.

Evan, William M. 1966: The Organization Set: Toward a Theory of Interorganizational Relations, in: James D. Thompson (Hg.): Approaches to Organizational Design. Pittsburgh: University of Pittsburgh Press, S. 173-188.

Faust, Michael/Bahnmüller, Reinhard 1996: Der Computer als rationalisierter Mythos. Vom Nutzen institutioneller Organisationstheorie für die Analyse industrieller Rationalisierung, in: Soziale Welt 2, S. 129-148.

Fayol, Henri 1919/1949: General and Industrial Management. London: Pitman.

Feldman, Martha S./March, James G. 1981: Information as Symbol and Signal, in: Administrative Science Quarterly 26, S. 171-186.

Fennell, Mary L. 1980: The Effects of Environmental Characteristics on the Structure of Hospital Clusters, in: Administrative Science Quarterly 25, S. 484-510.

Ferner, Anthony/Almond, Phil 2006: American Multinationals in Europe: HR Policies and Practices. Oxford: Oxford University Press.

Finnemore, Martha 1993: International Organizations as Teachers of Norms: The United Nations Educational, Scientific, and Cultural Organization and Science Policy, in: International Organization 47, S. 565-597.

Finnemore, Martha 1996a: National Interest in International Society. Ithaca: Cornell University Press.

Finnemore Martha 1996b: Norms, Culture, and Work Politics: Insights from Sociology's Institutionalism, in: International Organization 50, S. 325-347.

Fligstein, Neil 1985: The Spread of the Multidivisional Form Among Large Firms, 1919-1979, in: American Sociological Review 50: 377-391.

Fligstein, Neil 1990: The Transformation of Corporate Control. Cambridge: Harvard University Press.

Fligstein, Neil 1991: The Structural Transformation of American Industry: An Institutional Account of the Causes of Diversification in the Largest Firms, 1919-1979, in: Walter W. Powell/Paul J. DiMaggio (Hg.): The New Institutionalism in Organizational Analysis. Chicago: The University of Chicago Press, S. 311-336.

Fligstein, Neil 1997: Social Skill and Institutional Theory, in: American Behavioral Scientist 40, S. 397-405.

Fligstein, Neil 2001: The Architecture of Markets. An Economic Sociology of Twenty-First-Century Capitalist Societies. Princeton: Princeton University Press.

Fligstein, Neil 2001: Social Skill and the Theory of Fields, in: Sociological Theory 19, S. 105-125.

Fligstein, Neil/Mara-Drita, Iona 1996: How to Make a Market: Reflections on the Attempt to Create a Single Market in the European Union, in: American Journal of Sociology 102, S. 1-33.

Frank, David/Wong, Suk-Ying/Ramirez, Francisco/Meyer, John W. 2000: Embedding National Societies: Worldwide Changes in University Curricula, 1895-1994, in: Comparative Education Review 44, S. 29-53.

Frank, David/Meyer, John W./Miyahara, David 1995: The Individualist Polity and the Centrality of Professionalized Psychology, in: American Sociological Review 60, S. 360-337.

Friedberg, Erhard 1995: Ordnung und Macht: Dynamiken organisierten Handelns. Frankfurt/New York: Campus.

Friedland, Roger/Alford, Robert R. 1987: Bringing Society Back in: Symbols, Structures and Institutional Contradiction. Paper presented at Conference on Institutional Change, Center for Advanced Study in the Behavioral Sciences. Stanford, May 15-16.

Friedland, Roger/Alford, Robert R. 1991: Bringing Society Back In: Symbols, Practices, and Institutional Contradiction, in: Walter W. Powell/Paul J. DiMaggio (Hg.): The New Institutionalism in Organizational Analysis. Chicago/London: University of Chicago Press, S. 232-263.

Fuchs, Werner/Klima, Rolf/Lautmann, Rüdiger/Rammstedt, Otthein/Wienold, Hanns (Hg.) 1988: Lexikon zur Soziologie. Opladen: Westdeutscher Verlag.

Galaskiewicz, Joseph/Bielefeld, Wolfgang 1998: Nonprofit Organizations is an Age of Uncertainty. A Study of Organizational Change. New York: Aldine de Gruyter.

Galbraith, John Kenneth 1973: Designing Complex Organizations. Reading: Addison-Wesley.

Gamson, William 1992: Talking Politics. Cambridge: Cambridge University Press.

Garfinkel, Harold 1967: Studies in Ethnomethodology. Englewood Cliffs: Prentice Hall.

Gehlen, Arnold 1986: Urmensch und Spätkultur. Wiesbaden: Aula.

Geppert, Mike/Matten, Dirk/Schmidt, Peggy 2004: Die Bedeutung institutionalistischer Ansätze für das Verständnis von Organisations- und Managementprozessen in multinationalen Unternehmen, in: Berliner Journal für Soziologie 3, S. 379-397.

Geppert, Mike/Matten, Dirk/Walgenbach, Peter (Hg.) 2006: Transnational Institution Building and the Multinational Corporation, in: Human Relations (Special Issue) (i.E.).

Gerth, Hans H./Mills, Wright C. 1946: Introduction: The Man and his Work, in: Hans H. Gerth/Wright C. Mills (Hg.): From Max Weber. New York: Oxford University Press, S. 3-18.

Ghaziani, Amin/Ventresca, Marc J. 2005: Keywords and Cultural Change: Frame Analysis of Business Model Public Talk, 1975-2000, in: Sociological Forum 20, S. 523-559.

Giddens, Anthony 1979: Central Problems in Social Theory. Berkeley/Los Angeles: University of California Press.

Giddens, Anthony 1988: Die Konstitution der Gesellschaft. Grundzüge einer Theorie der Strukturierung. Frankfurt/M.: Campus.

Giddens, Anthony 2001: Entfesselte Welt. Wie die Globalisierung unser Leben verändert. Frankfurt/M.: Suhrkamp.

Glynn, Mary Ann/Lounsbury, Michael 2005: From the Critics' Corner: Logic Blending, Discursive Change and Authenticity in a Cultural Production System, in: Journal of Management Studies 42, S. 1031-1055.

Goffman, Erving 1961: Asylums. Essays on the Social Situation of Mental Patients and Other Inmates. New York: Doubleday.

Goffman, Erving 1967: Interaction Ritual. New York: Pantheon Books.

Goffman, Erving 1986: Frame Analysis. An Essay on the Organization of Experience. Boston: Northeastern University Press.

Gooderham, Paul/Nordhaug, Odd/Ringdal, Kristen 1999: Institutional and rational determinants of organizational practices: Human resource management in European firms, in: Administrative Science Quarterly 44, S. 507-531.

Goodstein, Jerry D. 1994: Institutional Pressures and Strategic Responsiveness: Employer Involvement in Work Family Issues, in: Academy of Management Journal 37, S. 247-268.

Gouldner, Alvin W. 1954: Patterns of Industrial Bureaucracy. Glencoe: Free Press.

Grafstein, Robert 1981: The Failure of Weber's Conception of Legitimacy: Its Causes and Implications, in: Journal of Politics 43, S. 456-472.

Granovetter, Mark 1985: Economic Action and Social Structure. The Problem of Embeddedness, in: American Journal of Sociology 91, S. 481-510.

Greenwood, Royston/Hinings, Christopher R. 1996: Understanding radical organizational change: bringing together the old and the new Institutionalism, in: Academy of Management Review 21, S. 1022-1054.

Greenwood, Royston/Suddaby, Roy/Hinings, Christopher R. 2002: Theorizing Change: The Role of Professional Associations in the Transformation of Institutionalized Fields, in: Academy of Management Journal 45, S. 58-80.

Guillén, Mauro 2001a: Is globalization civilizing, destructive or feeble? A critique of five key debates in the social science literature, in: Annual Review of Sociology 27, S. 235-260.

Guillén, Mauro 2001b: The Limits of Convergence. Globalization and Organizational Change in Argentina, South Korea and Spain. Princeton: Princeton University Press.

Gukenbiel, Hermann 1995: Institution und Organisation, in: Hermann Korte/Bernhard Schäfers (Hg.): Einführung in die Hauptbegriffe der Soziologie. Opladen: Leske + Budrich, S. 95-110.

Guler, Isin/Guillén, Mauro/MacPherson, Muir 2002: Global competition, institutions and the diffusion of organizational practices: The international spread of the ISO 9000 quality certificates, in: Administrative Science Quarterly 47, S. 207-232.

Habermas, Jürgen 1973: Legitimationsprobleme im Spätkapitalismus. Frankfurt/M.: Suhrkamp.

Hall, Peter/Soskice, David (Hg.) 2001a: Varieties of Capitalism. The Institutional Foundations of Comparative Advantage. Oxford: Oxford University Press.

Hall, Peter A./Soskice, David 2001b: An Introduction to Varieties of Capitalism, in: Peter A. Hall/David Soskice (Hg.): Varieties of Capitalism: The Institutional Foundations of Comparative Advantage. Oxford: Oxford University Press, S. 1-68.

Hallett, Tim/Ventresca, Marc J. 2006: Inhabited Institutions: Social Interaction and Organizational Form in Gouldner's Patterns of Industrial Bureaucracy, in: Theory & Society (i.E.).

Hambrick, Donald C./Finkelstein, Sydney/Cho, Theresa S./Jackson, Eric M. 2005. Isomorphism in Reverse: Explanations for Recent Increases in Intraindustry Heterogeneity and Managerial Discretion, in: Barry M. Staw/Roderick M. Kramer (Hg.): Research in organizational behaviour. An annual series of analytical essays and critical reviews. Amsterdam: Elsevier, S. 307-350.

Handel, Michael J. 2003: Organizations as Rational Systems I. Classic Theories of Bureaucacy and Administration, in: ders. (Hg.): The Sociology of Organizations. Classic, Contemporary and Critical Readings. Thousand Oaks: Sage, S. 5-16.

Hancke, Bob/Casper, Seven 1999: Global quality norms within national production regimes: ISO 9000 standards in the French and German car industries, in: Organization Studies 20, S. 961-985.

Hannan, Michael T./Freeman, John 1977: The Population Ecology of Organizations, in: American Journal of Sociology 82, S. 929-964.

Hannan, Michael T./Freeman, John 1984: Structural Inertia and Organizational Change, in: American Sociological Review vol. 49, S. 149-164.

Hannan, Michael T./Freeman, John 1989: Organizational Ecology. Cambridge: Harvard University Press.

Harrison, Bennett 1994: Lean and Mean. The Changing Landscape of Corporate Power in the Age of Flexibility. New York: Basic Books.

Harrison, J. Richard/March, James G. 1984: Decision Making and Postdecision Surprises, in: Administrative Science Quarterly 29, S. 26-42.

Hasse, Raimund 2003: Die Innovationsfähigkeit der Organisationsgesellschaft. Organisation, Wettbewerb und sozialer Wandel. Opladen: Westdeutscher Verlag.

Hasse, Raimund 2005: Luhmann's Systems Theory and the New Institutionalism, in: David Seidl/Kai Helge Becker (Hg.): Niklas Luhmann and Organization Studies. Kritianstad: Liber & Copenhagen Business School Press, S. 248-261.

Hasse, Raimund/Krücken, Georg 1996: Was leistet der organisationssoziologische Neo-Institutionalismus? Eine theoretische Auseinandersetzung mit besonderer Berücksichtigung des wissenschaftlichen Wandels, in: Soziale Systeme 2, S. 91-112.

Hasse, Raimund/Krücken, Georg 1999: Neo-Institutionalismus. Bielefeld: transcript.

Hasse, Raimund/Krücken, Georg 2005a: Neo-Institutionalismus. Bielefeld: transcript.

Hasse, Raimund/Krücken, Georg 2005b: Der Stellenwert von Organisationen in Theorien der Weltgesellschaft. Eine kritische Weiterentwicklung systemtheoretischer und neo-institutionalistischer Forschungsperspektiven, in: Bettina Heintz/Richard Münch/Hartmann Tyrell (Hg.): Weltgesellschaft. Theoretische Zugänge und empirische Problemlagen. Sonderheft der Zeitschrift für Soziologie. Stuttgart: Lucius & Lucius, S. 186-204.

Hasse, Raimund/Wehner, Josef 2005: Innovation und Wettbewerb im Mediensystem. Eine netzwerktheoretische Perspektive, in: Medienwissenschaften Schweiz 12, S. 26-37.

Haveman, Heather A. 1993: Follow the Leader. Mimetic Isomorphism and Entry into New Markets, in: Administrative Science Quarterly 38, S. 593-627.

Haveman, Heather A. 2000: The future of organizational sociology. Forging ties among paradigms, in: Contemporary Sociology 29, S. 476-486.

Hawley, Amos H. 1950: Human Ecology. New York: Ronald.

Hawley, Amos H. 1968: Human Ecology, in: David L. Sills (Hg.): International Encyclopedia of the social Sciences. New York: Macmillan, S. 328-337.

Heintz, Bettina/Müller, Dagmar/Roggenthin, Heike 2001: Gleichberechtigung zwischen globalen Normen und lokalen Kontexten. Deutschland, Schweiz, Marokko und Syrien im Vergleich, in: Kölner Zeitschrift für Soziologie und Sozialpsychologie 53, Sonderheft 41, S. 398-430.

Held, David/McGrew, Anthony 2003: The Global Transformations Reader: An Introduction to the Globalization Debate. Cambridge: Cambridge University Press.

Heritage, John 1984: Garfinkel and Ethnomethodology. Cambridge: Polity Press.

Hinnings, Christopher R./Greenwood, Royston 2002: Disconnect and consequences in organization theory, in: Administrative Science Quarterly 47, S. 411-421.

Hirsch, Paul M. 1986: From Ambushes to Golden Parachutes: Corporate Takeovers as an Instance of Cultural Framing and Institutional Integration, in: American Journal of Sociology 91, S. 800-837.

Hirsch, Paul M. 1997: Sociology Without Social Structure: Neoinstitutional Theory Meets Brave New World, in: American Journal of Sociology 102, S. 1702-1723.

Hirsch-Kreinsen, Hartmut 2003: Jenseits ökonomischer Rationalitätsannahmen: zur neoinstitutionalistischen Analyse von Wirtschaftsorganisationen. Unveröffentlichtes Manuskript. Universität Dortmund.

Höpner, Martin 2001: Corporate Governance in Transition: Ten Empirical Findings on Shareholder Value and Industrial Relations in Germany. Discussion paper No. 01/5, Max Planck Institute for the Study of Societies. Köln.

Hoffman, Andrew J. 1999: Institutional Evolution and Change: Environmentalism and the U.S. Chemical Industry, in: Academy of Management Journal 42, S. 351-371.

Hoffman, Andrew W. 1997: From Heresy to Dogma. An Institutional History of Corporate Environmentalism. San Francisco: New Lexington.

Hollingsworth, Roger/Boyer, Roger (Hg.) 1997: Contemporary Capitalism. The Embeddedness of Institutions. Cambridge: Cambridge University Press.

Holm, Petter 1995: The dynamics of institutionalization. Transformation processes in Norwegian fisheries, in: Administrative Science Quarterly 40, S. 398-422.

Hughes, Everett C. 1936: The Ecological Aspects of Institutions, in: American Sociological Review 1, S. 180-192.

Human, Sherrie E./Provan, Keith G. 2000: Legitimacy Building in the Evolution of Small-Firm Multilateral Networks: Comparative Study of Success and Demise, in: Administrative Science Quarterly 45, S. 327-365.

Hutchins, Edwin 1995: Cognition in the Wild. Cambridge: MIT Press.

Jensen, Michael C./Meckling, William H. 1976: Theory of the firm. Managerial behaviour, agency costs, and ownership structure, in: Journal of Financial Economy 3, S. 305-360.

Jepperson, Ronald L. 1991: Institutions, Institutional Effects, and Institutionalism, in: Walter W. Powell/Paul J. DiMaggio (Hg.): The New Institutionalism in Organizational Analysis. Chicago: The University of Chicago Press, S. 143-163.

Jepperson, Ronald L. 2001: The Development and Application of Sociological Neoinstitutionalism. Florence: EUI Working Paper RSC No. 2001/5.

Jepperson, Ronald L. 2002: The Development and Application of Sociological Neoinstitutionalism, in: Joseph Berger/Morris Zelditch (Hg.): New Directions in Contemporary Sociological Theory. Lanham: Rowman & Littlefield, S. 229-266

Jepperson, Ronald L./Meyer, John W. 1991: The Public Order and the Construction of Formal Organization, in: Walter W. Powell/Paul J. DiMaggio (Hg.): The New Institutionalism in Organizational Analysis. Chicago: The University of Chicago Press, S. 204-231.

Jepperson, Ronald L./Swidler, Ann 1994: What Properties of Culture Should We Measure?, in: Poetics 22, S. 359-371.

Johnson, Gerry/Melin, Leif/Whittington, Richard 2003: Micro Strategy and Strategizing: Towards an Activity-Based View, in: Journal of Management Studies 1, S. 3-22.

Jones, Reginald H. 1977: The Legitimacy of the Business Corporation, in: Business Horizons, August, S. 5-9.

Kalberg, Stephen 2001: Einführung in die historisch-vergleichende Soziologie Max Webers. Opladen: Westdeutscher Verlag.

Kalberg, Stephen 2006: Max Weber lesen. Bielefeld: transcript.

Kalleberg, Arne L./Knoke, David/Marsden, Peter V./Spaeth, Joe L. 1996: Organizations in America. Analyzing their Structures and Human Resource Practices. London/Thousand Oaks: Sage.

Kanter, Rossbeth Moss/Stein, Barry A./Jick, Todd D. 1992: The Challenge of Organizational Change. How Companies Experience It and Leaders Guide it. New York: Free Press.

Kates, Steven M. 2004: The Dynamics of Brand Legitimacy: An Interpretive Study in the Gay Men's Community, in: Journal of Consumer Research 31, S. 455-464.

Katz, Daniel/Kahn, Robert L. 1966: The Social Psychology of Organizations. New York: Wiley.

Kielmansegg, Peter Graf 1997: Legitimität als analytische Kategorie, in: Wolfgang Seibel/ Monika Medick-Krakau/Herfried Münkler /Michael Th. Greven (Hg.): Demokratische Politik – Analyse und Theorie. Politikwissenschaft in der Bundesrepublik Deutschland. Opladen: Westdeutscher Verlag, S. 62-98.

Kieser, Alfred 1999: Max Webers Analyse der Bürokratie, in: Alfred Kieser (Hg.): Organisationstheorien. Stuttgart: Kohlhammer, S. 39-64.

Kieser, Alfred 2002: Wissenschaft und Beratung. Heidelberg: Universitätsverlag C. Winter.

Kipping, Matthias/Engwall, Lars. 2002. Management Consulting: Emergence and Dynamics of a Knowledge Industry. Oxford: Oxford University Press.

Kirby, Eric/Kirby, Susan L. 1996: On the Diffusion of International Social Values: Institutionalization and Demographic Transition, in: Social Science Quarterly 77, S. 289-300.

Knorr-Cetina, Karin/Cicourel, Aaron (Hg.) 1981: Advances in Social Theory and Methodology: Toward an Integration of Micro and Macro Sociologies. Boston: Routledge&Kegan.

Kogut, Bruce 1991: Country capabilities and the permeability of borders, in: Strategic Management Journal 12, S. 33-47.

Kondra, Alex Z./Hinings, Christopher R. 1988: Organizational Diversity and Change in Institutional Theory, in: Organization Studies 19, S. 743-767.

Kostova, Tatiana/Roth, Kendall 2002: Adoption of an organizational practice by subsidiaries of multinational corporations: Institutional and relational effects, in: Academy of Management Journal 45, S. 215-233.

Krücken, Georg 2002: Amerikanischer Neo-Institutionalismus – europäische Perspektiven, in: Sociologia Internationalis 40, S. 227-259.

Krücken, Georg 2003: Learning the New Thing: On the Role of Path Dependency in University Structures, in: Higher Education 46, S. 315-346.

Krücken, Georg 2005a: Einleitung, in: John W. Meyer: Weltkultur. Wie die westlichen Prinzipien die Welt durchdringen. Herausgegeben und eingeleitet von Georg Krücken. Frankfurt/M.: Suhrkamp, S. 7-16.

Krücken, Georg 2005b: Der „world polity"-Ansatz in der Globalisierungsdiskussion, in: John W. Meyer: Weltkultur. Wie die westlichen Prinzipien die Welt durchdringen. Herausgegeben und eingeleitet von Georg Krücken. Frankfurt/M.: Suhrkamp, S. 299-318.

Krücken, Georg/Meier, Frank 2006: Turning the University into an Organizational Actor, in: Gili Drori/John Meyer/Hokyu Hwang (Hg.): Globalization and Organization. World Society and Organizational Change. Oxford: Oxford University Press, S. 241-257.

Kühl, Stefan 2003: Organisationssoziologie. Ein Ordnungs- und Verordnungsversuch, in: Soziologie, S. 37-47.

Kuhn, Thomas S. 1996: The Structure of Scientific Revolutions. Chicago: The University of Chicago Press.

Kurke, Lance B. 1988: Does Adaptation Preclude Adaptability? Strategy and Performance, in: Glenn R. Carroll (Hg.): Ecological Models of Organizations. Cambridge: Ballinger, S. 199-222.

Lant, Theresa K./Baum, Joel C. 1995: Cognitive Sources of Socially Constructed Competitive Groups: Examples from the Manhattan Hotel Industry, in: W. Richard Scott/Soren Christen (Hg.): The Institutional Construction of Organizations. London: Sage 1995, S. 15-38.

Larson, Magali Sarfatti 1977: The Rise of Professionalism: A Sociological Analysis. Berkeley: University of California Press.

Lau, Else E. 1978: Interaktion und Institution. Berlin: Duncker & Humblot.

Laumann, Edward O./Galaskiewicz, Joseph/Marsden, Peter 1978: Community Structure as Interorganizational Linkage, in: Annual Review of Sociology 4, S. 455-484.

Laumann, Edward O./Knoke, David 1987: The Organizational State. Social Choice in National Policy Domains, Madison: IUNiversity of Wisconsin Press.

Lawrence, Paul R./Lorsch, Jay W. 1967: Organization and Environment: Managing Differentiation and Integration. Boston: Harvard University Press.

Lawrence, Thomas B./Winn, Monika I./Jennings, Devereaux P. 2001: The Temporal Dynamics of Institutionalism, in: Academy of Management Review 26, S. 624-644.

Leblebici, Huseyin/Salancik, Gerald R./Copay, Anne/King, Tom 1991: Institutional Change and the Transformation of Interorganizational Fields: An Organizational History of the U.S. Radio Broadcasting Industry, in: Administrative Science Quarterly 36, S. 333-363.

Lenk, Kurt 1971: Ideologie. Ideologiekritik und Wissenssoziologie. Neuwied/Berlin: Luchterhand.

Lepsius, Rainer M. 1995: Institutionenanalyse und Institutionenpolitik, in: Kölner Zeitschrift für Soziologie und Sozialpsychologie, Sonderheft 35 „Politische Institutionen im Wandel", S. 392-403.

Lewin, Kurt 1951: Field Theory in Social Science. Selected Theoretical Papers, in: Dorwin Cartwright (Hg.): New York: Harper & Row.

Lin, Yi-min 2002: Between Politics and Markets. Firms, Competition and Institutional Change in Post-Mao China. Cambridge: Cambridge University Press.

Lincoln, James R./Kalleberg, Arne L. 1990: Culture, Control and Commitment. A Study of Work Organization and Work Attitudes in the United States and Japan. Cambridge/New York: Cambridge University Press.

Lindenberg, S. 1998: The Cognitive Turn in Institutional Analysis. Beyond NIE and NIS?, in: Journal of Institutional and Theoretical Economics 154, S. 716-727.

Lounsbury, Michael/Glynn, Mary Ann 2001: Cultural Entrepreneurship: Stories, Legitimacy, and the Acquisition of Resources, in: Strategic Management Journal 22, S. 545-564.

Lounsbury, Michael/Ventresca, Marc J. 2002: Social Structure and Organizations Revisited, in: Michael Lounsbury (Hg.): Social Structure and Organizations Revisited. Research in the Sociology of Organizations Revisited, Vol. 19. Amsterdam: JAI, S. 3-36.

Lounsbury, Michael/Ventresca, Marc J. 2003: The New Structuralism in Organization Theory, in: Organization 10, S. 457-480.

Luhmann, Niklas 1968: Zweck-Herrschaft-System. Grundbegriffe und Prämissen Max Webers, in: Renate Mayntz (Hg.): Bürokratische Organisation, Berlin: Kiepenheuer und Witsch, S. 36-55.

Luhmann, Niklas 1983: Legitimation durch Verfahren. Frankfurt/M.: Suhrkamp.

Luhmann, Niklas 1996: Soziale Systeme. Frankfurt/M.: Suhrkamp.

Luhmann, Niklas 1997a: Die Gesellschaft der Gesellschaft. 2 Bde. Frankfurt/M.: Suhrkamp.

Luhmann, Niklas 1997b: Grenzwerte der ökologischen Politik. Eine Form von Risikomanagement, in: Petra Hiller/Georg Krücken (Hg.): Risiko und Regulierung. Soziologische Beiträge zu Technikkontrolle und präventiver Umweltpolitik. Frankfurt/M.: Suhrkamp, S. 195-221.

Luhmann, Niklas 1998: Gesellschaftsstruktur und Semantik. Bd. 1. Frankfurt/M.: Suhrkamp.

March, James G. 1990: Eine Chronik über Entscheidungsprozesse in Organisationen, in: James March: Entscheidung und Organisation. Kritische und konstruktive Beiträge, Entwicklungen und Perspektiven. Wiesbaden: Gabler, S. 1-23.

March, J.G. 1994: A Primer on Decision Making. How Decisions Happen. New York: Free Press.

March, James G./Olsen, Johan P. (Hg.) 1976: Ambiguity and Choice in Organizations. Universitetsforlaget: Bergen.

March, James G./Olsen, Johan P. 1986: A Garbage Can Model of Decision Making in Organizations, in: James G. March/Roger Weissinger-Baylon (Hg.): Ambiguity and Command. Marshfield, S. 11-35.

March, James G./Olsen, Johan P. 1989: Rediscovering Institutions: The Organizational Basis of Politics. New York: Free Press.

March, James G./Olsen, Johan P. 1998: The Institutional Dynamics of International Political Orders, in: International Organization 52, S. 943-969.

March, James G./Simon, Herbert 1958: Organizations. New York: Wiley.

Maurice, Marc/Sorge, Arndt 2000: Embedding Organizations. Societal Analysis of Actors, Organizations and Socio-Economic Context. Amsterdam: John Benjamins.

Mayntz, Renate 1963: Soziologie der Organisation. Reinbek: Rowohlt.

Mayntz, Rentate (Hg.) 1968: Bürokratische Organisation. Berlin: Kiepenheuer & Witsch.

McAdam, Doug/Scott, W. Richard (2005): Organizations and Movements, in: G.F. Davis/Doug McAdam/W. Richard Scott/Mayer N. Zald (Hg.): Social Movements and Organization Theory. New York: Cambridge University Press, S. 4-40.

McNeely, Connie 1995: Constructing the Nation State. International Organization and Prescriptive Action. Westport: Greenwood Press.

Meindl, James R./Stubbart, Charles/Porac, Joseph F. (Hg.) 1996: Cognition within and between Organizations. London: Sage.

Merton, Robert K. 1949: Social Theory and Social Structure. Clencoe: Free Press.

Merton, Robert K. 1968: Social Theory and Social Structure. New York: Free Press.

Merton, Robert K./Gray, Ailsa P./Hockey, Barbara/Selvin, Hanan C. 1952: Reader in Bureucracy. New York: Free Press.

Meyer, John 1977: The effects of Education as an Institution, in: American Journal of Sociology 83, S. 55-77.

Meyer, John W. 1980: The World Polity and the Authority of the Nation-State, in: Albert Bergesen (Hg.): Studies of the Modern World-System. New York: Academic Press, S. 109-37.

Meyer, John W. 1983: Institutionalization and the Rationality of Formal Organizational Structure, in: John W. Meyer/W. Richard Scott (Hg.): Organizational Environments: Ritual and Rationality. Beverly Hills: Sage, S. 261-282.

Meyer, John W. 1986: The Self and the Life Course: Institutionalization and Its Effects, in: Aage B. Sorensen/Franz E. Weinert/Lonnie R. Sherrod (Hg): Human Development and the Life Course. Hillsdale: Erlbaum, S. 199-216.

Meyer, John W. 1987: The World Polity and the Authroity of the Nation State, in: George M. Thomas/John W. Meyer/Francisco O. Ramirez/John Boli (Hg.): Institutional Structure. Constituting State, Society, and the Individual. Newbury Park: Sage, S. 41-70.

Meyer, John W. 1988: Society Without Culture: A Nineteenth Century Legacy, in: Francisco Ramirez (Hg.): Rethinking the Nineteenth Century. New York: Greenwood Press, S. 193-201.

Meyer, John W. 1990: Individualism: Social Experience and Cultural Formulation, in: Judith Rodin/Carmi Schooler/K. Warner Schaie (Hg.): Self-Directness: Causes and Effects Throughout the Life Course. Hillsdale: Erlbaum, S. 51-58.

Meyer, John W. 1992a: Conclusion: Institutionalization and the Rationality of Formal Organizational Structure, in: John W. Meyer/W. Richard Scott (Hg.): Organizational Environments. Ritual and Rationality (Updated Edition). Beverly Hills: Sage, S. 261-282.

Meyer, John W. 1992b: From Constructionism to Neo-institutionalism: Reflections on Berger and Luckmann, in: Perspectives 15, S. 11-12.

Meyer, John W. 1994: Rationalized Environments, in: Richard W. Scott/John W. Meyer (Hg.): Institutional Environments and Organizations: Structural Complexity and Individualism. Thousand Oaks: Sage, S. 28-54.

Meyer, John W. 1999: The Changing Cultural Content of the Nation-State: A World Society Perspective, in: George Steinmetz (Hg.): State and Culture: New Approaches to the State after the Cultural Turn. Ithaca, Cornell University Press, S. 123-143.

Meyer, John W. 2000a: Globalization: Sources, and Effects on National States and Societies, in: International Sociology 15, S. 235-250.

Meyer, John W. 2000b: An Interview with John W. Meyer by Georg Krücken, in: So-zusagen 7, S. 58-63.

Meyer, John W. 2002: Globalization and the expansion and standardization of management, in: Kerstin Sahlin-Anderssen/Lars Engwall (Hg.): The Expansion of Management Knowledge. Stanford: Stanford University Press, S. 33-44.

Meyer, John W. 2005a: Weltkultur: Wie die westlichen Prinzipien die Welt durchdringen. Frankfurt/M.: Suhrkamp.

Meyer, John W. 2005b: Vorwort, in: Raimund Hasse/Georg Krücken: Neo-Institutiona-lismus. Bielefeld: transcript, S. 5-12.

Meyer, John W./Boli, John/Thomas, George M. 1994: Ontology and Rationalization in the Western Cultural Account, in: W. Richard Scott/John W. Meyer (Hg.): Institutional Environments and Organizations. Structural Complexity and Individualism. Thousand Oaks/London/New Delhi: Sage, S. 9-27.

Meyer, John W./Boli, John/Thomas, George/Ramirez, Francisco O. 1997: World Society and the Nation State, in: American Journal of Society 103, S. 144-181.

Meyer, J. W./Boli, John/Thomas, George M. 2005a: Ontologie und Rationalisierung im Zurechnungssystem der westlichen Kultur, in: J. W. Meyer: Weltkultur. Wie die west-lichen Prinzipien die Welt durchdringen. Frankfurt/M.: Suhrkamp, S. 17-46.

Meyer, John W./Boli, John/Thomas, George M./Ramirez, Francisco O. 2005b: Die Weltge-sellschaft und der Nationalstaat, in: John W. Meyer, Weltkultur. Wie die westlichen Prinzipien die Welt durchdringen. Frankfurt/M.: Suhrkamp, S. 85-132.

Meyer, John W./Frank, David J./Hironaka, Ann/Schofer, Evan/Tuma, Nancy 1997: The Structuring of a World Environmental Regime, 1870-1990, in: International Organiza-tion 51, S. 623-651.

Meyer, John W./Hannan, Michael (Hg.) 1979: National Development and the World Sys-tem. Chicago: University of Chicago Press.

Meyer, John W./Jepperson, Ronald L. 2000: The „Actors" of Modern Society: The Cultural Constitution of Social Agency, in: Sociological Theory 18, S. 100-120.

Meyer, John W./Jepperson, Ronald L. 2005: Die „Akteure" der modernen Gesellschaft: Die kulturelle Konstruktion sozialer Agentschaft, in: John W. Meyer: Weltkultur. Wie die westlichen Prinzipien die Welt durchdringen. Frankfurt/M.: Suhrkamp, S. 47-84.

Meyer, John W./Rowan, Brian 1977: Institutionalized Organizations: Formal Structure as Myth and Ceremony, in: American Journal of Sociology 83, S. 340-363.

Meyer, John W./Rowan, Brian 1978: The Structure of Educational Organizations, in: Mar-shall W. Meyer (Hg.): Environments and Organizations. San Francisco: Jossey Bass, S. 78-109.

Meyer, John W./Rowan, Brian 1991: Institutionalized Organizations: Formal Structure as Myth and Ceremony, in: Walter W. Powell/Paul J. DiMaggio (Hg.): The New Institu-tionalism in Organizational Analysis. Chicago: University of Chicago Press, S. 41-62.

Meyer, John W./Scott, W. Richard 1983: Organizational Environments. Ritual and Rational-ity. Beverly Hills/London: Sage.

Meyer, John W./Scott, W. Richard/Deal, Terrence E. 1981: Institutional and Technical Sources of Organizational Structure: Explaining the Structure of Educational Organi-zations, in: Herman D. Stein (Hg.): Organization and the Human Services. Philadephia: Temple University Press, S. 157-178.

Meyer, Marshall W./Zucker, Lynne G. 1989: Permanently Failing Organizations. Thousand Oaks: Sage.

Meyer, Renate 2004: Globale Managementkonzepte und lokaler Kontext. Organisationale Wertorientierung im österreichischen öffentlichen Diskurs. Wien: WUV Universitäts-Verlag.

Meyer, Renate E. 2006: Visiting Relatives. Current Developments in the New Sociology of Knowledge, in: Organization (i.E.).

Meyer, Renate E./Hammerschmid, Gerhard 2006: Changing Institutional Logics and Executive Identities: A Managerial Challenge to Public Administration in Austria, in: American Behavioral Scientist 49, S. 1000-1014.

Mezias, Stephen J. 1990: An Institutional Model of Organizational Practice: Financial Reporting of the Fortune 200, in: Administrative Science Quarterly 5, S. 431-457.

Mills, C. Wright 1956: The Power Elite. New York: Oxford University Press.

Mizruchi, Mark S. 1982: The American Corporate Network, 1904-1974. Beverly Hills: Sage.

Mizruchi, Mark S. 1992: The Structure of Corporate Political Action. Cambridge: Harvard University Press.

Mizruchi, Mark S./Fein, Lisa C. 1999: The Social Construction of Organizational Knowledge: A Study of the Uses of Coercive, Mimetic, and Normative Isomorphism, in: Administrative Science Quarterly 44, S. 653-683.

Morgan, Glenn 2001a: Transnational communities and business systems, in: Global Networks 1, S. 113-130.

Morgan, Glenn. 2001b: The development of transnational standards and regulations and their impacts on firms, in: Glenn Morgan/Peer Hull Kristensen/Richard Whitley (Hg.): The Multinational Firm. Organizing Across Institutional and National Divides. Oxford: Oxford University Press, S. 225-252.

Morgan, Glenn/Kristensen, Peer Hull/Whitley, Richard (Hg.) 2001: The Multinational Firm. Organizing Across Institutional and National Divides. Oxford: Oxford University Press.

Morgan, Glenn/Kubo, Izumi 2005: Beyond path dependency? Constructing new models for institutional change: the case of capital markets in Japan, in: Socio-Economic Review 3, S. 55-82.

Morgan, Glenn/Quack, Sigrid 2005: Institutional Legacies and Firm Dynamics: The Growth and Internationalization of British and German Law Firms, in: Organization Studies 26, S. 1765-1785.

Morgan, Glenn/Whitley, Richard/Moen, Eli (Hg.) 2005: Changing Capitalisms? Internationalization, Institutional Change, and Systems of Economic Organization. Oxford: Oxford University Press.

Munir, Kamal A./Phillips, Nelson 2005: The Birth of the 'Kodak Moment': Institutional Entrepreneurship and the Adoption of New Technologies, in: Organization Studies 26, S. 1665-1687.

Neuhauser, Duncan 1972: The Hospital as a Matrix Organization, in: Hospital Administration 17, S. 8-25.

Newell, Alan/Simon, Herbert 1972: Human Problem Solving. Englewood Cliffs: Prentice Hall.

Nohria, Nitin/Gulati, R. 1994: Firms and their Environments, in: Neil J. Smelser/Richard Swedberg (Hg.): The Handbook of Economic Sociology. Princeton: Princeton University Press, S. 529-555.

North, Douglas C. 1990: Institutions, Institutional Change and Economic Performance. Cambridge: Cambridge University Press.

Oliver, Christine 1988: The Collective Strategy Framework: An Application to Competing Predictions of Isomorphism, in: Administrative Science Quarterly 33, S. 543-561.

Oliver, Christine 1991: Strategic Responses to Institutional Processes, in: The Academy of Management Review 16, S. 145-179.

Oliver, Christine 1992: The Antecedents of Deinstitutionalization, in: Organization Studies 13, S. 563-588.

Orrù, Marco/Biggart, Nicole/Hamilton, Gary G. 1991: Organizational isomorphism in East Asia, in: Walter W. Powell/Paul J. DiMaggio (Hg.): The New Institutionalism in Organizational Analysis. Chicago, University of Chicago Press, S. 361-389.

Orrù, Marco/Biggart, Nicole/Hamilton, Gary G. 1997: The Economic Organization of East Asian Capitalism. Thousand Oaks: Sage.

Ortmann, Günther 1995: Formen der Produktion. Organisation und Rekursivität. Opladen: Westdeutscher Verlag.

Ortmann, Günther/Sydow, Jörg/Türk, Klaus 1997: Organisation, Strukturation, Gesellschaft. Die Rückkehr der Gesellschaft in die Organisationstheorie, in: Günther Ortmann/Jörg Sydow/Klaus Türk (Hg.): Theorien der Organisation. Opladen: Westdeutscher Verlag, S. 15-34.

Parsons, Talcott 1940: The Motivation of Economic Activity, in: The Canadian Journal of Economics and Political Science 6, S. 187-202.

Parsons, Talcott 1951: The Social System. New York: The Free Press.

Parsons, Talcott 1956: Suggestions for a Sociological Approach to the Theory of Organizations I, in: Administrative Science Quarterly 1, S. 63-85, S. 225-239.

Parsons, Talcott 1960: Structure and Process in Modern Societies. New York: Free Press.

Parsons, Talcott/Shils, Edwin, A. 1951: Towards a General Theory of Action. New York: Harper & Row.

Pedersen, Jesper Standgaard/Dobbin, Frank 1997: The social invention of collective actors. On the rise of organizations, in: American Behavioral Sciencist 40, S. 431-443.

Perrow, Charles 1984: Normal Accidents. Living woth High-Risk Technologies. New York: Basic Books

Perrow, Charles 1985: Review Essay: Overboard with Myth and Symbols, in: American Journal of Sociology 9, S. 151-155.

Perrow, Charles 1986: Complex Organisations. A Critical Essay. New York: Random House.

Perrow, Charles 1991: A society of organizations, in: Theory and Society 20, S. 725-762.

Perrow, Charles 2002: Organizing America. Wealth, Power, and the Origins of Corporate Capitalism. Princeton: Princeton University Press.

Pfeffer, Jeffrey 1987: A resource dependence perspective on intercorporate relations, in: Mark S. Mizruchi/Michael Schwartz (Hg.): Intercorporate Relations. The Structural Analysis of Business. New York: Cambridge University Press, S. 25-55.

Pfeffer, Jeffrey/Baron, James N. 1988: Taking the workers back in. Recent trends in the structuring of employment, in: Barry M. Staw/Larry L. Commings (Hg.): Research in Organizational Behavior. Greenwich: JAI, S. 257-303.

Pfeffer, Jeffrey/Salancik, Gerald 1978/2003: The External Control of Organizations. New York/Stanford: Harper&Row/Stanford University Press.

Pfeffer, Jeffrey/Salancik, Gerald 1997: The Design and Management of Externally Controlled Organizations, in: Derek S. Pugh (Hg.): Organization Theory. Selected Readings. London: Penguin Books, S. 130-161.

Powell, Walter W. (Hg.) 1987: The Nonprofit Sector. A Research Handbook. New Haven: Yale University Press.

Powell, Walter W. 1991: Expanding the Scope of Institutional Analysis, in: Walter W. Powell/ Paul J. DiMaggio (Hg.): The New Institutionalism in Organizational Analysis. Chicago/London: University of Chicago Press, S. 183-203

Powell, Walter W./DiMaggio, Paul J. (Hg.) 1991: The New Institutionalism in Organizational Analysis. Chicago: The University of Chicago Press.

Powell, Walter W./Koput, Kenneth W./Smith-Doerr, Laurel 1996: Interorganizational collaboration and the locus of innovation. Networks of learning in biotechnology, in: Administrative Science Quarterly 41, S. 116-145.

Powell, Walter W./White, Douglas R./Koput, Kenneth W./Owen-Smith, Jason 2005: Network Dynamics and Field Evolution: The Growth of Interorganizational Collaboration in the Life Sciences, in: American Journal of Sociology 110, S. 1132-1205.

Presthus, Robert 1962: The Organizational Society. An Analysis and a Theory. New York: Vintage Books.

Pugh, Derek S./Hickson, David J./Hinings, Christopher R./Turner, Christopher 1969: The context of organization structures, in: Administrative Science Quarterly 14, S. 91-114.

Quack, Sigrid 2005: Zum Werden und Vergehen von Institutionen – Vorschläge für eine dynamische Governanceanalyse, in: Gunnar Folke Schuppert (Hg.): Governance-Forschung. Vergewisserung über Stand und Entwicklungslinien. Baden-Baden: Nomos, S. 346-370.

Ramirez, Francisco, O. 1987: Institutional Analysis, in: George O. Thomas/John W. Meyer/Francisco O. Ramirez/John Boli (Hg.): Institutional Structure. Constituting State, Society, and the Individual. Newbury Park: Sage, S. 316-359.

Rayman-Bacchus, Lez 2006: Reflecting on corporate legitimacy, in: Critical Perspectives on Accounting 17, S. 323-335.

Reay, Trish/Hinings, Christopher R. 2005: The Recomposition of an Organizational Field: Health Care in Alberta, in: Organisation Studies 26, s. 351-384.

Reckwitz, Andreas 2003: Grundelemente einer Theorie sozialer Praktiken. Eine sozialtheoretische Perspektive, in: Zeitschrift für Soziologie, S. 282-301.

Reskin, Barbara F./McBrier, Debra B./Kmec, Julie A. 1999: The determinants and consequences of workplace sex and race composition, in: Annual Review of Sociology 25, S. 235-261.

Ritti, R. Richard/Silver, Jonathan H. 1986: Early Processes of Institutionalization: the Dramaturgy of Exchange in Interorganizational Relations, in: Administrative Science Quarterly 31, S. 25-42.

Roethlisberger, Fritz J./Dickson, William J. 1939: Management and the Worker. Cambridge: Harvard University Press.

Røvik, Kjell Arne 1996: Deinstitutionalization and the Logic of Fashion, in: Barbara Czarniawska/Guje Sevón (Hg.): Translating Organizational Change. Berlin/New York: Walter de Gruyter, S. 140-172.

Rottenburg, Richard 1996: When organization travels. On intercultural translation, in: Barbara Czarniawska/Guje Sevón (Hg.): Translating organizational change. DeGruyter : Berlin, S. 191-240.

Rowan, Brian 1981: The Effects of Institutionalized Rules on Administrators, in: Samuel B. Bacharach (Hg.): Organizational Behaviour in Schools and School Districts. New York: Preager, 47-75.

Rowan, Brian 1982: Organizational Structure and the Institutional Environment: The Case of Public Schools, in: Administrative Science Quarterly 27, S. 259-279.

Rowlands, Mark 2003: Externalism. Putting Mind and the World Together Again. Chesham: Acumen.

Roy, Donald 1952: Quota restriction and goldbricking in a machine shop, in: American Journal of Sociology 57, S. 427-442.

Ruef, Martin/Scott, Richard W. 1998: A Multidimensional Model of Organizational Legitimacy: Hospital Survival in Changing Institutional Environments, in: Administrative Science Quarterly 43, S. 877-904.

Sahlin-Andersson, Kerstin 1996: Imitating by Editing Success: The Construction of Organizational Fields, in: Barbara Czarniawska/Guje Sevón (Hg.): Translating Organizational Change. Berlin: Walter de Gruyter, S. 69-92.

Sahlin-Andersson, Kerstin/Engwall, Lars (Hg.) 2002: The Expansion of Management Knowledge. Stanford: Stanford University Press.

Schank, Robert/Abelson, Robert 1977: Scripts, Plans, Goal, and Understanding. Hillsdale: Erlbaum.

Schelsky, Helmut (Hg.) 1970: Zur Theorie der Institution. Gütersloh: Bertelsmann.

Scherer, Andreas G. 2002: Kritik der Organisation oder Organisation der Kritik? Wissenschaftstheoretische Bemerkungen zum kritischen Umgang mit Organisationstheorien, in: Alfred Kieser (Hg.): Organisationstheorien. Stuttgart: Kohlhammer, S. 1-37.

Scherm, Ewald/Pietsch, Gotthard 2005: Erfolgsmessung im Personalcontrolling – Reflexionsinput oder Rationalitätsmythos?, in: Betriebswirtschaftliche Forschung und Praxis 57, S. 43-57.

Schimank, Uwe 1996: Theorie gesellschaftlicher Differenzierung. Opladen: Leske+Budrich.

Schneiberg, Marc/Clemens, Elizabeth S. 2006: The Typical Tools for the Job: Research Strategies in Institutional Analysis, in: Walter W. Powell/Dan L. Jones (Hg.): How Institutions Change. Chicago: Chicago University Press (i.E.).

Schluchter, Wolfgang 1980: Rationalismus der Weltbeherrschung. Studien zu Max Weber. Frankfurt/M.: Suhrkamp.

Schülein, Johann August 1987: Theorie der Institution. Opladen: Westdeutscher Verlag.

Scott, W. Richard 1977: The effectiveness of organizational effectiveness studies, in: Paul S. Goodman/Johannes M. Pennings (Hg.): New Perspectives on Organizational Effectiveness. San Francisco: Jossey-Bass, S. 63-95.

Scott, W. Richard 1982: Management Professional Work: Three Models of Control for Health Organizations, in: Health Services Research 17, S. 213-240.

Scott, W. Richard 1983: Introduction: From Technology to Environment, in: John W. Meyer/William R. Scott (Hg.): Organizational Environments. Ritual and Rationality. Beverly Hills: Sage, S. 9-20.

Scott, W. Richard 1986: Grundlagen der Organisationstheorie. Frankfurt/M.: Campus.

Scott, W. Richard 1987: The Adolescence of Institutional Theory, in: Administrative Science Quarterly 32, S. 493-511.

Scott, W. Richard 1991: Unpacking Institutional Arguments, in: Walter W. Powell/Paul J. DiMaggio (Hg.): The New Institutionalism in Organizational Analysis. Chicago: University of Chicago Press, S. 164-182.

Scott, W. Richard 1994a: Institutions and Organizations, in: John W. Meyer/Richard Scott et al.: Institutional Environments and Organizations. Structural Complexity and Individualism. Thousand Oaks: Sage, S. 55-80.

Scott, W. Richard 1994b: Conceptualizing Organizational Fields, in: Hans Ulrich Derlien/Uta Gerhardt/Fritz W. Scharpf (Hg.): Systemrationalität und Partialinteresse. Baden-Baden: Nomos, S. 203-221.

Scott, W. Richard 1995: Institutions and Organizations. Thousand Oaks: Sage.

Scott, W. Richard 1996: The mandate is still being honoured. In defense of Weber's disciples, in: Administrative Science Quarterly 41, S. 163-171.

Scott, W. Richard 2001a: Institutions and Organizations. Thousand Oaks: Sage.

Scott, W. Richard 2001b: Organizations, overview, in: Neil J. Smelser/Paul B. Baltes (Hg.): International Encyclopedia of the Social and Behavioral Sciences. Amsterdam: Pergamon/Elsevier, S. 10910-10917.

Scott, W. Richard 2003: Organizations. Rational, Natural and Open Systems. Upper Saddle River: Prentice-Hall.

Scott, W. Richard 2004: Institutional Theory. Contributing to a Theoretical Research Program, in: Ken G. Smith/Michael A. Hitt (Hg.): Great Minds in Management. The Process of Theory Development. Oxford: Oxford University Press, S. 460-485.

Scott, Richard W./Christensen, Søren 1995: Conclusion: Crafting a Wider Lens, in: Richard W. Scott/Søren Christensen (Hg.): The Institutional Construction of Organizations. Thousand Oaks et al.: Sage, S. 302-313.

Scott, W. Richard/Meyer, John W. 1991: The Organization of Societal Sectors: Propositions and Early Evidence, in: Walter W. Powell/Paul J. DiMaggio (Hg.): The New Institutionalism in Organizational Analysis. Chicago/London: University of Chicago Press, S. 108-140.

Scott, W. Richard/Meyer, John W. 1994: Developments in Institutional Theory, in: Richard W. Scott/John W. Meyer (Hg.): Institutional Environments and Organizations. Structural Complexity and Individualism. Thousand Oaks: Sage, S. 1-8.

Scott, W. Richard/Meyer, John W. and Associates 1994: Institutional Environments and Organizations. Structural Complexity and Individualism. Thousand Oaks: Sage.

Scott, W. Richard/Ruef, Martin/Mendel, Peter J./Caronna, Carol A. 2000: Institutional Change and Healthcare Organizations. From Professional Dominance to Managed Care. Chicago/London: University of Chicago Press.

Searle, John R. 1994: The Construction of Social Reality. London: The Free Press.

Selznick, Philip 1948: Foundations of he theory of organizations, in: American Sociological Review 13, S. 25-35.

Selznick, Philip 1949: TVA and the Grass Roots. Berkeley/Los Angeles: University of California Press.

Selznick, Philip 1957: Leadership in Administration. New York: Harper & Row.

Senge, Konstanze 2004: Der Fall Wal-Mart: Institutionelle Grenzen ökonomischer Globalisierung, in: Hartmut Hirsch-Kreinsen/Johannes Weyer (Hg.): Soziologische Arbeitspapiere der Universität Dortmund. Heft 4, Juli. Dortmund.

Senge, Konstanze 2005: Der Neo-Institutionalismus als Kritik der ökonomistischen Perspektive. Dissertation TU Darmstadt: http://elib.tu-darmstadt.de/diss/000620/.

Sennett, Richard 1999: The Corrosion of Character. New York: W. W. Norton.

Sewell, William H. Jr. 1992: A Theory of Structure: Duality, Agency, and Transformation, in: American Journal of Sociology 98, S. 1-29.

Shenhav, Yehouda 1999: Manufacturing Rationality. The Engineering Foundations of the Management Revolution. Oxford/New York: Oxford University Press.

Simon, Herbert A. 1945: Administrative Behavior. New York: Free Press.

Sims, Henry P./Gioia, Dennis A. (Hg.) 1986: The Thinking Organization: Dynamics of Organizational Social Cognition. San Francisco: Jossey-Bass.

Silverman, David 1971: The Theory of Organisations. New York: Basic Books.

Singh, Jitendra V./Tucker, David J./House, Robert J. 1986: Organizational Legitimacy and the Liability of Newness, in: Administrative Science Quarterly 31, S. 171-193.

Smelser, Neil J./Swedberg, Richard (Hg.) 1994: The Handbook of Economic Sociology. Princeton/New York: Princeton University Press/Russell Sage Found.

Smith, Vicki 2002: Crossing the Great Divide. Worker Risks and Opportunities in the New Economy. Ithaca: Cornell University Press/ILR Press.

Snow, David A./Rochford, Burke E. Jr./Worden, Steven K./Benford, Robert D. 1986: Frame Alignment Processes. Micromobilization and Movement participation, in: American Sociological Review 51, S. 464-481.

Sorge, Arndt 2005: The Global and the Local Understanding the Dialectics of Business Systems. Oxford: Oxford University Press.

Spencer, Herbert 1901: Principles of Sociology. New York: D. Appleton.

Stackhouse, E. Ann 1982: The Effects of State Centralization on Administrative and Macrotechnical Structure in Contemporary Secondary Schools. Project Report no. 82-A24. Institute of Research on Educational Finance and Governance. Stanford: Stanford University.

Stark, David 1996: Recombinant Property in East European Capitalism, in: American Journal of Sociology 101, S. 993-1027.

Stark, David/Bruszt, Laszlo 1998: Postsocialist Pathways. Cambridge: Cambridge University Press.

Steinmo, Sven/Thelen, Kathleen/Longstreth, Frank (Hg.) 1992: Structuring Politics: Historical Institutionalism in Comparative Analysis. Cambridge: Cambridge University Press.

Stern, Robert N./Barley, Stephen R. 1996: Organizations and Social Systems: Organization Theory's Neglected Mandate, in: Administrative Science Quarterly 41, S. 146-162.

Sternberger, Dolf 1967: Max Webers Lehre von der Legitimität. Eine kritische Betrachtung, in: Wilfried Röhrich (Hg.): Macht und Ohnmacht des Politischen. Festschrift zum 65.

Geburtstag von Michael Freund am 18. Januar 1967. Köln/Berlin: Kiepenheuer & Witsch, S. 111-126.

Stichweh, Rudolf 2005: Inklusion und Exklusion. Studien zur Gesellschaftstheorie. Bielefeld: transcript.

Stinchcombe, Arthur L. 1965: Social Structure and Organizations, in: James G. March (Hg.): Handbook of Organizations. Chicago: Rand McNally, S. 142-193.

Stinchcombe, Arthur L. 1997: On the Virtues of the Old Institutionalism, in: Annual Review of Sociology 23, S. 1-18.

Stock, Manfred 2005: Arbeiter, Unternehmer, Professionelle. Zur sozialen Konstruktion von Beschäftigung in der Moderne. Wiesbaden: Verlag für Sozialwissenschaften.

Strang, David 1994: Institutional Accounts of Organizations as a Form of Structural Analysis, in: David Strang (Hg.): Institutional Accounts as a Form. Greenwich: Jay Press, S. 151-174.

Strang, David/Meyer, John W. 1993: Institutional Conditions for Diffusion, in: Theory and Society 22, S. 487-511.

Strang, David/Meyer, John W. 1994: Institutional Conditions for Diffusion, in: W. Richard Scott/John W. Meyer and Associates: Institutional Environments and Organizations. Structural Complexity and Individualism. Thousand Oaks et al.: Sage, S. 100-112.

Strang, David/Soule, Sarah A. 1998: Diffusion in Organizations and Social Movements. From Hybrid Corn to Poison Pills, in: Annual Review of Sociology 24, S. 265-290.

Streeck, Wolfgang/Thelen, Kathleen (Hg.) 2005: Beyond Continuity – Institutional Change in Advanced Political Economies. Oxford: Oxford University Press.

Suchman, Mark C. 1995: Managing Legitimacy: Strategic and Institutional Approaches, in: Academy of Management Review 20, S. 571-610.

Suchman, Mark C. 1995a: Managing Legitimacy: Strategies and Institutional Approaches, in: Academy of Management Review 20, S. 571-610.

Suchman, Mark C. 1995b: Localism and Globalism in Institutional Analysis. The Emergence of Contractual Norms in Venture Finance, in: W. Richard Scott/Soren Christensen (Hg.): The Institutional Construction of Organizations. Thousand Oaks: Sage, S. 39-63.

Suchman, Mark C./Cahill, Mia L. 1996: The hired gun as facilitator: the case of lawyers and the suppression of business disputes in Silicon Valley, in: Law and Social Inquiry 21, S. 679-712.

Suddaby, Roy/Greenwood, Royston 2005: Rhetorical Strategies of Legitimacy, in: Administrative Science Quarterly 50, S. 35-67.

Sumner, William G. 1906: Folkways. Boston: Ginn and Company.

Sutton, John R./Dobbin, Frank 1996: The Two Faces of Governance: Responses to Legal Uncertainty in U.S. Firms, 1955 to 1985, in: American Sociological Review 61, S. 794-811.

Sutton, John/Dobbin, Frank/Meyer, John/Scott, Richard W. 1994: The Legalization of the Work-Place, in: American Journal of Sociology 99, S. 944-971.

Swidler, Ann 1986: Culture in Action: Symbols and Strategies, in: American Sociological Review 51, S. 273-286.

Tacke, Veronika 1999: Wirtschaftsorganisationen als Reflexionsproblem. Zum Verhältnis von neuem Institutionalismus und Systemtheorie, in: Soziale Systeme 5, S. 55-81.

Tainio, Risto/Huolman, Mika/Pulkkinen, Matti/Ali-Yrkkö, Jyrki/Ylä-Anttila, Pekka 2003: Global investors meet local managers: Shareholder value in the Finnish context, in: Marie-Laure Djelic/Sigrid Quack (Hg.): Globalization and Institutions. Redefining the Rules of the Economic Game. London: Edward Elgar, S. 37-56.

Tamm Hallström, Kristina 2004: Organizing International Standardization. ISO and the IASC in Quest of Authority. Cheltenham: Edward Elgar.

Taylor, Frederick W. 1911: The Principles of Scientific Management. New York: Harper.

Tempel, Anne/Walgenbach, Peter 2003: Global standardization of organisational forms and management practices? Combining American and European institutionalism. Paper presented at the 3rd Conference of the European Academy of Management. Milan.

Tempel, Anne/Walgenbach, Peter 2004: Personalpolitik multinationaler Unternehmungen. Institutionalistische Theorien als Grundlage der vergleichenden Forschung, in: Hartmut Wächter/René Peters (Hg.): Personalpolitik amerikanischer Unternehmen in Europa. München/Mering: Hampp, S. 7-30.

Tempel, Anne/Walgenbach, Peter 2006: Global standardization of organizational forms and management practices? What new institutionalism and the business systems approach can learn from each other, in: Journal of Management Studies (i.E.).

Thargard, Paul 1999: Kognitionswissenschaft. Ein Lehrbuch. Stuttgart: Klett-Cotta.

Thelen, Kathleen 2003: How Institutions Evolve. Insights from Comparative Historical Analysis, in: James Mahoney/Dietrich Rueschemeyer (Hg.): Comparative Historical Analysis in the Social Sciences. Cambridge: Cambridge University Press, S. 208-240.

Thomas, George M./Meyer, John W./Ramirez, Francisco O./Boli, John (Hg.) 1987: Institutional Structure: Constituting State, Society, and the Individual. Newbury Park: Sage.

Thorngate, Warren 1976: "In General" vs "It Depends": Some Comments on the Gergen-Schlenker Debate, in: Personality and Social Psychology Bulletin 2, S. 404-410.

Thompson, James D. 1967/2003: Organizations in Action. New York: McGraw-Hill.

Tolbert, Pamela 1988: Institutional Sources of Organizational Culture in Major Law Firms, in: Lynne G. Zucker (Hg.): Institutional Patterns and Organizations. Cambridge: Ballinger, S. 101-113.

Tolbert, Pamela S./Zucker, Lynne G. 1983: Institutional Sources of Change in the Formal Structure of Organizations: The Diffusion of Civil Service Reform, 1880-1935, in: Administrative Science Quarterly 28, S. 22-38.

Tobert, Pamela S./Zucker, Lynne G. 1994: Institutional Analyses of Organizations: Legitimate but not Institutionalized, in: Biotechnology Studies 6, Institute for Social Science Research, University of California, Los Angelos.

Tolbert, Pamela S./Zucker, Lynn G. 1996: The Institutionalization of Institutional Theory, in: Stewart R. Clegg/Cynthia Hardy/Walter R. Nord (Hg.): Handbook of Organization Studies. London: Sage, S. 175-190.

Townley, Barbara 2002: The Role of Competing Rationalities in Institutional Change, in: Academy of Management Journal 45, S. 163-179.

Tsui, Ann Chuk-Ying/Lau, ChungMing (Hg.) 2002: The Management of Enterprises in the People's Republic of China. Boston: Kluwer.

Türk, Klaus 1997: Organisation als Institution der kapitalistischen Gesellschaftsformation, in: Günther Ortmann/Jörg Sydow/Klaus Türk (Hg.): Theorien der Organisation. Opladen: Westdeutscher Verlag, S. 124-176.

Turk, Herman 1977: Organizations in Modern Life. San Francisco: Jossey-Bass.

Üsdiken, Behlul/Pasadeus, Yorgo 1995: Organizational Analysis in North America and Europe: A Comparison of Co-Citation Networks, in: Organization Studies 16, S. 503-526.

Useem, Michael 1996: Investor Capitalism. How Money Managers Are Changing the Face of Corporate America. New York: Basic Books.

Vaughan, Diane 1996: The Challenger Launch Decision. Risky Technology, Culture and Deviance at NASA. Chicago: University of Chicago Press.

von Bertalanffy, Ludwig 1956: General systems theory, in: Ludwig von Bertalanffy/Anatol Rapoport (Hg.): General Systems. Yearbook of the Society for the Advancement of General Systems Theory. Ann Arbor: The Society, S. 1-10.

Walgenbach, Peter 1995: Institutionalistische Ansätze in der Organisationstheorie, in: Alfred Kieser (Hg.): Organisationstheorien. Stuttgart: Kohlhammer, S. 269-301.

Walgenbach, Peter 1998: Zwischen Showbusiness und Galeere. Zum Einsatz der DIN EN ISO 9000er Normen in Unternehmen, in: Industrielle Beziehungen 5, S. 135-164.

Walgenbach, Peter 1999: Institutionalistische Ansätze in der Organisationstheorie, in: Alfred Kieser (Hg.): Organisationstheorien. Stuttgart: Kohlhammer, S. 319-353.

Walgenbach, Peter 2000: Die normgerechte Organisation. Eine Studie über die Entstehung, Verbreitung und Nutzung der DIN EN ISO 9000er Normenreihe. Stuttgart: Schäffer-Poeschel.

Walgenbach, Peter 2002: Neoinstitutionalistische Organisationstheorie. State of the Art und Entwicklungslinien, in: Georg Schreyögg/Peter Conrad (Hg.): Managementforschung 12. Wiesbaden: Gabler, S. 155-202.

Walgenbach, Peter/Meyer, Renate (2006): Organisationen und Institutionen. Stuttgart: Kohlhammer.

Walter-Busch, Emil 1996: Organisationstheorien von Weber bis Weick. Amsterdam: Fakultas.

Warren, Roland L. 1967: The Interorganizational Field as a Focus for Investigation, in: Administrative Science Quarterly 12, S. 396-419.

Weber, Max 1924: Gesammelte Aufsätze zur Sozial- und Wirtschaftsgeschichte. Tübingen: Mohr Siebeck.

Weber, Max 1970: Die protestantische Ethik I. Eine Aufsatzsammlung. Gütersloh: Mohn.

Weber, Max 1972: Wirtschaft und Gesellschaft. Tübingen: Mohr Siebeck.

Weber, Max 1985: Die drei reinen Typen der legitimen Herrschaft, in: Max Weber: gesammelte Aufsätze zur Wissenschaftslehre. Tübingen: Mohr Siebeck, S. 475-488.

Weber, Max 1988a: Gesammelte Aufsätze zur Religionssoziologie I. Tübingen: Mohr Siebeck.

Weber, Max 1988b: Vorbemerkung, in: Max Weber: Gesammelte Aufsätze zur Religionssoziologie I. Tübingen: Mohr Siebeck, S. 1-16.

Weber, Max 1988c: Parlament und Regierung im neugeordneten Deutschland, in: Max Weber: Gesammelte Politische Schriften. Tübingen: Mohr Siebeck, S. 306-443.

Weber, Max 1988d: Politik als Beruf, in: Max Weber: Gesammelte Politische Schriften. Tübingen: Mohr Siebeck, S. 505-560.

Wehrsig, Christof 1997: Organisation als Institution?, in: Günther Ortmann/Jörg Sydow/ Klaus Türk (Hg.): Theorien der Organisation. Opladen: Westdeutscher Verlag, S. 177-180.

Weick, Karl E. 1976: Educational Organizations as Loosely Coupled Systems, in: Administrative Science Quarterly 21, S. 1-19.

Weick, Karl E. 1969: The Social Psychology of Organizing. Reading: Addison-Wesley.

Weick, Karl E. 1985: Der Prozeß des Organisierens. Frankfurt/M.: Suhrkamp.

Weick, Karl E. 2003: Enacting Environment: The Infrastructure of Organizing, in: Robert Westwood/Stewart Clegg (Hg.): Debating Organization. Point-Counterpoint in Organization Studies. London: Blackwell, S. 184-194.

Westney, D. Eleanor. 1993: Institutionalization theory and the multinational corporation, in: Sumara Ghoshal/D. Eleanor Westney (Hg.): Organization Theory and the Multinational Corporation. London: St. Martin's Press, S. 53-76.

Westney, D. Eleanor 1987: Imitation and Innovation. The Transfer of Western Organizational Patterns to Meiji Japan. Cambridge: Harvard University Press.

Westney, Eleanor D. 1993: Institutionalization theory and the multinational corporation. In: Ghoshal, Sumantra, Westney, Eleanor. D. (Hg.): Organization theory and the multinational corporation. New York: St. Martins Press, S. 53-76.

Westphal, James D./Zajac, Edward J. 1994: Substance and Symbolism in CEOs' Long-term Incentive Plans, in: Administrative Science Quarterly 39, S. 367-390.

White, Harrison C. 1992: Identity and Control. A Structural Theory of Social Action. Princeton: Princeton University Press.

White, Harrison C./Boorman, Scott A./Breiger, Ronald R. 1976: Social structure from multiple networks. II. Blockmodels or roles and positions, in: American Journal of Sociology 81, S. 730-780.

White, William H. 1956: The Organization Man. New York: Doubleday Anchor Books.

Whitley, Richard 1998: Internationalization and varieties of capitalism: The limited effects of cross-national coordination of economic activities on the nature of business systems, in: Review of International Political Economy 5, S. 445-481.

Whitley, Richard 1999. Divergent Capitalisms: The Social Structuring and Change of Business Systems. Oxford: Oxford University Press.

Whitley, Richard 2001: How and why are international firms different? The consequences of cross-border managerial coordination for firm characteristics and behaviour, in: Glenn Morgan/Peer Hull Kristensen/Richard Whitley (Hg.): The Multinational Firm. Organizing Across Institutional and National Divides. Oxford: Oxford University Press, S. 27-68.

Whitley, Richard 2003: Changing transnational institutions and the management of international business transactions, in: M.L. Djelic/S. Quack (Hg.): Globalization and Institutions. Redefining the Rules of the Economic Game. London: Edward Elgar, S. 108-133.

Whitley, Richard 2005: How national are business systems? The role of states and complementary institutions in standardizing systems of economic coordination and control at the national level, in: Glenn Morgan/Richard Whitley/Eli Moen (Hg.): Changing Capitalisms? Internationalization, Institutional Changes and Systems of Economic Organization. Oxford: Oxford University Press, S. 190-231.

Whitley, Richard/Kristensen, Peer Hull (Hg.) 1997: Governance at Work. The Social Regulation of Economic Relations. Oxford: Oxford University Press.

Whittington, Richard/Mayer, Michael 2000: The European Corporation. Strategy, Structure and Social Science. Oxford: Oxford University Press.

Wiesenthal, Helmut 1990: Unsicherheit und Multiple-Self-Identität: Eine Spekulation über die Voraussetzungen strategischen Handelns. MPIfG Discussion Paper 90/2. Köln.

Wiley, Norbert 1994: The Semiotic Self. Cambridge/Oxford: Polity Press.

Wilkens, Uta/Lang, Reinhart/Winkler, Ingo 2003: Institutionensoziologische Ansätze, in: Weik, Elke/Lang, Rainhart (Hg.): Moderne Organisationstheorien 2. Strukturorientierte Ansätze. Wiesbaden: Gabler, S. 189-242.

Williamson, Oliver E. 1975: Markets and Hierarchies. Analysis and Antitrust Implications. New York: Free Press.

Williamson, Oliver E. 1985: The Economic Institutions of Capitalism. New York/London: Free Press.

Willke, Helmut 1987: Institution. In: Görlitz, Axel / Prätorius, Reiner (Hrsg.), Handbuch der Politikwissenschaft. Reinbek bei Hamburg: Rowohlt, S. 162-166.

Winch, Peter 1996: Die Idee der Sozialwissenschaft und ihr Verhältnis zur Philosophie. Frankfurt/M.: Suhrkamp.

Wolf, Joachim 2003: Organisation, Management, Unternehmensführung. Theorien und Kritik. Wiesbaden: Gabler.

Womack, James P./Jones, Daniel T./Roos, Daniel 1991: Die zweite Revolution in der Automobilindustrie. Konsequenzen aus der weltweiten Studie des Massachusetts Institute of Technology. Frankfurt/M.: Campus.

Woodward, Joan 1958: Management and Technology. London: HMSO.

Woywode, Michael 2002: Global management concepts and local adaptations: Working groups in the French and German car manufacturing industry, in: Organization Studies 23, S. 497-524.

Yoshikawa, Toru/Linton, Jonathan 2000: The applicability of North American corporate governance and investor relations practice to Japanese firms: theoretical support and preliminary investigation, in: Journal of Asian Business 16, S. 1-24.

Zajac, Edward J./Westphal, James D. 2004: The Social Construction of Market Value: Institutionalization and Learning Perspectives on Stock Market Reactions, in: American Sociological Review 69, S. 433-457.

Zerubavel, Eviatar 1997: Social Mindscapes. An Invitation to Cognitive Sociology. Cambridge: Harvard University Press.

Zilber, Tammar B. 2002: Institutionalization as an Interplay between Actions, Meanings, and Actors: The Case of a Rape Crisis Center in Israel, in: Academy of Management Journal 45, S. 234-255.

Zimmerman, Monica A./Zeitz, Gerald J. 2002: Beyond Survival: Achieving New Venture Growth by Building Legitimacy, in: Academy of Management Journal 27, S. 414-431.

Znaniecki, Florian 1945: Social Organization and Institutions, in: George Gurvitch/Wilbert E. Moore (Hg.): Twentieth Century Sociology. New York: Philosophical Library, S. 172-217.

Zucker, Lynn G. 1977: The Role of Institutionalization in Cultural Persistence, in: American Sociological Review 42, S. 726-743.

Zucker; Lynne G. 1983: Organizations as Institutions, in: Samuel B. Bacharach (Hg.): Research in the Sociology of Organizations, Vol. 2. Greenwich: JAI, S. 1-47.

Zucker, Lynne G. 1987a: Institutional Theories of Organization, in: Annual Review of Sociology 13, S. 443-464.

Zucker, Lynne G. 1987b: Normal Change or Risky Business: Institutional Effects on the 'Hazard' of Change in Hospital Organizations 1959-1979, in: Journal of Management Studies 24, S. 671-700.

Zucker, Lynne G. 1988: Where do Institutional Patterns Come From? Organizations as Actors in Social Systems, in: dies. (Hg.): Institutional Patterns and Organizations. Culture and Environment. Cambridge: Ballinger, S. 23-49.

Zucker, Lynne G. 1991: The Role of Institutionalization in Cultural Persistence, in: Walter W. Powell/Paul J. DiMaggio (Hg.): The New Institutionalism in Organizational Analysis. Chicago: University of Chicago Press, S. 83-107.

Zukin, Sarah 1991: Landscapes of Power. From Detroit to Disney World. Berkeley/Los Angeles: University of California Press.

Autorenangaben

Florian A.A. Becker-Ritterspach, Dr., ist Assistent Professor an der Faculty of Management & Organization, Department of International Business & Management, der University of Groningen (NL) mit dem Forschungsschwerpunkt Neo-Institutionalismus.

Jutta C.E. Becker-Ritterspach, Dipl.-Pol., studierte am Otto-Suhr-Institut der FU Berlin Politikwissenschaft mit dem Forschungsschwerpunkt Institutionentheorie.

Gerhard Hammerschmid, Dr., ist wissenschaftlicher Mitarbeiter am Institut für Public Management der Wirtschaftsuniversität Wien.

Raimund Hasse, Prof. Dr., ist Professor für Soziologie mit Schwerpunkt „Organisationen" an der Universität Luzern.

Kai-Uwe Hellmann, PD Dr., ist Privatdozent an der Otto-von-Guericke-Universität Magdeburg mit den Forschungsschwerpunkt Wirtschafts- und Konsumsoziologie.

Thomas Klatetzki, Prof. Dr., ist Professor für Soziologie, insbesondere Organisationssoziologie an der Universität Siegen und Sprecher der AG Organisationssoziologie.

Georg Krücken, Prof. Dr., ist Professor für Wissenschaftsorganisation, Hochschul- und Wissenschaftsmanagement an der Deutschen Hochschule für Verwaltungswissenschaften (DHV) Speyer und Mitbegründer des Netzwerks http://www.institutionalism.net.

Ursula Mense-Petermann, Dr., ist wissenschaftliche Assistentin an der Universität Bielefeld mit den Forschungsschwerpunkten Wirtschafts- und Industriesoziologie, Organisationssoziologie, Transformationsforschung.

Renate Meyer, Prof. Dr., ist Universitätsprofessorin für Business Adminstration und Leiterin des Instituts für Public Management der Wirtschaftsuniversität Wien sowie Mitbegründerin des Netzwerks http://www.institutionalism.net.

Sigrid Quack, Dr., ist wissenschaftliche Mitarbeiterin der Abteilung „Internationalisierung und Organisation" am Wissenschaftszentrum Berlin.

W. Richard Scott, em. Prof. Dr., war Professor für Soziologie an der Universität von Stanford, Direktor des dortigen Stanford Center for Organizations Research und Mitbegründer des Neo-Institutionalismus.

Konstanze Senge, Dr., war bis vor kurzem wissenschaftliche Mitarbeiterin am Institut für Soziologie der Universität Darmstadt mit den Forschungsschwerpunkten Organisations- und Wirtschaftssoziologie und arbeitet derzeit im Bereich Organisationskommunikation.

Veronika Tacke, Prof. Dr., ist Professorin für Organisationssoziologie an der Universität Bielefeld und Mitbegründerin der AG Organisationssoziologie.

Anne Tempel, Dr., ist wissenschaftliche Mitarbeiterin am Lehrstuhl für Organisationstheorie und Management der Universität Erfurt.

Peter Walgenbach, Prof. Dr., ist Professor für Organisationstheorie und Management an der Universität Erfurt und Mitbegründer des Netzwerks http://www.institutionalism.net.

Theorie

Dirk Baecker (Hrsg.)
**Schlüsselwerke
der Systemtheorie**
2005. 352 S. Geb. EUR 24,90
ISBN 3-531-14084-1

Ralf Dahrendorf
Homo Sociologicus
Ein Versuch zur Geschichte,
Bedeutung und Kritik der Kategorie
der sozialen Rolle
16. Aufl. 2006. 126 S. Br. EUR 14,90
ISBN 3-531-31122-0

Shmuel N. Eisenstadt
Theorie und Moderne
Soziologische Essays
2006. 607 S. Geb. EUR 49,90
ISBN 3-531-14565-7

Axel Honneth /
Institut für Sozialforschung (Hrsg.)
**Schlüsseltexte der
Kritischen Theorie**
2006. 414 S. Geb. EUR 29,90
ISBN 3-531-14108-2

Peter Imbusch
Moderne und Gewalt
Zivilisationstheoretische Perspektiven
auf das 20. Jahrhundert
2005. 579 S. Geb. EUR 49,90
ISBN 3-8100-3753-2

Niklas Luhmann
Beobachtungen der Moderne
2. Aufl. 2006. 220 S. Br. EUR 24,90
ISBN 3-531-32263-X

Stephan Moebius /
Christian Papilloud (Hrsg.)
**Gift – Marcel Mauss'
Kulturtheorie der Gabe**
2006. 359 S. Br. EUR 29,90
ISBN 3-531-14731-5

Uwe Schimank
**Differenzierung und Integration
der modernen Gesellschaft**
Beiträge zur akteurzentrierten
Differenzierungstheorie 1
2005. 297 S. Br. EUR 27,90
ISBN 3-531-14683-1

Uwe Schimank
**Teilsystemische Autonomie
und politische
Gesellschaftssteuerung**
Beiträge zur akteurzentrierten
Differenzierungstheorie 2
2006. 307 S. Br. EUR 29,90
ISBN 3-531-14684-X

Erhältlich im Buchhandel oder beim Verlag.
Änderungen vorbehalten. Stand: Juli 2006.

www.vs-verlag.de

VS VERLAG FÜR SOZIALWISSENSCHAFTEN

Abraham-Lincoln-Straße 46
65189 Wiesbaden
Tel. 0611.7878 - 722
Fax 0611.7878 - 400

Lehrbücher

Heinz Abels
Einführung in die Soziologie
Band 1: Der Blick auf die Gesellschaft
3. Aufl. 2006. ca. 448 S. Br. ca. EUR 19,90
ISBN 3-531-43610-4

Band 2: Die Individuen in ihrer Gesellschaft
3. Aufl. 2006. ca. 464 S. Br. ca. EUR 19,90
ISBN 3-531-43611-2

Andrea Belliger / David J. Krieger (Hrsg.)
Ritualtheorien
Ein einführendes Handbuch
3. Aufl. 2006. 483 S. Br. EUR 34,90
ISBN 3-531-43238-9

Nicole Burzan
Soziale Ungleichheit
Eine Einführung in die zentralen Theorien
2. Aufl. 2005. 210 S. Br. EUR 17,90
ISBN 3-531-34145-6

Paul B. Hill / Johannes Kopp
Familiensoziologie
Grundlagen und theoretische Perspektiven
4., überarb. Aufl. 2006. ca. 360 S. Br. ca. EUR 27,90
ISBN 3-531-53734-2

Michael Jäckel (Hrsg.)
Mediensoziologie
Grundfragen und Forschungsfelder
2005. 388 S. Br. EUR 22,90
ISBN 3-531-14483-9

Wieland Jäger / Uwe Schimank (Hrsg.)
Organisationsgesellschaft
Facetten und Perspektiven
2005. 591 S. Br. EUR 26,90
ISBN 3-531-14336-0

Stephan Moebius / Dirk Quadflieg (Hrsg.)
Kultur. Theorien der Gegenwart
2006. 590 S. Br. EUR 26,90
ISBN 3-531-14519-3

Rüdiger Peuckert
Familienformen im sozialen Wandel
6. Aufl. 2005. 496 S. Br. EUR 19,90
ISBN 3-531-14681-5

Erhältlich im Buchhandel oder beim Verlag.
Änderungen vorbehalten. Stand: Juli 2006.

www.vs-verlag.de

VS VERLAG FÜR SOZIALWISSENSCHAFTEN

Abraham-Lincoln-Straße 46
65189 Wiesbaden
Tel. 0611.7878-722
Fax 0611.7878-400

Lehrbücher

Heinz Abels

Identität
2006. 497 S. Br. EUR 26,90
ISBN 3-531-15138-X

Martin Abraham / Thomas Hinz (Hrsg.)

Arbeitsmarktsoziologie
Probleme, Theorien, empirische Befunde
2005. 374 S. Br. EUR 24,90
ISBN 3-531-14086-8

Andrea Belliger / David J. Krieger (Hrsg.)

Ritualtheorien
Ein einführendes Handbuch
3. Aufl. 2006. 483 S. Br. EUR 34,90
ISBN 3-531-43238-9

Thorsten Bonacker (Hrsg.)

**Sozialwissenschaftliche
Konflikttheorien**
Eine Einführung
3., durchges. Aufl. 2005. 538 S.
Br. EUR 29,90
ISBN 3-531-14425-1

Klaus Feldmann

Soziologie kompakt
Eine Einführung
4. Aufl. 2006. 399 S. Br. ca. EUR 19,90
ISBN 3-531-34188-X

Peter Imbusch / Ralf Zoll (Hrsg.)

**Friedens- und
Konfliktforschung**
Eine Einführung
4., überarb. Aufl. 2006. 581 S.
Br. EUR 24,90
ISBN 3-531-34426-9

Karl-Dieter Opp

**Methodologie der
Sozialwissenschaften**
Einführung in Probleme ihrer Theorien-
bildung und praktischen Anwendung
6. Aufl. 2005. 271 S. Br. EUR 24,90
ISBN 3-531-52759-2

Uwe Schimank

Die Entscheidungsgesellschaft
Komplexität und Rationalität
der Moderne
2005. 492 S. Br. EUR 24,90
ISBN 3-531-14332-8

Erhältlich im Buchhandel oder beim Verlag.
Änderungen vorbehalten. Stand: Juli 2006.

www.vs-verlag.de

VS VERLAG FÜR SOZIALWISSENSCHAFTEN

Abraham-Lincoln-Straße 46
65189 Wiesbaden
Tel. 0611.7878 - 722
Fax 0611.7878 - 400